JN202817

図表でみる男女格差
OECDジェンダー白書2
今なお蔓延る不平等に終止符を!

OECD 編著　濱田久美子 訳

The Pursuit of Gender Equality
AN UPHILL BATTLE

明石書店

経済協力開発機構（OECD）

経済協力開発機構（Organisation for Economic Co-operation and Development, OECD）は、民主主義を原則とする36か国の先進諸国が集まる唯一の国際機関であり、グローバル化の時代にあって経済、社会、環境の諸問題に取り組んでいる。OECDはまた、コーポレート・ガバナンスや情報経済、高齢化等の新しい課題に先頭になって取り組み、各国政府のこれらの新たな状況への対応を支援している。OECDは各国政府がこれまでの政策を相互に比較し、共通の課題に対する解決策を模索し、優れた実績を明らかにし、国内および国際政策の調和を実現する場を提供している。

OECD加盟国は、オーストラリア、オーストリア、ベルギー、カナダ、チリ、チェコ、デンマーク、エストニア、フィンランド、フランス、ドイツ、ギリシャ、ハンガリー、アイスランド、アイルランド、イスラエル、イタリア、日本、韓国、ラトビア、リトアニア、ルクセンブルク、メキシコ、オランダ、ニュージーランド、ノルウェー、ポーランド、ポルトガル、スロバキア、スロベニア、スペイン、スウェーデン、スイス、トルコ、英国、米国である。欧州委員会もOECDの活動に参加している。

OECDが収集した統計や、経済、社会、環境の諸問題に関する研究成果は、加盟各国の合意に基づく協定、指針、標準と同様にOECD出版物として広く公開されている。

本書はOECDの事務総長の責任のもとで発行されている。本書で表明されている意見や主張はかならずしもOECDまたはその加盟国政府の公式見解を反映するものではない。

Originally Published in English and Fernch under the titles:
"The Pursuit of Gender Equality: An Uphill Battle"
"Atteindre l'égalité femmes-hommes: Un combat difficile"

© OECD, 2017.
© 図表でみる男女格差OECDジェンダー白書2：今なお蔓延る不平等に終止符を！, Japanese language edition, Organisation for Economic Co-operation and Development, Paris, and Akashi Shoten Co., Ltd., Tokyo 2018
The quality of the Japanese translation and its coherence with the original text is the responsibility of Akashi Shoten Co., Ltd.
Photo credits: Cover © Design by Adeline Marchal.

本書に掲載する文書及び地図は、あらゆる領土の地位や主権を、国際的な境界設定や国境を、また、あらゆる領土や都市、地域の名称を害するものではない。

イスラエルの統計データは、イスラエル政府関係当局により、その責任の下で提供されている。OECDにおける当該データの使用は、ゴラン高原、東エルサレム、及びヨルダン川西岸地区のイスラエル入植地の国際法上の地位を害するものではない。

序　文

　男女平等は基本的人権であるだけではない。持続可能で包摂的な成長をもたらす現代経済の繁栄の要でもある。男女平等は、男性と女性が社会・経済全体の向上のために、家庭、職場、および公職で十分に寄与できるようにするために不可欠である。

　OECDは男女平等に向けて長らく闘ってきた。2010年、OECDはその幅広い取り組みに基づき、OECDジェンダー・イニシアチブを立ち上げて、教育、雇用、起業の分野における男女平等を阻む障壁を検証した。こうした活動の結果、2012年にはきわめて重要な報告書『OECDジェンダー白書：今こそ男女格差解消に向けた取り組みを！（*Closing the Gender Gap: Act Now*）』が刊行され、広範なワークストリームによって各国の男女平等を促進するための政策の評価が実施された。こうした国別審査は、OECDがメキシコ教育省と共同で立ち上げた女子STEM教育（Niña STEM PUEDEN）など、新しい政策イニシアチブに寄与してきた。オンラインで利用できるOECDジェンダー・ポータルサイトは、女性の教育、雇用、起業、政治参加、社会的・経済的成果に関する統計指標の主要な世界的情報源となっている。

　OECDは他の国際機関とともに男女平等を重視することで、ジェンダーに関する課題への国際的な注目度を高め、G20やG7諸国首脳からの強固なコミットメントを確保するのに重要な役割を担ってきた。とりわけ、労働参加率の男女差を2025年までに25％削減するというG20労働雇用大臣会合の目標の提案に尽力した。

　OECDによる2013年の教育、雇用、起業におけるジェンダー平等に関する理事会勧告と、2015年の公共生活におけるジェンダー平等に関する理事会勧告は、加盟国および他の支持国が男女平等を推進するために実行可能な具体的措置を提案している。本報告書『図表でみる男女格差OECDジェンダー白書2：今なお蔓延る不平等に終止符を！（*The Pursuit of Gender Equality: An Uphill Battle*）』は、男女平等目標の達成を目指す政策措置の実施において、各国がどの程度順調に進捗しているのか――または進捗していないのか――について、OECDの調査結果を取り上げている。OECDの分析結果、政策提言、および国際公約を考えると、各国はこれまで以上に多くの取り組みを行う必要がある。

　本書は断固とした行動を要請する。過去5年間、各国は男女平等目標の達成に向けてほとんど進展していない。男女格差は世界の国々で社会経済生活のあらゆる分野に今なお残っており、そうした格差の規模は往々にしてほとんど変化していない。平均すると今ではOECD加盟国の若年女性は、若年男性よりも長く学校教育を受けているが、就職に有利な科学・技術・工学・

数学（Science, Technology, Engineering and Mathematics, STEM）分野を専攻する女子の割合は男子よりもはるかに少ない。過去数十年の間に、女性の労働参加率は男性のそれに近づいてきたが、すべてのOECD加盟国で女性は依然として男性よりも有償の仕事に就く割合が低い。女性は就業した場合でも、男性よりもパートタイムで働く割合が高く、管理職に昇進する割合が低く、差別を受けやすく、低所得である。OECD加盟国平均で、フルタイム就業者の所得中央値は、女性の方が男性よりも15％近く低く、この割合は2010年以降ほとんど変化していない。また、政治や企業において指導的立場に就く女性は今なお過少である。

とはいえ、いくつかの重要な政策分野で進展も見られる。

● 複数の国が、現在2か月以上の育児休暇の取得を促す効果のある経済的インセンティブを父親に提供している。父親による育児休暇の取得は、父親と母親の間でのより平等な育児分担を進め、母親の労働市場参加を促すため、有償・無償労働における男女平等に不可欠である。こうした平等主義的行動は、父親と母親の幸福度を高め、子どもたちに良い実例を示すことができ、ひいては支配的なジェンダーステレオタイプの改善が見込める。

● 教育分野で女性は大きな成果を上げているものの、男女賃金格差は世界的に残っている。男女賃金格差を引き起こす要因は数多く、専攻分野や職務における性別分離、女性の方が育児によってキャリアを中断する可能性が高いこと、そして――明確にされにくいが――女性に対する差別や偏見などがある。2013年以降、約3分の2のOECD加盟国が賃金平等に関する取り組みを新たに導入しており、賃金の透明化は企業内での男女賃金格差を明るみに出す重要な措置である。

● ジェンダークオータや他の目標は、公共部門や民間部門で指導的立場に就く女性を増やすのに役立っている。指導者に占める女性の割合が少ないと、重要な決定に女性の意見が反映されにくく、女子や若年女性は強固な役割モデルを得られない。ステレオタイプを変えるには、女性が民間企業でも公職でも男性と同等の成果を上げられることを、社会が広く理解する必要がある。

● 女性に対する嫌がらせ（ハラスメント）や暴力は、男女不平等が最悪の形態で現れたものであるが、女性に対する暴力は世界の大部分で今なお蔓延っている。本書のために実施した調査から明らかになったように、女性に対する暴力への対処は、ほとんどのOECD加盟国にとって最優先課題であり、政府とステークホルダーは法律を強化したり意識向上キャンペーンを実施したりして、女性に対する暴力の防止と撲滅を目指している。しかし、歩みは依然として遅く一様ではない。男女平等のための苦難の闘いの最前線は、こうした厳しい状況にある。

　こうした不平等は、もっと以前に解消されてしかるべきであった。社会・経済・政治に関する成果において、女性が男性に後れを取る理由はない。女性の労働力を拡大することで、労働参加率の男女差を2025年までに25％削減することができれば、GDP成長率はOECD加盟国全体で、2025年には2013年を基準として1パーセントポイント上昇し、労働参加率の男女差を2025年までに半減することができれば、2.5パーセントポイント近く上昇すると考えられており、不作為の代償は高くつく。成長が停滞し、社会が高齢化し、若年女性の学歴が上昇するなか、男女平等を支持する経済的根拠は明白である。

　私たちは男女平等の実現を目指して前進しなければならない。

　ジェンダー平等に関するOECD理事会勧告は、男女格差の解消、女子・女性のエンパワーメント、男女平等の促進に向けて、世界の政府、雇用主、家族、学校を動かすのに役立つ。どの国も男女平等の実現を阻む障壁にそれぞれぶつかっており、実際に変化をもたらすには、ステレオタイプ、態度、行動とともに公共政策を改善する必要がある。私たちは一体となって行動することで、男子にも女子にも、男性にも女性にも、成功して社会と経済に貢献する機会を平等に保障することができる。

謝　辞

　本書『図表でみる男女格差OECDジェンダー白書2：今なお蔓延る不平等に終止符を！（*The Pursuit of Gender Equality: An Uphill Battle*)』は、OECDが現在取り組んでいるジェンダー・イニシアチブの不可分の一部として作成された。本書はアンヘル・グリア（Angel Gurría）OECD事務総長とガブリエラ・ラモス（Gabriela Ramos）OECD事務総長首席補佐官の全面的な監督のもとで執筆された。

　OECD雇用・労働・社会問題局（Directorate for Employment, Labour and Social Affairs, DELSA）が、Stefano Scarpetta（DELSA局長）、Mark Pearson（DELSA副局長）、およびMonika Queisser（DELSA上級顧問で、男女平等に関するOECDの横断型プロジェクトのリーダー）を上級指導者として、本書の各章の執筆と調整を主導した。Willem Adema上級エコノミストが章の構成を監督し、本プロジェクトを管理した。

　本書はOECDの部局全体の広範なチームワークと協力のたまものであり、Willem Adema、Francesca Borgonovi、Stijn Broecke、Chris Clarke、Jean-Christophe Dumont、Ronnie Downes、Nicola Ehlermann、Emily Esplen、Paolo Falco、Gaëlle Ferrant、Valerie Frey、Elena Gentili、Pinar Guven、David Halabisky、Fianna Jurdant、Mariarosa Lunati、Duncan MacDonald、Thomas Manfredi、Chiara Monticone、Liliane Moreira、Timothy Muir、Keiko Nowacka、Gwenn Parent、Jonathan Potter、Nicol Scherie、Vincenzo Spiezia、Mariagrazia Squicciarini、Roula Sylla、Yun Tang、Tatyana Teplova、Olivier Thevenon、Céline Thevenot、Andrew W. Wyckoffら著者の方々による尽力がなければ完成しなかったであろう。

　編集、制作、発行にあたってPauline Fron、Lucy Hulett、Ken Kincaid、Maxime Ladaique、Natalie Lagorce、Kate Lancaster、Marlène Mohier、Alastair Woodから支援を受けた。

図表でみる男女格差OECDジェンダー白書2
今なお蔓延る不平等に終止符を！

目 次

序　文 ⋯⋯⋯⋯⋯⋯⋯⋯⋯⋯⋯⋯⋯⋯⋯⋯⋯⋯⋯⋯⋯⋯⋯⋯⋯⋯⋯⋯⋯⋯⋯ 3
謝　辞 ⋯⋯⋯⋯⋯⋯⋯⋯⋯⋯⋯⋯⋯⋯⋯⋯⋯⋯⋯⋯⋯⋯⋯⋯⋯⋯⋯⋯⋯⋯⋯ 6
頭字語・記号 ⋯⋯⋯⋯⋯⋯⋯⋯⋯⋯⋯⋯⋯⋯⋯⋯⋯⋯⋯⋯⋯⋯⋯⋯⋯⋯⋯ 20
要　旨 ⋯⋯⋯⋯⋯⋯⋯⋯⋯⋯⋯⋯⋯⋯⋯⋯⋯⋯⋯⋯⋯⋯⋯⋯⋯⋯⋯⋯⋯⋯⋯ 23

第Ⅰ部　男女平等：世界の概観

第1章　OECD加盟国と世界の男女平等：概観 ⋯⋯⋯⋯⋯⋯⋯⋯ 29

包摂的成長のための男女平等 ⋯⋯⋯⋯⋯⋯⋯⋯⋯⋯⋯⋯⋯⋯⋯⋯⋯ 30
女子と若年女性が教育分野で成果を上げているにもかかわらず、
　　労働市場成果には男女格差が残存している ⋯⋯⋯⋯⋯⋯⋯⋯⋯ 33
優先課題と最近の政策の成果 ⋯⋯⋯⋯⋯⋯⋯⋯⋯⋯⋯⋯⋯⋯⋯⋯⋯ 39
▶コラム1.1　ジェンダー平等に関するOECD理事会勧告：本書に向けての経緯 ⋯⋯⋯ 40
女性の就労障壁を引き下げる ⋯⋯⋯⋯⋯⋯⋯⋯⋯⋯⋯⋯⋯⋯⋯⋯⋯ 42
公職における女性の代表性の向上に向けて ⋯⋯⋯⋯⋯⋯⋯⋯⋯⋯ 45
政策を変え、考え方を変える：平等を阻む障壁として今なお残るステレオタイプ ⋯⋯ 47
未来に向かって ⋯⋯⋯⋯⋯⋯⋯⋯⋯⋯⋯⋯⋯⋯⋯⋯⋯⋯⋯⋯⋯⋯⋯ 51
付録1.A1　女性労働力の供給拡大と成長のボーナス ⋯⋯⋯⋯⋯⋯ 56

第2章　持続可能な開発目標と男女平等 ⋯⋯⋯⋯⋯⋯⋯⋯⋯⋯ 61

アジェンダ2030：男女平等という未完の課題を達成するためのタイムリーな手段 ⋯⋯ 62
アジェンダ2030を実施する際の課題 ⋯⋯⋯⋯⋯⋯⋯⋯⋯⋯⋯⋯⋯ 64
SDG5の進捗状況を測定し追跡する ⋯⋯⋯⋯⋯⋯⋯⋯⋯⋯⋯⋯⋯ 66
▶コラム2.1　SDG5のターゲットまでのOECD加盟国の距離を測る ⋯⋯⋯ 67

第3章　男女平等のためのガバナンス ⋯⋯⋯⋯⋯⋯⋯⋯⋯⋯⋯ 73

ジェンダーへの配慮をすべての法律とすべてのレベルの政府に根づかせなければならない ⋯⋯ 74
ジェンダー予算：ガバナンスにおける重要課題 ⋯⋯⋯⋯⋯⋯⋯⋯ 74
ジェンダー予算のための重要なツール ⋯⋯⋯⋯⋯⋯⋯⋯⋯⋯⋯⋯ 77
ジェンダー主流化に対する説明責任と監視 ⋯⋯⋯⋯⋯⋯⋯⋯⋯⋯ 80

第4章　社会人口学的変化とジェンダーロール 85

家族形成パターンの変化 86

ジェンダーロールの壁は徐々に崩れつつある 89

離婚によって女性は収入面で高い脆弱性にさらされる 92

付録4.A1　若年独身者の学歴別分布に関する追加データ 97

第5章　女性に対する暴力：OECD加盟国にとっての新たな政策優先課題 99

女性に対する暴力はいまだに横行している 100

セクシャルハラスメントを含む女性に対する暴力が政策でますます優先されるように
なっている 101

女性に対する暴力を撲滅するための多面的アプローチ 103

女性に対する暴力を測定するという課題 106

第Ⅱ部　教育における男女平等

第6章　教育において女子がまだ後れを取っている分野 113

男女格差は縮小してきたが、教育にはまだ男女不均衡が残っている 114

▶コラム6.1　開発途上国で女子の就学を妨げる障壁 115

▶コラム6.2　ティーンエイジの女子はその教育成果にもかかわらず、
生活満足度が男子よりも低いことが多い 116

数学的リテラシーと数的思考力の得点の男女差は縮小している 117

第7章　STEM分野では女性の割合が過少である 123

STEM分野で学ぶ女性も働く女性も少ない 124

15歳で下した決断が長期的に影響を与える可能性がある 124

▶コラム7.1　STEM分野の専攻と職業におけるジェンダー問題に対処するための
OECD加盟国による行動 128

女子に自信を与える 130

第8章　男子は学校では後れを取っているが、その後すぐに追いつく ……… 133

後期中等教育と高等教育の修了者には概して女性が多い ………………………… 134

▶コラム8.1　世代間移動 ……………………………………………………………… 135

男子と低学力 …………………………………………………………………………… 136

読解力の男女差は年齢とともに縮小する …………………………………………… 137

習熟度の低い男子と女子の関心を引き出す方法を探す …………………………… 139

第9章　男子・男性は保健専攻者と教員に占める割合が過少である ……… 143

保健・福祉分野では男性は少数派である …………………………………………… 144

教師として働く男性は女性よりも少ない …………………………………………… 144

教師または保健医療従事者として働くためのキャリアプランの男女差は思春期に現れる ……… 145

男子・若年男性は保健関連学科を専攻する割合が低い …………………………… 148

教師の男女不均衡に取り組む …………………………………………………………… 148

第10章　金融リテラシーの男女差と金融教育 ………………………………… 151

金融知識の男女差は解消されていない ……………………………………………… 152

女性は男性よりも金融面での耐性（金融レジリエンス）が弱い ………………… 153

金融知識は金融レジリエンスの男女差に関係している …………………………… 154

女性の金融リテラシー向上のための金融教育プログラムが続けられている …… 154

男女格差は解消されるのか、どのように解消すればよいのかについて、

　　もっと情報が必要である ………………………………………………………… 156

▶コラム10.1　女性のための金融教育プログラムを評価する ……………………… 156

付録10.A1　オンラインで閲覧できる表 …………………………………………… 160

第Ⅲ部　雇用における男女平等

第11章　職場における女性：女性労働力の全体像 …………………………… 163

OECD加盟国における女性の雇用：慎重な楽観論の根拠？ ……………………… 164

労働時間と職種における男女格差 …………………………………………………… 165

ガラスの天井は無傷で残っている …………………………………………………… 167

高学歴で子どものいない女性の方が男性との格差が小さい ……………………… 168

男女平等をターゲットにした政策 ·· 170

付録11.A1　性別分離に関する追加データ ··· 173

第12章　男女賃金格差 ·· 175

男女賃金格差は15％弱のままである ·· 176

▶コラム12.1　賃金の定義が男女賃金格差に与える影響 ························· 177

男女賃金格差は年齢とともに、また育児中に拡大する ··························· 181

職種と業種における男女賃金格差 ·· 182

学歴別の男女賃金格差 ··· 184

男女賃金格差は傾向として時給分布の上位になるほど大きい ··················· 184

男女賃金格差を是正するための政策 ·· 185

第13章　女性のキャリアパスと所得流動性を妨げる障壁 ····················· 191

女性は男性よりも就業期間が短く、機会が少ない ·································· 192

女性はキャリアの始め方が異なる ·· 192

出産は女性の労働市場での活動の転換点である ····································· 194

失業の経済的影響を和らげるのは貯蓄である ·· 195

キャリアの中断は年金受給額の男女格差につながる ······························ 196

付録13.A1　女性の一生における活動状況の詳細 ································· 199

第14章　ガラスの天井はまだ破られていない ································ 201

2013年から2016年にかけてトップにおける女性の代表性は向上した ·········· 202

変化する政策環境 ··· 206

▶コラム14.1　企業の取締役会を対象としたジェンダー多様性のためのクオータ制、
目標設定、開示規定 ··· 207

残された問題 ·· 211

第15章　無償労働における男女格差 ·· 215

女性は依然として無償労働の大部分を担っている ·································· 216

育児と家事の負担は女性の有償労働の可能性を制限する ·························· 216

誰が何をするのか？　無償労働の分担の決定要因 ·································· 218

▶コラム15.1　無償労働の価値 ·· 219

政策は無償・有償労働の負担のより平等な分担を促す一助となりうる 220

第16章　平等な育児を目指す適切な出発地点：有給育児休暇 225

出産直前・直後に付与される有給の出産休暇と父親休暇 226

乳幼児のための有給育児休暇 226

有給休暇が母親・父親・家族にもたらす恩恵 230

父親を対象にした有給休暇政策の最近の進展 231

第17章　子育て支援：有償労働に従事する両親を支援する 235

幼児教育・保育（ECEC）サービスの利用率は、
国によっても社会経済的グループによっても異なる 236

学校時間外保育サービスは、ほとんどのOECD加盟国で今なお十分に発展していない 238

利用料が手頃な幼児教育・保育（ECEC）サービスの不足は、
引き続き多くの親にとって有償労働の妨げとなっている 240

第18章　柔軟な勤務形態 245

パートタイム就業における男女差はまだ大きいものの、縮小しつつある 246

母親は父親よりも在宅勤務をする割合が低い 247

▶コラム18.1　企業はなぜ柔軟な勤務時間制度を提供するのか？ 249

柔軟な勤務形態へのアクセス拡大を促す政策 250

第19章　新興国における教育と労働市場の男女格差 255

教育と雇用の男女格差の縮小に向かう歩みは新興国では一様ではない 256

女性は男性よりも不利な仕事に就いていることが多い 258

第20章　中東・北アフリカにおける男女不平等：
経済生活と公共部門への女性の参加 265

教育・雇用・起業・公共部門における女性の代表性 266

▶コラム20.1　MENA地域で企業の取締役会における女性の代表性を高めるためのツール 270

MENA地域に今なお残る男女平等を阻む障壁 270

第21章　移住する女性たち ………………………………………………………… 275

移民には男性よりも女性が多い ………………………………………………… 276

移民女性は労働市場で二重に不利な立場にある ………………………………… 280

頭脳流出のジェンダーの側面 …………………………………………………… 284

▶コラム21.1　出身国の差別的な社会制度の影響 ……………………………… 286

第22章　ジェンダー、健康、労働参加 ……………………………………………… 291

女性は男性よりも長く生きるが、人生のその長い数年間を良好ではない健康状態で過ごす … 292

女性はインフォーマルケアを提供する割合が高く、

　それによって健康と仕事に影響が生じる場合がある ………………………… 294

▶コラム22.1　女性は保健医療従事者の圧倒的多数を占めるが、

　ほとんどが低技能職に就いている ……………………………………………… 295

第23章　デジタル化：女性の仕事の未来 ………………………………………… 301

労働の柔軟性の拡大は女性の雇用を増やす可能性があるが、

　雇用の質に対する懸念も引き起こす …………………………………………… 302

デジタルプラットフォームが男女格差に与える影響は依然として不明瞭である ……… 303

自動化はほとんどの業種や職種で拡大が予想され、男女両方に影響を与えるだろう ……… 305

新しい仕事の世界は技能に大きく左右されることになる …………………………… 307

政策によって新しい仕事の世界における女性の労働市場での可能性の拡大を後押しできる … 310

第IV部　起業における男女平等

第24章　起業に今なお残る男女格差 ……………………………………………… 317

自営業率の男女差 ………………………………………………………………… 318

▶コラム24.1　自営の尺度 ………………………………………………………… 320

▶コラム24.2　MENA地域における女性の起業 ……………………………… 320

従業員のいる自営業者 …………………………………………………………… 321

自営業者の所得 …………………………………………………………………… 321

第25章　女性起業家の障壁を改善するための政策 ……… 325

自営業者になる動機と目的 ……………………………………………………………… 326

起業を妨げる障壁 ………………………………………………………………………… 327

事業を成長させるための起業スキルの開発を支援する ……………………………… 329

▶コラム25.1　ニュージーランドのライトニング・ラボXX ………………………… 330

資金調達を円滑化する …………………………………………………………………… 330

▶コラム25.2　中央保証基金：モロッコの信用保証機関 ……………………………… 331

▶コラム25.3　米国における女性経営者企業を対象にした公的調達措置 …………… 332

▶コラム25.4　アスパイア・ファンド：英国のキャピタル・フォー・エンタープライズ ………… 333

図表一覧

──第1章　OECD加盟国と世界の男女平等：概観

図1.1　若年女性は若年男性よりも学歴は高いが、大学レベルで科学・数学・コンピュータ科学を
専攻する割合は低い···34

図1.2　男性は女性よりも職場で過ごす時間が長い傾向にある···35

図1.3　OECD加盟国・G20諸国で男女賃金格差はほとんど改善されておらず、大きいままである···36

図1.4　ほとんどのOECD加盟国では、有償・無償を合わせた労働時間は
男性よりも女性の方が長い··37

図1.5　女性就業者は男性就業者よりも自営業者になり従業員を雇用する割合が大幅に低い·············38

図1.6　男女平等に関する優先課題··39

図1.7　各国の優先順位づけ：女性の就労障壁を除去する最も効果的な方法··················43

図1.8　OECD加盟国の国会における女性の代表性は今なお低い··46

図1.9　各国の優先順位づけ：男性がケアに従事する時間を増やすには··························49

図1.10　多数の国が2025年までに25％削減するという目標の実現が見込める位置にいる···········52

表1.1　女性が学業で成功している国は労働参加と指導的地位における男女差が最も小さい··········31

表1.A1.1　1人当たりGDPの年平均予測成長率、2005年米ドル建て購買力平価、
2013～2025年··58

──第2章　持続可能な開発目標と男女平等

図2.1　早婚における男女不平等が拡大すると、中等教育における男女平等が低下する·············63

図2.2　男女平等と女性のエンパワーメントを支援する援助··65

図2.3　財産所有の男女平等というターゲット実現まで、OECD加盟国の道のりは非常に長い···········68

──第3章　男女平等のためのガバナンス

図3.1　OECD加盟国の半数近くが、ジェンダー予算をすでに導入した、導入を計画している、また
は導入を積極的に検討している··75

図3.2　OECD加盟国の3分の2が議会に男女平等委員会を設置している（2016年）················81

表3.1　ジェンダー予算制度は3つの大きなカテゴリーに分類される··································77

──第4章　社会人口学的変化とジェンダーロール

図4.1　成人夫婦のうち、女性の方が男性よりも高学歴である夫婦の割合は、6組中1組を上回る···88

図4.2　学歴における女性の優位性が高まるにつれて、男女平等主義的な態度が顕著になる·············90

図4.3　男性パートナーよりも学歴の高い女性の36％は、
夫婦2人世帯で主たる稼ぎ手になっている··92

図4.4　離婚または離別後、女性は男性よりも大幅に所得を喪失しやすい··························93

表4.A1.1　学歴別の独身の若者の割合··97

──第5章　女性に対する暴力：OECD加盟国にとっての新たな政策優先課題

図5.1　男女平等に関する優先課題 ································· 101

図5.2　警察は何もできない、または何もしてくれないという考えが、

パートナーからの深刻な暴力の被害を通報しない主な理由である ··········· 106

──第6章　教育において女子がまだ後れを取っている分野

図6.1　ティーンエイジの女子は同年代の男子よりも生活満足度を大幅に低く報告している ·········· 117

図6.2　数学的リテラシーの得点の男女差は2012年から2015年にかけて

ほとんど変化していない ································· 119

図6.3　数学の得点における男女差は10代から20代の間に拡大することがある ··········· 119

──第7章　STEM分野では女性の割合が過少である

図7.1　高等教育のSTEM分野の新入学者に女性が占める割合は少ない ·········· 125

図7.2　科学分野の職業では、女子は男子よりも保健専門職を希望する生徒が多い ·········· 126

図7.3　科学的リテラシーの得点の男女差は最上位層の生徒の間で顕著である ········· 127

──第8章　男子は学校では後れを取っているが、その後すぐに追いつく

図8.1　女性は学士号取得者の過半数を占めるが、博士課程修了者では半数を下回ることが多い ····· 135

図8.2　男子は女子よりも全分野で成績が下位層に属する割合が高いことが多い ·········· 136

図8.3　10代での読解力得点の男女差は20代半ばには消滅することが多い ·········· 138

──第9章　男子・男性は保健専攻者と教員に占める割合が過少である

図9.1　教師には女性が多いが、教育段階が上がるとともに男性教師の割合が上昇する ········· 145

図9.2　教師を目指す生徒は男子よりも女子の方が多い ·········· 146

図9.3　保健医療分野で働きたいと考える女子の割合は男子よりもますます増えている ····· 147

──第10章　金融リテラシーの男女差と金融教育

図10.1　多くの国で男性は女性よりも金融知識が高い ·········· 153

オンライン表10.A1.1　金融知識の男女差 ·········· 160

オンライン表10.A1.2　金融知識に関する自己評価の男女差 ·········· 160

オンライン表10.A1.3　金融に関する態度の男女差 ·········· 160

オンライン表10.A1.4　生活費を賄う能力の男女差 ·········· 160

オンライン表10.A1.5　退職後の備えに関する男女差 ·········· 160

オンライン表10.A1.6　大きな支出に対応する能力の男女差 ·········· 160

──第11章　職場における女性：女性労働力の全体像

図11.1　2012年以降、就業率の男女差は多くの国で縮小している ·········· 164

図11.2　女性は男性よりも少ない職種に集中している ·········· 166

図11.3　女性の管理職は少ない ·········· 167

図11.4　低学歴労働者の就業率の男女差は大きい ·········· 168

目　次

図11.5　低学歴の母親は有償労働への参加を阻む障壁にぶつかる ………………………… 169

表11.A1.1　女性はサービス業に大きな割合を占める傾向にある ……………………… 173

── 第12章　男女賃金格差

図12.1　フルタイム就業者の月収中央値の男女差は過去10年間ほとんど変化していない…… 177

図12.2　月収の男女賃金格差は時給の男女賃金格差よりも大きい ……………………… 178

図12.3　労働時間と職種の差で説明できるのは男女賃金格差の一部であり、
　　　　格差の原因の大部分は説明されないままである …………………………………… 180

図12.4　男女賃金格差は年齢とともに拡大する ……………………………………………… 182

図12.5　男女賃金格差は子どもがいる場合の方が大きい ………………………………… 183

図12.6　男女賃金格差は時給分布に沿って拡大する ……………………………………… 185

── 第13章　女性のキャリアパスと所得流動性を妨げる障壁

図13.1　キャリア開始時の大きなライフイベント ………………………………………… 193

図13.2　出産は世帯所得に大きなマイナス影響を引き起こす …………………………… 195

図13.3　世帯所得の減少幅は女性が失業した場合の方が小さい ………………………… 196

図13.4　大きな年金格差はほとんどの国で見られる ……………………………………… 197

図13.A1.1　詳細な活動状況別の女性の割合（％）、年齢5歳階級別、
　　　　　　2015年またはデータのある最新年 …………………………………………… 199

── 第14章　ガラスの天井はまだ破られていない

図14.1　企業の取締役会に占める女性の代表性は徐々に拡大している ………………… 203

図14.2　議会に占める女性の割合は多くのOECD加盟国で低く、改善の歩みは遅い …… 204

図14.3　女性は中央政府職員の過半数を構成することが多いが、
　　　　政府上級管理職に占める割合は低い傾向にある ………………………………… 205

図14.4　上級の裁判所になればなるほど女性裁判官の割合は低下する ………………… 206

── 第15章　無償労働における男女格差

図15.1　無償労働のジェンダーバランスの改善は労働市場の男女平等と相関している ……… 217

図15.2　母親の育児時間は父親よりも長いが、子どもの成長とともに時間の差は縮小する ……… 219

── 第16章　平等な育児を目指す適切な出発地点：有給育児休暇

図16.1　1か国を除くすべてのOECD加盟国が有給出産休暇を付与しており、
　　　　大半が有給父親休暇や有給育児休暇を提供している ……………………………… 228

── 第17章　子育て支援：有償労働に従事する両親を支援する

図17.1　OECD加盟国のECEC参加率は、特に低年齢児の間で異なる ………………… 237

図17.2　低所得家庭の子どもはECECに参加する割合が低い …………………………… 238

図17.3　ほとんどのOECD加盟国で学校時間外保育の参加率は今なお低い ………… 239

図17.4　一部のOECD加盟国では保育料は依然として非常に高額である ……………… 241

17

──第18章　柔軟な勤務形態

図18.1　女性パートタイム就業者の割合の推移は一様ではないが、

　　　　男性パートタイム就業者は増加傾向にある ················· 247

図18.2　子どものいる男性は他の就業者よりも在宅勤務をする割合が高いことが多い ··············· 248

──第19章　新興国における教育と労働市場の男女格差

図19.1　労働参加率の男女差は多数の新興国で縮小しつつあるが、歩みは一様ではない ············· 257

図19.2　初等・中等教育就学率の男女差はほとんどの新興国でほぼ解消し、

　　　　多数の国では今や女性の方が高等教育進学率が高い ················· 258

図19.3　ニートの割合は若年女性の間で著しく高い ················· 259

図19.4　新興国では管理職に占める女性の割合が低い ················· 260

図19.5　男女賃金格差はほとんどの国で今なお大きい ················· 261

──第20章　中東・北アフリカにおける男女不平等：経済生活と公共部門への女性の参加

図20.1　ほとんどのMENA諸国では識字能力の男女差は若者の間で解消している ········· 267

図20.2　MENA諸国の女性の労働参加率は低いが、徐々に上昇している ········· 267

図20.3　平均するとMENA諸国では女性議員の割合は過去10年で倍増した ········· 269

──第21章　移住する女性たち

図21.1　OECD加盟国に流入する移民に占める女性の割合は近年逓減している ········· 276

図21.2　2010年以降、ほとんどのOECD加盟国では流入する移民に占める女性の割合が

　　　　減少している ················· 277

図21.3　移民──なかでも男性の労働移民と女性の家族移民──の教育レベルは上昇傾向にある ··· 279

図21.4　移民女性は労働市場で二重に不利な立場にある ················· 281

図21.5　アジアとサハラ以南アフリカでは、

　　　　高学歴女性は高学歴男性よりもOECD加盟国に移住する割合が高い ················· 285

図21.6　2000〜2001年から2010〜2011年にかけて、

　　　　OECD加盟国に移住する高学歴女性は全地域で増加している ················· 286

──第22章　ジェンダー、健康、労働参加

図22.1　女性は全般的に男性よりも平均余命は長いが、健康余命はほぼ等しい ········· 292

図22.2　女性の方が65歳になるまでに障害を患う割合が高い ················· 294

図22.3　51歳以上の女性は、長期ケアのための総合的な社会的保護がない国では特に、

　　　　同年齢層の男性よりもインフォーマルケアを提供する割合が高い ················· 295

図22.4　OECD加盟国で女性は医師全体の半数を下回っているものの、割合は上昇しつつある ····· 296

──第23章　デジタル化：女性の仕事の未来

図23.1　労働の柔軟性の拡大は母親の就業率の上昇と相関している ················· 303

図23.2　オンラインプラットフォームでデジタルサービスに従事する労働者は、

　　　　　ほとんどが低所得国に居住している·· 304

　　図23.3　自動化のリスクは業種によって異なる··· 306

　　図23.4　女性は高技能職の増加から最大の恩恵を受けている··· 308

　　図23.5　STEM分野の数量的能力を除いて、女性と男性は同等の技能を有している········· 308

　　図23.6　ほとんどの国で業務でのソフトウェア使用者の男女差は小さい···························· 309

　　図23.7　ICT専門家の大多数は男性である··· 309

──第24章　起業に今なお残る男女格差

　　図24.1　男性は女性よりも自営業率が高いが、男女差は多数の国でわずかに縮小している········· 319

　　図24.2　自営業者の男女差は若年層で縮小傾向にある··· 319

　　図24.3　従業員のいる自営業者の割合は男性の方が女性よりも大幅に高い······················ 322

　　図24.4　自営業所得の男女差は多数のOECD加盟国で非常に大きい····························· 322

──第25章　女性起業家の障壁を改善するための政策

　　図25.1　男性は女性よりも起業できると回答する割合が高いが、

　　　　　　男女差はほとんどの国で縮小しつつある··· 327

　　図25.2　男性の方が事業を開始または成長させるための融資を利用しやすい····················· 328

頭字語・記号

OECD加盟国ISO名称

オーストラリア	AUS	韓国	KOR
オーストリア	AUT	ラトビア	LVA
ベルギー	BEL	ルクセンブルク	LUX
カナダ	CAN	メキシコ	MEX
チリ	CHL	オランダ	NLD
チェコ	CZE	ニュージーランド	NZL
デンマーク	DNK	ノルウェー	NOR
エストニア	EST	ポーランド	POL
フィンランド	FIN	ポルトガル	PRT
フランス	FRA	スロバキア	SVK
ドイツ	DEU	スロベニア	SVN
ギリシャ	GRC	スペイン	ESP
ハンガリー	HUN	スウェーデン	SWE
アイスランド	ISL	スイス	CHE
アイルランド	IRL	トルコ	TUR
イスラエル	ISR	英国	GBR
イタリア	ITA	米国	USA
日本	JPN		

その他の主要経済国とG20諸国のISO名称

アルゼンチン	ARG	パキスタン	PAK
バングラデシュ	BGD	フィリピン	PHL
中国	CHN	ルーマニア	ROU
コロンビア	COL	ロシア	RUS
コスタリカ	CRI	サウジアラビア	SAU
インド	IND	シンガポール	SGP
インドネシア	IDN	南アフリカ	ZAF
リトアニア*	LTU	ウクライナ	UKR

＊訳注：リトアニアは2018年にOECD加盟国となった。

その他の頭字語と略語

ECEC　幼児教育・保育（Early Childhood Education and Care）

GEQ　　ジェンダー平等に関するOECD質問票（2016年）
　　　　（OECD Gender Equality Questionnaires 2016）

MENA　中東・北アフリカ諸国（Middle East and North Africa）

SDGs　持続可能な開発目標（Sustainable Development Goals）

STEM　科学・技術・工学・数学（Science, Technology, Engineering and Mathematics）

VAW　　女性に対する暴力（Violence Against Women）

記号

「..」はデータが利用できないことを示す。

図中のOECD加盟国平均とは、データの得られたOECD加盟国の非加重平均のことである。

凡例中の（＼）は、国が左から右へ降順にランク付けされていることを示す。

凡例中の（↗）は、国が左から右へ昇順にランク付けされていることを示す。

データの出所に関する注意

　本書で提示するデータは、政府への質問票、公式統計、全国・国際調査など、多種多様な情報源に基づくものである。データが複数の異なる調査から抽出した情報に基づく場合、定義を「調和」させて、調査全体の概念と尺度の比較可能性を確保した。しかし、それでも標本抽出枠、抽出方法、調査期間など、中核的な定義や基本的な調査法に関する調査間の相違から、比較可能性が影響を受ける場合があることに注意しなければならない。

要　旨

　男女不平等は社会経済生活のあらゆる側面に広く存在し、開発のあらゆる段階にある国々に悪影響を与えている。OECD加盟国の若年女性は、今では若年男性よりも長く学校教育を受けることが多くなっているが、就職に有利な科学・技術・工学・数学（Science, Technology, Engineering and Mathematics, STEM）分野を専攻する女性は男性よりもずっと少ない状態が続いている。過去数十年の間に、女性の労働参加率は男性のそれに近づいてきたが、どの国でも女性の方が依然として有償の仕事に就く割合が低い。

　実際に就業した場合でも、女性は傾向として男性よりもパートタイムで働く割合が高く、管理職に昇進することが少なく、所得も低い。フルタイム就業者の所得中央値は、OECD加盟国平均で、女性の方が男性よりも15％近く低く、この割合は過去10年間ほとんど変化していない。女性が起業家になる割合も男性と比べて低く、女性が経営する企業の方が男性が経営する企業よりも収益が少ない傾向にある。どの国でも、男女格差は年齢とともに拡大し、親であることが男女平等に与える重大な影響を示している。一般に、父親であることよりも母親であることの方が、労働参加、賃金、昇進にはるかに大きなマイナス影響を及ぼしている。男女不平等は公共部門にも浸透している。公職に就く女性は男性よりも少なく、OECD加盟国平均で、国の立法府の下院において女性が占める議席は3分の1に満たない。

　すべての国々で男女格差を縮小——そして、最終的には解消——するためには、取り組まなければならない課題が多く残っていることは明らかである。本書のために実施した調査では、複数の国が自国における男女不平等の3つの最重要問題として、女性に対する暴力、男女賃金格差、無償労働の不平等な分担を挙げた。こうした不平等や他の不平等、それに2013年と2015年のジェンダー平等に関するOECD理事会勧告に動かされて、過去5年間に重要な政策変更がいくつか実施された。

- ほとんどのOECD加盟国が、セクシャルハラスメントを取り締まる法律や規制を強化することで、女性に対する暴力のひとつである職場でのハラスメントに対処している。一般的に利用されるのは、セクシャルハラスメントの定義と防止を目的とした広報活動や意識向上キャンペーンである。そうした取り組みが有効なのか（またどの程度有効なのか）を理解するために、いっそうの研究が必要である。

- 複数の国々が、女子や若年女性がSTEMを選択し、より多くの若年男性が保健医療や教育

を学び職業とするよう促すことを目的としたプログラムに着手している。

● 約3分の2の国が男女賃金格差を解消するための具体的な政策を導入している。賃金の透明化は重要な手段である。それによって企業には自社の男女賃金格差の分析と分析結果の開示が義務づけられるようになっている。

● 幼児教育・保育（ECEC）へのアクセスが男女平等にとって不可欠なのは、子どもが幼いときに母親と父親が働く後押しになるからである。一部のOECD加盟国では近年、補助金・助成金・リベートの増額、無償保育時間の導入または延長、新しい保育施設への直接公共投資の拡大などによって、利用者の費用面の問題に取り組んでいる。

● OECD加盟国の大多数が、取締役会や上級管理職のジェンダーバランスを促進する政策を開始した。クオータ制を採用した国では、取締役会に占める女性の数に関して、比較的迅速な増加が見られたが、情報公開規則や達成目標といった「よりソフトな」アプローチをとった国では、徐々に緩やかな増加が見られている。

● 多数のOECD加盟国が、公共部門の指導的地位に就く女性を増やすために、積極的是正措置を講じてきた。最低数の女性の選出を求める義務的クオータ制や、一定割合の女性または男性の候補者の推薦を政党に義務づけるクオータ制の結果、ハイレベルの公職に就く女性が増加している。

● 母親と父親の間での育児のより平等な分担を進めるために、今では多くの国が、2か月以上の育児休暇の取得を促すために父親に経済的インセンティブを提供している。これは、母親の就業の継続と昇進を可能にするには、父親の平等な育児参加が不可欠であるため、重要である。

● 多数の国が借入保証を通じて銀行融資へのアクセスを改善することで、資金調達と起業スキルにおける男女格差を解消しようとしている。その他の戦略として、公的調達を利用した女性起業家の支援と、女性によるベンチャーキャピタルの利用を改善する取り組みの2つがよく利用される。起業研修、メンタリングプログラム、ワークショップ、ビジネスカウンセリング、起業家ネットワーク作りの支援も有効である。

● 男女平等を完全に実現するためには、すべての政策決定に、あらゆる省庁に、そして全レベルの政府に男女平等が根づかなければならない。ジェンダー予算は、政策と行政において女性と女子に関する考慮事項の主流化を徹底するツールとして、ますます一般的になっており、OECD加盟国の半数近くが、ジェンダー予算をすでに導入したか、導入を予定している、または導入を積極的に検討していると報告している。

● 持続可能な開発目標（SDGs）のなかでも、アジェンダ2030のジェンダーに関する目標とターゲット（SDG5）の採択は、国と世界の開発課題において男女平等の優先度を引き上げることを約束している。

こうした期待の持てる政策措置にもかかわらず、これまでの歩みはあまりにも遅い。現場では成果がほとんど改善されていない。男女格差は教育・社会・経済・政治上の成果にしつこく残っている。こうした不平等には早急に対処しなければならない。

各国は継続的なキャンペーン、男女平等政策のモニタリング、公共投資の拡大、法的措置の導入・拡張などによって、取り組みを強化しなければならない。本書の政策提言は、ジェンダー平等に関するOECDの理事会勧告とともに、男女不平等に積極的に取り組もうとする政策立案者やステークホルダーにとってのツールキットとなるはずである。今こそ、より良い政策によって、女子にとっても男子にとっても、女性にとっても男性にとっても、より良い生活を導くべき時である。

第Ⅰ部

男女平等：世界の概観

■ 第1章 ■

OECD加盟国と世界の男女平等：概観

主な研究結果

- OECD加盟国平均で、今や女子と若年女性の学歴は男子と若年男性のそれを上回っている。しかし、雇用、起業、および公職における男女格差は依然として残っており、ここ数年間、格差はほとんど変化していない。種々の公共政策は、こうした格差の撲滅に十分に取り組めていない。

- 政府の優先事項は、特定の政策課題への認識の高まりを反映して変化してきた。調査対象国の過半数が、女性に対する暴力を男女不平等に関する3つの最緊急課題の1つと見なしている。他の緊急課題には、同一の労働に対して女性の方が男性よりも低賃金であることと、男女間での家事の不平等な分担がある。

- 過去5年間、一部の公共政策は大幅な改善をもたらしてきた。多数の国では、有給の父親休暇の利用可能性を高めることで、父親と母親が育児に同等の関わりを持つよう促し、それによって女性の労働参加を阻む障壁を削減している。2013年以降、約3分の2のOECD加盟国が賃金の透明化を進める措置を導入して、賃金格差に取り組んでいる。複数の国が、世界中に今なお蔓延る女性に対する暴力をターゲットとした政策の実施と強化を拡大している。積極的是正措置は公共部門と民間企業でリーダーの地位に就く女性を増やす措置として、順調に機能している。

- こうした分野や他の政策分野で進展が見られるにもかかわらず、男女格差はまだ解消していない。すべての国が女性、男性、女子、男子のより良い暮らしのために、そして社会全体の向上のために、男女平等を目的とする政策を早急に実施し、強化する必要がある。本書で提示する政策提言と、ジェンダー平等に関するOECDの理事会勧告に盛り込まれている政策提言は、この問題に取り組むツールとして有用である。

包摂的成長のための男女平等

　本書で詳述するように、男女格差は開発のあらゆる段階にある国々で、社会経済生活のあらゆる分野に残存している。過去5年間、ほとんど改善が見られていない。今ではOECD加盟国の若年女性は、しばしば若年男性よりも長く学校教育を受けているが、就職に有利な科学・技術・工学・数学（Science, Technology, Engineering and Mathematics, STEM）分野を専攻する割合は男性よりもずっと低い。過去数十年の間に、女性の労働参加率は男性のそれに近づいてきたが、すべてのOECD加盟国で女性は依然として男性よりも有償の仕事に就く割合が低い。実際に就業した場合でも、女性は傾向として男性よりもパートタイムで働く割合が高く、管理職に昇進する割合が低く、起業家になることも少なく、低所得である。OECD加盟国全体で、フルタイム就業者の所得中央値は、平均すると女性の方が男性よりも15％近く低く（表1.1）、この割合はここ数年間ほとんど変化していない（図1.3）。また女性は、民間企業の経営者や公職に就く割合も過少であり、OECD加盟国平均で、国の立法府の下院で女性が占める議席は3分の1未満である。しかし、全体として見ると、男女格差が最も大きいのは、民間部門における雇用と起業である。

　世界中で女子が教育成果において目覚ましい進歩を遂げてきたことは、おそらく過去半世紀における男女平等に関する最大のサクセスストーリーといえよう（OECD, 2012）。しかし、若年女性の教育成果が労働市場における男女格差の縮小に変わるには、もっと時間がかかるだろう。実際、壮年期以上の労働者の労働市場成果に見られる現在の格差は、社会規範とキャリアへの期待が今と違った20～40年前に彼らが下した教育と職業に関する決定によって、今なお影響を受け続けている。女子と若年女性の成果を、ライフサイクルを通して確実に男女平等に変えるには、さらなる政策措置が――早急に――必要である。男女格差は往々にして親になる時期に表面化する。それは仕事と生活に関する伝統的なジェンダー規範が、家庭内で根を下ろす時期である。

　しかし、楽観していい理由がある。現場での社会経済的成果の改善は遅々たる歩みであるとしても、過去5年間に複数の政策分野、特に父親休暇と育児休暇、男女賃金格差の縮小、女性に対する暴力への取り組み、指導的地位への女性の登用に関して、複数の国が順調に進展してきた。

　子どもが幼いときに父親に休暇を取得させることが重要なのは、父親による無償の育児参加が、労働市場と社会、経済に全面的に参加するという選択肢を母親に確保する鍵となるからである。現在、OECD加盟国の過半数が、子どもの誕生前後に少なくとも数日間の有給父親休暇を与えており、父親だけが取得できる育児休暇期間を設ける国が増えている（第16章）。ジェンダー問題は家庭に優しい政策――有給休暇、ケア（育児・介護）支援、および柔軟な勤務形態に関する政策――と本質的に切っても切れない関係にある。こうした政策は男女ともにワーク・ライフ・バランスの改善と幸福度の向上を実現するのに役立つ。

　男女賃金格差に対処するために、2013年以降、OECD加盟国の約3分の2が賃金の平等に関す

表1.1　女性が学業で成功している国は労働参加と指導的地位における男女差が最も小さい

教育、雇用、起業における男女差の主要指標

	□ 上位層		▨ 中位層		▨ 下位層	
	教育：			雇用：		起業：
	PISA読解力の平均得点における男女差	PISA数学的リテラシーの平均得点における男女差	高等教育修了者の割合における男女差 (p.p.)	労働参加率における男女差 (p.p.)	管理職の割合における男女差 (p.p.)	フルタイム就業者の所得中央値における男女差 (p.p.)	雇用主である就業者の割合における男女差 (p.p.)
年齢層	15歳	15歳	25〜34歳	16〜64歳	全年齢	全年齢	15〜64歳
年	2015	2015	2015	2015	2015	2015	2015
注	a	a	b	c	d	e	f
OECD加盟国平均ᵍ	−26.9*	7.9*	−11.9	12.2	37.7	14.3	3.3
OECD加盟国標準偏差ᵍ	9.6	7.4	6.5	8.0	16.1	7.4	0.8
フィンランド	−46.5*	−7.5*	−16.4	3.0	33.4	18.1	3.9
スウェーデン	−39.2*	−2.2	−15.6	3.6	20.9	13.4	3.6
ノルウェー	−39.8*	−2.3	−17.3	4.3	27.9	7.1	1.7
アイスランド	−41.6*	−1.1	−16.8	4.8	23.5	9.9	3.3
ラトビア	−42.1*	−1.9	−28.4	6.1	11.4	21.1	3.5
デンマーク	−22.2*	9.4*	−17.8	6.3	46.3	5.8	2.9
ポルトガル	−16.7*	10.0*	−15.2	6.4	34.7	18.9	3.1
スロベニア	−43.2*	3.8	−22.3	7.4	25.3	5.0	3.2
エストニア	−27.9*	5.2	−20.3	7.5	38.6	28.3	3.2
カナダ	−26.2*	9.0*	−17.7	7.6	29.0	18.6	3.3
イスラエル	−22.9*	8.5	−19.4	7.8	35.5	21.8	4.6
フランス	−29.1*	6.0	−8.4	7.9	36.7	9.9	3.7
ドイツ	−20.8*	16.6*	−1.9	9.1	41.4	17.1	3.5
スイス	−25.3*	12.0*	−2.9	9.2	29.6	16.9	4.4
ベルギー	−16.0*	14.3*	−12.1	9.2	34.9	3.3	3.3
オーストリア	−20.2*	27.0*	−5.6	9.2	40.6	17.0	3.8
オランダ	−23.6*	2.5	−8.9	9.9	47.9	14.1	3.3
ニュージーランド	−32.3*	8.5*	−8.4	10.2	‥	6.1	2.1
英国	−21.9*	11.6*	−6.8	10.3	29.3	17.1	1.8
ルクセンブルク	−21.3*	11.3*	−10.4	10.4	63.6	3.4	2.4
スペイン	−20.2*	16.0*	−12.1	10.8	37.2	11.5	2.8
オーストラリア	−31.7*	5.8	−11.9	11.5	27.6	13.0	3.4
米国	−20.1*	8.5*	−8.3	11.5	13.2	18.9	2.1
ハンガリー	−24.8*	8.2	−12.3	13.1	18.9	9.5	3.2
スロバキア	−35.6*	5.7	−16.1	13.2	37.4	13.4	2.3
ポーランド	−29.4*	11.4*	−18.7	13.4	19.7	11.1	2.4
アイルランド	−12.0*	16.1*	−11.8	14.8	31.5	14.4	4.0
チェコ	−26.1*	7.1	−13.9	14.9	41.0	16.5	2.6
ギリシャ	−37.3*	0.1	−12.4	17.8	48.6	6.2	4.1
日本	−13.3*	13.8*	−2.7	18.2	75.2	25.7	2.1
イタリア	−16.0*	19.9*	−11.6	20.0	46.9	5.6	3.9
韓国	−40.5*	−7.0	−9.0	20.8	79.0	37.2	4.4
チリ	−11.9*	18.3*	−1.6	21.9	49.3	21.1	2.9
メキシコ	−15.7*	7.3*	−1.8	35.1	31.4	16.7	3.0
トルコ	−27.8*	5.9	0.6	42.0	73.7	6.9	4.6
ブラジル	−23.1*	15.5*	−6.1	21.3	25.3	24.8	‥
中国	−16.2*	5.8	0.7	14.0	50.1	‥	‥
コロンビア	−15.6*	6.0	−7.3	22.1	14.0	11.1	‥
コスタリカ	−15.0*	16.1*	−5.0	26.6	17.4	3.7	‥
インド	‥	‥		52.9	71.0	56.0	‥
インドネシア	−23.4*	−2.7	−1.1	33.0	53.7	36.8	‥
リトアニア	−39.1*	−1.3	−19.9	3.3	20.8	12.5	‥
ロシア	−26.1*	6.0	−13.1	10.9	22.6	‥	‥
南アフリカ	‥	‥	−2.2	13.0	37.8	40.5	4.9

注：上から順に、労働参加率における男女差の小さい国。OECD加盟国平均とOECD加盟国標準偏差と比較した男女差の規模に基づき、数値に網をかけた。「上位層」は男女差がOECD加盟国平均の−0.5標準偏差を下回る（つまり、相対的に男女差が小さいか、女性の方が優位な状況にある）国、「中位層」は男女差がOECD加盟国平均の±0.5標準偏差以内の国、「下位層」は男女差がOECD加盟国平均の+0.5標準偏差を上回る（つまり、相対的に男女差が大きいか、男性の方が優位な状況にある）国を指す。「(p.p.)」はパーセントポイントで算出した男女差を示す。「％」はパーセントで算出した男女差を示す。PISA調査の読解力と数学的リテラシーの平均得点における男女差に関して、アスタリスク（＊）を付した数値は、統計的に有意な男女差を示している。「中国」のデータに含まれるのは、PISA調査に参加した中国の4つの行政区（北京市、上海市、江蘇省、広東省）のもののみである。

aからgの注と資料については、オンラインの以下のStatLinkを参照。

StatLink：http://dx.doi.org/10.1787/888933574000

る政策を新たに導入している。賃金の透明化は重要なツールであり、それによって企業には自社の男女賃金格差を分析し、その情報を開示することがますます求められるようになっている。賃金格差のオンライン計算サービスや、グッドプラクティスを実践している企業の認定など、新しい戦略に取り組んでいる国もある（第12章）。

また政府は、女性に対する暴力が優先分野のひとつであること認識し、その防止と撲滅のための措置を講じている（第5章）。たとえば、多くの国が反ハラスメント法を導入または強化している。ほかに、セクシャルハラスメントの定義やその防止方法、ハラスメントが起きた場合の（被害者の）法的権利と（雇用主の）義務について、意識向上キャンペーンを実施している国もある。意思決定に女性の代表者を確実に参加させるために、多数のOECD加盟国と開発途上国が、何らかの積極的是正措置を導入して、政治における女性の代表性を高めようとしてきた（第14章）。

過去5年間、こうした国家プログラムやキャンペーンを補強してきたのは、男女平等に対する重要な国際公約であった。OECDおよび他の政府間機関は、2025年までに労働参加率の男女差を25％削減するというG20諸国首脳による2014年の公約をはじめとして、男女平等がG20アジェンダで前面に取り上げられるように尽力した。OECDはまた、女性の経済的エンパワーメントをG20プロセスの不可分の一部として促進するウーマン20（Women20, W20）の創設も支援した。G7では、OECDと他の機関は女性の起業の促進と、STEM学科を専攻する女子学生の増加（この問題に関して、OECDはメキシコ教育省との共同プロジェクト、女子STEM教育（NiñaSTEM PUEDEN）を通じて直接取り組んでいる）に対して、重要な取り組みを行ってきた。また、持続可能な開発目標（SDGs）——なかでもSDG5に掲げられた男女平等のための目標とターゲット——が、国家的・国際的課題において男女平等への注目を高めるのに役立ってきたことはいうまでもない。

男女平等を達成している国は世界に1か国もない。最も平等主義的な国でも、男性と女性の（そして男子と女子の）希望、機会、および成果の間に、今なお厄介な格差が存在している。そうした不平等は道徳的失敗であるだけではなく、包摂的経済成長にとっての深刻な障壁にもなっていて、社会全体に損害を与えている。男女間の平等を実現するには、政府が一体となった全体的アプローチによって、すべてのステークホルダーが、男女平等を公共政策と予算の設計・実施・評価段階の不可分の一部として優先することが必要である。

OECDは男女平等を目指して長らく闘ってきた（たとえば、OECD, 1980, 1985）。OECDはその広範な取り組みに基づき、2010年にOECDジェンダー・イニシアチブを創設して、教育、雇用、起業、公職の分野での男女平等を阻む障壁への重点的な取り組みを強化した。本書で詳しく取り上げる政策提言は、ジェンダー平等に関するOECD理事会勧告（OECD, 2013, 2015a）とともに、男女不平等に積極的に取り組もうとする政策立案者とステークホルダーにとってツールキットとなるはずである。

女子と若年女性が教育分野で成果を上げているにもかかわらず、労働市場成果には男女格差が残存している

　初等・中等教育へのアクセスに関して、多数の国がジェンダーパリティ（男女均衡）を実現しているものの、地域によって大きな差がある。たとえば、サハラ以南アフリカでは、女子の初等教育就学率は依然として男子のそれよりも低い（第6章）。OECD加盟国では、現在、女子と若年女性は読解力の習熟度において男子と若年男性を概して上回っており、大学教育を修了する割合も高い（図1.1）。2014年、OECD加盟国全体では、学士号と修士号の取得者の57％は女性であった。しかし、多くの教育分野でこうした成果が上がっているにもかかわらず、OECD加盟国のティーンエイジの女子は、同年代の男子よりも人生に対する満足度を低く回答している（第6章、OECD, 2017a）。

　ジェンダーステレオタイプと、実際の能力ではなく能力に関する認識（OECD, 2015b）が、STEM分野の習熟度と専攻における男女格差の一因になっている（図1.1、第8章）。男子と女子の専攻分野（そしてそれに続くキャリアパス）は、15歳になる頃には分岐し始める。OECD加盟国平均では、エンジニア、科学者、または建築家として働くことを考える15歳の男子は、女子の2倍を上回っている。高等教育ではSTEM学科を専攻する若年女性は少ない。たとえば、OECD加盟国の高等教育レベルのコンピュータ科学課程入学者の場合、女性の割合は20％未満であり、工学課程入学者の場合、約18％に過ぎない（第7章）。

　女性の労働参加率は過去数十年の間に男性のそれに近づいてきたが、OECD加盟国全体では女性は今なお労働に参加する割合が低く、質の低い雇用を経験することが多い。移民女性は特に困難な障壁に直面する。通常、移民女性の就業率は、現地生まれの女性の就業率と移民男性の就業率よりも低い（第21章）。女性は就業した場合でも、男性よりもパートタイムで、低賃金で、公共部門や保健医療・教育などの収益性の低い分野で働く傾向にある（第9章、第22章）。より高収入の金融、銀行、保険分野で就労する男性の割合は女性よりも高い（第11章）。長時間労働が高い生産性につながるわけではないが（OECD, 2017b）、有償労働に長時間従事する男性は女性よりもはるかに多い（図1.8）。男性の長時間労働がキャリアコミットメントを示すと見なされている限り、そして女性の方が育児や介護のために休暇を取得する割合が高い限り、女性従業員への投資に消極的になる雇用主もいるだろう。

　こうした要因すべてが男女賃金格差の大部分の原因になっており、フルタイム就業者の所得中央値は、OECD加盟国平均で女性の方が男性よりも15％近く低い（図1.3）。全体的な賃金格差はこの数年間、ほとんど改善していないが、若年男性と若年女性の間で労働参加率と賃金の格差が最小になっている点は期待が持てる（第12章）。しかし、ジェンダー関連の労働市場格差は、子どもが誕生し、夫婦がより「伝統的な」ジェンダーロール（性別に基づく役割）を担いがちな時期に拡大する。女性の第1子出産平均年齢がOECD加盟国平均の29歳よりも低い国（OECDフ

第1章

図1.1　若年女性は若年男性よりも学歴は高いが、大学レベルで科学・数学・コンピュータ科学を専攻する割合は低い

パネルA：高等教育修了者の割合における男女差（男性の割合から女性の割合を引いた値）、25～34歳、2015年またはデータのある最新年[a]

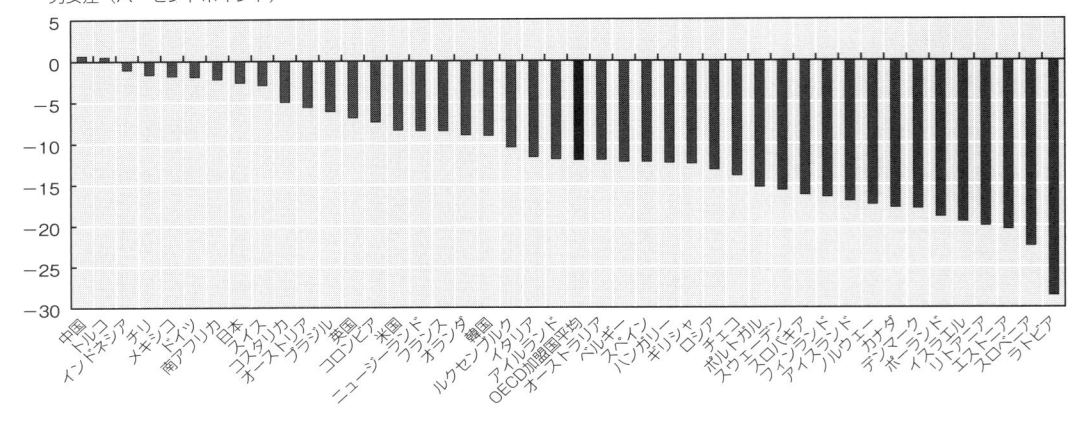

パネルB：科学・数学・コンピュータ科学の高等教育修了者に占める女性の割合、2014年またはデータのある最新年[b]

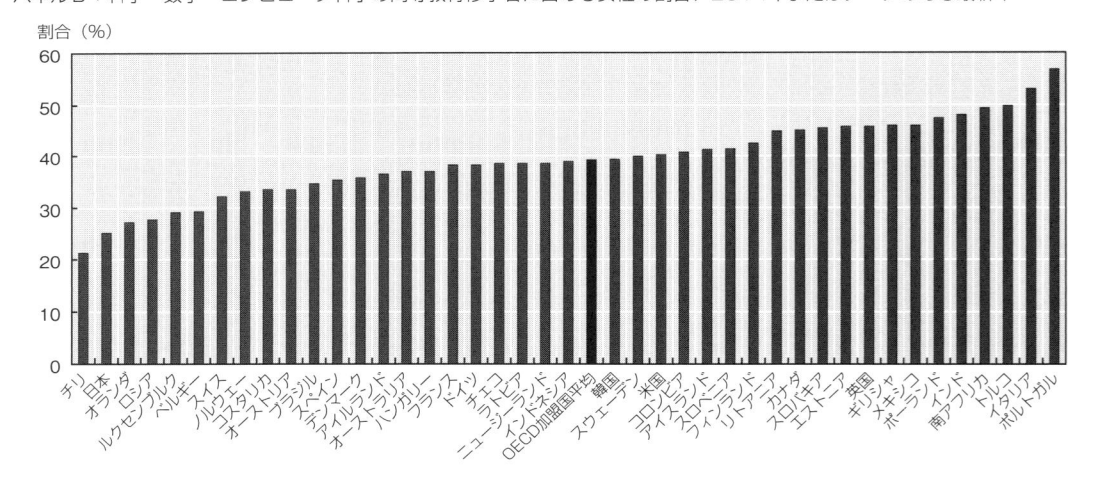

注：パネルAは左から順に、高等教育修了者の割合における男女差の小さい（男性の割合から女性の割合を引いた値の大きい）国。パネルBは左から順に、科学・数学・コンピュータ科学の高等教育修了者に占める女性の割合（％）の低い国。

　「高等教育」には、高等教育レベルのすべての資格、すなわち短期高等教育（国際標準教育分類（ISCED）2011レベル5）、学士または同等レベルの資格（ISCED 2011レベル6）、修士または同等レベルの資格（ISCED 2011レベル7）、博士または同等レベルの資格（ISCED 2011レベル8）が含まれる。

　「科学・数学・コンピュータ科学の高等教育修了者」には、科学・数学・コンピュータ科学分野のあらゆるタイプの高等教育レベルのプログラム（ISCED 2011レベル5～8）の卒業者が含まれる。

a）中国のデータは2010年、チリとインドネシアのデータは2013年、ブラジル、フランス、南アフリカのデータは2014年。

b）ベルギー、カナダ、アイスランド、インド、南アフリカのデータは2013年。

資料：OECD（2016）, *OECD Education at a Glance 2016: OECD Indicators*, OECD Publishing, Paris（http://dx.doi.org/10.1787/eag-2016-en）.

StatLink : http://dx.doi.org/10.1787/888933573791

図1.2　男性は女性よりも職場で過ごす時間が長い傾向にある

通常の週間労働時間が60時間以上の就業者の割合、男女別、2014年またはデータのある最新年[a]

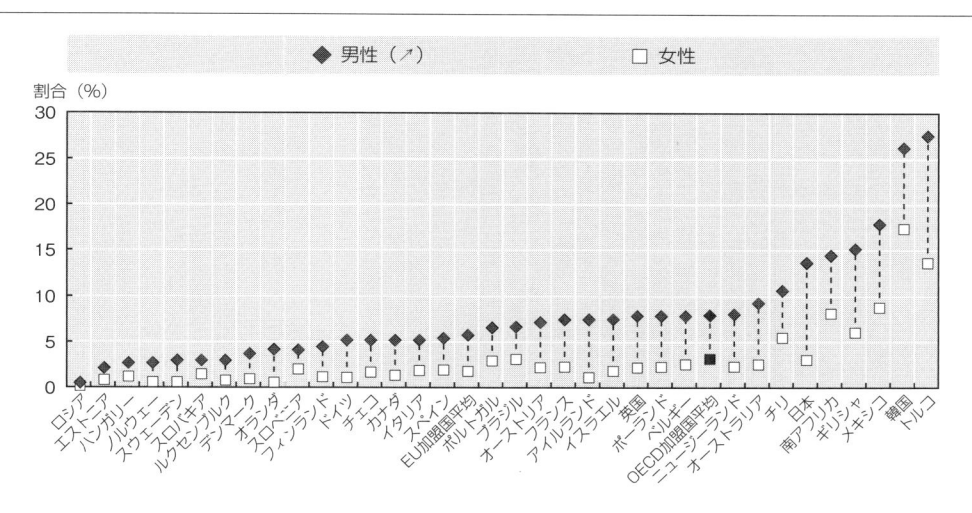

注：データは本業における通常の週間労働時間のみに関するものである。ただし、オーストラリア、ニュージーランド、ノルウェーに関しては、本業・副業すべての通常の週間労働時間、日本と韓国に関しては、本業・副業すべての実際の週間労働時間。

a）ブラジルのデータは2011年。

b）韓国のデータは実際の週間労働時間が54時間以上。

資料：OECD事務局算定。データ源は、各国の家庭・労働力調査、ブラジルに関してはブラジル全国家庭サンプル調査（Pesquisa Nacional por Amostra de Domicilio, PNAD）、トルコに関しては欧州連合所得・生活状況統計調査（European Union Statistics on Income and Living Conditions, EU-SILC）、ロシアに関しては欧州社会調査（European Social Survey, ESS）。

StatLink : http://dx.doi.org/10.1787/888933573810

ァミリー・データベース）と、家庭での女性の役割に対して伝統的な態度が比較的一般的な国（OECD, 2016a, 2016b, 2017c）では、格差はもっと早くに表れる。労働者と職務に観察された属性の差異と労働時間を調整すると、月給の男女格差の半分強が、OECD加盟国・G20諸国において説明されないままである（第12章）。態度、規範、社会制度、および差別は、格差が大きく、女性の方が無報酬の家内労働やインフォーマル雇用に従事しやすいG20諸国においては特に、重要な要因になっている（第19章、第20章）。

また、女性が従事するのは質の低い雇用であることが多い。労働市場のインフォーマル性が高い国では、女性は往々にしてインフォーマル雇用に従事する割合が高い。こうした雇用は社会的保護をほとんど提供せず、不安定性が高く、（多くの場合）低賃金である（OECD, 2016a, 2016b）。また、女性は相対的に質の低いフォーマル雇用に就くことも多い。雇用の質と賃金の点で見れば、雇用主と賃金労働者は比較的良いが、自己採算労働者、家事労働者、家内労働者——女性が圧倒的に多い労働者グループ——は概して劣る（OECD, 2017b）。

データのあるOECD加盟国において、そして実際には世界全体で、女性は男性よりもはるかに多く無償労働に従事している（図1.4）（OECDジェンダー・制度・開発データベース（OECD Gender, Institutions and Development Database, GID-DB））。OECD加盟国平均で女性が無償の

第1章

図1.3　OECD加盟国・G20諸国で男女賃金格差はほとんど改善されておらず、大きいままである

月収中央値の男女差[a]、フルタイム就業者、2010年・2015年またはデータのある最新年[b]

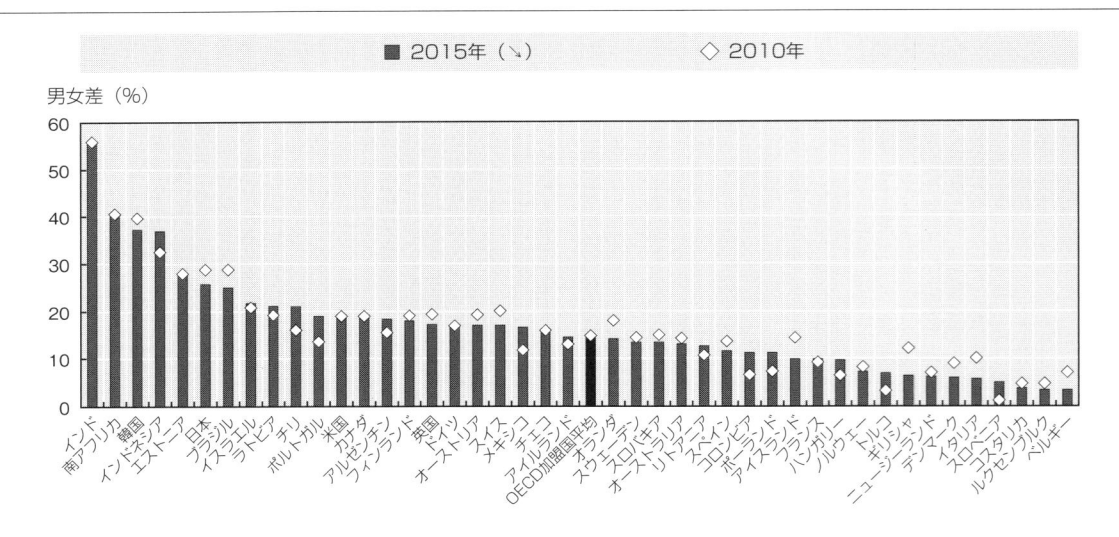

注：月収中央値の男女差は、フルタイム就業者における男女の月間所得の中央値の差を男性の月間所得の中央値で除した値。フルタイム就業者とは、1週当たりの通常労働時間が30時間以上の労働者。

a）オーストラリア、カナダ、インド、アイルランド、英国、米国は週間所得のデータ。デンマーク、ギリシャ、アイスランド、ニュージーランド、ポルトガル、スペインは時間当たり賃金のデータ。

b）アルゼンチン、ベルギー、ブラジル、エストニア、フランス、ドイツ、インドネシア、イタリア、ラトビア、リトアニア、ルクセンブルク、オランダ、ニュージーランド、ポーランド、スロベニア、スペイン、スイス、トルコは2015年ではなく2014年、スウェーデンは2013年、インド、南アフリカは2012年、イスラエルは2011年のデータ。ブラジル、チリ、コスタリカは2010年ではなく2011年のデータ。

資料：OECD事務局算定。データ源は、OECD加盟国、コロンビア、コスタリカに関してはOECD雇用データベース（*OECD Employment Database*）（http://www.oecd.org/employment/emp/onlineoecdemploymentdatabase.htm）、アルゼンチンに関しては定期的家計調査（Encuesta Permanente de Hogares, EPH）、ブラジルに関してはブラジル全国家庭サンプル調査（Pesquisa Nacional por Amostra de Domicilio, PNAD）、インドに関しては全国サンプル調査（National Sample Survey, NSS）、インドネシアに関しては全国労働力調査（Survei Angkatan Kerja Nasional, SAKERNAS）、南アフリカに関しては一般世帯調査（General Household Survey, GHS）。

StatLink : http://dx.doi.org/10.1787/888933573829

　家事と育児を担う割合が最大の国は、韓国、日本、メキシコ、ポルトガル、トルコ、イタリアであり、無償労働全体の4分の3以上を担っている。こうした格差は通常、開発途上国の方がさらに大きく、時間の節約になるインフラ（水道管による家庭への給水など）と技術（洗濯機など）を十分に利用できず、家事に要する合計時間が増える（OECD, 2017b）。たとえば、インドとパキスタンでは、女性は無償労働に男性の約10倍長い時間従事している（OECD Development Centre, 2014）。時間的傾向を見ると、世界的には、女性が無償労働に費やす時間が——ひとつには時間の節約になる技術のおかげで——経時的に徐々に減少しているものの、男性の行動はほとんど変化していないことがわかる（OECD, 2017c）。

　時間が限りある資源であることを考えると、無償労働に費やす時間は、有償労働に従事する可能性や、有償労働時間の男女差に対応する無償労働時間の男女差に悪影響を及ぼす。家庭で無償労働が比較的平等に分担されている国では、職場で過ごす時間に見られる男女差も比較的小さい傾向にある（第15章）。

図1.4　ほとんどのOECD加盟国では、有償・無償を合わせた労働時間は男性よりも女性の方が長い

有償・無償労働に費やす1日当たりの時間（分）の男女差、女性の労働時間から男性の労働時間を引いた値、15〜64歳

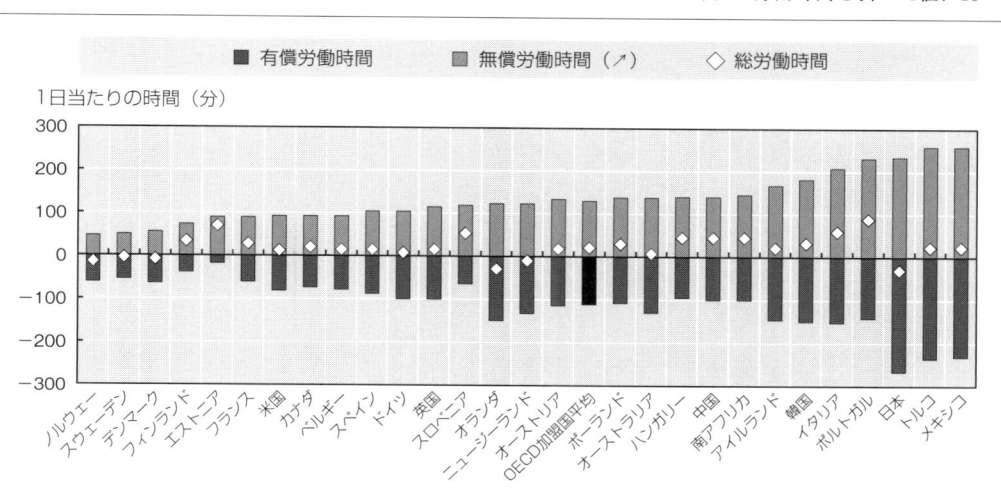

注：オーストラリアは15歳以上、ハンガリーは15〜74歳、スウェーデンは25〜64歳のデータ。調査実施年は国によって異なり、オーストラリア：2006年、オーストリア：2008〜2009年、ベルギー：2005年、カナダ：2010年、中国：2008年、デンマーク：2001年、エストニア：2009〜2010年、フィンランド：2009〜2010年、フランス：2009年、ドイツ：2001〜2002年、ハンガリー：1999〜2000年、イタリア：2008〜2009年、アイルランド：2005年、日本：2011年、韓国：2009年、メキシコ：2009年、オランダ：2005〜2006年、ニュージーランド：2009〜2010年、ノルウェー：2010年、ポーランド：2003〜2004年、ポルトガル：2000〜2001年、南アフリカ：2010年、スペイン：2009〜2010年、スウェーデン：2010年、トルコ：2006年、英国：2005年、米国：2014年。

資料：OECDジェンダー・ポータルサイト（*OECD Gender Data Porta*）（http://www.oecd.org/gender/data/）。

StatLink：http://dx.doi.org/10.1787/888933573848

　文化と規範は、職場でも家庭でも、ジェンダーロールを定義する際に大きな役割を果たす。有償労働に従事する時間が長い文化のある国には、それに対応して、労働市場行動と無償のケアと家事の分担の男女差が大きい傾向にある。これは扶養する子どもがいる世帯に特に当てはまるが、高齢者介護を主に担うのも女性である（第22章）。しかし、男性よりも学歴の高い女性が結婚市場に参入するにつれて、女性は自分よりも高学歴の男性と結婚する割合が低くなる。現在、女性は同水準の教育を受けた男性と夫婦になることが多いが、高等教育を受けた女性は、自分よりも「低学歴」の男性と結婚する傾向がさらに強くなる。パートナーとして最も望まれず、結婚市場で取り残される恐れがあるのは、十分な教育を受けていない男性である。

　ワーキングマザーという選択肢は、特に政府が親の仕事と家庭の両立に対する公的支援を強化している国では、徐々にではあるが、順調に拡大している。男性も——とりわけ高等教育を受けた男性は——ますます育児に参加するようになっている。それにもかかわらず、両親のいずれもがフルタイム労働に従事している場合でも、家事労働の分担が半分ずつであることはめったにない。世帯所得に占める女性の所得の割合が上昇するにつれて、女性が無償の家事や育児に費やす時間は減少する傾向にあるが、両者の関係は直線的ではない。高所得の女性はしばしばより多くの家事を担うことで、職場ではそうではないが、家庭ではジェンダー規範を満たそうとすることを示す証拠がいくつかある。いわゆる「ジェンダーを実践する（doing gender）」という行動の例

第1章

図1.5　女性就業者は男性就業者よりも自営業者になり従業員を雇用する割合が大幅に低い

雇用主である就業者の割合における男女差（男性の割合から女性の割合を引いた値）、
15〜64歳、2016年またはデータのある最新年[a]

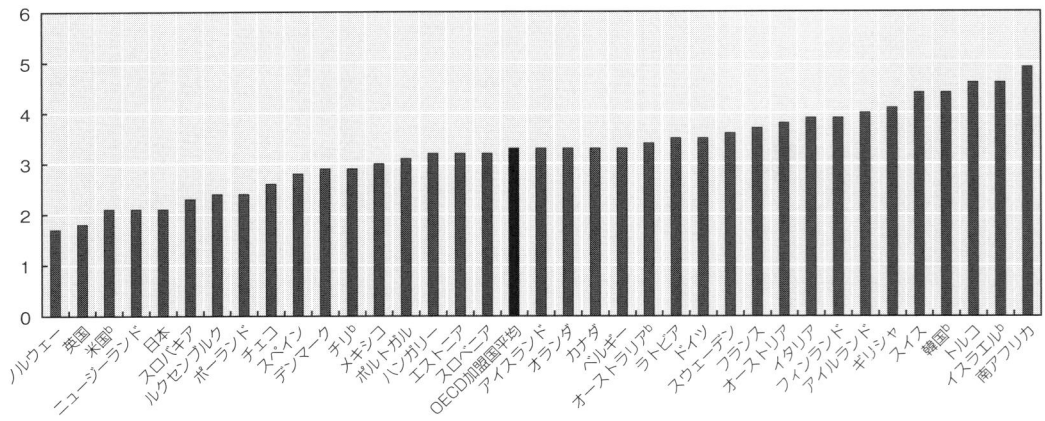

注：雇用主である就業者の割合とは、従業員を雇用している自営業者が就業者全体に占める割合のことである。国際比較可能性向上のため、オーストラリア、カナダ、ニュージーランド、米国の数値には、法人化した自営業者と法人化していない自営業者を含めた。
a) オーストラリア、チリ、カナダ、メキシコ、ニュージーランド、米国、OECD加盟国平均のデータは2015年。
b) オーストラリア、チリ、イスラエル、韓国は15歳以上のデータ、米国は16〜64歳のデータ。
資料：OECD（2017）, *Entrepreneurship at a Glance 2017*, OECD Publishing, Paris（http://dx.doi.org/10.1787/entrepreneur_aag-2017-en）.
StatLink：http://dx.doi.org/10.1787/888933573867

である（Bertrand *et al.*, 2015）。

　女性の方が労働参加率が低く、家族のケアのためにキャリアを中断する可能性が高く、パートタイム労働に従事する割合が高いことは（第18章）、それらほどはっきりとはわからない他の要因——差別など——とともに、いずれも上級職に昇進する女性の数に影響を与える（第13章）。公共部門にも民間部門にも、分厚いガラスの天井が依然として存在している。2016年、女性は中央政府の上級管理職の33％を占めていたが、女性は中央政府職員全体の52％を構成していた。2016年、民間部門では上場企業の取締役のうち女性は5人中わずか1人であり、2013年の16.8％からほんの少し上昇しただけであった。2016年に最高経営責任者（CEO）の地位にあった女性は4.8％のみであったが、これでも2013年と比較すると倍増している（第14章）。

　女性起業家はそれほど健闘できていない。女性は依然として男性よりも自営業者になる割合がずっと低く、従業員を雇用することも少ない（図1.5）。女性が経営する企業の規模、事業を行う業種、その他のさまざまな要素を反映させると、ほとんどすべてのOECD加盟国で、女性自営業者は男性自営業者よりも——20％以上——低収入である（第24章、OECD, 2017d）。

優先課題と最近の政策の成果

男女平等への真剣な取り組み

　OECDは男女平等をそのアジェンダのトップに掲げている。包摂的成長に向けたイニシアチブ（Inclusive Growth Initiative）と、事務総長による2021年に向けた21のアジェンダ（21 for 21 Agenda）に正式に記されているように、所得機会の不平等と闘う戦略アジェンダの要として、ジェンダー平等に関するOECD理事会勧告（コラム1.1）を支える諸原則を積極的に推進している。「2013年ジェンダー平等に関する理事会勧告」と「2015年公共生活におけるジェンダー平等に関する理事会勧告」は、法律、政策、投資、モニタリング、およびキャンペーンを通じて、教育、雇用、起業、公職における男女平等を強化することを、勧告を支持する国々に呼びかけている。2013年以降、多数の国が公共政策において男女平等を優先させてきた。しかし、男女格差は依然として残っている。すべての国が政策によって、男子も女子も、男性も女性も、誰もが真の能力を発揮できる包摂的な社会を目指し──そして実現する──ために、取り組みを強化しなければならない。

　2016年のジェンダー平等に関するOECD質問票（GEQ）では、直面している男女平等に関する最も緊急の問題を3つ選ぶよう各国に依頼した。最も蔓延している問題は女性に対する暴力であり、回答した37か国中21か国が女性に対する暴力を3つの最も喫緊の問題の1つに挙げた（図1.6）。次に多く見られた問題は、「同一の労働に対して女性の方が男性よりも低賃金である」という問題で、16か国が優先課題に挙げた。3番目に多かった問題は家事の不平等な分担であり、14か国が問題視していた。緊急課題の明確化は、教育、雇用、起業、公職における重要な政策イニシアチブにつながっている。

図1.6　男女平等に関する優先課題

2013年ジェンダー勧告を支持する国で、自国で取り組む必要のある3つの最も緊急の男女平等問題の1つとして
以下の項目を挙げた国の数

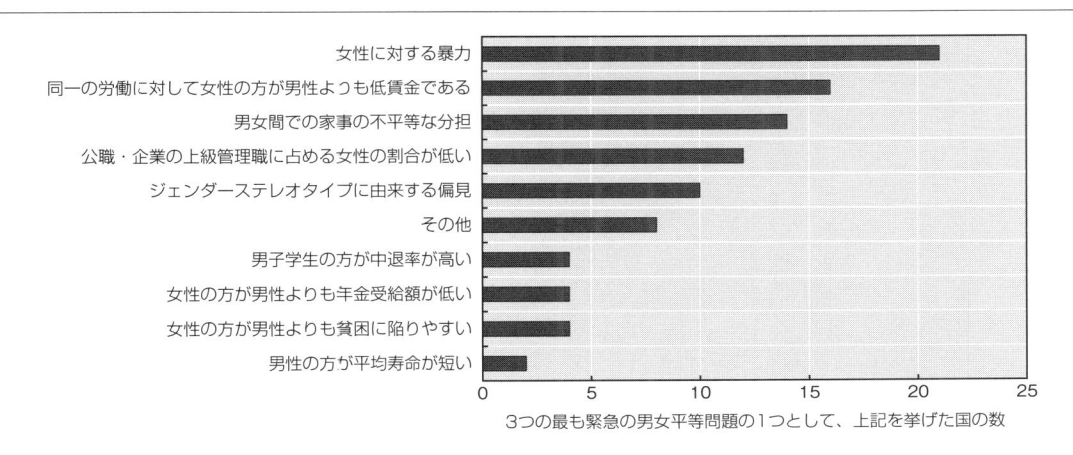

注：回答国は35か国。各国は優先課題を3つまで選ぶことができた。
資料：OECD雇用・労働・社会問題委員会（Employment, Labour and Social Affairs Committee, ELSAC）2013年ジェンダー勧告の実施の進捗状況に関する質問票。

StatLink : http://dx.doi.org/10.1787/888933573886

第1章

コラム 1.1　ジェンダー平等に関する OECD 理事会勧告：本書に向けての経緯

　ジェンダー平等に関する OECD 理事会勧告の背景にあるのは、2010年に創設された「OECD ジェンダー・イニシアチブ」と、2012年に打ち出された「包摂的成長に向けたイニシアチブ（All on Board for Inclusive Growth initiative）」、そして現在いくつもの政策が実施されているにもかかわらず、「深刻な男女格差とジェンダーバイアス（性別に基づく偏見）は教育と職業に関する選択、所得水準と労働条件、昇進、意思決定に関わる地位に占める割合、公職、有償・無償労働の分担、起業活動、起業家への融資、および金融リテラシーと金融エンパワーメントに今なお残っている」（OECD, 2013）という理解の3つである。

　「教育、雇用、起業におけるジェンダー平等に関する OECD 理事会勧告（Recommendation of the Council on Gender Equality in Education, Employment and Entrepreneurship）」（以下、「2013年ジェンダー勧告」と呼ぶ）は、2013年5月29日に採択された。OECD 加盟国と同勧告を支持する非加盟国（コロンビア、コスタリカ、カザフスタン、リトアニア、およびロシア）に対し、教育、雇用、起業における男女不平等に取り組むために実施を検討すべき多数の措置を策定している（OECD, 2013）。なかでも、勧告を支持する国々に対して——適切な法律、政策、モニタリング、キャンペーンを通じて——平等な教育機会を提供し、女性の労働参加をより容易にし、家庭に優しい政策を促進し、男性に無償労働へのいっそうの参加を促し、公共・民間部門の指導的立場におけるジェンダーバランスの改善に取り組み、女性の起業を後押しすることを勧告している。また、支持する国々に対して、教育、雇用、起業における男女平等に関して、政策方針とガイドラインを策定し、グッドプラクティスと適切なデータを確立することも呼びかけている。さらに、「民間部門、公共機関、労働組合、雇用主団体、市民社会をはじめとするあらゆるステークホルダーとの協力を通じて、勧告の目標を推進する」ことを要請している。

　2013年ジェンダー勧告がきっかけとなり、また策定に寄与した「公共生活におけるジェンダー平等に関する OECD 理事会勧告（Recommendation of the Council on Gender Equality in Public Life）」（以下、「2015年公共生活におけるジェンダー勧告」と呼ぶ）は、2015年12月14日に理事会によって採択された（OECD, 2015a）。2015年公共生活におけるジェンダー勧告は、効果的なガバナンス、公共部門での男女平等とジェンダー主流化に関する措置の実施のほか、立法・行政・司法各分野の公職におけるリーダーシップの機会への女性による平等なアクセスの向上に重点を置いている。

　OECD のジェンダー平等に関する2つの勧告は、勧告の実施の進捗状況に関する定期的な報告を求めている。本書は OECD 理事会への2017年の進捗状況報告書（OECD, 2017e）を詳細にまとめたものである。利用しているのは、OECD ジェンダー・ポータルサイト（OECD Gender Data Portal）の指標と OECD が現在行っているジェンダーに関する広範な研究であり、教育・雇用・起業・公職、OECD ガバナンスと競争力に関する地域イニシアチブ（OECD

Regional Initiatives on Governance and Competitiveness）（中東・北アフリカ（MENA）諸国を含む）、OECD開発援助委員会（DAC）ジェンダー平等ネットワーク（Network on Gender Equality, GENDERNET）、OECD開発センターの社会制度・ジェンダー指数（SIGI）、金融教育・健康・科学・司法制度の利用と法の前の平等・税、OECDの「より良い暮らし指標」に関する分析とデータなどが含まれる。

　2016年、OECDのジェンダー平等に関する2つの勧告の実施の進捗状況に関する報告書の準備のため、種々のOECD委員会が勧告のそれぞれのフォーカルエリアに関して、採択以降の政策変更への取り組み、発表した政策変更、勧告の実施の進捗状況を調査する目的で、勧告を支持する国々に質問票を送付した。こうしたジェンダー平等に関するOECD質問票（OECD Gender Equality Questionnaires, GEQ）は、コーポレートガバナンス委員会（Corporate Governance Committee, CGC）とその国有企業および民営化慣行に関する作業部会（Working Party on State-Owned Enterprises and Privatisation Practices, WPSOPP）、統計および統計政策委員会（Committee on Statistics and Statistical Policy, CSSP）、教育政策委員会（Education Policy Committee, EDPC）、雇用・労働・社会問題委員会（Employment labour and Social Affairs Committee, ELSAC）、地域経済雇用開発（Local Employment and Economic Development, LEED）プログラム運営委員会、中小企業および起業家に関する作業部会（Working Party on SMEs and Entrepreneurship, WPSMEE）に送付された。金融教育に関する国際ネットワーク（International Network on Financial Education, INFE）は金融リテラシーと金融包摂に関する調査に着手し、OECD開発センターの運営委員会はジェンダー問題とベストプラクティスに関する協議を実施した。ジェンダー平等に関するOECD質問票（GEQ）への回答については、2016年下半期から2017年初期にかけて評価を実施し、内容を厳選して本書に掲載している。

女性に対する暴力を撲滅する

　女性に対する暴力は依然として広く残っている。世界の女性全体の35％が親しいパートナーからの身体的暴力や性的暴力、またはパートナー以外からの性的暴力を経験していると推定されている（WHO, 2013）。OECD加盟国は、女性へのセクシャルハラスメントと暴力を政策課題のひとつとしてますます優先するようになっている（図1.6）。それ自体が女性に対する暴力の一形態であるセクシャルハラスメントへの取り組み強化を求める2013年ジェンダー勧告の要請を反映して、一般的には次の2つの形態のどちらかで、新たに政策措置が講じられている。

● セクシャルハラスメントを取り締まる法律や規制を新たに策定するか強化する。

● セクシャルハラスメントに対する意識を向上させ、理解を改善することで、セクシャルハラスメントを予防する。

　勧告を支持する国のうち、オーストリア、コスタリカ、フランス、アイスランド、イスラエル、韓国、メキシコ、ポルトガル、スロベニアは、反ハラスメント法を導入または強化した。逆に、ロシアは2017年にドメスティックバイオレンス（DV）を部分的に非犯罪化した。ベルギー、デンマーク、エストニア、ギリシャ、イスラエル、韓国、リトアニア、オランダ、ポルトガルはいずれも、何がセクシャルハラスメントに当たるのか、その予防方法、ハラスメントが起こった場合の（被害者の）法的権利と（雇用主の）義務について、意識向上キャンペーンを過去に実施したか、現在実施している。チェコやスウェーデンなど他の国は、セクシャルハラスメントをもっと広範な男女平等やジェンダーに基づく暴力に関する国家戦略に組み込んでいる。各国はハラスメントと女性に対する暴力に関するデータの収集を進めている。今なおデータは大きく不足しているため、各国はこうした取り組みを強化しなければならない（第5章）。

賃金格差と闘う

　男女賃金格差が解消されていない（図1.3）ことを受けて、約3分の2の国が2013年ジェンダー勧告の採択後、同一賃金政策を新たに導入した。そうした政策のひとつの重要要素は、賃金の透明化であり、企業には自社の男女賃金格差の分析や、従業員・監査人・世間への男女別賃金データの開示がますます義務づけられるようになっている（第12章）。2013年以降、オーストラリア、日本、ドイツ、リトアニア、スウェーデン、スイス、英国はそうした措置を実施または提案してきた。その他の新しい戦略には、いわゆる「賃金格差計算機」の導入（オーストラリアのようにインターネット上で誰でも利用できることが多い）のほか、同一賃金など男女平等に関する分野でベストプラクティスを示している企業への認証や表彰などがある。そうした認証や表彰は、コスタリカ、アイスランド、ラトビア、メキシコで導入されている。

女性の就労障壁を引き下げる

　女性の就業率は2012年以降、OECD加盟国全体で平均約3パーセントポイント上昇している。しかし、就業率の男女差は11％で推移しており、OECD各国政府は就労障壁を引き下げる最善の方法を検討し続けている。図1.7が示すのは、ジェンダー平等に関するOECD質問票（GEQ）（2016年）の「女性の就労障壁を引き下げる3つの手段として、何が最も効果的か？」という問いへの各国の回答である。最も多かった回答は、23か国が回答した「保育サービスをもっと利用しやすくする」政策措置であった。次に多かったのは、13か国が回答した「同一労働に対して女性に男性と同一の賃金を保障する」という政策措置で、3番目に多かった回答は「柔軟な就労形態を拡大する」と「女性がより質の高い雇用に就きやすくする」という政策措置で、それぞれ12か国が挙げた。G20諸国の「2025年までに25％削減」という目標は、労働参加率の男女差を2025年まで

図1.7　各国の優先順位づけ：女性の就労障壁を除去する最も効果的な方法

2013年ジェンダー勧告を支持する国で、女性の就労障壁に対処する3つの最も効果的な方法の1つとして
以下の項目を挙げた国の数

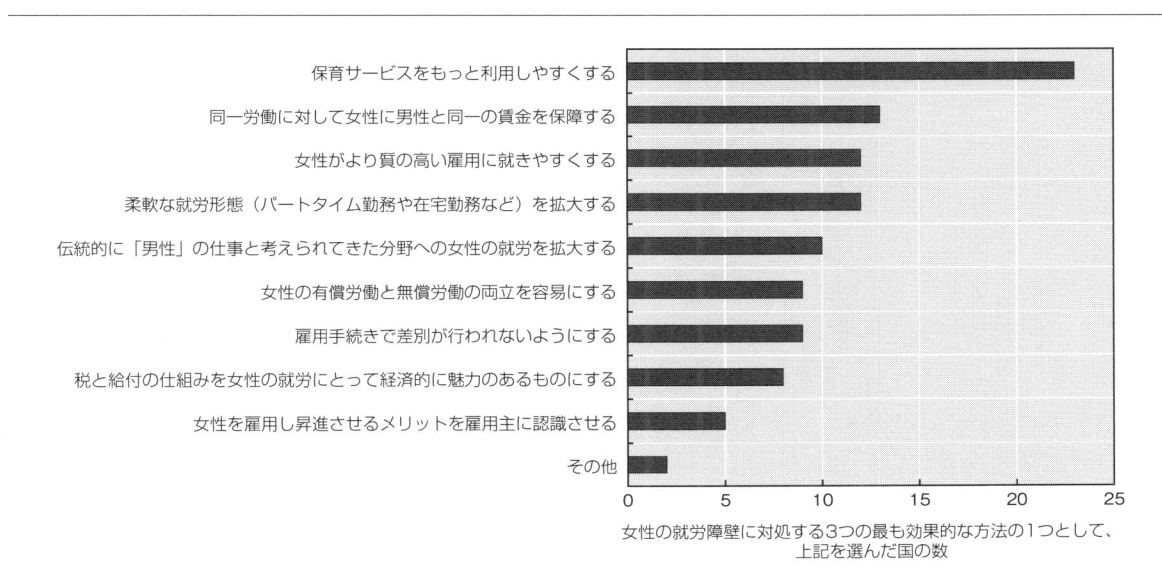

女性の就労障壁に対処する3つの最も効果的な方法の1つとして、
上記を選んだ国の数

注：回答国は35か国。各国は政策対応を3つまで選ぶことができた。
資料：OECD雇用・労働・社会問題委員会（Employment, Labour and Social Affairs Committee, ELSAC）2013年ジェンダー勧告の実施の
進捗状況に関する質問票。

StatLink：http://dx.doi.org/10.1787/886933573905

に25％削減するという目標を定めたものであり、これを実現するための正しい軌道に各国が留まり続けるには、新たに強化した政策措置が必要である（図1.10）。

手頃な料金の保育サービスへのアクセス

　2013年以来、多くのOECD加盟国政府が、幼児教育・保育（ECEC）へのアクセスを改善する措置を導入してきた（第17章）。一部の国——カナダ、日本、韓国、ニュージーランド、スロバキア、ポーランドなど——は、通常は公共保育サービスへの補助金や給付金、リベートなどを拡大することで、また場合によっては無償の保育サービスを導入または拡大（ノルウェー、英国など）することで、対策を講じている。

　ECECへのアクセスと利用を改善する他の戦略には、一定年齢からの保育を行う施設への法的資格の導入と、規定の入園年齢の引き下げがある。数か国が新規施設への公共投資を拡大しているが、ほとんどの場合、3歳未満の子どもを対象とした施設に重点が置かれている。韓国はここ数年では最も包括的な改革を行った国といえるだろう。韓国ではECECへの公共投資を増額したことで、2004年以降、ECEC施設への6歳未満児の入園率が3倍以上に伸びた（OECD, 2017f）。

しかし、保育サービスへのニーズは子どもが小学校に上がっても終わらない。学校時間外保育を利用する学齢児童の割合は、多くのOECD加盟国で低いままである（第17章）。そのため、学齢期の子どものいる親は、フルタイムでの就業に苦労する場合があり、OECD加盟国の多くの母親は、子どもの年齢が上がっても、引き続きパートタイムで働く結果になっている。

女性による民間企業の指導的地位へのアクセスを改善する

OECDのジェンダー勧告に従って、ほとんどのOECD加盟国が取締役会と上級管理職におけるジェンダーバランスを促進するための政策を導入している（第14章）。クオータ制を採用した国では、女性取締役の数に関して比較的迅速に増加が見られたが、自発的な目標設定や、企業内での現在の男女比についての情報開示など、よりソフトなアプローチをとった国では、徐々に緩やかな増加が見られている（第14章）。たとえば、英国の企業主導の自発的な取り組みでは、取締役会に占める女性の割合は2010年には13％であったが、2016年には27％に上昇した。同様に、OECDジェンダー勧告の採択以降、オーストラリア、チリ、チェコ、日本、ポーランド、ポルトガル、ルクセンブルク、スイスは、公開有限責任会社（Public Limited Company, PLC）や国営企業の取締役会のジェンダーバランスを実現するための緩やかな目標を導入した。オーストラリアとチリは──フィンランド、スペイン、英国など他の国とともに──コーポレートガバナンスに関する規範や規則に開示要件を含めて、企業に取締役会のジェンダーバランスの公表を義務づけ始めた。

2013年以降、9か国──オーストリア、ベルギー、フランス、ドイツ、ギリシャ、アイスランド、イタリア、イスラエル、ノルウェー──が、公開有限責任会社や国営企業に取締役会の男女比に関して義務的なクオータ制を導入した。フィンランドは、国営企業に関して法律に目標は明記されていないものの、指名慣行に各性別を40％以上確保するという決まりがある。クオータ制は取締役会に占める女性の割合を押し上げたが、取締役会より下位のレベルでは、こうした企業トップでの成果と同様の成果は得られていない。

女性起業家を増やす

2013年ジェンダー勧告の採択以降、大多数のOECD加盟国が、資金調達と起業スキルにおける男女格差を縮小させることで、女性の起業を促進しようとしてきた。広く利用されているひとつの戦略は銀行融資へのアクセスの改善であり、借入保証や保証額の上限の引き上げ、受益者への研修や人脈作りの追加的支援の提供などを通じて行われている。新しい借入保証制度が多く見られるのは新興経済国であり、そうした国々では、銀行はしばしば中小企業への貸し付けに消極的で、ジェンダー問題や女性が経営する企業（女性経営者企業）という未開拓市場の可能性に関心が低い。そうした制度の一例はモロッコの中央保証基金（Caisse centrale de garantie）である

（第25章）。OECD加盟国での最近の傾向は、保証額の上限の引き上げや、受益者への研修や人脈作りの追加的支援の提供であり、例としてフランスの女性経営者企業の創設・救済・開発のための保証基金（Fonds de garantie pour la création, la reprise, le développement d'entreprise à l'initiative des femmes）がある。

　最近広がりつつある他の2つの戦略に、（政府が受注の対象を女性経営者企業に設定する）公的調達の活用と、女性によるベンチャーキャピタルの利用を改善するための取り組みがある。また多数の国が、研修、コーチング、メンタリングプログラム、ワークショップ、ビジネスカウンセリング、起業家ネットワーク作りの支援などを通じて、起業意識や起業に関する文化・人脈・スキルにおける男女格差に取り組もうとしている（第24章、第25章、OECD/EC, 2015, 2017）。

公職における女性の代表性の向上に向けて

　2つのOECDジェンダー勧告に沿って、ほとんどのOECD加盟国が政治における女性の代表性を向上させるために、何らかの形で性別による割当措置を導入しているが、そうした措置は、議席の留保による割当、法律に基づく候補者の割当、政党が自発的に設けた割当など、範囲やタイプがさまざまである（第14章）。2016年のデータが得られたOECD加盟28か国のうち、24か国には政党による自発的な割当措置があり、10か国が一院制議会または下院での割当に関する法律を制定しており、10か国が選挙法に割当を盛り込んでおり、3か国では憲法にジェンダークオータが記されている。それにもかかわらず、立法機関では女性の割合は男性のそれにほど遠い（図1.8）。2016年のOECD加盟国平均では、女性議員の割合は28.7％にすぎなかった（第14章）。

　世界の他の地域——MENA諸国など——では、国会における女性の代表性はさらに低い。チュニジアとアルジェリアだけが、女性議員の割合が30％を超えており、OECD加盟国平均を上回っている。MENA諸国における女性の政治参加の進捗は、主として割当の導入に起因しており、政党によって実施されたり選挙法に取り入れられたりしているが、憲法に取り入れられている例もある（第20章）。

公職における積極的是正措置

　女性の雇用を強化し、女性が昇進・キャリア形成において均等な機会を享受できるようにすることを明確な目的とした措置は、公共部門ではあまり利用されていない。2016年のデータによると、最も一般的な政策措置は、OECD加盟10か国が利用していると報告しているもので、女性を対象にしたジェンダー多様性を目指す雇用目標である。しかし、昇進にジェンダーに関する目標を設定したり、昇進の際に優遇措置を講じたり、女性を対象にしたコーチングプログラムや情報セッショ

図1.8　OECD加盟国の国会における女性の代表性は今なお低い

議席に占める女性の割合、下院または一院制議会、2016年

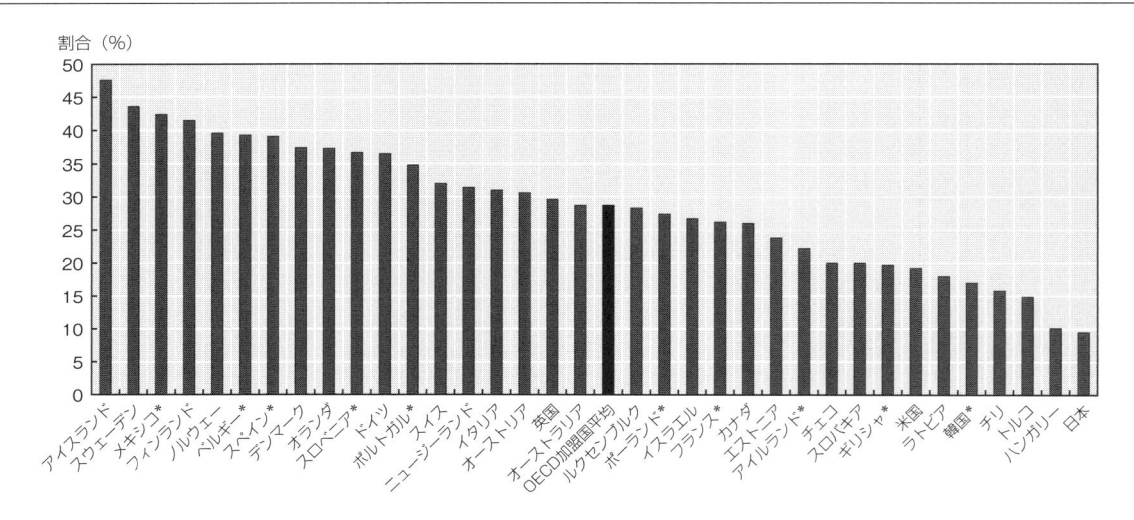

注：データは2016年12月1日のもの。アスタリスク（＊）を付したのは、法律で定められた割当（つまり、立法過程を経て実施される割当）が2016年に行われた国。

資料：列国議会同盟の女性議員割合に関するデータベース（Women in National Parliaments Database）（http://www.ipu.org/wmn-e/world.htm）、列 国 議 会 同 盟 PARLINE デ ー タ ベ ー ス（Inter-parliamentary Union（IPU）PARLINE Database）（http://www.ipu.org/parline-e/parlinesearch.asp）、クォータ・プロジェクト・データベース（Quota Project Database）（http://www.quotaproject.org/）。

StatLink : http://dx.doi.org/10.1787/888933573924

ンを利用したりしている国はごく少数である（第14章）。同様に、積極的是正措置によって、司法分野での代表性にジェンダーバランスを確保しようと取り組んでいる国も非常に少ない（第14章）。

政策立案におけるジェンダーの主流化

　男女平等を完全に実現しようとするなら、政府全体によるアプローチを採用する必要がある。このアプローチには、2015年公共生活におけるジェンダー勧告で強調されているように、成果をもたらし、説明責任を確保する仕組みを提供するツールがなければならない。そのためには、あらゆる省庁とあらゆるレベルの政府において、男女平等がすべての政策立案に組み込まれなければならない。2015年、OECD加盟25か国が、新たに法律を制定する際に義務的なジェンダー影響評価を導入したと報告した。ジェンダー予算は、女性と女子の懸念事項を主流の政策と行政に取り入れるためのツールとしてますます利用されるようになっている。全OECD加盟国の半数近くが、ジェンダー予算をすでに導入したか、導入を計画している、または導入を積極的に検討していると報告している。しかし、ジェンダー予算によるアプローチで男女平等に望ましい影響をもたらそうと考えるならば、そうした国々は、

● 男女別データが必要であり、

- 具体的で、測定可能で、合意を得た、現実的で、期限を設けた（Specific, Measurable, Agreed-upon, Realistic and Time-based、SMART）目標を設定すべきであり、

- ジェンダーに配慮した予算と政策手順を標準化しなければならず、

- 外部によるジェンダー監査を実施しなければならず、

- 立法機関がジェンダー予算に基づく措置をモニタリングし、評価すべきである（第3章）。

　政策を効果的に実施するには、公共機関において男女平等を主流化するための明確で合法的に定められた役割と責任を持つことが不可欠である（OECD, 2017b）。近年、多数の国が対策を講じており、ジェンダーに関する中心機関と協力して、あらゆる政策へのジェンダー視点の取り入れをモニタリングする際に政府中枢が果たす役割を強化したり（メキシコ、カナダなど）、ジェンダー主流化に関して男女平等を担う中心機関の役割を補強したり（チリ、スウェーデンなど）している。

　各国は男女平等を公共政策と予算の策定・開発・実施・評価の各段階の不可分の一部とするために取り組みを強化するとともに、現場での男女平等の取り組みの影響について体系的な証拠を生成しなければならない。

政策を変え、考え方を変える：平等を阻む障壁として今なお残るステレオタイプ

　男女の役割に対する一般的な姿勢は、OECD加盟国で時間の経過とともに徐々に変化してきた（OECD, 2016a, 2017c）。しかし、職場や家庭、社会全体におけるジェンダーステレオタイプは、依然として男女平等の拡大を妨げる重大な障壁になっている。メディアもジェンダーステレオタイプの固定化に大きな役割を果たしている。メディアは女性に対する暴力、「覇権的男性性」、そして性的人身売買をも映し出し、場合によっては常態化する恐れがあり、情報を発信する機関で——特に上級レベルで——女性の割合が低いことが、エンターテイメントやニュースにおける女子と女性の描かれ方に悪影響を与える（Montiel, 2014）。

　ジェンダーステレオタイプは人生の早い段階で確立される。OECDによるPISA教育調査のデータから明らかになっているように、男子も女子も15歳になる頃には、自身が秀でている分野に関係なく、ステレオタイプとして一方の性に特徴的な分野に進むことを考えるようになっている（第7章）。ティーンエイジの女子は同年代の男子よりも人生への満足度が低いことが見受けられるが、この差を生み出している理由については十分に理解されていない（第6章）。OECDのPISA調査からは、今なお多くの親が息子と娘に対して異なる期待を抱いていることも明らかになっている（OECD, 2015a）。たとえば、チリでは15歳の男子の親の50％が、息子がSTEM関連分

野で職に就くだろうと考えていた。しかし、女子の親で娘がSTEM関連分野の職に進めばいいと考えている親は16％のみであった。政策立案者は学校におけるジェンダーステレオタイプ化の重大さを認識しており、おそらく最もそれを認識しているスウェーデンでは、就学前教育課程で伝統的なジェンダーパターンとジェンダーロールを取り除こうとしている（第7章）。

STEM関連分野を選択する

　男女平等のための政策や取り組みが実施されている場合でも、ジェンダーステレオタイプ化と性差に基づく期待は、依然として教育上の選択を左右する。STEM関連分野は非常に給与が高いが、この分野に占める女子と若年女性の割合は低い（図1.1）。オーストラリア、ベルギーのフラマン語圏共同体、ドイツ、イタリア、日本、ラトビア、メキシコ、オランダ、ニュージーランド、スイス、英国など多数の国が、STEM分野において女子や他のグループが過小である問題に対処するために――親・教師・生徒を対象に――新たな措置を導入しているか、既存の措置を強化している（第7章）。たとえば、イングランドでは保護者向けのオンラインガイド、「ユア・ドーターズ・フューチャー（Your Daughter's Future）」よって、学校の教科や進路の選択で親を支援し、「オープニング・ドアーズ（Opening Doors）」によって、教師と生徒向けに学校でのジェンダーステレオタイプ化に対抗するグッドプラクティスを提供している。OECDとメキシコによるイニシアチブである女子STEM教育は、OECDとメキシコ教育省が2017年初頭に立ち上げたものであり、科学と数学の分野で卓越した経歴を持つメキシコの女性にメンターとしての役割を担うよう依頼し、学校を訪問して女子にSTEM学科を選択し目標を高く持つよう促してもらっている。

　ステレオタイプは男女両方の選択を制限する。たとえば、男性は依然として保健医療・教育部門に占める割合が低い。オランダでは若年女性にSTEM関係の職業を勧める活動と併せて、教育部門に対する男性の関心を引き出す取り組みを実施している（第9章）。

女性の金融リテラシーを促進する

　金融リテラシーにおける男女差も、今なお女性の金融エンパワーメントを阻む障壁になっている（第10章）。OECDとINFEが実施した2015年金融リテラシー調査で、参加した30か国・地域のうち19か国・地域で、女性は男性よりも金融知識が乏しいという結果が明らかになったが、他の国・地域では有意な男女差は見られなかった。また、男性は女性よりも傾向として金融上の問題に対して耐性がある。多数の国が女性の金融リテラシー向上を目的として、金融教育プログラムなどのイニシアチブを開発してきたが、そうしたプログラムが男女差にもたらす影響を判断するには、さらなる証拠が必要である。

男性性の規範を変える

　家庭と職場でのジェンダーステレオタイプの改革に必要なのは、女性の行動を変えることだけではない。男性の行動を変える必要もあるのである。各国は、無償のケアと家事への父親の参加が男女平等に不可欠であるという認識をますます強めている。ラテンアメリカでは、世界の他の多くの地域同様、「マチスモ文化」が家族の行動や公共の機関・制度に浸透しており、男女平等の進展の深刻な妨げとなっている（Promundo, 2017）。父親を無償のケア労働に参加させることが、家庭外での男女平等の要であることを各国政府は認識している。家庭での無償ケア労働への男性の参加を増やす最善策について質問した際、最もよく見られた回答は、ケアに対する男子と男性の態度を変えることと、男性が家族のケアのために仕事で休暇を取る際に差別を経験しないようにすることであった（図1.9）。

　多数の国が男女間での無償労働のより平等な分担を奨励しており、父親の休暇制度を通じて、父親に休暇を取得して幼い子どもの世話をするよう勧めている（第16章）。多くの国が子どもの誕生前後数日間に法定父親育児休暇を設けているが、育児に関わる行動を本当に改善しようとするのなら、休暇をもっと長期化する必要がある。2000年以降、OECD加盟10か国は、少なくとも2か月間の父親育児休暇を取得させるための強力な経済的インセンティブを提供する対策を講じてきた。北欧諸国は多くの場合、育児休暇の一部の数か月間を、父親と母親がそれぞれ排他的に利用できる期間として留保しており、日本と韓国は母親と父親それぞれに対して、譲渡できない有給の育児休暇を約1年間与えている。その他の選択肢には「ボーナス期間」があり、共有可能

図1.9　各国の優先順位づけ：男性がケアに従事する時間を増やすには

2013年ジェンダー勧告を支持する国で、家庭での無償ケア労働への男性の参加を促す3つの最も効果的な方法の1つとして、以下の項目を挙げた国の数

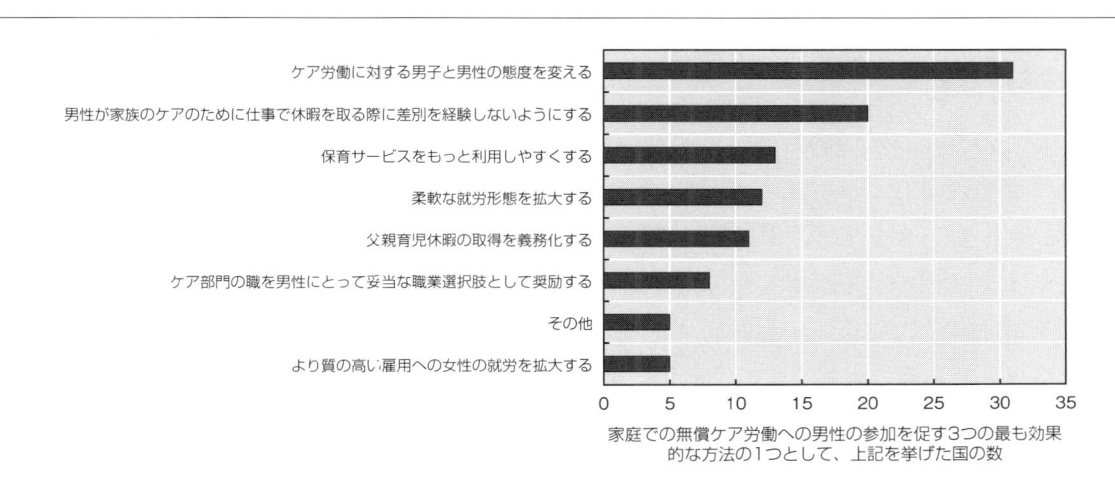

注：回答国は35か国。各国は戦略を3つまで選ぶことができた。

資料：OECD雇用・労働・社会問題委員会（Employment, Labour and Social Affairs Committee, ELSAC）2013年ジェンダー勧告の実施の進捗状況に関する質問票。

StatLink：http://dx.doi.org/10.1787/888933573962

な休暇の一定期間を両親がともに利用すれば、追加で数週間の有給休暇を取得する資格が与えられる。これはドイツの事例であり、2か月間のボーナス期間が与えられる。

こうした制度は、父親が休暇の取得を約束した場合にのみその家族が取得できる数か月間の留保された（または「ボーナス」の）育児休暇を設定することで、父親に休暇を取得するためのインセンティブを与える。子どもの誕生時に確立される育児行動は、子どもが成長しても続く傾向にあり、その後の人生における有償労働と無償労働の夫婦間での分担に重要な影響を与えることを考えると、こうした制度は重要な措置である。また子どもは成長したときに、両親が有償・無償労働をどのように分担していたかを（態度や行動で）模倣するため、両親の行動は、ジェンダーに基づく個人の行動と期待に最も強い影響を与える因子のひとつになる（Cunningham, 2001; McGinn *et al.*, 2015）。

団体交渉や企業レベルでの協定は、しばしば職場慣行における柔軟性を制限する。しかし、政策によって情報を提供し、企業によるベストプラクティスの情報交換を奨励し、職場の柔軟性問題に関する団体交渉を促進し、労働慣行の変更を求める権利を従業員に認めることで、改善することができる（第18章）。たとえば、ベルギー、フランス、ドイツ、ニュージーランドでは、特定の規模の企業で働く従業員全員が、パートタイム勤務への変更や始業・終業時間の変更など、柔軟な勤務形態を求める権利を有している。2013年以降、オーストラリア、ハンガリー、ポルトガル、スロベニア、トルコをはじめとする数か国のOECD加盟国が、幼い子どものいる親の権利を導入または拡大して、パートタイムまたはフレックスタイムでの勤務を少なくとも要求できるようにしている。一方、オランダと英国はさらに踏み込んで、この「要求する権利」を育児責任や個人の状況を問わず、すべての従業員に認めている。

意識を向上させる

また、多くのOECD加盟国政府は、国民の意識を高めるキャンペーンを通じて、ジェンダーステレオタイプを改善しようと試みている。2013年以降、OECD加盟国の少なくとも6か国——オーストラリア、オーストリア、チェコ、韓国、ポルトガル、およびスロベニア——は、従来の方法とオンラインメディアを利用した方法を組み合わせて、ジェンダーステレオタイプ化とジェンダー規範に対する全国的な国民意識向上キャンペーンを実行している。オーストラリアの官民共同キャンペーンである「エクイリブリアム・マン・チャレンジ（Equilibrium Man Challenge）」は、インターネット上で閲覧できる斬新なミニ・ドキュメンタリーの連続番組で、多くの場合、家族のケアをするためにフレックスタイムでの勤務を始めたある男性グループを追跡することで、ワーク・ライフ・バランスに関する意識の向上に努めている。

メディアとソーシャルネットワークが社会規範とジェンダーステレオタイプに与えうるマイナス

影響について、もっと情報が必要である。こうした調査では、目標を絞った広報活動に対するこれまでにない厳格な評価（Paluck *et al.*, 2016; Broockman and Kalla, 2016）と組み合わせることで、ジェンダーステレオタイプ化を緩和するための今後の取り組みの有効性を高めることができるだろう。

未来に向かって

男女平等のための国際的な対策を強化する

SDGsのなかでもアジェンダ2030のジェンダーに関する目標とターゲット（SDG5）の採択は、国と世界の開発課題において男女平等の優先度を引き上げることを約束している（第2章）。アジェンダ2030の普遍的な枠組みは、男女平等を実現している国がないことをはっきりと示している。女子の教育成果など、いくつかの改善は見られるものの、ほとんどの分野で歩みは遅く一様ではない。OECDのジェンダー勧告は、開発途上国と新興国と協力して、女性の低い労働参加率や男女賃金格差、早婚、差別的な社会規範とステレオタイプ、女性と女子に対する高い暴力発生率などの問題に対処するよう、支持する国々に呼びかけている。

法的・制度的な障壁もまだ多く残っている。社会制度・ジェンダー指数（SIGI）で取り上げた100か国以上の女性は、土地と財産へのアクセスにおいて法律やその他の形態での差別と闘わざるをえないうえに、DVに関する法律は77か国で不十分である（OECD, 2014b）。こうした要素はいずれも女性の権利と福祉、国の開発成果に有害な影響を与える。

OECDはOECDのジェンダー勧告を支える原則の促進において、G7会議で以下のような積極的役割を果たしている。

● OECDは女性の起業と役割モデルを促進し、2015年にドイツで開催されたエルマウ・サミットでG7首脳が合意した。

● OECDは日本でのG7開催中に、より多くの女子と女性にSTEM学科の専攻を促すためのイニシアチブ開発を支援した。

● OECDは2017年、G7議長国のイタリアと密接に協力して、「ジェンダーに配慮した経済環境のためのG7ロードマップ」を考案した。

また、OECDは2014年ブリズベン・サミットでG20諸国首脳が採択した、2025年までに労働参加率の男女差を25％削減するという目標の設定や、雇用の質を改善するための一連の重要な政策方針の策定をはじめとして、男女平等がG20アジェンダで前面に取り上げられるように尽力した（OECD *et al.*, 2014）。若年女性が（若年男性を上回ってはいないにしても）彼らと同等の教育を

第1章

図 1.10　多数の国が 2025 年までに 25 ％削減するという目標の実現が見込める位置にいる

労働参加率の男女差における実際の変化と予測される変化、16 〜 64 歳、2012 〜 2015 年

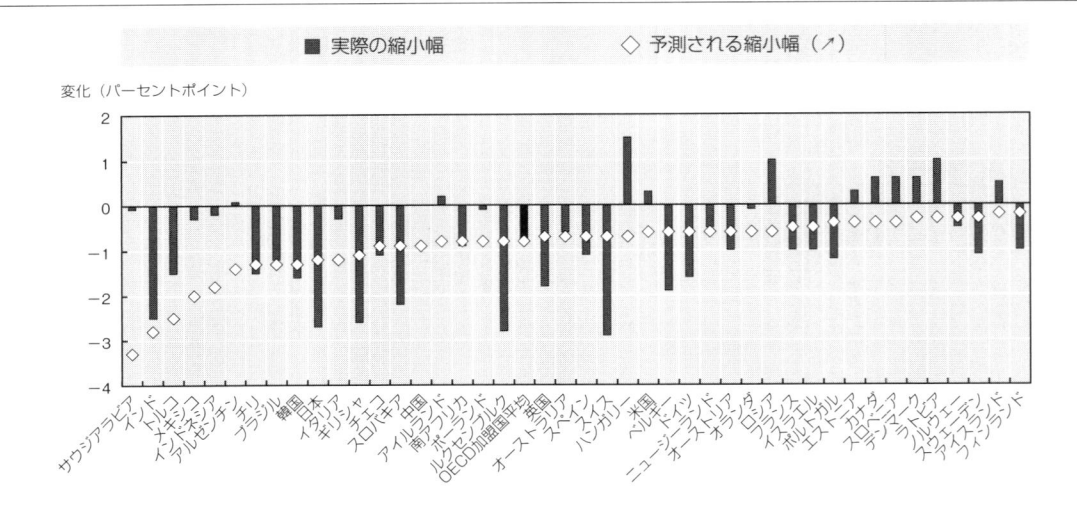

注：実際の縮小幅は、2012 〜 2015 年における労働参加率の男女差の実際の変化を示している。予測される縮小幅は、2012 〜 2025 年にかけて男女差が直線的に減少すると想定して算出している。アルゼンチンの 2015 年は 2015 年第 2 四半期のデータ。インドは 15 歳以上人口のデータ。中国に関しては男女差の実際の縮小幅を算出するために利用できる最新のデータがなく、2012 年のデータを射影して男女差の予測される縮小幅を算出した。2017 年 3 月にデータにアクセスした。

資料：OECD 事務局算定。データ源は、各国の労働力調査。

StatLink : http://dx.doi.org/10.1787/888933573981

受けていることを考慮すると、若年女性の労働市場への寄与は、労働時間の増加への寄与に留まらない。労働参加率の男女差を 25 ％削減するという G20 の目標が実現すれば、数百万人の女性がさらに労働力に加わり、貧困が削減され、OECD 加盟国・G20 諸国で経済成長が大幅に拡大することになるだろう。多くの G20 諸国がこの目標の達成に向けて適切な道を進んでいるが、この目標を実現するにはまだ政策努力が必要である（図 1.10）。

　たとえば、メキシコでは労働参加率の男女差を 2025 年までに 25 ％削減すれば、2013 〜 2025 年の期間に予測される 1 人当たり GDP の年平均成長率が 0.24 パーセントポイント押し上げられると考えられる。これは同期間全体で 1 人当たり GDP の累積成長率が 4 パーセントポイント弱上昇することに相当する（方法と結果については付録 1.A1 参照）。さらに進んで 2025 年までに労働参加率の男女差を 50 ％削減させた場合、2013 〜 2025 年の 1 人当たり GDP の累積成長率は 8.7 パーセントポイントになると予測される。最も大幅な上昇が見込めるのは、ブラジル、中国、インド、インドネシア、韓国、メキシコ、トルコである。カナダ、ニュージーランド、欧州諸国などは、増加幅はより小さくなると予測されるが、それはそうした国々では、現在の労働参加率の男女格差が、少なくとも参加人数の点で相対的に小さいからである。とはいうものの、労働時間と労働参加率が同等になれば、女性の週間労働時間が往々にして 30 時間を下回っている国では、上昇幅はさらに大きくなると考えられ、オーストラリア、ドイツ、オランダ、スイス、英国などでかなりの増加が予測される（OECD, 2012）。

グッドプラクティスを土台にする

　本書の証拠に裏付けられているように、男女格差を縮小——そして、最終的には解消——するためには、取り組まなければならない課題がまだ多く残っている。各国は継続的なキャンペーン、政策の監視と評価、ベストプラクティスの交換、法的措置と公共投資の拡大を通じて、取り組みをいっそう強化する必要がある。各国政府とステークホルダーは、以下をはじめとして、本書で取り上げる種々の政策を利用し、ベストプラクティスから学ぶべきである。

- OECD加盟国で実施されているさまざまなSTEM関連のイニシアチブ

- 育児休暇とECECの提供による、働く親のワーク・ライフ・バランスの向上支援

- 男女賃金格差を縮小するための賃金の透明化に関するイニシアチブ

- 公職と民間企業の指導的立場における女性の代表性を改善するための種々の政策経路

- 夫婦間での有償・無償労働のより平等な分担を促す取り組み

- 女性起業家の資金調達を改善するためのイニシアチブ

- 男女平等のためのグッドガバナンスを促進する取り組み

　他国よりも大きな課題に直面している国もあるが、どの国にも男女平等に関して改善の余地がある。平等に通じる一本道はない。「最善の」政策選択肢は国によって異なるため、政策変更は男女平等に現在の格差を反映させるべきであり、より広範な制度的・歴史的・文化的背景から影響を受けることになろう。浸透している男女格差の規模を考えると、どの国も早急に男女平等政策を改革して、すべての女性、男性、男子、女子の成果を改善しなければならない。

参考文献・資料

Bertrand, M., E. Kamenica and J. Pan（2015）, "Gender Identity and Relative Income within Households", *Quarterly Journal of Economics*. Vol. 130, No. 2, pp. 571-614.

Broockman, D. and J. Kalla（2016）, "Durably Reducing Transphobia: A Field Experiment on Door-to-door Canvassing", *Science*, Vol. 352, No. 6282, pp. 220-224.

Cunningham, M.（2001）, "The Influence of Parental Attitudes and Behaviours on Children's Attitudes Towards Gender and Household Labor in Early Adulthood", *Journal of Marriage and Family*, Vol. 63, No. 1, pp. 111-122.

McGinn, K., M. Ruiz Castro and E. Long Lingo（2015）, "Mums the Word! Cross-national Effects of Maternal Employment on Gender Inequalities at Work and at Home", *Harvard Business School Working Paper*, No. 15-094, July.

第1章

Montiel, A. (2014), "Media and Gender: A Scholarly Agenda for the Global Alliance on Media and Gender", Edited volume, UNESCO Publishing, Paris.

OECD (2017a), *PISA 2015 Results (Volume III) : Students' Well-Being*, OECD Publishing, Paris, http://dx.doi.org/10.1787/9789264273856-en.

OECD (2017b), *Building an Inclusive Mexico: Policies and Good Governance for Gender Equality*, OECD Publishing, Paris, http://dx.doi.org/10.1787/9789264265493-en.

OECD (2017c), *Dare to Share: Germany's Experience Promoting Equal Partnership in Families*, OECD Publishing, Paris, http://dx.doi.org/10.1787/9789264259157-en.

OECD (2017d), *Entrepreneurship at a Glance 2017*, OECD Publishing, Paris, http://dx.doi.org/10.1787/entrepreneur_aag-2017-en.

OECD (2017e), "Report on the Implementation of the OECD Gender Recommendations – Some Progress on Gender Equality But Much Left To Do", OECD, Paris, www.oecd.org/mcm/.

OECD (2017f), *A Decade of Social Protection Development in Selected Asian Countries*, OECD Publishing, Paris, http://dx.doi.org/10.1787/9789264272262-en.

OECD (2016a), *Gender Equality in the Pacific Alliance – Promoting Women's Economic Empowerment*, OECD Publishing , Paris, http://dx.doi.org/10.1787/9789264262959-en.

OECD (2016b), *OECD Employment Outlook 2016*, OECD Publishing, Paris, http://dx.doi.org/10.1787/empl_outlook-2016-en.

OECD (2016c), *OECD Education at a Glance 2016: OECD Indicators*, OECD Publishing, Paris, www.oecd.org/edu/education-at-a-glance-19991487.htm.（『図表でみる教育OECDインディケータ（2016年版）』経済協力開発機構（OECD）編著、徳永優子, 稲田智子, 矢倉美登里, 大村有里, 坂本千佳子, 三井理子訳、明石書店、2016年）

OECD (2015a), *OECD 2015 Recommendation of the Council on Gender Equality in Public Life*, OECD Publishing, Paris, http://dx.doi.org/10.1787/9789264252820-en.

OECD (2015b), *The ABC of Gender Equality in Education: Aptitude, Behaviour, Confidence*, OECD Publishing, Paris, http://dx.doi.org/10.1787/9789264229945-en.

OECD (2014), *OECD Economic Outlook, Vol. 2014, No. 1*, OECD Publishing, Paris, http://dx.doi.org/10.1787/eco_outlook-v2014-1-en.

OECD (2013), "Recommendation of the Council on Gender Equality in Education, Employment, and Entrepreneurship", OECD, Paris, http://dx.doi.org/10.1787/9789264279391-en.

OECD (2012), *Closing the Gender Gap: Act Now*, OECD Publishing, Paris, http://dx.doi.org/10.1787/9789264179370-en.（『OECDジェンダー白書：今こそ男女格差解消に向けた取り組みを！』OECD編著、濱田久美子訳、明石書店、2014年）

OECD (1985), *The Integration of Women into the Economy*, OECD Publishing, Paris.

OECD (1980), *Women in Employment*, OECD Publishing, Paris.

OECD Development Centre (2014), "Social Institutions and Gender Index", http://www.genderindex.org/.

OECD/EC (2017), "Policy Brief on Women's Entrepreneurship", *OECD Employment Policy Papers*, OECD Publishing, Paris, forthcoming.

OECD/EC (2015), *The Missing Entrepreneurs 2015: Policies for Self-employment and Entrepreneurship*, OECD Publishing, Paris, http://dx.doi.org/10.1787/9789264226418-en.

OECD, ILO, IMF and World Bank (2014), "Achieving Stronger Growth by Promoting a More Gender-balanced Economy", 15 August www.oecd.org/g20/topics/employmentand-social-policy/ILO-IMF-OECD-WBG-Achieving-stronger-growth-by-promoting-amore-gender-balanced-economy-G20.pdf.

Paluck, E, H. Shepherd and P. Aronow (2016), "Changing Climates of Conflict: A Social Network Experiment in 56 Schools", *Proceedings of the National Academy of Sciences of the United States of America*, Vol. 113, No. 3, pp. 566-571.

Promundo (2017), "State of the World's Fathers: Latin America and the Caribbean", available online at http://promundoglobal.org/resources/state-worlds-fathers-latinamerica-caribbean/.

WHO (2013), *Global and Regional Estimates of Violence Against Women: Prevalence and Health Effects of Intimate Partner Violence and Non-partner Sexual Violence*, WHO World Health Organization, Geneva.

データベース

OECD人口統計および人口データベース（OECD Demography and Population Database）
http://stats.oecd.org/Index.aspx?DataSetCode=POP_PROJ.

OECDエコノミック・アウトルック95（OECD Economic Outlook No. 95）長期ベースライン予測に関するデータベース（2014）
http://stats.oecd.org/Index.aspx?DataSetCode=EO95_LTB.

OECD雇用データベース（OECD Employment Database）
http://www.oecd.org/employment/emp/onlineoecdemploymentdatabase.htm.

OECDファミリー・データベース（OECD Family Database）
www.oecd.org/els/family/database.htm.

OECDジェンダー・ポータルサイト（OECD Gender Data Portal）
http://www.oecd.org/gender/.

OECDジェンダー・制度・開発データベース（OECD Gender, Institutions and Development Database: GID-DB）「無償のケア労働指標」
https://stats.oecd.org/Index.aspx?DataSetCode=GIDDB2014.

付録1.A1

女性労働力の供給拡大と成長のボーナス

　男女平等を促進して女性の労働参加を推進すれば、OECD加盟国・G20諸国においてかなりの経済的利益が生み出されると考えられる。今回の分析では、G20諸国以外の国に対しても、「2025年までに25％削減する」という目標を、労働参加の進捗状況を測るベンチマークとして用いている。本書のために実施した調査では、潜在的効果を例証するために、労働力の予測と長期成長に関するOECDモデルを利用して、3つの仮定シナリオの下、OECD加盟国・G20諸国の労働力（15～74歳）と1人当たりGDPの規模を推定する。

- 「ベースライン」シナリオは、OECDの標準的な動学的年齢コーホートモデルを用いて、全年齢の男女の労働参加率を推定したもので、現在（2006～2015年）の労働市場参入率と退出率に基づき、労働参加率を（男女別、5歳ごとの年齢層別で）予測する。多くの国で女性の労働参加は増加傾向にある。しかし、中国や米国はそうではなく、労働参加率は男女間で減少している。年齢層によっても異なる傾向が見られる。多くの国で、労働参加率は教育年数が伸びていることから若年層の間では低下しているが、標準的な学歴の上昇と仕事に留まるための経済的インセンティブの強化を受けて、壮年層以上の労働者の間では上昇している。

- 「2025年までに労働参加率の男女差を25％削減する」シナリオ。このシナリオでは、現在（2006～2015年）の労働市場参入率と退出率に基づき、男性の労働参加率を（5歳ごとの年齢層別に）予測する。女性の労働参加率に関しては、2012年に5歳ごとの年齢層それぞれの間で見られた労働参加率の男女差が、2025年までに25％削減されるように予測する。

- 「2025年までに労働参加率の男女差を50％削減する」シナリオ。このシナリオでは、現在（2006～2015年）の労働市場参入率と退出率に基づき、男性の労働参加率を（5歳ごとの年齢層別に）予測する。女性の労働参加率は、2012年に5歳ごとの年齢層それぞれの間で見られた労働参加率の男女差が、2025年までに50％削減されるように予測する。

　2025年までに労働参加率の男女差を25％削減するという目標に関して、ベースラインシナリオは、政策改革が何もなされない場合に男女の労働参加率に起こりうる変化を説明するために開発された。ベースラインシナリオで前提としているのは、固定の労働参加率ではなく、2006～2015年の期間で平均した5歳ごとの年齢層の一定の労働参入率と退出率である。

　3つの各シナリオにおける労働力人口の推定は、仮定した労働参加率に、OECD人口統計および人口データベースの生産年齢人口（15〜74歳）の予測を組み合わせて実施した。それぞれのシナリオで、男女別および5歳ごとの年齢別で労働力を予測し、総労働力人口は男女両方の5歳ごとの年齢層をすべて合計した。予測された労働力人口がベースラインシナリオよりも少ない場合、ベースラインシナリオを適用するものとする。

　1人当たりGDPの推定は、OECDエコノミック・アウトルック95に掲載されている長期成長モデルの修正版を用いた（OECD, 2014）。これらの成長モデルは、通常の長期的成長要因（すなわち物的資本、人的資本、潜在的雇用、労働能率）を用いた標準的なコブ・ダグラス型生産関数に基づいて、GDPを推定する。3つの各シナリオにおける1人当たりGDPの変化の推定は、（同モデルに潜在的雇用を構成するサブ要素として入力される）全労働参加率の（ベースラインに対して）仮定した変化に従って、長期成長モデルによる予測を調整して算出した。それぞれのシナリオで、生産の他のすべての要素——物的資本、人的資本、生産性のほか、潜在的雇用の残りのサブ要素など——の変化と展開はベースラインでは一定に保った。

　OECD加盟国では労働力人口(15〜74歳)の増加が予測されるものの、ドイツ、日本、ロシア、および欧州連合（EU）全体では高齢化とともに大幅に減少すると考えられる。一部の国（オーストラリアやカナダ）では、労働参加率の男女差が（最近の傾向から判断すると）2025年までに25％近く削減される確率が濃厚であるため、2025年までに労働参加率の男女差を25％削減するという目標を達成しても、ベースラインシナリオと比較して労働力人口がわずかしか増加しないと考えられる。

　表1.A1.1は、3つの仮定シナリオそれぞれの下での1人当たりGDPの年平均成長率の予測と、1人当たりGDP成長率の（ベースラインからの）累積変化をパーセントポイントで示している。結果を見ると、労働参加率の男女差を削減する効果は、国によって大幅に異なるものの、多くの場合、男女差の縮小と労働力の増加から得られる潜在的な成長のボーナスがかなり大きくなりうることがわかる。

　たとえば、メキシコでは2025年までに労働参加率の男女差を25％削減すれば、労働人口の拡大によって、2013〜2025年の1人当たりGDPの年平均予測成長率は0.24パーセントポイント高くなり、これは同期間に1人当たりGDPの累積成長率が4パーセントポイント弱押し上げられることに相当する。さらに進んで2025年までに労働参加率の男女差を半減させた場合（「2025年までに労働参加率の男女差を50％削減するシナリオ」）、2013〜2025年の1人当たりGDPの年平均予測成長率は0.67パーセントポイント高くなり、これは同期間に1人当たりGDPの累積成長率が8.7パーセントポイント押し上げられることに相当する。

　最も大幅な上昇が見込めるのは、ブラジル、中国、インド、インドネシア、韓国、メキシ

表1.A1.1　1人当たりGDPの年平均予測成長率、2005年米ドル建て購買力平価、2013〜2025年

	ベースライン	2025年までに25%削減するシナリオ：労働参加率の男女差を2025年までに25%削減する			2025年までに50%削減するシナリオ：労働参加率の男女差を2025年までに50%削減する		
	年平均予測成長率（%）	年平均予測成長率（%）	ベースラインからの変化（パーセントポイント）	2025年におけるベースラインからの累積変化（パーセントポイント）	年平均予測成長率（%）	ベースラインからの変化（パーセントポイント）	2025年におけるベースラインからの累積変化（パーセントポイント）
OECD加盟国							
オーストラリア	2.11	2.17	0.06	1.01	2.31	0.20	2.55
オーストリア	1.67	1.67	0.00	0.00	1.76	0.09	1.19
ベルギー	1.32	1.32	0.00	0.00	1.41	0.09	1.22
カナダ	1.21	1.27	0.06	0.89	1.37	0.15	1.98
チリ	3.96	3.96	0.00	0.00	4.18	0.22	2.85
チェコ	2.84	2.89	0.05	0.95	3.04	0.20	2.63
デンマーク	1.32	1.38	0.06	0.91	1.44	0.12	1.56
エストニア	3.22	3.25	0.04	0.73	3.33	0.11	1.49
フィンランド	1.68	1.74	0.06	0.95	1.80	0.12	1.57
フランス	1.75	1.75	0.00	0.00	1.84	0.09	1.23
ドイツ	1.35	1.35	0.00	0.00	1.46	0.11	1.48
ギリシャ	2.63	2.63	0.00	0.00	2.73	0.10	1.27
ハンガリー	1.89	1.99	0.11	1.72	2.10	0.21	2.78
アイスランド	0.99	1.07	0.08	1.15	1.09	0.11	1.37
アイルランド	1.72	1.72	0.00	0.00	1.78	0.06	0.76
イスラエル	1.80	1.80	0.00	0.00	1.88	0.09	1.15
イタリア	1.15	1.15	0.00	0.00	1.34	0.20	2.55
日本	1.30	1.30	0.00	0.00	1.59	0.30	3.87
韓国	2.82	3.01	0.19	3.43	3.30	0.48	6.26
ルクセンブルク	1.44	1.44	0.00	0.00	1.50	0.06	0.81
メキシコ	1.77	2.01	0.24	3.94	2.44	0.67	8.66
オランダ	1.85	1.85	0.00	0.00	1.96	0.11	1.39
ニュージーランド	1.73	1.77	0.05	0.76	1.90	0.17	2.20
ノルウェー	1.49	1.49	0.00	0.00	1.56	0.07	0.92
ポーランド	2.41	2.50	0.09	1.52	2.64	0.23	3.01
ポルトガル	1.31	1.31	0.00	0.00	1.49	0.18	2.32
スロバキア	2.68	2.80	0.12	2.13	2.94	0.26	3.39
スロベニア	1.57	1.68	0.11	1.69	1.77	0.20	2.60
スペイン	1.10	1.10	0.00	0.00	1.10	0.00	0.04
スウェーデン	2.08	2.11	0.03	0.52	2.16	0.09	1.13
スイス	1.45	1.45	0.00	0.00	1.60	0.15	1.91
トルコ	3.59	3.82	0.23	4.54	4.25	0.66	8.53
英国	2.08	2.13	0.05	0.87	2.26	0.18	2.35
米国	1.88	1.98	0.10	1.56	2.13	0.25	3.26
その他のG20諸国							
ブラジル	1.79	2.03	0.24	3.86	2.29	0.50	6.47
中国	5.26	5.51	0.26	3.32	5.65	0.39	5.03
インド	4.61	5.24	0.63	14.53	6.75	2.14	27.29
インドネシア	4.63	4.85	0.22	4.99	5.30	0.67	11.68
ロシア	3.09	3.23	0.14	2.55	3.32	0.23	4.39
南アフリカ	3.91	4.01	0.09	1.87	4.17	0.26	5.30

資料：OECD事務局算定。データ源は、OECD人口統計および人口データベース（*OECD Demography and Population Database*）（http://stats.oecd.org/Index.aspx?DataSetCode=POP_PROJ）、OECD雇用データベース（*OECD Employment Database*）（http://www.oecd.org/employment/emp/onlineoecdemploymentdatabase.htm）、OECDエコノミック・アウトルックNo.95長期ベースライン予測に関するデータベース（*OECD Economic Outlook No. 95 long-term baseline projections database*）（http://stats.oecd.org/Index.aspx?DataSetCode=EO95_LTB）。

StatLink：http://dx.doi.org/10.1787/888933573943

コ、およびトルコと考えられる。カナダ、ニュージーランド、欧州諸国などは、増加幅は比較的小さいと予測されるが、それはそうした国々では、現在の労働参加率の男女差が、少なくとも参加人数の点で相対的に小さいからである。多数の欧州諸国（オーストリア、ベルギー、フランス、ドイツ、ギリシャ、アイルランド、イタリア、ルクセンブルク、オランダ、ノルウェー、ポルトガル、スペイン、スイス）とチリ、イスラエル、日本では、2025年までに労働参加率の男女差を25％削減しても、1人当たりGDPの年平均成長率にさらなる増加は見込めないかもしれない。その理由として、現在の傾向に基づくと、こうした国々での労働参加率の男女差は、2025年までに少なくとも25％縮小することがすでに予測されているためである。それでも、こうした国のほぼすべてにおいて、取り組みを進めて2025年までに労働参加率の男女差を50％削減すれば（「2025年までに労働参加率の男女差を50％削減するシナリオ」）、GDP成長率にプラスの効果を得ることができるだろう。

　こうした予測は、女性の労働参加の変化が他の労働投入量——男性の労働参加や男女の労働時間など——や、物的・人的資本や生産性などの他のいかなる生産要素とも相互に作用しないと想定した場合の完全に機械的な予測である。これらの制限事項を念頭に、予測を女性の労働供給の変化が経済生産に与える影響の推定または概算として読むべきである。

■ 第2章 ■

持続可能な開発目標と男女平等

主な研究結果

- 国際的に合意された「持続可能な開発のための2030アジェンダ」は、男女平等と女性と女子のエンパワーメントを実現する大きな可能性を有している。SDG5は男女平等を持続可能な開発の普遍的な原動力として認識し、男女不平等を終わらせるための努力を加速する必要性を訴えている。アジェンダ2030の普遍的な内容は、OECD加盟国をはじめとするあらゆる国に適用され、すべての国に男女平等を実現する方法があることを明示している。

- 男女平等を支援するための政府開発援助（ODA）は、2000年以降、4倍以上に増大しており、2015年には過去最高額の365億米ドルに上っている。こうした好ましい傾向にもかかわらず、経済部門や生産部門など、持続可能な開発目標の男女平等に関する公約の実現に欠かせない分野には、依然として投資が大幅に不足している。同様に、ODAのごく少額しか女性のニーズと利益のために用いられていない。

- SDG5と他のジェンダー関連の目標への進捗状況を追跡するには、データが不可欠である。しかし、データは依然として大きく不足している。アジェンダ2030のジェンダーに関連した53のSDGs指標のうち、有効なデータが利用できるのは32のみであり、そのことが無償のケア労働や生産資源への女性のアクセスなど、重要分野を理解する足枷となっている。

第2章

アジェンダ2030：
男女平等という未完の課題を達成するためのタイムリーな手段

2015年9月、世界各国の政府は持続可能な開発のための2030アジェンダに署名した際、2030年までに男女平等と女性と女子のエンパワーメントを目指して努力することを約束した。この約束は、男女平等に関する独立した目標であるSDG5と、ディーセントワークと経済成長に関するSDG8などの他のSDGsに盛り込まれたジェンダー関連の具体的なターゲットに反映されている（United Nations, 2015a）。

SDG5は、あらゆる場所で女性と女子に影響を及ぼしている最も急を要する困難な不平等の多くに取り組む野心的な新しいコミットメントであり、なかでも女性と女子に対するあらゆる形態の差別と暴力を終わらせ、無償のケア・家事労働を認識・評価し、生産資源に対する女性の平等な権利を保障し、意思決定における女性のリーダーシップと参画を拡大することを諸政府は公約している。

アジェンダ2030の普遍的な内容は、男女平等を実現している国がないことをはっきりと示している。残存している課題には、女性の労働参加の停滞、男女賃金格差、根深い差別的な社会規範とステレオタイプ、女性と女子に対する高い暴力発生率などがある。いずれも女性の権利と福祉、国の開発成果に悪影響を与える。フェラントとコレフ（Ferrant and Kolev, 2016）によると、社会制度に存在するジェンダーに基づく差別を削減すれば、選択したシナリオに応じて、世界のGDP成長率が2030年までに毎年0.03～0.6パーセントポイント増加する可能性があるという。

アジェンダ2030は国レベルおよび世界レベルの開発課題において、男女平等の優先順位を引き上げることを目指している。そして、1979年の女性に対するあらゆる形態の差別の撤廃条約（女性差別撤廃条約）や、OECDによるジェンダー勧告（OECD, 2013a, 2015）などの既存の基準となる手段や枠組みを利用し、また強固なものにしている。実際に、最近数十年の取り組みは、女性の権利と開発プロセスへの男女平等の重要性に対する政治的な認識の拡大をもたらした。同様に現場でも、男女格差は教育で縮小しており、程度はそれより劣るものの、雇用でも改善が見られている。

合意やコミットメントの世界的拡大にもかかわらず、男女平等の進捗状況がまちまちであることから、男女平等は未完の課題であり、アジェンダ2030が進捗を加速させる手段となりうることが示されている。SDG5のいくつかのターゲットをベンチマーキングすることは、今後の戦略的な機会と困難な課題を明確化するのに有用である。たとえば、SDG5.1はフォーマルな法律とインフォーマルな法律（慣習法、宗教法、伝統法）からのあらゆる形態の差別の除去が、男女平等を可能にする環境構築の重要な第一歩であることを確認している。2012年以降、立法改革の結果、差別は減少しており、64か国・地域が女性の経済的機会を増大させるために94の

図2.1　早婚における男女不平等が拡大すると、中等教育における男女平等が低下する

早婚における男女平等の水準と中等教育における男女平等の水準の関連性

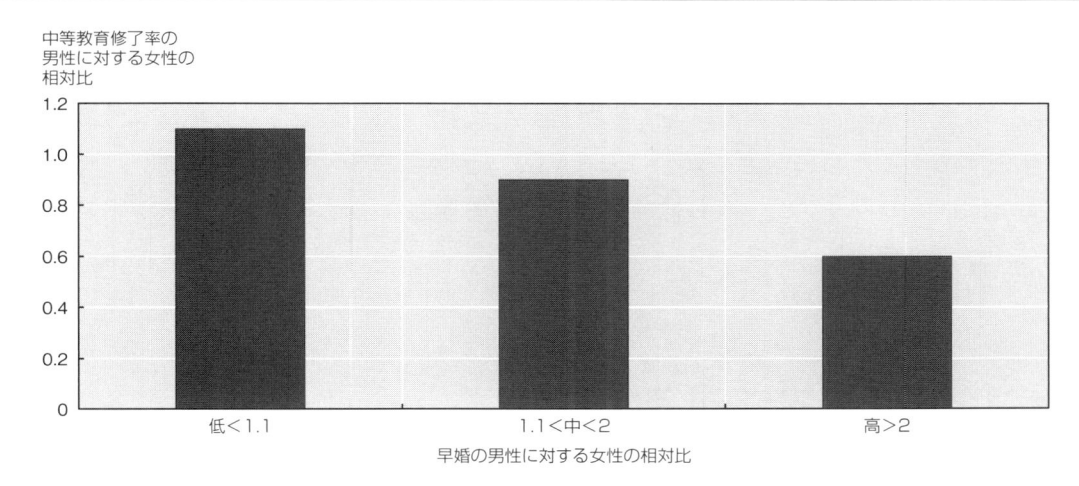

注：この図が示すのは、早婚における男女差と、中等教育修了率における男女差の予測値の関連性である。国の貧困レベルと1人当たりGDP、女性教師の割合、政府の教育支出、失業率の男女差、都市化率、地域ダミー、年固定効果（4年：1980年、1990年、2000年、2010年ベース）を調整している。

資料：OECDジェンダー・制度・開発データベース（*OECD Gender, Institutions and Development Database 2014*）（http://dx.doi.org/10.1787/data-00728-en）、世界銀行・世界開発指標（World Bank World Development Indicators）（http://data.worldbank.org/data-catalog/world-development-indicators）。

StatLink：http://dx.doi.org/10.1787/888933574019

改革を実施した（World Bank, 2016）。SDG5.3に関しては、少なくとも12か国が児童婚と早婚を撤廃するための法律を制定し、または政策を導入している（OECD, 2014a）。しかし、まだ多くの法的・制度的な障壁が残っている。たとえば、現在、社会制度・ジェンダー指数（SIGI）で取り上げた100か国以上の女性は、土地・財産所有へのアクセスにおいて法律やその他の形態の差別と今なお苦闘しており、77か国では法律によるDVへの対応が不十分である。

　SDG5.3は「児童婚、早婚、強制結婚、および女性器の切除など、あらゆる有害な慣行の撲滅」を目指している。開発途上国では、毎日3万9,000人の18歳未満の女子が結婚している。別の言い方をすると、3人中1人の女子が18歳になる前に結婚しており、9人中1人が15歳未満で結婚している（前掲書）。この差別的な社会制度は女子の権利を侵害するだけでなく——社会制度・ジェンダー指数（SIGI）の対象となっている85か国で、女子は男子よりも低い年齢で結婚することが認められている——、教育における男女不平等に影響する根本的な要因となっている。女子の早婚が男子の早婚に比べて2倍の割合で見られる国では、男子100人に対して女子は60人しか中等教育を修了しない。この数字は、女子も男子も早婚傾向が低い国では、男子100人に対して女子は90人に上昇する（図2.1）。つまり、SDG5.3が実現すれば、教育における男女平等においても、すべての人への包摂的で公正な質の高い教育の確保と生涯学習の機会の促進を目指すSDG4の目標においても、実現への歩みを加速させるのに役立つだろう（United Nations, 2015a）。

SDG5の他のターゲットも同様に有望であり、変革をもたらす可能性がある。土地と財産に関する女性の権利の確保（ターゲット5a）は、家族に対する健康上の成果の改善（Klasen and Lamanna, 2009）、経済的エンパワーメントの拡大（FAO, 2011）、家庭内での意思決定力の強化（Agarwal and Panda, 2005）など、幅広いプラスの効果と結び付いている。SDG5.2に関しては、親しいパートナーからの暴力に関する際立った数字から、SDG5.2の実現は女性の基本的権利と福祉を擁護するための緊急課題になっている。世界では3人中1人の女性が、現在のパートナーまたは以前のパートナーから性的または身体的暴力を受けたことがあると報告している（WHO, 2013、第5章）。

アジェンダ2030を実施する際の課題

アジェンダ2030は変革をもたらす大きな可能性を有している。しかし、資金とデータの不足が現場での真の進捗を妨げる恐れがあるため、アジェンダ2030の男女平等に関する目標とターゲットを実現するには、資源と協調的行動が必要である。大きな政治的目標を現実のものにしようとするなら、資金供与は野心的な規模でなければならない。

開発資金に関するアディスアベバ行動目標（Addis Ababa Action Agenda, AAAA）（2015年7月採択）では、男女平等を財政的な意思決定のあらゆる側面に統合することを要請しており、男女平等に関するSDGsのターゲットを実現するための基礎を築いている（United Nations, 2015b）。またOECD（2013a）は、「特に経済・生産部門で援助における男女平等と女性のエンパワーメントの重視を強化する」ことによって、貧困のジェンダーに関する側面に取り組もうとする開発途上国と新興国の努力を支援することを加盟国に求めている。男女平等と女性のエンパワーメントを支援するためのODAは、2015年には過去最高額の365億米ドルに上っており、70億米ドル弱であった2002年から、ミレニアム開発目標の過程の間に5倍に増加した（図2.2）。また、脆弱な状況への援助において、男女平等に特に大きな重点が置かれている（OECD, 2015b）。

ODAは増加傾向にあるものの、男女平等に関するSDGsのコミットメントの実現に対する資金提供は依然として不十分であり、資金のごく一部しか女性のニーズに具体的に対処するために投入されていない。なかでも、男女平等のためのプロジェクトやプログラムに対する資金提供は、男女平等が主流化されているプロジェクトやプログラムに対するものよりもはるかに少ない。2015年では、男女平等を第一目標とする援助はわずか46億米ドルであり、OECD開発援助委員会（DAC）の男女平等政策マーカーのスクリーニングを受けた援助額の4.6％であった（OECD, 2016a）。一方、男女平等を二次的、すなわち重要目標に据えた援助は、319億米ドル——ODAの31.7％——であった。合計すると、2015年に女性のニーズと利益のために向けられた援助額は、二国間ODAの36.2％であった。

図2.2　男女平等と女性のエンパワーメントを支援する援助

開発援助委員会（DAC）加盟国の年間拠出額（EU機関を除く）、2015年の実質価格、2002〜2015年

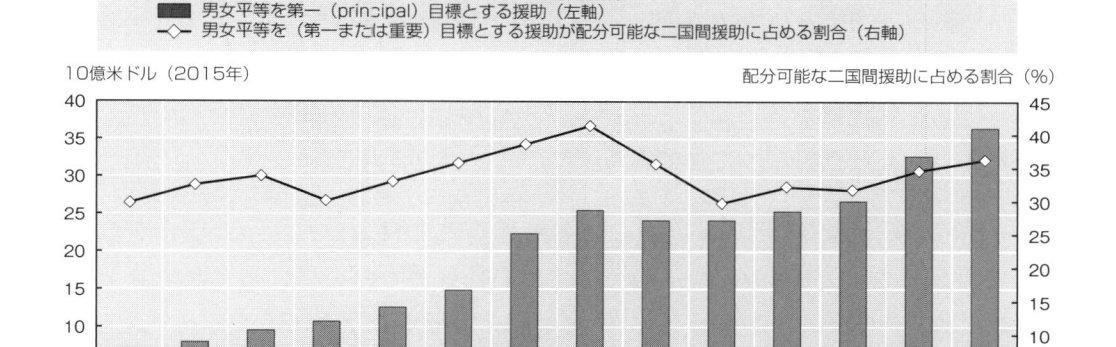

注：援助活動では男女平等を「第一」または「重要」目標に設定することができる。第一目標とは男女平等が明確かつ必須の目標であることを、重要目標とは男女平等が重要だが二次的な目標であることを意味する。
a）配分可能な二国間援助の計算の変更。
資料：OECD・DAC債権国報告システム援助活動データベース（*Creditor Reporting System（CRS）Aid Activity Database*）（http://www.oecd.org/dac/stats/gender）。

StatLink : http://dx.doi.org/10.1787/888933574038

　SDGsの多数の優先分野において、開発投資への政治的コミットメントは不十分である。女性の経済的エンパワーメントが男女平等と持続可能な開発の実現にもたらしうる変革的可能性について、国際的な認識が高まっているにもかかわらず、経済・生産部門への投資は今なお不足している。2013〜2014年では、両部門に対するODAの2％しか男女平等を第一目標に据えていなかった（OECD, 2016b）。また、男女平等は援助国による農業と雇用への支援にはかなり取り入れられているものの、他の経済・生産部門への援助に占める割合は、依然として非常に低い。ジェンダーの重視は、エネルギーや輸送など、インフラ部門において最も弱い。質の高いインフラへの女性のアクセスが女性の経済的機会の拡大、無償労働の負担の軽減、男女平等の前進に不可欠であることを示す強固な証拠があっても、である。

　気候変動のジェンダーに基づく影響と、気候変動への対応にジェンダーの側面を取り入れて有効性を高める重要性について認識が高まっている一方、気候変動ファイナンス（climate finance）におけるジェンダーへの配慮を改善する余地もある。2014年、DAC加盟国の31％は気候変動のための二国間ODAが男女平等目標も対象にしていると報告したが、第一目標に設定していたのは3％のみであった。OECD（2016c）は、エネルギー・輸送部門において気候変動防止行動で男女平等を優先するために、これまで以上の努力が必要であると論じているが、両部門では依然としてジェンダーの視点が大きく欠如している。

第2章

結局のところ、女性・平和・安全保障に関する課題も、コミットメントを現場での進捗に変えることが困難な分野のひとつなのである。脆弱な国家における男女平等の促進のためのODAは増加傾向にあるものの、男女平等に明確に取り組み、女性のニーズに対応しているのはごくわずかである。2012〜2013年の間、脆弱な国・地域への援助のうち、男女平等を第一目標に設定していたのはわずか6％であり、重要目標に設定していたのは29％であった。OECD（2015b）は、脆弱な状況における女性・平和・安全保障の目標を推進するためのプログラムに投資が不足していることを明らかにしている。

ODAは——特に後発開発途上国で、また他の形態の外部資金を引き込む能力が低い脆弱な状況では——引き続き重要であるが、ODAだけでは男女平等の実現に必要な資金を提供することは不可能である。OECD（2014b）は、男女平等を実現するために国にとって最も重要な収入源は、最貧国においてさえ、税収などの国内の収入源であることを示している。2012年、アフリカで徴収された総税収は、開発援助額の10倍であった。ジェンダーに配慮した国家財政管理制度は、国が国内資源を動員し支出する際に、男女平等を確実に優先させるために不可欠である。ジェンダーに配慮した計画立案と予算編成を制度化しようとする中央政府の取り組みを支援する際、援助国には果たすべき重要な役割がある。援助国は援助を、男女平等を推進するための国家的努力に結び付ける必要がある。

OECD（2013a）は、女性の経済的エンパワーメントへの予算配分を追跡するための国家財政管理制度を整備する必要性を明らかにした。国内資源の動員と配分がジェンダーに配慮したものになるよう徹底するためのひとつのエントリーポイントとして、「効果的な開発協力のための釜山パートナーシップ」の実施の進捗状況を測定するために、「効果的な開発協力に関するグローバル・パートナーシップ（GPEDC）」が利用する10の指標からなるモニタリング枠組みの指標8がある（BusanHLF4, 2011）。国連女性機関（UN Women）とOECDが開発した指標8は、「男女平等と女性のエンパワーメントへの公費配分を追跡・実施する制度を備えた」国の割合を測定する。OECD/UNDP（2016）によると、参加国の3分の2は追跡制度を有しており、情報を公開しているという。これは、男女平等の実現への資金供給に対する開発途上国政府のコミットメントの強さを示すひとつの尺度である（OECD/UNDP, 2016）。しかし、OECD/UNDP（2016）は、強固な法的・政策的枠組みを、実際に男女平等への配分の体系的追跡に変える後押しをするには、今後の数年間が重要になるだろうとも結論づけている。

SDG5の進捗状況を測定し追跡する

SDG5の野心的なターゲットには、健全で信頼できるデータで対応する必要がある（コラム2.1）。アジェンダ2030は「進捗状況の測定を支援し、誰一人として取り残されないようにする

ために、高品質で、アクセス可能で、時宜を得た、信頼できる細分化されたデータが必要になる」ことを認識している。ジェンダーに関する細分化されたデータの不足は、証拠に基づく政策立案と世界的なアドボカシーにとっての大きな障害として歴史的に挙げられている（United Nations, 1995）。そうした不足を補うのに役立つプログラムの例に「kNOwVAWdata」があり、アジア太平洋地域において、女性に対する暴力（Violence Against Women, VAW）を比較分析する地域および国家の能力を強化することを目的としている（UNFPA, 2016）。しかし、そうした不足を埋めるのに、国際専門機関間の技術協力も寄与している。たとえば、OECD開発センターと世界銀行は国連女性機関（UN Women）と協力して、SIGI 2018の指標と世界銀行の女性・企業・法律データベース（Women, Business and the Law Database）を最新版に更新している。

コラム2.1　SDG5のターゲットまでのOECD加盟国の距離を測る

　SDGsの実現に向けた複雑な道のりを進み、広範なアジェンダ2030の中の優先事項を明確化するための支援を求める一部加盟国からの要請に応えて、OECDはSDGsのターゲットまでの距離の測定：OECD加盟国の進捗状況アセスメント（Measuring Distance to the SDGs Targets: An assessment of where OECD countries stand）という調査を実施した（OECD, 2017）。このアセスメントは、SDGsのターゲットを実現するための取り組みがどの程度進んでいるのか、またどれだけの道のりをまだ進まなければならないのかを、各国が評価できるようにするツールを作成しようとする試みである（Boarini and Cohen, 近刊）。OECDおよび国連の利用可能な最新データを用いて、可能な限り国連のグローバル指標枠組みに従って、SDGs全17の98のターゲットを網羅した128の個別指標をまとめている。

　SDG5に関して、OECD（2017）は9つのターゲットのうちの5つを検証した。その5つとは、「5.1 すべての女性に対するあらゆる形態の差別を撲滅する」「5.2 すべての女性に対するあらゆる形態の暴力を排除する」「5.4 無償労働を認識・評価する」「5.5 完全かつ効果的な女性の参画を確保する」「5a 女性に財産所有への平等なアクセスを与える」である。

　2030年までにターゲットを実現するために各国が何をしなければならないのかを評価するため、このアセスメントが明らかにしようとしているのは現在の位置であり、それによって2030年までにゴールに到達するのにたどらなければならない距離を判断する。そのためには、ターゲットに目標値を割り当てる必要がある。男女平等に関するターゲットの目標値は、ターゲットを文字通り数値化したものである。たとえば、「すべての女性に対するあらゆる形態の暴力を撲滅する」というSDG5.2の目標値は0になり、女性に対するパートナーまたはパートナー以外からの身体的・性的暴力の報告件数という2つの指標によって測定される。別の例として、女性の完全な参画というターゲットの場合、目標値は50％（すなわち、完全なジェンダーパリティ）に設定される。標準化された測定単位は、OECD加盟国の現在

第2章

図2.3　財産所有の男女平等というターゲット実現まで、OECD加盟国の道のりは非常に長い

男女平等目標を実現するまでの道のりの分布、OECD加盟国、ターゲット別

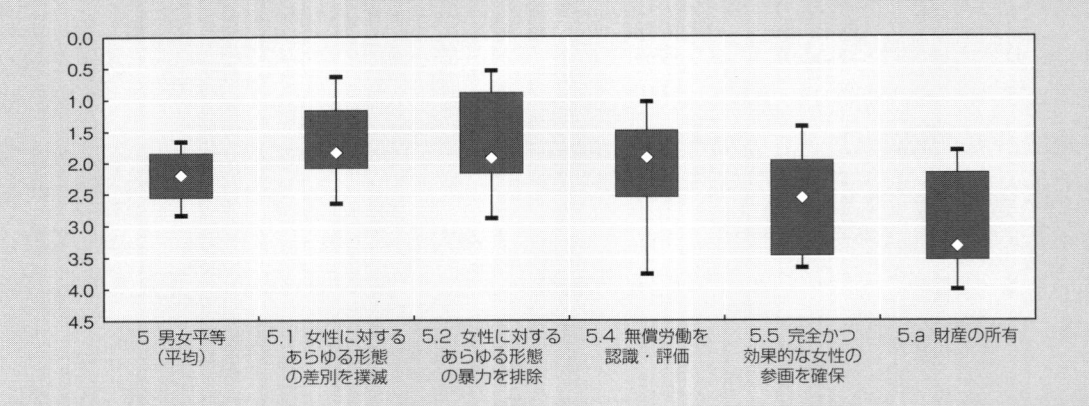

図の見方：この図は、OECD（2017）が選定したジェンダーに関する5つのターゲットについて、OECD加盟国の現在の位置の分布を示している。一番左の箱ひげ図は、5つのターゲットすべてにおける現在の位置の平均である。縦軸は標準単位におけるターゲットからの距離を表し、0は2030年のターゲットがすでに実現していることを意味する。各ターゲットと指標について箱ひげ図が示すのは次の通り。中央値にあるOECD加盟国の現在の位置（箱内の白い菱形）、現在の位置の分布の25パーセンタイルと75パーセンタイル（箱の下端と上端）、分布の10パーセンタイルと90パーセンタイル（ひげの下端と上端）である。

注：分析には有効なデータのあるすべてのOECD加盟国を含めており、指標によって22か国から全35か国の幅がある。男女平等と女性のエンパワーメントの評価に用いた指標は次の通り。女性に対する差別は、男女平等と男女賃金格差に適用される法的枠組みが存在するか否かによって評価される（後者は男性の所得中央値に対する男女の所得中央値の差と定義）。女性に対する暴力は次の2つの指標で評価される。15歳以上で、1) 現在またはかつての親しいパートナーからの身体的・性的暴力の両方またはどちらかを報告した女性と、2) パートナー以外からの性的暴力を報告した女性の割合。無償労働は15〜64歳が従事した無償労働の総時間における男女差として評価される。女性の参画は、国会に占める女性議員の割合と、最大規模の上場企業の取締役会に占める女性の割合によって評価される。財産の所有（土地・財産を所有する平等な権利）は、女性の農地所有者の割合によって評価される。

StatLink : http://dx.doi.org/10.1787/888933574057

の分布に見られる標準偏差である。たとえば、ターゲット5.5は国会に占める女性議員の割合によって測定される。ターゲットが完全な男女平等であるため、2030年までに達成すべき水準は50％である。現在、OECD加盟国のスコアに見られる割合の標準偏差は10パーセントポイントである。デンマークの女性議員の割合は37％である。つまり、この指標に関するデンマークの標準スコアは、現在の割合（37％）とターゲット（50％）の差を、標準偏差（10％）で除したものであり、13÷10=1.3となる。

　図2.3は、男女平等に関するこれら5つのSDGsのターゲットを満たすまでに、OECD加盟国がまだたどらなければならない距離を示している。OECD加盟国は5つすべてに関してまだある程度進まなければならないが、距離の平均が最も大きいのは、SDG5a「土地の所有と管理へのアクセス」（女性の農地所有者の割合によって測定する）と、SDG5.5「女性の完全かつ効果的な参画」（国会の議席と大企業の取締役会に占める女性の割合によって評価する）である。図2.3からは、現在の位置からたどらなければならない距離が国によって大きく異なることも読み取れる。たとえば、SDG5.4「無償のケア・家事労働を認識・評価する」（無償労働の男女格差によって評価する）の場合、最も実績の低いOECD加盟国（10パーセンタイルに位置する国）は、最も実績の高い国（90パーセンタイルに位置する国）よりも4倍近く長い距離を進まなければ、完全なジェンダーパリティに至らない。

　データの不足を埋めようとするなら、SDG5には野心的で革新的な投資が必要である。アジェンダ2030は強固なモニタリングの仕組みを確立し、また政策により良い情報を提供するエビデンスベースを強化するためのチャンスである。これまでのところ、53のSDGsのジェンダー関連指標のうち、データがすべての国で入手できるのは12だけであり（UN Statistical Division, 2017）、女性のエンパワーメントと福祉の重要分野——女性の法的権利、政治的代表性、政策を立案する権限、土地に関する権利など——では不足している。こうしたデータの重要な問題は、「ジェンダーデータ革命」を求める要請につながり、OECD（2013a）は援助国に、開発途上国と新興国での「男女別データの収集」を支援するよう促している。それにもかかわらず、統計を対象とするODAの割合は近年減少しており、2011年には0.34％であったが、2014年には0.25％になった（PARIS21, 2016）。

主な政策提言

- アジェンダ2030の普遍的な枠組み、目標、およびターゲットは、すべての国において男女平等と女性のエンパワーメントの歩みを加速させる重要な機会を提供している。ジェンダーに関するコミットメントを果たすために、すべての国は重要な政策、資金調達、データの不足を改善するための取り組みを強化する必要がある。

- SDGsの追跡という評価に関する課題、すなわち男女別データの定期的で包括的な収集に応えるには、国の統計局の資源と技術的能力への大きな投資が必要である。他の省庁や部門、なかでもジェンダーに関する中央省庁との連携の強化は、女性と女子の真のエンパワーメントのための証拠に基づく政策立案を目的としたデータの利用の促進に不可欠である。

- SDGsの男女平等に関する約束を実現しようとするなら、前例のない規模での資金提供が必要になるだろう。そのためには、援助国からの拠出における資金ギャップを解消し、国内での資金の動員と配分がジェンダーに配慮したものになるよう徹底することで、国内外のあらゆる資金源を動員し有効活用する必要があろう。

参考文献・資料

Agarwal, B. and P. Panda（2005）, "Marital Violence, Human Development and Women's Property Status in India", *World Development*, Vol. 33, https://www.amherst.edu/media/view/92357/original/Marial%2BViolence%2C%2BHuman%2BDevelopment%2Band%2BWomen%27s%2BProperty%2BStatus.pdf.

Boarini R. and G. Cohen（2017）, "The OECD Study on Measuring Distance to the SDG Targets: A Methodological Discussion", *OECD Statistics Working Papers*, OECD Publishing, Paris, forthcoming.

第2章

BusanHLF4 (2011), "The Busan Partnership for Effective Development Co-operation", fourth High Level Forum on Aid Effectiveness, Busan, Republic of Korea, 29 November to 1 December 2011, www.oecd. org/dac/effectiveness/49650173.pdf.

Buvinic, M., R. Furst-Nichols and G. Koolwal (2014), *Mapping Gender Data Gaps*, Data2x, http://data2x.org.

Ferrant, G. and A. Kolev (2016), "Does Gender Discrimination in Social Institutions Matter for Long-term Growth? Cross-country Evidence", *OECD Development Centre Working Papers*, No. 330, OECD Publishing, Paris, http://dx.doi.org/10.1787/5jm2hz8dgls6-en.

Klasen, S. and F. Lamanna (2009), "The Impact of Gender Inequality in Education and Employment on Economic Growth: New Evidence for a Panel of Countries", *Feminist Economics*, Vol. 15, No. 3, pp. 91-132, July.

FAO-Food and Agricultural Organization (2011), *The State of Food and Agriculture*, Food and Agricultural Organization of the United Nations, Rome, www.fao.org/docrep/013/i2050e/i2050e.pdf.

OECD (2017), "Measuring Distance to the SDGs Targets: An Assessment of Where OECD Countries Stand", OECD, Paris http://www.oecd.org/std/measuring-distanceto-the-sdgs-targets.htm.

OECD (2016a), "Handbook on the OECD-DAC Gender Equality Policy Marker", OECD-DAC Network on Gender Equality (GENDERNET), OECD, Paris, www.oecd.org/dac/gender-development/dac-gender-equality-marker.htm.

OECD (2016b), "Tracking the Money for Women's Economic Empowerment: Still a Drop in the Ocean", OECD-DAC Network on Gender Equality (GENDERNET), OECD, Paris, https://www.oecd.org/dac/gender-development/tracking-money-forwomens-economic-empowerment.htm.

OECD (2016c), "Making Climate Financing Work for Women: Overview of Bilateral ODA to Gender and Climate Change", OECD, Paris, https://www.oecd.org/dac/gender-development/Making-Climate-Finance-Work-for-Women.pdf.

OECD (2015a), *2015 OECD Recommendation of the Council on Gender Equality in Public Life*, OECD Publishing, Paris, http://dx.doi.org/10.1787/9789264252820-en.

OECD (2015b), "Financing UN Security Council Resolution 1325: Aid in Support of Gender Equality and Women's Rights in Fragile Contexts", OECD, Paris, https://www.oecd.org/dac/genderdevelopment/Financing%20UN%20Security%20Council%20resolution%201325%20FINAL.pdf.

OECD (2014a), "The Social Institutions and Gender Index", Development Centre, OECD, Paris. www.genderindex.org.

OECD (2014b), *Development Co-operation Report 2014: Mobilising Resources for Sustainable Development*, OECD Publishing, Paris, http://dx.doi.org/10.1787/dcr-2014-en.

OECD (2013a), "Recommendation of the Council on Gender Equality in Education, Employment, and Entrepreneurship", OECD, Paris, http://dx.doi.org/10.1787/9789264279391-en.

OECD/UNDP (2016), *Making Development Co-operation More Effective: 2016 Progress Report*, OECD Publishing, Paris, http://dx.doi.org/10.1787/9789264266261-en.

PARIS21 (2016), "Partner Report on Support to Statistics: PRESS 2016", PARIS21, Paris, http://www.paris21.org/sites/default/files/FRESS-2016-web-final.pdf.

United Nations (2015a), *Sustainable Development Goals*, United Nations, New York, September. http://www.un.org/sustainabledevelopment/gender-equality/.

United Nations (2015b), "The Addis Ababa Action Agenda of the Third International Conference on Financing for Development: Outcome document", United Nations.

United Nations (1995), "Beijing Declaration and Platform of Action", adopted at the Fourth World Conference on Women, Strategic Objective H3, United Nations, 27 October, www.un.org/womenwatch/daw/beijing/pdf/BDPfA%20E.pdf.

UNFPA (2016), "kNOwVAWdata Project Overview", United Nations Population Fund, http://asiapacific.unfpa.org/publications/knowvawdata-project-overview.

UN Statistical Commission (2017), *Report of the Inter-agency and Expert Group on Sustainable Development Goal Indicators*, E/CN.3/2017/2, United Nations, 17 December.

WHO-World Health Organisation (2013), *Global and Regional Estimates of Violence Against Women*, World Health Organisation, Geneva, www.who.int/reproductivehealth/publications/violence/9789241564625/en/.

データベース

OECD ジェンダー・制度・開発データベース（OECD Gender, Institutions and Development Database: GID-DB）
https://stats.oecd.org/Index.aspx?DataSetCode=GIDDB2014

■ 第3章 ■

男女平等のためのガバナンス

主な研究結果

- ジェンダー予算は過去10年間に取り組まれるようになっており、政策開発と資金配分において知覚された不平等に対処する有益なツールと見なされている。2013年以降、OECD加盟7か国がジェンダー予算の編成慣行の進展を報告している一方、他の大多数のOECD加盟国は政策立案プロセスで何らかの形でジェンダーへの配慮を行っている。こうしたことは、結果的に公的支出に影響を与えることになろう。

- OECD加盟25か国は、すべての、または一部の一次法を整備する際、ジェンダー影響評価を組み入れるよう規制機関に義務づけていると報告している。

- 十分に機能する説明責任の構造は、男女平等のためのガバナンスの土台である。議会に男女平等委員会（専門委員会または他の活動も並行して行う委員会）を有するOECD加盟22か国のうち、2か国が2013年以降に導入した。しかし、議会の活動全般におけるジェンダーへの配慮に影響を与える権限、さらには監視まで行う権限を有している監視委員会はほとんどないようである。

第3章 ## ジェンダーへの配慮をすべての法律とすべてのレベルの政府に根づかせなければならない

　教育、労働市場、および公職における男女平等を完全に実現しようとするなら、各国はガバナンスにおける男女平等の主流化を継続しなければならない。そのためには、男女平等への認識を、あらゆる省庁とあらゆるレベルの政府に根づかせ、すべての政策と政策プロセスにおいて、開発から設計、実施、評価、説明責任に至るまでに反映させなければならない。

　OECDのジェンダー勧告（OECD, 2013, 2015）のなかでも、2015年公共生活におけるジェンダー勧告は、男女平等を現代の公共ガバナンスの基本原則とするための多面的アプローチを提示している。それには、ジェンダーに配慮した政策の促進と、公共部門の指導的地位と雇用における男女格差の解消が含まれる。このアプローチでは、ジェンダーに配慮した政策と支出に対して政府に説明責任を持たせるための仕組みとともに、ジェンダー影響評価やジェンダー予算などの多岐にわたる主流化ツールを利用する。

ジェンダー予算：ガバナンスにおける重要課題

　予算プロセス——公的資金を配分して政府の政策目標を実現し、そうした資金の利用と影響について説明責任を果たすこと——は、国の政策立案の中核をなしている。ジェンダー予算はOECD加盟国において、男女平等と包摂的成長を促進するツールとして、ますます重要視されるようになっている。また、男女平等（SDG5）などのSDGsを実現するためのコミットメントや、重要なターゲットと指標といった関連するガバナンス・ツールと、大いに関係している（第2章）。

　これまで、OECD加盟国で男女平等問題を公共政策の設計に取り入れるためのアプローチに徹底的に取り組んできた国はかなり少数であった。それが原因で、男女間の格差と不平等が、程度の差こそあれ、公的資金の配分に根づく状況に至った。この負の遺産は、労働市場、教育、保健医療といった政策領域だけでなく、マネジメントやリーダーシップにおいても顕著に見られる。

　予算プロセスは資金配分の入り口であるだけでなく、公共政策を策定する基準の決定要因であることを考えると、予算がジェンダーに配慮した公共ガバナンスに与えうる影響を評価することが重要になる。

　ジェンダー予算の実施はOECD加盟国において本格化しつつあり、現在、半数近くが、ジェンダー予算をすでに導入した、導入を計画している、または導入を積極的に検討している、と報告している（図3.1）。2013年にはオーストリアとメキシコが、2014年にはイスラエルとノルウェー、スウェーデンが、2015年には日本とアイスランドがこの分野で進展を見せた。

図3.1　OECD加盟国の半数近くが、ジェンダー予算をすでに導入した、導入を計画している、または導入を積極的に検討している

OECD加盟国におけるジェンダー予算の状況

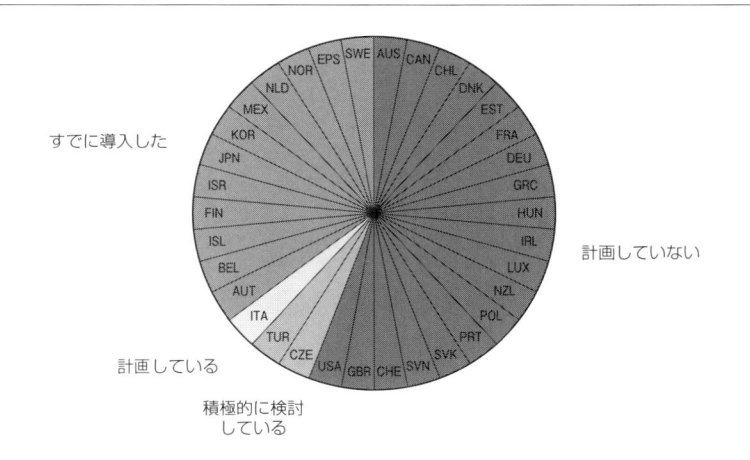

資料：2016年OECDジェンダー予算調査（2016 OECD Survey of Gender Budgeting）。

StatLink : http://dx.doi.org/10.1787/888933574076

　OECDは他に先駆けてジェンダー予算の分析を実施し、予算プロセスの各段階をジェンダーに配慮した政策立案の有望なエントリーポイントと見なした。このOECD（2016）によるジェンダー予算の類型は、最大の影響を生み出すために、政策開発プロセス——設計、実施、評価、説明責任——の各重要段階にジェンダーの視点を取り入れるべきであることを明示している。

　ジェンダー予算の編成慣行は導入国によって異なるものの、3つの大まかなカテゴリーに分けることができる。

- **ジェンダー情報に基づく資金配分**：個々の政策決定と資金配分のジェンダーへの影響を、資金配分プロセス全体で考慮する。

- **ジェンダー評価に基づく予算**：予算の全体としての影響について、ある程度のジェンダー分析が実施される。

- **ニーズに基づくジェンダー予算**：男女格差の程度を評価し、格差が最大の政策領域を特定するジェンダーニーズの事前評価が予算決定の根拠となる。

　複数のカテゴリーに跨がる場合もある。予算全体のジェンダー評価を実施している国は、ジェンダー情報に基づく資金配分も行っており、ニーズに基づくジェンダー予算を実施している国は、一般にそうした予算のジェンダー評価も実施している。ジェンダー予算を実施しているOECD加盟国のおよそ3分の2が、1番目または2番目のカテゴリーに分類され、予算プロセスの一環としてジェンダーニーズの評価を実施しているのは3か国だけである（表3.1）。

　19か国はジェンダー予算を正式に導入していないものの、そのほとんど（90％）が何らかの形態で、政策立案プロセスにおいてジェンダーへの配慮を行っている。そうしたアプローチの性質と質は多様である。国がジェンダーへの配慮を政策立案プロセスに取り入れようとする際、重点が置かれることが多い政策分野がいくつかある。ジェンダーに配慮した政策が最も見られやすい政策分野は、女性の経済的自立、平等課題、教育、ジェンダーに基づく暴力、ワーク・ライフ・バランスである。こうした分野の新しい政策は、そうした政策が男女平等に与える影響を分析するために、何らかの形態のジェンダー評価を受ける割合が高い。

　ジェンダーに配慮した政策立案のさらに進んだ段階にある国では、ジェンダー影響評価は政策立案プロセスの一部となっていることが多い。たとえば、英国政府の職員は政府政策の影響を評価する際、平等に関するあらゆる影響を記録し、平等に関するあらゆる影響分析を添付するよう助言される。カナダ政府は政策・法律・プログラムの影響を男女別に綿密に調査してから、それらを推進するかどうかを決定しなければならない。ノルウェーやドイツなどの国は男女平等を「主流化」していると報告しており、政策領域においてジェンダーに関する課題を推進するのは担当省庁の責任であるため、特別なジェンダー予算が必要であるとは考えていないという。1983年から2014年の間、オーストラリア連邦政府は女性予算書（Women's Budget Statement）を毎年発表して、女性と男女平等にとって重要な政府政策について、有益な情報を提示していた。スウェーデン政府は最近、ジェンダー予算へのフォーカスを強化して、男女平等の視点を予算プロセスに体系的に適用するよう努めている。

　ジェンダー予算の有効性を最大限に高めるために、政策サイクルの各戦略的段階にジェンダーの視点が適用されなければならない。こうした戦略的段階には、1）事前段階（この段階では、政策と資金配分がもたらしうるジェンダーへの影響を評価して意思決定の際に考慮し、ジェンダーに配慮した政策の目標を明確にすべきである）、2）実施段階（この段階では、ジェンダーに配慮した政策の実績と結果をモニタリングしなければならない）、3）事後評価・説明責任段階（この段階には、個々の政策のジェンダー影響評価、意図した目標と比較した、ジェンダーに配慮した政策の実績と結果の評価、予算全体に対する独立したジェンダー監査、ジェンダーに基づく分析結果への議会・市民社会・国民による積極的かつ批判的な精査があり、重要な提言を明らかにして、予算サイクルの次の段階で役立てることができるようにする）などがある。

　ジェンダー予算の大まかな分析には、男女平等目標を推進するために行われた直接的な財政配分も含まれる。たとえば、メキシコの教育制度では、以前は男性にのみ適していると見なされていた職業に関係のある高等教育の分野で、多数のプログラムによって若い母親に助成金を、女性に人文科学奨学金を、先住民の女性に奨学金を支給している。日本では、ジェンダー政策が以前にも増して重視されるようになったことで、職場での母親に対する差別を削減する措置

表3.1　ジェンダー予算制度は３つの大きなカテゴリーに分類される

ジェンダー予算ツールの利用		ジェンダー予算制度：類型、2016年								
		事前のジェンダー影響評価	資金配分にジェンダーの視点	事後のジェンダー影響評価	業績設定にジェンダーの視点	支出見直しにジェンダーの視点	ジェンダー関連予算の帰着分析	ジェンダー予算のベースライン分析	予算のジェンダー監査	ジェンダーニーズ評価
ジェンダー情報に基づく資金配分	ベルギー	●	—	—	—	—	—	—	—	—
	日本	—	●	—	—	—	—	—	—	—
	フィンランド	—	●	—	●	—	—	—	—	—
ジェンダー評価に基づく予算	アイスランド	●	—	—	—	—	—	●	—	—
	イスラエル	●	—	—	—	—	—	—	—	—
	韓国	—	●	—	—	—	—	—	—	—
	スペイン	●	●	●	●	—	●	—	●	—
	スウェーデン	●	—	●	●	●	—	—	●	—
ニーズに基づくジェンダー予算	オーストリア	●	—	—	●	—	●	—	●	●
	メキシコ	●	—	—	●	—	—	—	●	—
	ノルウェー	●	●	—	—	—	●	—	●	●

資料：2016年OECDジェンダー予算調査（2016 OECD Survey of Gender Budgeting）。

StatLink：http://dx.doi.org/10.1787/888933574095

につながっている。オランダでは、ジェンダーに配慮した政策が資金の配分に影響を及ぼしつつある。たとえば、2017年初頭、科学大臣は大学レベルでの女性の代表性の低さに対処する取り組みの一環として、女性教授100人の任命を支援するために500万ユーロを追加で割り当てることを発表した。

　こうした例があるにもかかわらず、ジェンダー予算を実践している国の半数しか、男女平等にプラスの影響を与える的確な方法を示すことができなかった。その理由のひとつとして、ジェンダー予算が一部の国ではまだ比較的新しいということが考えられ、今後、さらなるメリットが表面化する可能性もある。

ジェンダー予算のための重要なツール

　ジェンダー予算というアプローチを男女平等に関する望ましい成果に導く後押しをするには、次のような多数の条件と基本的要素が整っている必要がある。

- **政府全体での協調的アプローチ**：ジェンダー予算には、多数の政府省庁——般的には財務省や男女平等を担当する省庁——による協調とリーダーシップが必要である。

　たとえば、アイスランドでは財務省は厚生省と協力して、ジェンダー予算プログラムを

策定している。また、スペインではジェンダー予算に関する作業部会が、保健・社会サービス・平等省、予算・歳出担当大臣室（Office of the Secretary of State for Budgets and Expenditure）、予算総局（Directorate General of Budgets）の各代表者をまとめている。

● **男女別データ**：ジェンダー別のデータセットと統計が日常的に利用できれば、男女格差を特定し、政策介入を設計し、影響を評価するためのエビデンスベースの構築が大きく後押しされるだろう。ジェンダー予算を実施しているOECD加盟12か国中10か国で、公共サービスの特定の一部分野で男女別データが利用できる。

　2008年、イスラエルは統計法を修正して、データを収集するすべての機関に対し、男女別で統計を分析・発表することを義務づけた。また、2014年以降、担当省庁は予算の利用方法についてジェンダー分析を実施しなければならなくなった。科学（奨学金と基金）の分野では、ジェンダー分析がよりバランスの取れた資金配分をもたらし、スポーツの分野では国民的議論と法的措置につながった。それでも、産業貿易労働省（現経済産業省）の独自調査に示されているように、一部の省庁は依然として必要なデータの獲得に苦労している。公共サービスのすべてまたはほとんどの重要分野において、男女別データが必要な範囲で日常的に利用可能なのは、ノルウェーとスウェーデンのOECD加盟2か国だけである。

● **測定可能な成果とSMART（具体的で、測定可能で、合意を得た、現実的で、期限を設けた）ターゲット**：予算配分に関係するジェンダー別の成果は、特に多くのOECD加盟国が追求する業績予算アプローチとの関連で、予算の男女平等評価に役立つだろう。ジェンダー予算を導入しているOECD加盟国の3分の2が、ジェンダー指数を開発・利用して、ジェンダー予算の影響を評価している。

● **ジェンダーに配慮した予算と政策の標準業務化**：ジェンダーへの配慮を現代の予算編成において不変の要素にしようとするなら、それを一種の付帯的な分析としてのみ利用するのではなく、毎年の予算編成・政策立案の正規手順に組み込む必要がある。異なる政府機関で、政策におけるジェンダー予算の優先順位が「上昇・下降」する傾向を、資金の再優先順位づけと再配分への寄与の点で、効果と付加価値が実証されている綿密で標準化された国際的アプローチによって解消する必要がある。その際、ジェンダー予算を官僚主義的に盲従して取り入れるべきではなく、あらゆる領域で公共政策開発の中身と本質的に結び付けなければならない。

　たとえば、オーストリア憲法では、2009年以降、全レベルの政府にジェンダー予算の実施を規定している。ジェンダー予算は、予算法に成文化された業績に基づく予算編成の

枠組みに組み込まれている。その条項では、年間予算書（Annual Budget Statement）の各章に、男女平等に直接取り組む目標を1つ以上含めて、成果目標を設定することを求めている。

● **外部監査**：行政主導のジェンダー予算は、外部のジェンダー監査と市民監査（すなわち、ジェンダー予算の影響を評価するための市民社会のメンバーとの対話）によって補完すべきである。こうした監査から得られた教訓を、予算に関する今後の意思決定に取り入れて、男女平等を実現するための支出の有効性が、時間の経過とともに向上するよう徹底すべきである。

　たとえば、スペインでは、アンダルシア地方政府のジェンダーに配慮した戦略が、2003年以降、段階的に拡大している。2007年には、男女平等の改善に最も大きな効果をもたらす予算プログラムを特定するために、「Gプラスプログラム（G+ Programme）」と呼ばれる方法が策定された。同戦略の最新の段階として、2013年にはGプラスプログラムの実施を評価するために外部監査が導入された。

● **議会の積極的関与**：いかなる予算編成プロセスにおいても、議会は最終的な説明責任の場である。そのため、ジェンダー関連予算に関する説明責任の有効性は、議会でのより広範な予算に関する説明責任の枠組みの質に本質的に結び付いている。現代の予算編成では、議会による効果的な関与は、年に1度の予算の承認に留まらず、事前の予算方針策定段階、監査所見に基づく事後の説明責任、議会が複雑でわかりにくい予算情報に問題なく対処するのに役立つ制度的な仕組み（議会予算局など）にまで拡大している。

　たとえば、オーストリアの議会予算局は、予算編成プロセスにおいて国民議会を支援しており、業績とジェンダー予算に関して協議する特別な権限を有している。

　要するに、効果的なジェンダー予算編成の課題は、いろいろな意味で現代の予算編成の課題の縮図なのである。実際のところ、優れたジェンダー予算編成の必要条件として上述した側面の多くは、同様に優れた予算編成と優れた政策編成の必要条件でもあり、なかでも、政策・予算サイクルに直接寄与する、予算影響分析・評価と説明責任の明確で多面的な枠組みは、どちらにも必要である。

　ジェンダー予算アプローチについての今後の研究では、分析の枠組みの差別化を出発点として、各分野における異なるアプローチの機会と有効性をさらに詳しく調査すべきである。実務者を国際的に召集して世界基準を設定する機関としてのOECDの役割は、政策提言だけでなく、今後の進展のためのベストプラクティスと優先事項の特定にも生かされるべきである。

第3章

　ジェンダーを主流化するための方法は、ジェンダー予算以外にも存在する。そうした方法のひとつは、規制プロセスにジェンダー影響評価を取り入れることである。OECDの2015年規制政策・ガバナンス指標（Indicators of Regulatory Policy and Governance, iREG）によると、OECD加盟25か国が、規制機関に対してすべてのまたは一部の一次法を整備する際にそれを義務づけていると報告している。この数字から、ベルギーやデンマーク、フランスなどの国が、一次法を整備する際に、必要条件としてのジェンダー影響評価を導入または強化した2013年以来、進捗があったことが読み取れる。

　たとえば、デンマークではジェンダー評価を受けた法律はほとんどなかった。そうした状況を受けて、政府は改革に着手し、あらゆる計画立案や運営に男女平等を盛り込むことをすべての公共機関に義務づけた。その支援のために、ジェンダー影響評価に関して、実務面（データ、統計、ツールの利用）と理論面（ジェンダー影響分析の妥当性）から、指導と提言を実施している。この改革ではワークショップも開催され、諸省庁がジェンダーに配慮したアプローチを業務に取り入れる後押しをしている（European Commission, 2014）。

ジェンダー主流化に対する説明責任と監視

　ジェンダー主流化に関する主な懸念事項のひとつは——他の政府全体に及ぶ目標同様——、それがすべての人の責任になり、誰の責任にもならない恐れがあることである。OECD（2014）は、不十分な説明責任の仕組みが、多数のOECD加盟国で効果的なジェンダー主流化を阻む主要な障壁になっていることを明らかにした。

　こうした状況に対して、立法機関は男女平等に関する政府の取り組みへの監視を徹底する際、男女平等を推進する機関として重要な役割を担う。たとえば、2016年、カナダ下院で「賃金の平等に関する特別委員会（Special Committee on Pay Equity）」を設置する動議が可決された。同委員会の職務は、賃金の平等に関する公聴会を実施して、連邦政府による賃金平等のための積極的対策を下院が支持できるようにするための計画を提出することであった。広範囲にわたる協議の結果、同委員会は報告書を提出した。報告書では、賃金平等のための制度が現在どのように運用されているのか、どのように改善すればよいか、より公正でより効果的な連邦制度を開発するために、他の制度からどのように学べばよいかを検討した。カナダ政府は連邦政府機関と連邦政府の規制を受ける民間セクターで、賃金の平等のための改革を導入するという声明を発表した（Government of Canada, 2016b）。

　2016年、OECD加盟国のうちの22か国が議会に男女平等に関する委員会を有していた（図3.2）。ほとんどの委員会が設置されたのは10年以上前であるが、アイルランドと英国はそれぞれ2014年と2015年に設置している。他の国は既存の委員会に、男女平等に関連する問題に対

図3.2　OECD加盟国の３分の２が議会に男女平等委員会を設置している（2016年）

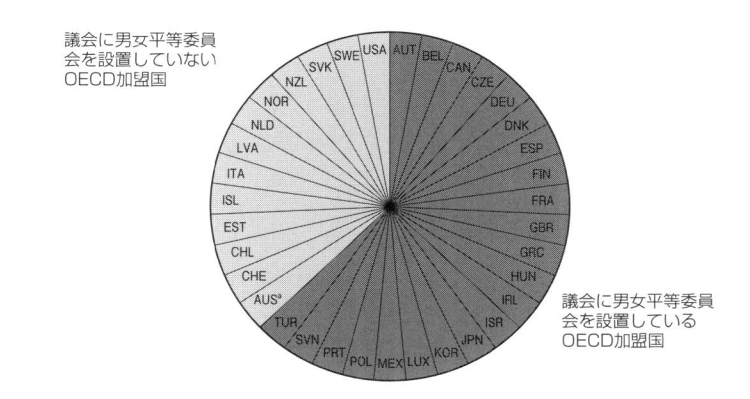

a) オーストラリア政府では種々の議会委員会が男女平等問題を議論しており、同国連邦議会は他国議会におけるジェンダー主流化と男女平等に着眼した能力構築活動にも積極的に関与している。

資料：OECD加盟国の各立法機関の公式ホームページ。国会に関するPARLINEデータベース（http://www.ipu.org/parlinee/parlinesearch.asp）。

StatLink：http://dx.doi.org/10.1787/888933574114

処するための責任を個別に課している（スウェーデンの労働市場委員会やニュージーランドの政府運営委員会（Government Administration Committee）など）。しかし、男女平等委員会それ自体は、ジェンダーにより配慮した政策を保証するのに十分ではない。

　メキシコでの最近の議会による取り組みの結果を見ると、2015〜2016年に議会で議論された1,523件のイニシアチブのうち、男女平等委員会に提出されたのはわずか42件（2.75％）であった。ほとんどすべてが「女性が暴力のない生活を得るための一般法（General Law on Women's Access to Life Free of Violence）」と「男女平等に関する一般法（General Law for Equality between Women and Men）」の修正ばかりに着目していた（OECD, 2017）。こうした例から、立法・政策プロセスにおいて、ジェンダー問題が今なお女性のみが関わる付加的な問題と見なされていることがわかる。

　OECDが2015年公共生活におけるジェンダー勧告で述べているように、独立した機関も男女平等に関する課題を進展させる際に非常に重要な役割を担う。たとえば、2015年、カナダでは会計検査院がジェンダーに基づく分析（Gender-Based Analysis, GBA）の実施に関する報告書を発表した。この報告書の主要な提言に応えて、女性の地位庁、枢密院事務局、財務委員会事務局は、他の連邦政府省庁・機関と協力することを約束した。この３つの機関は、男女格差解消のために会計検査院が奨励する活動を実行に移すことを意図して、2016〜2020年を対象にした行動計画を策定した。行動計画ではこれまでに達成された進歩と学んだ教訓を土台として、政府計画の考案と連邦政府プログラムの評価の際、ジェンダーに基づく分析（GBA+）のいっそう厳格な適用に向けて努力することになる（Government of Canada, 2016a）。スウェーデン政

第3章

府は男女平等のための政策と優先事項を諸機関のガバナンスとそれぞれの活動に確実に反映させるため、2018年の当初から中央政府に男女平等庁を設置する。

主な政策提言

- 政府の諸機関は、公共政策および予算において男女平等を主流化するための取り組みを強化しながら、男女平等に関する取り組みが現場にもたらす影響について、体系的な証拠を生成しなければならない。ジェンダー予算を説明責任のツールとして利用するために、ジェンダーの視点を政策設計のあらゆる段階、すなわち開発、実施、評価、および説明責任に組み込むべきである。

- ジェンダー予算アプローチは、特定の基本的要素——政府全体での協調的アプローチ、男女別データの利用可能性、議会の積極的関与など——に裏打ちされることで、有効性を高めることができる。

- 実施する男女平等とジェンダー主流化のための取り組みから十分な効果を得られるように、効果的な監視と説明責任を確保するための立法機関や他の独立機関（独立した監査機関など）の権限と能力を強化することを各国に奨励する。

参考文献・資料

European Commission（2014）, "Exchange of Good Practices on Gender Equality: Gender Impact Assessment", *Comments Paper Denmark*, European Commission, June, http://ec.europa.eu/justice/genderequality/files/exchange_of_good_practices_at/dk_comments_paper_at_2014_en.pdf.

Government of Canada（2016a）, *Action Plan on Gender-based Analysis（2016-2020）*, Status of Women website, http://www.swc-cfc.gc.ca/gba-acs/plan-action-2016-en.html.

Government of Canada（2016b）, "Government Response to the First Report of the Standing Committee on Pay Equity", *ESPE Committee Report*, Government of Canada, www.parl.gc.ca/Content/HOC/Committee/421/ESPE/GovResponse/RP8474989/421_ESPE_Rpt01_GR/421_ESPE_Rpt01_GR-e.pdf.

OECD（2017）, *Building an Inclusive Mexico: Policies and Good Governance for Gender Equality*, OECD Publishing, Paris, http://dx.doi.org/10.1787/9789264265493-en.

OECD（2016）, *The Governance of Inclusive Growth*, OECD Publishing, Paris, http://dx.doi.org/10.1787/9789264257993-en.

OECD（2015）, *2015 OECD Recommendation of the Council on Gender Equality in Public Life*, OECD Publishing, Paris, http://dx.doi.org/10.1787/9789264252820-en.

OECD（2014）, *Women, Government and Policy Making in OECD Countries: Fostering Diversity for Inclusive*

Growth, OECD Publishing, Paris, http://dx.doi.org/10.1787/9789264210745-en.

OECD (2013), "Recommendation of the Council on Gender Equality in Education, Employment, and Entrepreneurship", OECD, Paris, http://dx.doi.org/10.1787/9789264279391-en.

■ 第4章 ■

社会人口学的変化とジェンダーロール

主な研究結果

● 男性よりも高い教育を受けた女性がいわゆる「結婚市場」に参入するにつれて、自分よりも高学歴の男性と結婚する女性が減少している。同水準の教育を受けた男性と暮らす女性が増加し、高等教育を受けた女性は自分よりも学歴の低い男性と夫婦になることが増えている。最も学歴が低い男性は、結婚市場の脇に追いやられ、独身に留まる可能性が高くなっている。そうした人々はパートナーと暮らす場合でも、事実上の結婚ではなく、法律上の結婚をする割合が他のグループよりも高い。

● ジェンダーロールによる労働の分担は家庭内に残っている。ほとんどの場合、男性は主たる稼ぎ手であり、女性はケアの主たる担い手である。しかし、ワーキングマザーに対する考えが、とりわけ仕事と家庭の両立を目指す親への支援を政府が拡大してきた国で、ますます肯定的になっている。なかでも高等教育を受けた男性は、育児に参加することが増えている。

● まだ少数派ではあるが、母子家庭の増加と夫婦の形の変化によって、女性が世帯の主たる稼ぎ手となることが増えつつある。

<table>
<tr><td>第 4 章</td></tr>
</table>

家族形成パターンの変化

　女性の教育成果の向上、労働市場への参入の拡大、ジェンダー規範の変化は、いずれも人生における男性と女性の願望と機会に影響を与えている。女性の学歴の上昇——およびそれに伴う教育における男女格差の縮小——は、変化の主な動力源のひとつであり、男女平等、夫婦関係の形成や解消、出産意欲に大きな影響をもたらしている（van Bavel, 2012）。

　20世紀では、夫は妻よりも高学歴であることがほとんどで、この傾向と関係する家父長的規範が、世界中で結婚に関する慣習を特徴づけていた（Therborn, 2004）。学歴は男性に労働市場でも（より高い給与を得やすくして）、結婚市場でも（結婚相手としての魅力をアップさせて）報いた（Becker, 1991）。また、こうした伝統的な結婚パターンは、高等教育において男性の割合の方が高いという不均衡と一致していた。

　しかし、学歴における男女格差は縮小し始め、1990年代半ばになる頃には、ほとんどのOECD加盟国で女性の割合の方が高くなっていた（OECD, 2012）。女性の学歴の上昇は、結婚相手に求める最低基準を引き上げ、結婚する経済的必要性を引き下げ、理論的には、結婚しない選択をする可能性を高める（van Bavel, 2012）。あまり高い教育を受けていない男性は主な敗者となりやすく、他のどのグループよりも独身のままでいる割合が高い（De Hauw *et al.*, 2016）。

ほとんどの成人はパートナーと暮らしているが、若年層は結婚を先送りする

　OECD加盟国では、個人は——法律上または事実上の婚姻関係により、結婚した夫婦として——パートナーと暮らすことが圧倒的に多い（OECDファミリー・データベース）。最も一般的な形態は、法律婚の夫婦とシビル・ユニオン（法的に承認されたパートナーシップ関係）であるが、OECD加盟国全体では20歳以上の約10％——すなわちパートナーのいる成人の6人中1人——が、法的に結婚せずに同棲または事実婚をしている。若い世代になればなるほど結婚を先送りする傾向が強く、実際に結婚する場合でも、正式に婚姻届を出す、つまり結婚する前に同棲することが増えている（Pailhé *et al.*, 2014）。結果として、20〜34歳の成人10人中6人が独身で、若年成人の17％が同棲または事実婚をしている（OECD, 2017）。

　ほとんどの国で、後期中等以上の教育を受けた成人は、彼らより学歴の低い成人よりも、パートナーと法的に結婚せずに同棲または事実婚をする割合が高い。同棲または事実婚は、世帯に子どもがいない場合は特に、有償労働と無償労働のより平等な分担にもつながっている（OECD, 2017）。

　同棲または事実婚がどの程度広まっているかは、国によって大きな差がある。フランス、ニュージーランド、北欧諸国では多いが、ギリシャ、イタリア、ポーランド、スロバキア、トル

コでは非常に少ない。そうした差は、法律婚をしていないパートナー関係がどの程度受け入れられているのか、その程度の差を示している。しかし、態度や考え方は不変ではない。同棲が高学歴者の間で始まり、その後、全人口集団に広がることを示す証拠がいくつかある（Nazio, 2008; Lestheaghe, 2010）。

　ほとんどすべてのOECD加盟国では、20～34歳の男性――特に中学歴または低学歴の男性――は、同年齢層の女性よりも独身者である割合がずっと高い（表4.A1.1）。

●中学歴の男性は67％が独身者である。

●低学歴の男性は64％が独身者である

●高学歴の男性は59％が独身者である。

　同年齢層の女性の間では状況は異なる。平均すると、低学歴の女性は47％が独身者であるが、中学歴の女性の場合は57％、学位レベルの資格を有する女性の場合は49％である。多くのOECD加盟国では、高学歴の女性は1人で生活する割合が最も低い。

男性も女性も同等レベルの学歴を持つ相手とパートナーになることが多い

　「学歴が類似する者同士の結婚」（以後、「結婚」には法律上と事実上の結婚を含む）、つまり同等の社会経済的・教育的特徴を有する個人間の結婚に関して、パターンが変化しつつある。若年女性の学歴の上昇は、同等レベルの学歴を持つ個人間の結婚――いわゆる「学歴同類婚（educational homogamy）」――の増加に寄与してきた（De Hauw et al., 2016; Esteve et al., 2016）。しかし、同程度の学歴を持つ男女が結婚する割合については、国によってばらつきがある（図4.1パネルA）。

　平均すると、20歳以上の成人10人中6人ほどが、同程度の学歴を有する相手と夫婦（以後、「夫婦」には法律婚・事実婚の夫婦を含む）になっている（図4.1）。男女ともが後期中等教育を修了した夫婦が最も一般的だが、男女ともが低学歴である夫婦の割合は、ギリシャ、イタリア、スペイン、そして特にトルコでかなり高い（図4.1パネルB）。

　2人の学歴水準が異なる夫婦の場合、女性の方が高学歴である夫婦の方が、データの得られた24か国中14か国において一般的である（図4.1パネルA）。2014年には平均して6人中1人の女性が、自分よりも学歴の低いパートナーと暮らしていたが、その割合はエストニア、フィンランド、ラトビア、スウェーデンでは4人中1人にまで上昇する。なかでも高等教育を受けた女性は、独身に留まるよりも自分より教育水準の低い男性とパートナーになる傾向にある（De Hauw et al., 2016; Esteve et al., 2016）。

第4章

図4.1　成人夫婦のうち、女性の方が男性よりも高学歴である夫婦の割合は、6組中1組を上回る

現在のパートナーとの学歴パターン別、異性のパートナーと暮らす個人の割合、20歳以上、
2014年またはデータのある最新年[a]

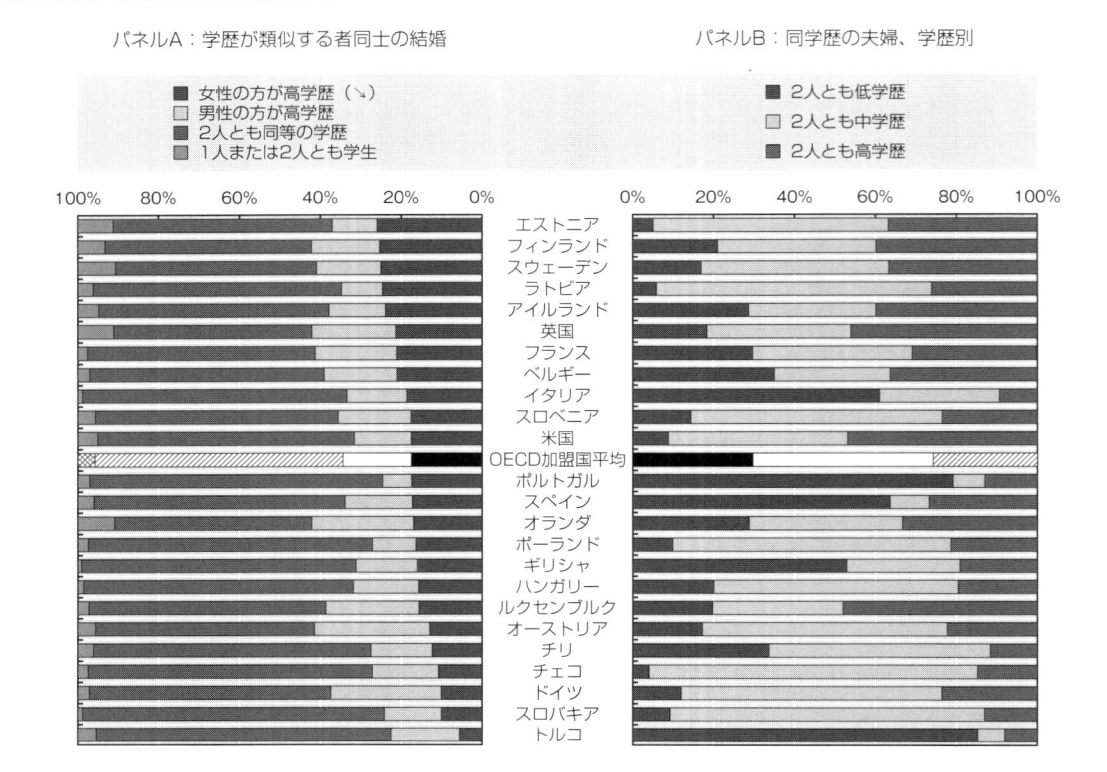

注：学歴は3つの順序変数に基づき評価した（低学歴、中学歴、高学歴）。3つのレベルの区別は、通常の国際標準教育分類（ISCED）の分類体系に対応している。「低学歴」はISCED 2011のレベル0～2（幼児教育、初等教育、前期中等教育）の最も高い学歴水準に、「中学歴」はISCED 2011のレベル3～4（後期中等教育、高等教育以外の中等後教育）の最も高い学歴水準に、「高等教育」はISCED 2011のレベル5～8（短期高等教育、学士または同等レベル、修士または同等レベル、博士または同等レベル）の最も高い学歴水準に対応している。

a）フィンランドとスウェーデンのデータは2012年、チリ、ドイツ、トルコのデータは2013年。

資料：OECD事務局算定。データ源は、EU諸国に関しては欧州連合労働力調査（European Union Labour Force Survey, EU-LFS）、チリに関してはチリ全国社会経済特徴調査（Encuesta de Caracterización Socioeconómica Nacional, CASEN）、トルコに関してはトルコ世帯労働力調査（Turkish Household Labour Force Survey, LFS）、米国に関しては米国人口動態調査（United States Current Population Survey, CPS）ベーシック・ファイルズ。

StatLink：http://dx.doi.org/10.1787/888933574133

親になることを先送りする

　ここ数十年にわたって、出生率はOECD加盟国全体で低下してきた。出生率が低下した原因のかなりの部分を占めると考えられるのが、出産の機会費用の上昇であり、それがひいては女性が働いてキャリアを積む経済的インセンティブにつながっている（Hotz *et al.*, 1997; OECD, 2011）。そのため、学歴の高い女性は、概して出産前に労働市場で地歩を固めようとする（Wood *et al.*, 2016; Greulich *et al.*, 2017）。その結果、OECD加盟国では、1970年には26歳であった女性の第1子出産平均年齢が、2014年には29歳近くに上昇した（OECDファミリー・データベース）。

パートナー間の学歴の相違も、夫婦の出生行動に影響を与えやすい（Nitsche *et al.*, 2015）。たとえば、欧州のほとんどのOECD加盟国では、2人ともが大学レベルの学位を保有する夫婦の場合、第1子の出産を他の夫婦よりも遅らせる傾向にあるものの、第2子や第3子を持つ割合が高い。

一方、男性の方が女性よりも学歴の高い夫婦の場合、第1子の出産は早いが、家族を増やすことにあまり積極的ではない。こうしたパターンが生じる大きな原因は、学歴の低い女性の方が職を得たり（Greulich *et al.*, 2017）、家族計画を立てたり（Kapitany and Speder, 2012）するのに苦労している点にある。

ジェンダーロールの壁は徐々に崩れつつある

学歴が類似する者同士の結婚の変化は、子どもが誕生した後、責任の分担についてどの程度の改善が期待できるかにも影響を与える。特に、同等の学歴を持つ夫婦が増加すると、有償・無償労働のより平等な分担が進むことが期待される。

女性の学歴の上昇は、男女により平等な態度につながるだろうか？　図4.2は、ジェンダーロールに関する2つの異なる意見への調査回答者の回答からわかるように、女性の教育上の優位性と、ジェンダーロールと家族の役割に対する若者の態度との間に、関連性があることを示している。全体として見ると、若年女性の方が学歴が高く、教育における格差の大きい国の方が、母親の就業と共働き家庭に対して、若者が好意的な意見を持つ傾向にあることもわかる。こうした国では、若者は、どちらのパートナーも世帯所得に貢献すべきであるという意見に反対する割合が低く（パネルA）、母親が働くと幼児期の子どもにとってマイナスになる可能性があるという意見に賛成する割合も低い（パネルB）。

教育で若年女性が男性を上回っているという事実は、男女平等への支持が進んでいることに関係がある。しかし、証拠が示すように、性別による有償・無償労働の分担が男女間でどの程度平等に近づくかについては、影響は限られている（第11章、第15章）。

すべてのOECD加盟国のほとんどの家庭では、男性は引き続き有償労働に従事する傾向が強いが、女性は有償労働に従事する時間を減らして、家庭で無償労働の大部分を担うことが多い（第15章）。その結果、OECD加盟国平均で、女性の所得は夫婦の所得の3分の1を占めるにすぎなくなっている（OECD, 2017）。

既婚の男女間の賃金格差から、伝統的な態度が明らかになる。たとえば、米国では男性は自分たちよりも賃金の低い女性と結婚する傾向にあり、驚くことにこの傾向は、妻の教育レベルが夫と同等かそれ以上の夫婦間の方が、妻の方が教育レベルの低い夫婦間よりも顕著である

第4章

図4.2　学歴における女性の優位性が高まるにつれて、男女平等主義的な態度が顕著になる

パネルA：25〜34歳の後期中等教育以上修了者の割合の男女差と「男女とも世帯所得に貢献すべきである」
という意見に反対する25〜34歳の割合の散布図

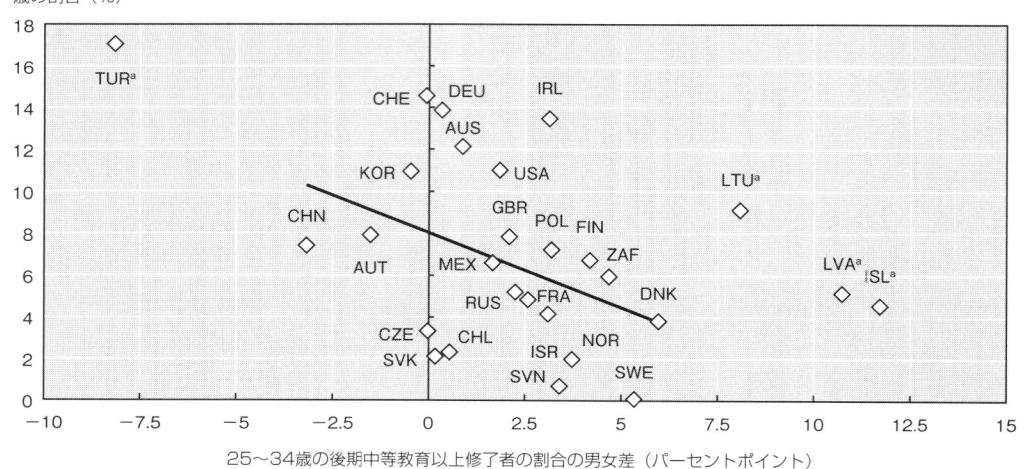

パネルB：25〜34歳の後期中等教育以上修了者の割合の男女差と
「母親が働くと幼児期の子どもにとってマイナスになる可能性がある」
という意見に賛成する25〜34歳の割合の散布図

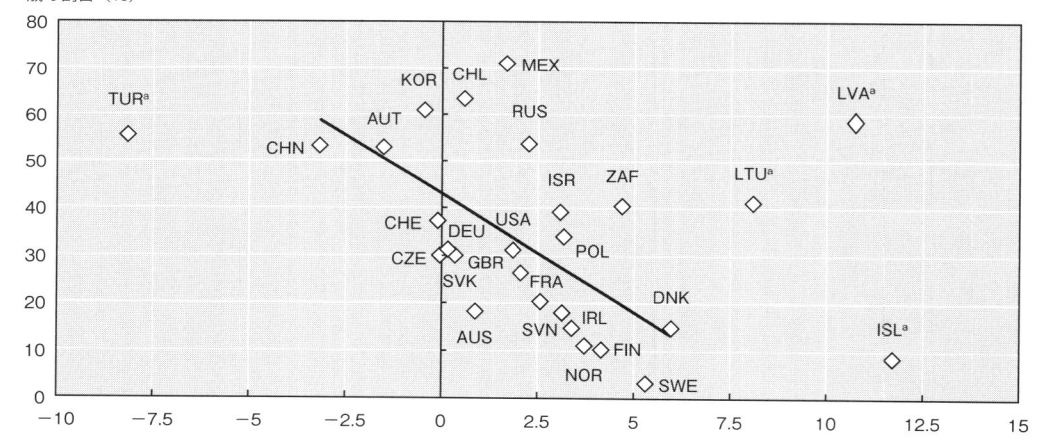

注：25〜34歳の後期中等教育以上修了者の割合の男女差に関するデータは、中国（2010年）、チリ（2013年）、ロシア（2013年）、フランス（2014年）を除き、2015年のもの。態度に関するデータは2012年のもの。態度に関するドイツのデータは西ドイツのみのもの。

a）アイスランド、ラトビア、リトアニア、トルコのデータは外れ値と見なし、最良適合線の算出から除外した。

資料：OECD事務局算定。データ源は、OECD（2016）, *Education at a Glance 2016: OECD Indicators*（http://dx.doi.org/10.1787/eag-2016-en）、2012年国際社会調査プログラム（ISSP）（www.issp.org/）。

StatLink：http://dx.doi.org/10.1787/888933574152

（Qian, 2016）。ジェンダーアイデンティティに関する規範が、妻は夫よりも稼がないという社会的役割が残存する理由のひとつの説明になる（Bertrand *et al.*, 2015）。多くの妻は——女性が主たる稼ぎ手である夫婦の場合でも——夫よりも多くの家事に従事し続けることで、家庭でのジェンダー規範を満たす（Bittman, 2000; Bertrand *et al.*, 2015; OECD, 2017）。

父親の役割

　ジェンダーロールによる労働の分担はまだ残っているものの、父親は以前よりも育児や子どもの教育に関わるようになっている。男性にはもはや一家の大黒柱でありさえすればよいということは求められておらず、パートナーとの子育ての責任の分担がますます期待されるようになっている（Gauthier *et al.*, 2004; Craig and Mullan, 2011）。変化の時期と速さは国によって異なるかもしれないが、父親の役割行動の変化はOECD加盟国全体で見られるようになるだろう（Goldscheider *et al.*, 2015）。

　男性の家事とケアへの参加の拡大に寄与してきた多数の要因に（Goldscheider *et al.*, 2014）、以下がある。

- 働く女性の増加

- 家庭に優しい政策の利用可能性

- 子どもの成長に父親が関わる重要性についての認識の拡大が示す、仕事・ケア・ジェンダーロールに対する態度の変化

　しかし、父親の参加が増えるライフスタイルの選択肢は、高等教育を受け、事実婚または同棲をし、男女平等主義的な考え方をするパートナー間の選択肢であることが多い（OECD, 2017）。

一家の稼ぎ手である女性

　世帯の主たる稼ぎ手となっている女性が増加していることも、性別による伝統的な労働分担が廃れつつあることを示している。たとえば、アメリカでは18歳未満の子どものいる10世帯中4世帯で、母親が唯一または主たる稼ぎ手となっており、その割合は1960年以降、4倍に上昇している（Wang *et al.*, 2013）。欧州では、女性の約8人に1人が世帯所得の50％以上を稼いでいる（OECD, 2016; Klesment and van Bavel, 2015）。

　経済先進国全体で主たる稼ぎ手である女性の割合がなぜ上昇しているのか、その理由を説

第4章

図4.3　男性パートナーよりも学歴の高い女性の36％は、
夫婦2人世帯で主たる稼ぎ手になっている

夫婦の学歴パターン別、妻の方が夫よりも所得が高い夫婦の割合、ともに25〜54歳の法律婚・事実婚の異性夫婦、
2014年（所得の基準年は2013年）

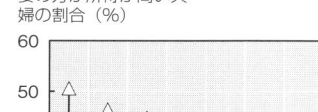

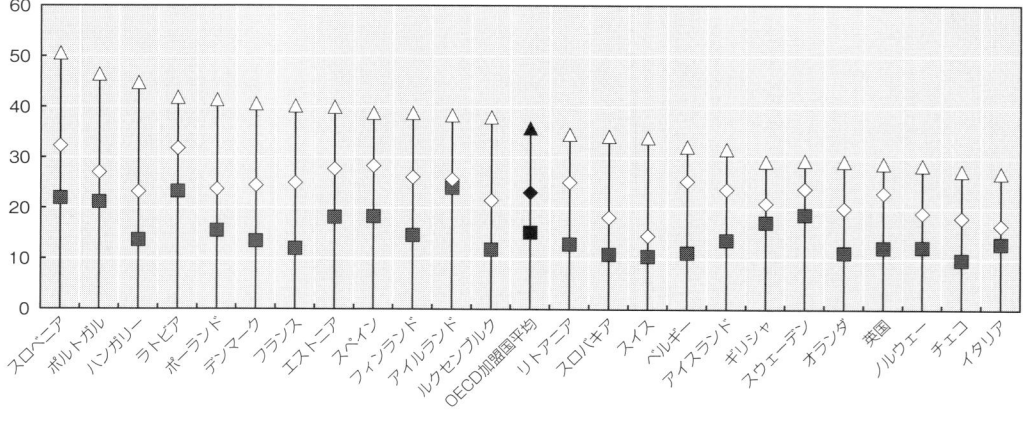

注：「所得」とは現金または現金と同等の被雇用者所得（すなわち賃金）および自営業による現金所得と定義。妻の方が夫よりも高所得の夫婦とは、妻の所得が夫の所得を上回っている夫婦のことである。夫婦どちらかがマイナス所得（自営業の赤字など）の夫婦と、どちらも所得のない夫婦は除外した。妥当例のみにおける割合であり、夫婦どちらかの学歴、被雇用・自営業所得の情報のいずれかまたは両方がない夫婦は除外した。学歴の定義と測定については、図4.1の注を参照。所得の基準年は2013年。

資料：OECD事務局算定。データ源は、欧州連合所得・生活状況統計調査（European Union Statistics on Income and Living Conditions, EU-SILC）。

StatLink : http://dx.doi.org/10.1787/888933574171

　明するのに家族関係の変化が有用である（Cory and Stirling, 2015; Klesment and van Bavel, 2015）。夫よりも高い資格を持ち、それゆえに仕事で成功する可能性も高い女性の割合が上昇していることからわかるように、学歴が類似する者同士の結婚のパターンにおける変化が重要な要因になっている。欧州のOECD加盟国全体で、女性の方が男性よりも学歴が高い夫婦において、女性が主たる稼ぎ手になっている夫婦は36％であり（図4.3）、男女の学歴が同水準の夫婦の場合よりも50％以上高い。

離婚によって女性は収入面で高い脆弱性にさらされる

　それでもやはり、有償・無償労働の分担は平等ではなく、男性の方が少ない。女性はまた、離婚または離別の際に、男性よりも大幅に所得を喪失する傾向にある。たとえば、スイスでは離婚した場合、女性は20％以上所得が減少する可能性が男性よりも3倍高い（図4.4）。それまで夫から提供されていた所得の大部分を失うことは、女性は子どもの監護権を得たり、長期介護の必要な家族の世話をする責任を負ったりすることが多いことと相まって、離婚または離別

図4.4　離婚または離別後、女性は男性よりも大幅に所得を喪失しやすい

最近離婚または離別し、世帯の可処分所得が前年と比較して20％以上減少した者の割合、男女別、2008〜2011年

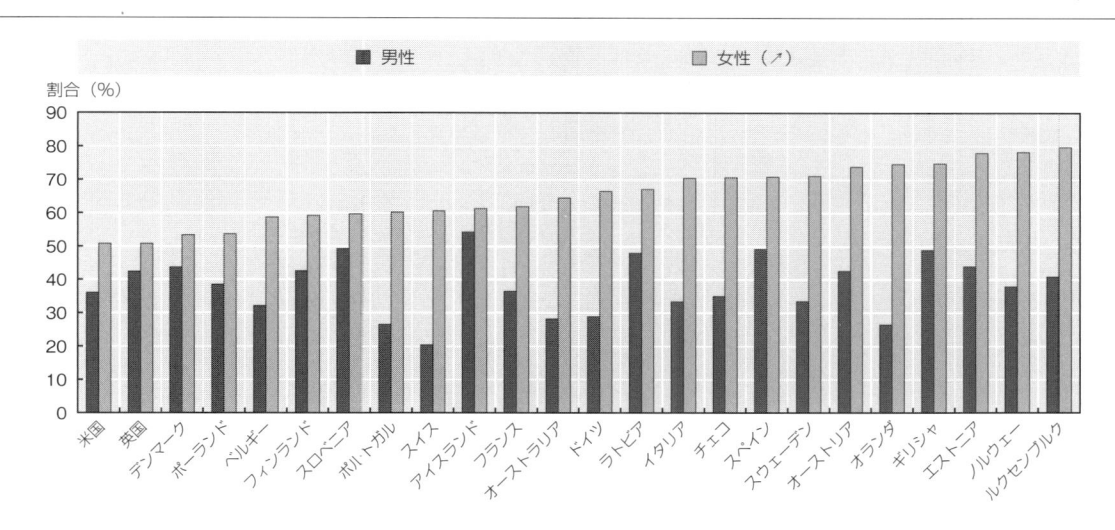

注：生産年齢人口。等価世帯所得、実質ベース。前年比データに関して、米国は2008〜2012年、その他の国は2007〜2013年のものを集積。

　離婚または離別後の個人を追跡する際、データに関して留意すべき事項がいくつかある。その主たるものは転居者である（Lacovou and Lynn, 2013）。データ収集が世帯調査に基づく国——EU-SILCの調査対象国の大多数——では、本来ならば最初の世帯の構成員全員を追跡して再調査しなければならない。しかし、実際には離別の場合、摩擦が増加する傾向にある。調査が行政登録に基づく国——デンマーク、フィンランド、アイスランド、オランダ、ノルウェー、スロベニア、スウェーデン——では、世帯の構成員1人のみだけが追跡されている。結果を解釈する際にはこうした限界に注意する必要がある。

資料：OECD事務局算定。データ源は、EU諸国（ドイツを除く）、アイスランド、ノルウェーに関しては、欧州連合所得・生活状況統計調査（European Union Statistics on Income and Living Conditions, EU-SILC）、オーストラリア、スイス、ドイツ、米国に関してはクロスナショナル・イクイヴァレント・ファイル（Cross-National Equivalent File, CNEF）。

StatLink：http://dx.doi.org/10.1787/888933574190

後、男性よりも大きな経済的困難に陥る。女性は男性よりも高い貧困リスクに直面するが、男性の生活水準は、養育費を支払う場合でさえも、変わらないことが多い（Bonnet *et al.*, 2016）。

　離婚または離別後の家族の生計に関する取り決めも、ひとり親家庭の生活水準と有償労働に従事するための機会の重大な決定要因である。たとえば、フランスでは子どもの共同監護を取り決めた母親の場合、離婚後、単独監護権を得た母親よりも就職する確率が15パーセントポイント高い（Bonnet *et al.*, 2017）。その影響が最も顕著なのは、最貧層の女性と、離婚前、就労していなかった女性の場合である。また、子どもの監護権を父親と共有している方が、女性が再婚する可能性が高くなる（Schnor *et al.*, 2015; Berger *et al.*, 2017）。

　離婚による短期的、中期的な経済的影響は、社会的保護制度、労働市場の特性、仕事と家庭の両立を可能にする公的支援などによって、国ごとに差異がある（De Vaus *et al.*, 2014）。労働市場への参加は、離婚または離別後の女性とその家族の生活水準を改善するのに重要である。労働市場への参加には、包括的な保育サービス体制による支援と、仕事と家庭の両立に有用な柔軟な就労形態が必要である。

第4章

主な政策提言

● 仕事と家庭の両立への支援を拡大すれば、男女ともが希望子ども数や就労意欲を実現に移す後押しになるだろう。

● 夫婦間の有償・無償労働のより平等な分担を政策によって支援すべきである。手頃な料金の保育は両親の支援になり、育児休暇、フレックスタイム制、税・給付制度も、休暇を取得したり有償労働に参加したりする経済的インセンティブを、両親に平等に付与するように策定すべきである（第15〜18章）。

● 有効な養育費の支払いと、離婚・離別時に父親の関与を促す措置は、シングルマザーによる仕事と家事・育児の両立を支援し、ひとり親家庭の貧困リスクを軽減するのに特に重要である。

参考文献・資料

Bavel, J. van (2012), "The Reversal of Gender Inequality in Education, Union Formation and Fertility in Europe", *Vienna Yearbook of Population Research*, Vol. 10, pp. 127-154.

Becker, G. (1991), *A Treatise on Family*, Harvard University Press.

Berger L., L. Panico and A. Solaz (2017), "Maternal Repartnering: Does Father Involvement Matter? Evidence from the United Kingdom", *European Journal of Population*.

Bertrand, M., E. Kamenica and J. Pan (2015), "Gender Identity and Relative Income within Households", *Quarterly Journal of Economics*, Vol. 130, No. 2, pp. 571-614.

Bittman, M. and J. Wajman (2000), "The Rush Hour: The Character of Leisure Time and Gender Equity", *Social Forces*, Vol. 79, No. 1, pp. 165-189.

Bonnet, C., B. Garbinti and A. Solaz (2017), "Does Being "Half-time Mother" Help to Work? The Role of Joint Custody on Women's Activity after Divorce", European Population Conference.

Bonnet C., B. Garbinti and A. Solaz (2016), "Gender Inequality after Divorce: The Flip Side of Marital Specialization. Evidence from a French Administrative Database", *Document de Travail G 2016/03*, Direction des Etudes et Synthèses Economiques, INSEE.

Cory, G. and A. Stirling (2015), "Who's Breadwinning in Europe?", Institute for Public Policy Research, London.

Craig, L. and K. Mullan (2011), "How Mothers and Fathers Share Childcare: A Cross-National Time-Use Comparison", *American Sociological Review*, Vol. 76, No. 6, pp. 834–861.

De Hauw, Y., A. Grow and J. van Bavel (2016), "The Reversed Gender Gap in Education and Assortative

Mating in Europe", *European Journal of Population*.

De Vaus, D. *et al.* (2014), "The Economic Consequences of Divorce in Australia", *International Journal of Law, Policy and the Family*, Vol. 28, No. 1, pp. 1-22.

Esteve, A. *et al.* (2016), "The End of Hypergamy: Global Trends and Implications", *Population and Development Review*, Vol. 42, No. 4, pp. 615-625.

Gauthier, A., T. Smeeding and F. Furstenberg (2004), "Are Parents Investing Less Time in Children? Trends in Selected Industrialized Countries", *Population and Development Review*, Vol. 30, No. 4, pp. 647-671.

Goldscheider, F., E. Bernhardt and T. Lappegard (2015), "The Gender Revolution: A Framework for Understanding Changing Family and Demographic Behavior", *Population and Development Review*, Vol. 41, No. 2, pp. 207-239.

Goldscheider, F., E. Bernhardt and T. Lappegård (2014), *Studies of Men's Involvement in the Family*, Vol. 35, No. 8, pp. 995-999.

Greulich, A., O. Thévenon and M. Guergoat-Larivière (2017), "Employment and Second Childbirth in Europe", *Population*, forthcoming.

Iacovou, M. and P. Lynn (2013), "Implications of the EU-SILC Following Rules, and their Implementation, for Longitudinal Analysis", *ISER Working Paper Series*, Vol. 2013-17, Institute for Social and Economic Research.

Kalmijn, M. (2013), "The Educational Gradient in Marriage: A Comparison of 25 European Countries", *Demography*, Vol. 50, pp. 1499-1520.

Kapitany, B. and Z. Speder (2012), "Realisation, Postponement or Abandonment of Childbearing Intentions in four European Countries", *Population – English Edition*, Vol. 67/4, pp. 711-744.

Klesment, M. and J. van Bavel (2015), "The Reversal of the Gender Gap in Education and Female Breadwinners in Europe", *Families and Societies Working Paper Series*, Vol. 26.

Lesthaeghe, R. (2010), "The Unfolding Story of the Second Demographic Transition", *Population and Development Review*, Vol. 36, No. 2, pp. 211-251.

Nazio, T. (2008), *Cohabitation, Family and Society*, Routledge, New York.

Nitsche, N. *et al.* (2015), "Partners' Educational Pairings and Fertility across Europe", *Families & Societies Working Paper Series*, Vol. 38.

OECD (2017), *Dare to Share: Germany's Experience Promoting Equal Partnership in Families*, OECD Publishing, Paris, http://dx.doi.org/10.1787/9789264259157-en.

OECD (2012), *Closing the Gender Gap: Act Now*, OECD Publishing, Paris, http://dx.doi.org/10.1787/9789264179370-en.（『OECDジェンダー白書：今こそ男女格差解消に向けた取り組みを！』OECD編著、濱田久美子訳、明石書店、2014年）

OECD (2011), *Doing Better for Families*, OECD Publishing, Paris, http://dx.doi.org/10.1787/9789264098732-en.

第4章

Pailhé, A. *et al.* (2014), "State-of-the-art Report: Changes in the life course", *FamiliesAndSocieties Working Paper,* Vol. 6.

Qian, Y. (2016), "Gender Asymmetry in Educational and Income Assortative Marriage", *Journal of Marriage and Family,* Vol. 79, No. 2, April, pp. 318-336.

Schnor, Ch., I. Pasteels and J. van Bavel (2015), "Physical Custody Arrangement and Repartnering: Evidence from a Policy Promoting Joint Custody", Conference paper.

Wang, W., K. Parker and P. Taylor (2013), "Breadwinners Moms", Pew Research Center.

Wood, J. *et al.* (2016), "Family Formation and Labour Force Participation Maternal Employment and Educational Differentials in Europe", *Population* (English version), Vol. 71, pp. 53-83.

データベース

OECD ファミリー・データベース（OECD Family Database）
http://www.oecd.org/els/family/database.htm

付録4.A1

若年独身者の学歴別分布に関する追加データ

表4.A1.1　学歴別の独身の若者の割合

パートナーと同居していない個人の学歴別の割合（%）、20～34歳、2014年またはデータのある最新年[a]

	男女計				男性				女性			
	合計	低学歴	中学歴	高学歴	合計	低学歴	中学歴	高学歴	合計	低学歴	中学歴	高学歴
オーストラリア	‥	‥	‥	‥	‥	‥	‥	‥	‥	‥	‥	‥
オーストリア	58.7	49.8	60.3	58.6	65.3	62.9	66.2	64.4	52.0	38.7	53.7	53.7
ベルギー	57.0	58.1	62.5	50.2	62.4	65.4	66.5	54.4	51.6	48.1	57.7	47.2
カナダ	‥	‥	‥	‥	‥	‥	‥	‥	‥	‥	‥	‥
チリ	63.5	54.5	57.7	76.1	66.1	59.0	60.5	78.3	60.9	50.0	55.0	74.1
チェコ	53.2	54.9	55.9	45.4	60.1	61.1	62.0	52.3	46.0	47.9	48.4	40.9
デンマーク	‥	‥	‥	‥	‥	‥	‥	‥	‥	‥	‥	‥
エストニア	50.5	50.8	55.7	41.7	57.4	57.5	60.7	49.1	43.4	37.3	49.5	37.1
フィンランド	43.7	50.7	49.5	28.6	50.0	56.5	55.3	30.0	37.0	41.2	42.4	27.8
フランス	47.4	49.3	50.5	43.0	53.0	55.4	55.6	48.4	41.9	42.4	45.0	38.6
ドイツ	59.9	64.1	62.4	50.3	66.9	73.5	69.0	54.9	52.8	53.6	55.2	46.4
ギリシャ	73.8	58.8	77.6	75.1	82.2	73.3	85.2	82.9	65.3	34.6	69.7	69.3
ハンガリー	59.2	49.6	64.3	51.7	66.8	60.7	70.8	58.1	51.3	37.3	56.7	47.3
アイスランド	‥	‥	‥	‥	‥	‥	‥	‥	‥	‥	‥	‥
アイルランド	59.7	60.7	65.6	53.1	63.2	60.7	67.9	57.7	56.3	60.7	63.1	49.8
イスラエル	‥	‥	‥	‥	‥	‥	‥	‥	‥	‥	‥	‥
イタリア	70.9	58.8	75.5	72.6	79.0	69.9	82.4	83.2	62.6	43.8	68.2	66.1
日本	‥	‥	‥	‥	‥	‥	‥	‥	‥	‥	‥	‥
韓国	‥	‥	‥	‥	‥	‥	‥	‥	‥	‥	‥	‥
ラトビア	57.5	59.6	62.1	49.2	62.0	64.7	64.7	52.5	53.0	48.6	58.7	47.3
ルクセンブルク	60.9	66.6	67.2	52.4	66.5	66.8	72.6	59.6	55.4	66.5	61.3	46.4
メキシコ	‥	‥	‥	‥	‥	‥	‥	‥	‥	‥	‥	‥
オランダ	53.0	61.7	58.8	41.2	59.9	70.4	64.6	45.8	46.0	49.3	52.4	37.7
ニュージーランド	‥	‥	‥	‥	‥	‥	‥	‥	‥	‥	‥	‥
ノルウェー	‥	‥	‥	‥	‥	‥	‥	‥	‥	‥	‥	‥
ポーランド	54.1	71.3	58.3	43.7	59.9	78.4	62.7	47.2	48.0	57.7	52.6	41.4
ポルトガル	60.9	52.9	66.9	61.9	66.3	59.8	72.2	67.3	55.6	42.6	61.7	58.7
スロバキア	66.3	63.3	67.7	63.5	73.7	75.4	75.0	68.3	58.5	49.8	58.7	60.2
スロベニア	63.3	65.0	67.6	53.9	70.8	77.1	72.5	63.2	54.9	43.9	60.9	48.0
スペイン	63.3	58.7	69.9	62.0	69.9	67.3	74.7	68.6	56.5	46.5	65.2	56.8
スウェーデン	61.2	66.5	67.5	48.2	67.1	70.3	71.7	54.6	55.1	61.3	62.4	43.7
スイス	‥	‥	‥	‥	‥	‥	‥	‥	‥	‥	‥	‥
トルコ	45.3	33.8	55.7	59.8	53.6	44.4	61.2	62.4	37.1	25.1	48.5	57.0
英国	52.0	56.6	54.5	47.4	54.7	58.0	55.6	52.0	49.3	54.8	53.3	43.6
米国	55.1	52.6	61.4	47.1	59.1	56.0	64.2	51.5	51.2	48.5	58.2	43.5
OECD加盟国平均	57.9	57.0	62.3	53.2	64.0	64.3	67.2	58.6	51.7	47.1	56.6	49.3

注：パートナーとは同一世帯にいる配偶者または同棲者のことをいう。「パートナーと同居していない」個人は、同一世帯に配偶者または同棲者がいない個人と見なす。学歴の定義と測定については、図4.1の注を参照。妥当例のみにおける割合であり、本人とパートナーまたはそのいずれかに学歴情報がない個人は除外 _した。

a）フィンランド、スウェーデンは2012年、テリ、ドイツ、トルコは2013年のデータ。

資料：OECD事務局算定。データ源は、EU諸国に関しては欧州連合労働力調査（European Union Labour Force Survey, EU-LFS）、チリに関してはチリ全国社会経済特徴調査（Encuesta de Caracterización Socioeconómica Nacional, CASEN）、トルコに関してはトルコ世帯労働力調査（Turkish Household Labour Force Survey, LFS）、米国に関しては米国人口動態調査（United States Current Population Survey, CPS）ベーシック・ファイルズ。

StatLink：http://dx.doi.org/10.1787/888933574209

■ 第5章 ■

女性に対する暴力：
OECD加盟国にとっての新たな政策優先課題

主な研究結果

- 女性に対する暴力は今なお世界に蔓延している。全世界の女性の3分の1以上が、一生の間に、親しいパートナーからの身体的暴力や性的暴力、またはパートナー以外からの性的暴力を経験していると推定されている。

- OECD加盟国は女性への性的な嫌がらせと暴力を政策課題のひとつとして優先するようになっている。新しい政策措置としては、1）セクシャルハラスメント（性的嫌がらせ）を取り締まる法律や規制の新設または強化、2）セクシャルハラスメントの定義と防止を目的とした広報活動や意識向上キャンペーンという2つのうちのどちらかの形態をとることが一般的である。

- 各国はハラスメントと女性に対する暴力に関するデータの収集を進めつつあるが、大きな知識格差が残っている。

第5章　女性に対する暴力はいまだに横行している

　女性に対する暴力は今なお世界に蔓延しており、OECD加盟国では政策課題のひとつとしてますます優先されるようになっている。世界保健機関（WHO）の推定によると、世界の全女性の35％が、一生の間に親しいパートナーからの身体的暴力や性的暴力、パートナー以外からの性的暴力を経験している（WHO, 2013）。こうした暴力のほとんどは、親しい男性パートナーからのものである。世界全体では、夫または恋人から継続的な身体的暴力または性的暴力を受けた経験のある女性の割合は30％に上り、女性が犠牲者となった全殺人事件の38％は親しい男性パートナーによるものであった。高所得国では、親しいパートナーからの身体的暴力や性的暴力を受けたことのある女性の割合は、23.2％である（前掲書）。2014年のEU諸国の調査では、約1,300万人の女性が調査前の12か月間に身体的暴力を経験したことがあり、33％が15歳以降に身体的暴力や性的暴力を受けた経験があることが明らかになった（FRA, 2014a）。ほとんどの被害者が押されたり小突かれたりしたと報告しているが、押されたり小突かれたりした事例を除いても、全体的な発生率は31％から25％へとごくわずかにしか減少しない。もっと言えば、押されたり小突かれたりした女性の多くは、別の形態の暴力も経験しているのである。

　憂慮すべきことに、世間の態度には引き続きDVの容認が表れている。OECDの社会制度・ジェンダー指数（SIGI）の対象160か国では、3人に1人の女性が、DVが正当化されていると感じている（OECD Development Centre, 2014）。

　女性に対する暴力は、教育、雇用、所得、社会的保護、公正、安全、健康など、被害者の生活の多様な側面に影響を及ぼす。WHO（2016）は女性の健康に対する脅威として以下を挙げている。

- 傷害

- 望まない妊娠、性感染症、流産・死産・早産・低出生体重児などの妊娠合併症

- うつ病、心的外傷後ストレス、睡眠困難、摂食障害などの精神健康問題

- 死に至る結果、すなわち殺人や自殺

これらは深刻な人権侵害であるだけではない。重大な経済的影響ももたらす。女性は就労できず賃金を喪失し、活動への参加をやめ、必死で自立して子どもの世話をしようとする場合がある（前掲書）。たとえば、メキシコでは71％の女性が公共交通機関の利用に不安を感じていると報告しており、ステークホルダーは女性が通勤する障害として、暴力とハラスメントへの懸念を指摘している（OECD, 2017）。

図5.1　男女平等に関する優先課題

2013年ジェンダー勧告を支持する国で、自国で取り組む必要のある3つの最も緊急の男女平等問題の1つとして以下の項目を挙げた国の数

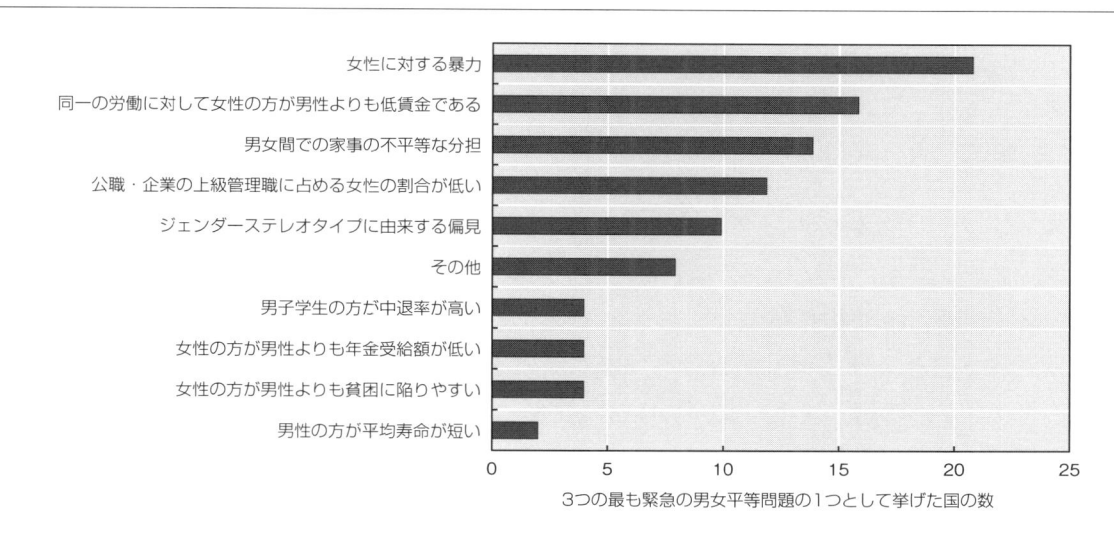

3つの最も緊急の男女平等問題の1つとして挙げた国の数

注：回答国は35か国。各国は優先課題を3つまで選ぶことができた。

資料：OECD雇用・労働・社会問題委員会（Employment, Labour and Social Affairs Committee, ELSAC）2013年ジェンダー勧告の実施の進捗状況に関する質問票。

StatLink：http://dx.doi.org/10.1787/888933574228

セクシャルハラスメントを含む女性に対する暴力が政策でますます優先されるようになっている

　2016年のジェンダー平等に関するOECD質問票（GEQ）で明らかになったように、OECD加盟国では女性に対する暴力そのものをひとつの課題としてますます優先するようになっている。質問票に回答したOECD加盟国と他の2013年ジェンダー勧告の支持国37か国のうち21か国が、自国が直面している3つの最緊急課題のひとつとして女性に対する暴力を挙げた（図5.1）。

　OECDは歴史を通じて、女性に対する暴力の一形態——職場におけるセクシャルハラスメント——を根絶するために、より良い措置をとるよう要請してきた（OECD, 2013）。職場におけるセクシャルハラスメントは人権侵害と経済的損失を引き起こす。セクシャルハラスメントの被害者は精神と身体の健康に悪影響を受け、それによって職場の生産性が低下し、従業員の離職や長期欠勤につながり、訴えを調査するために管理者の時間が失われ、訴訟費用が発生することになる（Hersch, 2015）。そのため、諸組織は職場におけるセクシャルハラスメントを撲滅する意欲はあるものの、セクシャルハラスメントは明らかに残存しているため、安全で包摂的な職場を確保するためにさらなる政策措置が必要である。

　OECD加盟19か国が、2013年以降、セクシャルハラスメントを根絶するための措置を新たに導入したと報告している（GEQ, 2016）。このことに、かなり多数の改善が行われている政策分

第5章

野であることが示されている。こうした新たな措置は、概して次の2つのカテゴリーのどちら
かに分けられる。

- セクシャルハラスメントを取り締まる法律や規制の新設または強化

- セクシャルハラスメントの定義とセクシャルハラスメントのない生活に対する権利につい
  ての広報活動や意識向上キャンペーン

オーストリア、コスタリカ、フィンランド、フランス、アイスランド、イスラエル、韓国、
メキシコ、ポルトガル、スロベニアは、反ハラスメント法を制定または強化した国の例である。
さまざまな国が新たな法律や規制によって、セクシャルハラスメントの定義を拡大した。その
ほか、最高刑を引き上げた国もあれば（フランスなど）、雇用主の義務をより明確に定義した
国（アイスランド、韓国、メキシコ、スロベニアなど）、特定の産業やセクターのハラスメント
に重点を置いた国もある（たとえば、イスラエルは高等教育に重点を置いた）。オーストラリ
ア、ポルトガル、スウェーデンは、女性と女子への暴力を撲滅するために、さまざまな方法で
法制度と政策を強化したと報告している。2014年現在、世界ではほとんどのOECD加盟国を含
む78か国以上が、職場におけるセクシャルハラスメントを規制する法律を実施していた（World
Bank, 2014）。2017年、日本は経営者が職場でのセクシャルハラスメントを防止するためにとる
べき措置に関して、指針を拡大する予定である。

そのほか、セクシャルハラスメントの定義、その予防方法、ハラスメントが起きた場合の
（被害者の）法的権利と（雇用主の）義務について、広報活動を実施したり、従業員と雇用主
に対する指針を公表したりしている中央政府もある。ベルギー、デンマーク、エストニア、ギ
リシャ、イスラエル、韓国、リトアニア、ポルトガル、オランダは、いずれも何らかの形態で
意識向上キャンペーンを実施したことがあるか、実施の途上である、または職場に指針を配布
している。たとえば、ポルトガルは調査を進めて、職場におけるセクシャルハラスメントとモ
ラルハラスメントに関する事件について、最新の情報を提供している。その目的は、職場での
ハラスメントを防止・撲滅するための政府の諸機関、雇用主、従業員、および彼らの代表の取
り組みを支援することである（Torres *et al.,* 2016）。チェコなど他の国は、セクシャルハラスメ
ントを男女平等やジェンダーに基づく暴力に関するより大きな国家戦略に組み込んでいる。

組織の文化と規則は、職場におけるセクシャルハラスメントの防止と撲滅に重要な役割を担
う。何がセクシャルハラスメントに当たるのかについての研修は、労働者、特に男性が、何が
許されない性的行動に該当するのかを確認するのに役立つことがわかっている（Antecol, 2015）。
いかなるハラスメントも許さないことを強く表明するなどして、防止を重視するのも重要であ
る（Hersch, 2015）。被害者が安全かつ直接的に訴えを起こせる仕組みを利用できるようにする
ことも不可欠である。それにはハラスメントについて同僚に広く報告でき、同僚や上司からの

報復を効果的に予防する仕組みも含まれるべきである。複数の調査で報告されているセクシャルハラスメントの件数に対して、告訴された件数が少ないことから明白なように、被害者がセクシャルハラスメントを通報する割合は低い（McCann, 2005）。ハラスメントを通報する安全で実効的な手段の欠如が、各国が導入している新たな規制の有効性を抑制する恐れがあるのは明らかである。

職場文化はセクシャルハラスメントの中核をなすため、雇用主を対象にしたハラスメントを禁止する法律や取り組みは有望であり、入念に評価すべきである。たとえば、スロベニアは2013年、差別やモラルハラスメントが発生した場合の損害と保障に関する雇用主の責任を明確化した。発生した場合、雇用主は民法上の責任を負う。精神的苦痛は、裁判所で公正な補償を決定することは困難であるものの、応募者や労働者に生じた非金銭的損害を明確にする要素として重視される。

アイスランドもハラスメントを禁止する規制を拡大して、職場でのいじめ、セクシャルハラスメント、ジェンダーに基づくハラスメントや暴力に関する雇用主の義務をより明確に定義した。アイスランドではすべての職場に対し、ハラスメント防止のための措置と発生した場合の対応方法について、計画の策定を義務づけている。計画は個々の職場のニーズに応じて作成されなければならない。多数の国が、意識向上キャンペーンの一環として、ハラスメントの防止と対応に関する雇用主の義務について、雇用主に情報を提供している。

女性に対する暴力を撲滅するための多面的アプローチ

女性に対する暴力は被害者の生活の多様な側面に影響を及ぼすため、政策では全体的なアプローチをとらなければならない。メキシコは過去10年間、女性に対する暴力の防止と撲滅を徹底的に優先させてきたOECD加盟国の一例である（OECD, 2017）。メキシコの多面的アプローチ——女性に対する暴力の防止・対応・処罰・撲滅総合計画（Integrated Programme to Prevent, Address, Sanction, and Eradicate Violence Against Women）と名付けられたアプローチ——には、あらゆるレベルの政府の広範な政府関係者が関与する。ひとつの重要な政策措置として、内務省は「ジェンダーアラート（gender alert）」を発令することができる。これは関係当局に対して、女性の権利と身の安全を確保し、女性に対する暴力行為についてより総合的に調査を実施し、暴力が横行している分野においてこの問題に対処する取り組みを強化する措置を実施することを義務づけるものである。このジェンダーアラートは問題の重大性について断固としたメッセージを送る。メキシコの多数の州には公的資金を受けて設立されたジャスティスセンター（justice centres）もあり、現地で一部の女性に支援を行っている。こうした暴力に反対する多目的センターの目的は、心理的・法的・医療的ケア、一時的な避難所、児童発育

の専門家との相談を提供することである。また、社会的・経済的エンパワーメントに関するワークショップを頻繁に開催して、女性が暴力の連鎖を断ち切り、暴力のない自立した生活を始める支援を行っている。

メキシコは——他のOECD加盟国同様——女性が暴力のない生活を送れるようになるまでに、まだ長い道のりが残されているものの、同国の政策措置は、メキシコ政府が女性に対する暴力に注意を向けて、その撲滅に尽力していることを示している。

オーストラリアは2010年以降、「女性およびその子どもに対する暴力を削減するための国家計画2010〜2022年（The National Plan to Reduce Violence Against Women and their Children 2010-2022）」を実施している。この国家計画の目的は、女性とその子どもに対する暴力を大幅かつ継続的に削減することである。12年間の計画期間中に全政府が実現すべき全国的な成果目標として、次の6つを設定している。

- 暴力のない安全なコミュニティ

- 互いを尊重した関係

- 先住民コミュニティの強化

- 暴力を経験した女性と子どものニーズを満たすサービス

- 実効性のある司法の対応

- 加害者に暴力をやめさせて責任を問う

国家計画は初期の予防に重点を置いており、男女平等のためにはまず暴力の発生を止める必要があることを認めている。また、女性への暴力と男女平等に関する文化と態度について、より広範囲に長期的な改善を進める重要性を認識している。

国家計画とそれを支える行動計画に加えて、オーストラリアは2015年、暴力を受けるリスクの高い女性と子どもにセーフティネットを提供するために、1億オーストラリアドルの予算を投じた「女性の安全パッケージ（Women's Safety Package）」を発表した。このパッケージには、第一線での支援とサービスを改善し、女性の安全を維持するための革新的な技術を活用し、暴力と虐待に対するコミュニティの態度の改善に役立てる教育資源を提供するための資金も含まれていた。

スウェーデンも包括的なアプローチをとっている。2016年11月、スウェーデン政府は、DV、名誉に基づく暴力、売買春、性的搾取を目的とした人身取引に対する措置をはじめとして、男性による女性に対する暴力を防止・撲滅するための国家10年戦略を採択した。この戦略の目的

は、1）暴力を防ぐ効果的な取り組みの拡大、2）暴力の発見の改善と、暴力にさらされている女性と子どもの保護と支援の強化、3）より効果的な法の執行、4）知識の向上と手法の開発である。この戦略は全体的アプローチを採用しており、男性による女性に対する暴力と、経済的な男女平等や健康における男女平等などとの関連性にも注目している。

残念ながら、誤った方向に進んでいる国もある。たとえば、ロシアは女性に対する暴力が非常に多いことを市民社会団体や政府間組織によって厳しく非難されてきたにもかかわらず、2017年に一部のDVを刑罰の対象から外した（Amnesty International, 2017; UN OCHCR, 2013）。

女性に対する暴力の多面的な性質を考慮すると、各国は女性に対する暴力を撲滅するために、種々の政策分野に政治的コミットメント、資金、資格のある人的資源、協調努力をこれまで以上に投入することが不可欠である。政府関係者は人材の専門能力を構築し、効率的に連携して、女性に対する暴力を防がなければならない。暴力が発生した場合には、政府は被害者を適切に保護し、被害者のエンパワーメントと社会復帰を支援し、加害者に責任を問うことも必要である。

女性に対する暴力の被害者の多くが暴力を訴えていないことから、OECD加盟国では司法へのアクセスが引き続き問題となっている。欧州基本権機関（FRA）が実施した調査のデータによると（FRA, 2014a）、EU全体で、15歳以降に、パートナーから1回以上、深刻な暴力を受けたことがあると報告した女性のうち、最も深刻なものについて警察に通報したと答えた女性は、わずか14％であった（FRA, 2014a）。警察に通報しなかった理由はそれぞれ異なるが、通報をためらった主な理由は、法執行機関に対する不信感であった（図5.2）。

- 被害者の9％は、通報しなかったのは、警察が何かしてくれるとは思わなかったため、と答えている。

- 被害者の7％は、通報しなかったのは、警察に何かできるとは思わなかったため、と答えている。

- 被害者の4％は、警察に信じてもらえないと考えていた。

報復に対する恐れも通報しない重要な要因であった。リトアニア、スロバキア、ハンガリー、ベルギー、オーストリアでは、パートナーから深刻な暴力を受けたが警察に通報しなかった、と答えた女性のうち、少なくとも5分の1が、加害者または報復を恐れて通報しなかった。実のところ、EU諸国平均で、暴力を通報しなかった女性の13％が、報復に対する恐れをその理由として挙げている（FRA, 2014a）。

第5章

図5.2　警察は何もできない、または何もしてくれないという考えが、パートナーからの深刻な暴力の被害を通報しない主な理由である

15歳以降に、パートナーから深刻な身体的・性的暴力を1回以上受けたことがあり、最も深刻な暴力の被害を警察に通報しなかったと答えた女性のうち、パートナーから非常に深刻な暴力を受けた後、警察に通報しなかった理由として、「警察に何かできるとは思わなかった」「警察が何かしてくれるとは思わなかった」「信じてもらえないと思った」と回答した女性の割合、2012年

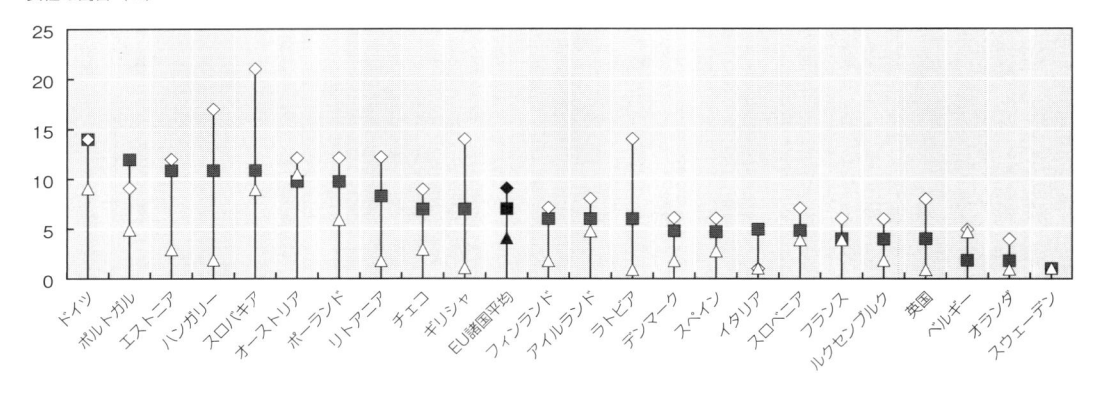

注：15歳以降に、パートナーから最も深刻な身体的・性的暴力の被害を受けた後、警察に通報しなかった理由について、回答者はそれぞれの経験に基づき1つ以上の回答カテゴリーから選択することができた。パートナーには回答者の夫、元夫、同棲者、元同棲者、同居していない恋人、同居していなかった元恋人が含まれる。

資料：欧州基本権機関（European Union Agency for Fundamental Rights, FRA）「女性に対する暴力に関する調査データセット（Violence Against Women Survey Dataset）」（http://fra.europa.eu/en/publications-and-resources/data-and-maps/survey-data-explorer-violence-against-women-survey）。

StatLink : http://dx.doi.org/10.1787/888933574247

女性に対する暴力を測定するという課題

　女性に対する暴力を測定するのは困難である。調査に基づく推定値では、多くの被害者が虐待を認めることに消極的であるため、問題の程度が過小評価される恐れがある。警察の調書などの管理記録は、さらに参考にならないことが多い。前述のように、女性に対する多数の暴力犯罪は、（被害女性本人やその身内への）暴力の激化や脅迫に対する恐れ、不名誉、自活手段の欠如、制度上の保護の不十分さ、刑事司法制度への不信などが理由で、通報されない（OECD, 2017）。質問を適切に表現し、女性が安心して正直に答えられるようにするには、慎重な計画立案と手順が必要である。

　調査方法の相違や回答者がハラスメントを報告する割合が国によって異なることが原因で、国際的な比較は不可能に近い。女性に対する暴力の発生率に関して、国家間に差異が観察される理由は多数あり（FRA, 2014b）、以下に一部を挙げる。

●暴力について他人と話すことに対する社会的受容性

● 社会にどの程度男女平等が浸透しているか（暴力が摘発される程度に関係する場合がある）

● 家庭の外で働いているかどうかなど、女性が暴力に晒されるリスク

● 国の全体的な暴力犯罪率の相違（女性に対する暴力の国際的な相違につながる場合がある）（FRA, 2014b）

　WHO（2013）は「政治的・文化的要素に相違があることから、各国にはそれぞれ独自のデータが必要であり、ある国の推定発生率を基に他国の発生率を推定することは、政策上および計画上の意思決定において必ずしも適切ではないことがわかる」と述べている。各国は他国の数値を基に推定するのではなく、定期的に独自のデータを収集して、進捗を測定する基準とすべきである。セクシャルハラスメントや女性に対する暴力に関する質問票を用いて、すでに多数の調査を実施している国にとって、経時的な変化を観察することは可能であろう。しかし、通報率の上昇または低下が、現場での実質的な変化や、セクシャルハラスメントの定義についての認識の向上、通報意欲を示しているとはいいがたい。それらは個人の構成概念であるとともに社会の構成概念でもあるからだ。

　女性に対する暴力に関する主要な国際調査を見ると（FRA, 2014b）、通報された暴力被害について解釈する際の困難が示されている。調査は、身体的・性的暴力の発生率と欧州ジェンダー平等指数（European Gender Equality Index）のスコアとの間に正の相関関係があるという、経験的には考えられない結果を示している。ジェンダー平等指数のスコアが高い国（北欧諸国など）の方が、スコアの低い国よりも女性に対する暴力の通報件数が高かったのである。

　しかし、同じ調査を用いて、極端な形態の暴力——「強制的コントロール（coercive control）」と呼ばれ、親しいパートナーが身体的・精神的・心理的虐待によって、被害者の自主性や権利、自由を抑圧する——を比較した場合、ジェンダー平等指数のスコアが高い国の方が、発生件数が少ない（Nevala, 2017）。パートナーによる強制的コントロールの被害を受けた女性の割合が最も低い国は、スウェーデン、英国、アイルランド、デンマーク、チェコであり、いずれも5％未満であった。女性の間で強制的コントロールの被害を受けた割合が10〜16％と最も高いのは、東欧諸国であった（前掲書）。こうした調査結果は、因果推論に難問を提示している。北欧諸国の女性は（強制的コントロール以外の）暴力を経験する割合が高いのか、それとも通報する割合が高いだけなのか？

　各国政府は自国でのハラスメントと暴力の発生状況について把握しようと努めている。多数のOECD加盟国が、セクシャルハラスメントに関して（定期的ではないが）複数の全国調査を実施している。そうした国にはベルギー、チェコ、フィンランド、イタリア、オランダ、ノルウェー、スペイン、スウェーデンがある。そうした国のデータは、国内で比較をするには有益である（Eurofound, 2015）。韓国も、女性家族部が2015年に民間企業1,200社と国営企業400社

を対象に調査を実施しており、3年ごとに調査を行う計画である（Korean Ministry of Gender Equality and Family, 2016）。

カナダや米国などの国では、軍におけるセクシャルハラスメントの調査を実施することも増えているが、それは階層的な組織構造が、女性に対するセクシャルハラスメントと性的暴行の相対的に高い発生率に関係性があるためである（Cotter, 2016; Morral *et al.*, 2016）。セクシャルハラスメントと性的暴行に対して、カナダ軍は軍における有害で不適切な行動を撲滅するため、被害者重視の任務、「名誉作戦（Operation Honour）」を実施した。この戦略の目的は、ハラスメントの報告を促し、被害者をより効果的に支援することである。

メキシコは女性に対する暴力とハラスメントを測定する試みにおいて成果を上げている。同国は2006年、2011年、および2016年に、広範な世帯調査——全国世帯動態調査（National Survey of Household Dynamics, ENDIREH）——において、女性に対する暴力と職場でのハラスメントについて質問した。また、職場でのハラスメントに関する調査——組織風土文化調査（Organisational Climate and Culture Survey, ECCO）——によって、連邦行政機関の年次調査も実施している。

こうした取り組みにもかかわらず、女性に対する暴力は、その測定と把握に関して政府がこれまで以上に取り組みを強化しなければならない問題である。一度限りの調査を実施したり、広範な調査の一部として調査したりしても、身体的・性的暴力に関して得られる情報はごく限られているため、各国は女性に対する暴力に対象を絞った調査を実施し、長期にわたって調査を繰り返すべきである。その際、国連の女性に対する暴力に関する統計作成ガイドライン（Guidelines for Producing Statistics on Violence Against Women）が有益なツールになる（United Nations, 2014）。

主な政策提言

- 暴力を測定することは重要である。政府は女性に対する暴力に対象を絞った調査を実施し、長期にわたって調査を繰り返すことで、暴力の決定要因とパターンについて理解を向上すべきである。一度限りの調査や、より広範な調査の一部としての調査では、限られた情報しか得られない。

- 女性に対する暴力が横行していること、またその多面的な性質を考慮すると、各国は教育、雇用、社会的保護、司法、安全、健康など、すべての政策分野において、また政府の部門全体で、政治的コミットメントを強化し、資金、資格のある人的資源、意識向上キャンペーン、協調努力を拡大しなければならない。

参考文献・資料

Amnesty International (2017), "Russia: Domestic Violence Law Puts Women at greater risk", News, Amnesty International website, February, https://www.amnesty.org/en/latest/news/2017/02/russia-domestic-violence-law-putswomen-at-greater-risk/.

Antecol, H. and D. Cobb-Clark (2003), "Does Sexual Harassment Training Change Attitudes? A View from the Federal Level", *Social Science Quarterly*, Vol. 84, No. 4, pp. 826-842.

Cotter, A. (2016), *Sexual Misconduct in the Canadian Armed Forces, 2016*, Statistics Canada, Ottawa, http://www5.statcan.gc.ca/olc-cel/olc.action?ObjId=85-603-X&ObjType=2&lang=en&limit=0.

Eurofound (2015), *Violence and Harassment in European Workplaces: Causes, Impacts and Policies*, Dublin, Ireland.

FRA – European Union Agency for Fundamental Rights (2014a), "FRA Gender-based Violence Against Women Survey Dataset", European Union Agency for Fundamental Rights (FRA), http://fra.europa.eu/en/publications-and-resources/data-andmaps/survey-data-explorer-violence-against-women-survey.

FRA (2014b), "Violence Against Women: An EU-wide Survey", European Union Agency for Fundamental Rights (FRA), Publications Office of the European Union, Luxembourg, http://fra.europa.eu/en/publication/2014/violence-against-women-euwide-survey-main-results-report.

Hersch, J. (2011), "Compensating Differentials for Sexual Harassment", *American Economic Review*, Vol. 101, No. 3, Papers and Proceedings of the One Hundred Twenty Third Annual Meeting of the American Economic Association, pp. 630-634.

Hersch, J. (2015), "Sexual Harassment in the Workplace", *IZA World of Labor*, Vol. 188.

Korean Ministry of Gender Equality and Family (2016), "Survey on Sexual Harassment 2015", Seoul, Korea.

McCann, D. (2005), *Sexual Harassment at Work: National and International Responses*, International Labour Office, Geneva.

Morral, A., K. Gore and T. Schell (eds.), *Sexual Assault and Sexual Harassment in the U.S. Military: Volume 2: Estimates for Department of Defense Service Members from the 2014 RAND Military Workplace Study*, RAND Corporation, Santa Monica, http://www.rand.org/pubs/research_reports/RR870z2-1.html.

Nevala, S. (2017), "Coercive Control and Its Impact on Intimate Partner Violence Through the Lens of an EU-wide Survey on Violence Against Women", *Journal of Interpersonal Violence*, forthcoming.

OECD (2017), *Building an Inclusive Mexico: Policies and Good Governance for Gender Equality*, OECD Publishing, Paris, http://dx.doi.org/10.1787/9789264265493-en.

OECD (2013), "Recommendation of the Council on Gender Equality in Education, Employment, and Entrepreneurship", OECD, Paris, http://dx.doi.org/10.1787/9789264279391-en.

OECD Development Centre (2014), *Social Institutions and Gender Index*, OECD Development Centre, OECD Publishing, Paris, www.genderindex.org/.

Torres, A. *et al.* (2016), *Sexual Harassment and Bullying in the Workplace in Portugal*, Policy Brief, Centro

Interdisciplinar de Estudos de Género（Interdisciplinary Centre for Gender Studies）/ Comissão para a Igualdade no Trabalho e no Emprego（Commission for Equality in Work and the Labour Market）, Lisbon, February, http://cieg.iscsp.ulisboa.pt/investigacao/projetos/projetos-concluidos/item/120-assediomoral-e-sexual-no-local-de-trabalho.

United Nations（2014）, *Guidelines for Producing Statistics on Violence Against Women*, United Nations, New York, https://unstats.un.org/unsd/gender/docs/Guidelines_Statistics_VAW.pdf.

UN CHCHR – UN Office of the High Commissioner for Human Rights（2013）, "Followup on Concluding Observations of the Committee on the Elimination of Discrimination against Women", 19 March. http://tbinternet.ohchr.org/Treaties/CEDAW/Shared%20Documents/RUS/INT_CEDAW_FUL_RUS_13614_E.pdf.

WHO – World Health Organization（2016）, "Violence Against Women: Intimate Partner and Sexual Violence Against Women", *Fact Sheet*, World Health Organization website, http://www.who.int/mediacentre/factsheets/fs239/en/.

WHO（2013）, *Global and Regional Estimates of Violence Against Women: Prevalence and Health Effects of Intimate Partner Violence and Non-partner Sexual Violence*, World Health Organization, Geneva.

World Bank（2014）, *Women, Business, and the Law 2014: Removing Restrictions to Enhance Gender Equality*, World Bank Group, Washington, DC.

第II部

教育における男女平等

■ 第6章 ■

教育において
女子がまだ後れを取っている分野

主な研究結果

- 2014年までに、初等教育、前期中等教育、後期中等教育におけるジェンダーパリティは世界的におおむね実現している。しかし、世界的な平均値からは、地域や国に残っている格差が見えてこない。たとえば、サハラ以南アフリカでは、女子の初等教育就学者は男子のそれと比較して今なお少なく、男子100人に対して女子は95人を下回っている。

- OECDの生徒の学習到達度調査（PISA）に参加している国または地域のうち、数学的リテラシーの最上位層において女子が男子を凌いでいる国または地域はひとつもない。

- 教育の多くの分野において女子と若年女性は成果を上げてきたにもかかわらず、OECD加盟国のティーンエイジャーが回答した生活満足度は、女子の方が男子よりも低い。

男女格差は縮小してきたが、教育にはまだ男女不均衡が残っている

第6章

　過去100年間、世界の国々は学歴における長年の男女格差を縮小させ、さらには解消させるなど、著しい進展を見せてきた。1900年代初頭以降、生産年齢の成人の平均就学年数は、男性が6年から12年に、女性が5年から13年に伸びた。実のところ、OECD加盟国では、今ではかつてなく多くの若年女性が正規の高等教育を受けており、過去10年間で学歴の男女差は逆転した。2000年では男性の方が女性よりも高等教育修了率が高かったが、2012年になる頃には、OECD加盟国全体で女性の34％が高等教育を修了していたが、男性では30％であった。

　女性の就学率はOECD非加盟国でも飛躍的に上昇した。OECD非加盟国を対象にしたデータセット（Barro and Lee, 2013）によれば、100か国以上の間で、生産年齢の成人の平均就学年数は、男性が約2年から約8年に、女性が約1年から約8年に上昇した。2014年になる頃には、世界全体で平均すると、初等・前期中等・後期中等教育へのアクセスにおいてジェンダーパリティが実現した（UNESCO, 2016）。

　このように進展は目覚ましいものの、世界平均からは多数の地域や国に残存する不均衡が見えてこない。たとえば、北アフリカでは男子100人に対して女子は95人しか初等教育に就学せず、サハラ以南アフリカでは男子100人に対して女子は93人である。中等教育の場合、男女不均衡はそれ以上に蔓延している。2014年、世界全体では前期中等教育においてジェンダーパリティが実現していない国は54％あり、後期中等教育に至ってはその割合は77％であった（UNESCO, 2016）。

差別的なジェンダー規範が女子から教育を受ける機会を奪っている

　低所得・中所得国では、女子の学校教育に係る直接費用を引き下げる政策に加えて、彼女たちが家族の世話と家事を担うことから、その機会費用を低減する政策を実施すべきである。そうした政策には、弟妹の保育プログラムや収穫期における授業時間の柔軟化などがある。メディアや宗教組織、コミュニティの指導者を通じて、差別的な規範、態度、慣習の改善に取り組むことも、女子の就学を妨げる障壁をいくつか取り除くのに役立つだろう（コラム6.1）。

　結婚を遅らせ、10代での妊娠を減らすためのインセンティブ——現金給付プログラム、リプロダクティブヘルス（性と生殖に関する健康）教育など——も、若年女子の就学を継続させる有効な方法である。メキシコは後期中等教育修了率において、男女差を1パーセントポイント未満に抑え、ジェンダーパリティを実質的に達成しているが、中退率は非常に高く——2013年では15～19歳の男女の40％以上が就学していなかった——、OECD加盟国の中で後期中等教育修了率が最も低かった。15～29歳の女性中退者のうち、学校を途中で辞める理由として、8%が妊娠または出産を、11％が結婚を挙げた。こうした状況を受けて、メキシコ教育省は、中退リスクのある生徒——10代の母親など——にジェンダーの要素を伴った奨学金を提供することで、就学を継

続させるための多額の財政援助を実施した。2013年から2015年にかけて、教育省は女子に就学を継続させる目的で、70万件以上の奨学金を提供した（OECD, 2017a）。

コラム6.1　開発途上国で女子の就学を妨げる障壁

　2014年、サハラ以南アフリカでは女子の76％が初等教育に就学していたが、前期中等教育を修了した女子は39％だけであった（World Bank, 2001）。学校教育に係る直接費用に加えて、貧困（Filmer, 2000）、機会費用（World Bank, 2001）、質の高い教育への限られたアクセス（Arceo-Gomez and Campos-Vasquez, 2014）が、女子の中等教育就学を妨げている。妨げとなっている要因は他にも多数ある。男女別のトイレの欠如（Birdthistle *et al.*, 2011）、女性教師の不足、長距離通学、若年女性に対する暴力などがそうである。

　たとえば、イエメンでは女性教師の不足が、女子の28％が中等教育修了前に学校を中退する原因であると考えられている（Ashuraey *et al.*, 1995）。アフガニスタンでは、通学距離が1マイル短くなるごとに、女子の就学率は19パーセントポイント上昇するが、男子の場合は13パーセントポイントである（Burde and Linden, 2012）。40か国の低所得・中所得国のデータから、15〜19歳の女子の最大10％が、前年に学校で強制的な性交またはその他の性的暴力の被害に遭ったと報告していることが明らかになっている（UNICEF, 2014）。南アフリカでは、中等教育に就学している女子の8％が前年に学校で性的暴行またはレイプの被害を受けたと報告した（Burton and Leoschut, 2013）。

　早婚や女子に家族を世話する責任を負わせるジェンダーロールなど、差別的な社会慣行と社会制度も、思春期の女子の教育の中断につながるといえる（Ferrant and Nowacka, 2015）。フォーマルな法律とインフォーマルな法律、社会規範、社会慣行は、女性と女子が家事を担うべきだという社会的期待を強めるため（Ferrant *et al.*, 2014）、彼女たちにはさらに多くの役割や仕事が課され、普通なら教育に費やせたであろう時間が削られてしまう。1週間に28時間以上を家事や家族の世話に費やしている女子は、1週間に10時間の家事や家族の世話に従事している女子よりも、学校で過ごす時間が25％少ない（ILO, 2009）。また、女子は男子の2倍の確率で、長時間家事に従事するため、教育の男女格差がさらに拡大する。

　また、女子が中退を決断するのは、早婚の直前・直後または妊娠したときであることが多く、それによって彼女たちに家族を世話する責務が増える。たとえば、ボリビアでは中等教育を修了していない15〜24歳の女性の19％が、中退した主な理由として結婚を、14％が妊娠を挙げている（Demographic and Health Surveys, Bolivia, 2008）。

　エチオピアでは、2004年にベルハネ・ヘワン・プログラム（Berhane Hewan Programme）を発足させて、コミュニティでの意識向上活動と就学を継続するための財政的

支援を組み合わせることによって、女子の結婚年齢の引き上げと、児童婚をした女子への支援を目指した。同プログラムは学用品を提供し、ピア・メンタリング・グループを形成し、娘を結婚させなかった家庭に資産を与えた。パイロット段階の間、プログラム実施地域の女子は、就学を継続して結婚しない割合が3倍高く、プログラムの結果は肯定的に評価された（Erulkar and Muthengi, 2009）。人口協議会とパートナーによって2010〜2016年にエチオピア、ブルキナファソ、タンザニアでも同様のプログラムが実施された（Population Council, 2014）。

　女子の就学の継続に有望な別の措置として、現在実施されているプラン・インターナショナルによる2015年の取り組みで、ナイロビのスラム街で暮らす女子を対象にした青年女子イニシアチブ・ケニア（Adolescent Girls Initiative-Kenya、AGI-K）がある。AGI-Kは条件付き現金給付制度と、女子がリプロダクティブヘルスについて学ぶ指導プログラムを並行して行う。176校の小学校を対象にしており、指導プログラムには2,000人を超える女子が参加している。自動追跡システムを利用して出席状況をモニタリングし、長期間欠席した場合、家庭を訪問する（Austrian et al, 2015）。

コラム6.2　ティーンエイジの女子はその教育成果にもかかわらず、生活満足度が男子よりも低いことが多い

　OECDのPISAは、学習の習熟度を測定するテストとして最も有名であるが、2015年の同調査では、生徒の生活満足度と健やかさ・幸福度（well-being）についての調査も含まれた（OECD, 2017b）。生徒に対して、学校で良い成績を取ろうという意欲、同級生や教師との関係、家庭生活、学外での時間の過ごし方などについて質問した。その結果は、ほとんどが自己報告に基づくものであり、ティーンエイジの生徒が自分たちの生活に関して抱いている希望、願望、思考への洞察を提供することで、習熟度に関する通常のPISAのデータを補完した。

　最も目を引いた調査結果のひとつは、教育の多くの分野において女子と若年女性の成果が向上してきたにもかかわらず、ティーンエイジの女子の方が同年代の男子よりも、幸福度や生活満足度が高くないようであったことだ。実のところ、すべてのOECD加盟国のほとんどで、女子は男子よりも生活満足度を大幅に低く報告している。平均すると、15歳の女子は15歳の男子よりも、生活に「十分に満足している」と答える割合が約10パーセントポイント低く、低い生活満足度を報告する割合も約5パーセントポイント高かった（図6.1）。健やかさ・幸福度の男女差の程度は国によって異なるが、メキシコのみが差が統計的に有意ではなく、日本とラトビアは一部のみ有意差が見られた。

　ティーンエイジの女子の方が生活満足度が低い原因は、完全には明らかになっておらず、多数の決定要因が影響していると考えられる。しかし、ひとつの興味深い結果として、成人の間

第6章

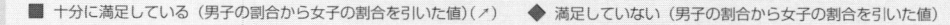

図6.1　ティーンエイジの女子は同年代の男子よりも生活満足度を大幅に低く報告している

生活に「十分に満足している」と「満足していない」と回答した15歳の生徒の割合の男女差
（男子の割合から女子の割合を引いた値）、2015年

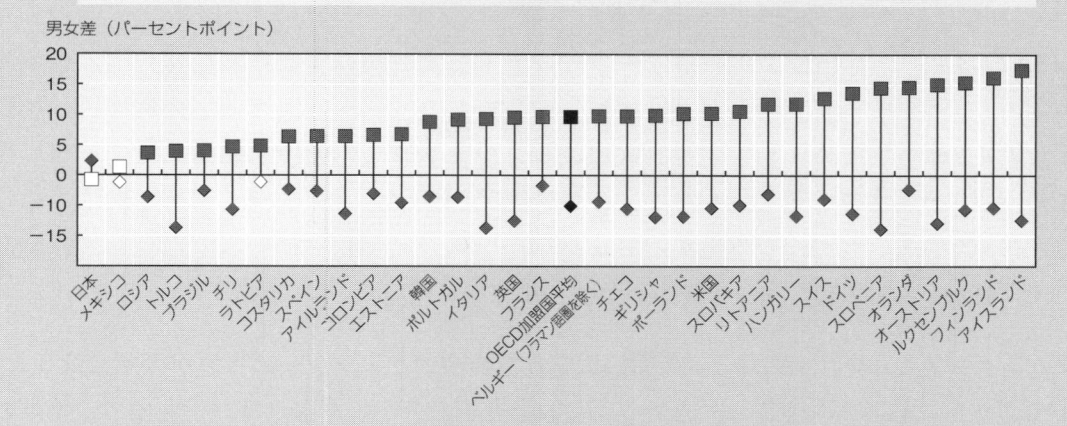

注：濃色のマーカーは男女差が統計的に有意であることを示しており、白いマーカーは統計的に有意ではないことを示している。生活満足度は生徒の自己報告に基づく。生徒には、生活にどのくらい満足しているかを0〜10までの尺度で評価してもらった。0は生活満足度が最も低く、10は最も高いことを示す。9〜10は「十分に満足している」、0〜4は「満足していない」に分類される。
資料：OECD PISA2015年調査データベース（*OECD PISA 2015 Database*）（http://www.oecd.org/pisa/data）。
StatLink：http://dx.doi.org/10.1787/888933574266

では、主観的な健やかさ・幸福度にジェンダーはほとんど影響していないようである。実のところ、思春期には主観的な生活満足度に男女差をもたらす特有の何かがあるように思われる。ひとつの可能性として、この差には思春期の女子の厳しい自己評価が表れていると考えられる。PISA2015年調査では、生徒が自分の体に対して持っているイメージについてデータを収集しなかったが、既存の調査には、マスメディアで取り上げられる「痩せすぎ」の女性（Grabe *et al.*, 2008）の画像や、ソーシャル・メディアでの写真の共有が、思春期の女子の自分自身に対する認識と満足感に大きな悪影響を与えていることが示されている。

数学的リテラシーと数的思考力の得点の男女差は縮小している

　OECDのPISA2015年調査のデータから、女子と女性は教育成果において世界的に著しく向上してきたが、数学的リテラシーと数的思考力には男女差が残っている。2015年、OECD加盟国平均で、数学的リテラシーの得点は男子が女子を8点上回っていた。これは約5分の1年分の学校教育に相当する。差は成績上位者の間で大きく、最上位10％の男子の得点は、最上位10％の女子よりも16点高かった。平均すると、データのある70か国中28か国で、男子の優位性は統計的に有意であり、最大だったのはオーストリア、ブラジル、チリ、コスタリカ、ドイツ、アイルラン

第6章

ド、イタリア、スペインで、男子の平均得点は女子のそれを15点以上上回っていた。成績最上位層（成績分布の90パーセンタイルの生徒）の間の男女差はほとんどの国と地域で有意であり、30か国で15点より大きかった。PISA調査に参加した国と地域で、数学的リテラシーのレベル5以上で女子が男子よりも多い国はなかった。

　PISA2012年調査とPISA2015年調査のデータを見ると、2012年から2015年の間、大多数の国で数学的リテラシーの得点の男女差はほとんど変化していない。実際にはこの期間にOECD加盟国平均で3点縮小したが、その主な原因は1か国、つまり韓国で男子の数学的リテラシーの得点が女子の得点よりも大きく落ち込んだことによるものであった。その結果、韓国は2012年には男子の方が得点が高く、かつ得点の男女差が最大の国のひとつであったが、2015年には差は統計的に有意ではなかったものの、女子の得点が男子の得点を上回った。

　チュニジアも2012年から2015年の間に男女とも数学的リテラシーの得点が大幅に低下したが、男子の方が落ち込みが大きかったため（図6.2）、男子の方がまだ得点は高いものの、得点の男女差は9点縮小した。コロンビアは2012年にPISAに参加したすべての国・地域の中で、数学的リテラシーにおいて男子の方が好成績で、かつ得点の男女差が最大であったが、得点差を——最上位層の生徒の間でさえも——大幅に縮小することができた。2012年から2015年にかけて男子の得点は変わらなかったが、女子は平均で20点上昇し、最上位層では28点伸びた。ルクセンブルク、メキシコ、オランダでは、男子の方が得点は高かったが、女子の得点が安定していたのに対し、男子の得点が低下したため、得点の男女差は縮小した。

　統計的に有意な男女差が広く存在するものの、15歳児の数学的リテラシーの習熟度において、得点の男女差は、多くの場合、実際にはそれほど大きくはない。つまり、15歳の男子は15歳の女子よりも往々にして数学的リテラシーの得点が高いものの、非常に高いというわけではないのである。しかし、PISA2003年調査を受けた15歳児の成績と、OECDの2012年の国際成人力調査（PIAAC）のときに24歳前後になったほぼ同じ出生コーホートの成績を比較すると、数学における得点の男女差は、10代から20代へと成長する間に拡大する場合があることが明らかになった（図6.3）。データの得られたOECD加盟国の間で、15歳の時点での標準化した得点の男女差の平均は0.12点で、24歳前後の時点では0.18点であり、まだごく小さい。しかし、カナダ、オーストリア、ノルウェーでは、24歳前後の標準化した得点の男女差は0.3点を上回っており、フィンランドと米国では0.5点よりも大きい（図6.3）。15歳の時点での同じ出生コーホートの得点差よりも、得点差がかなり広がっているのである。

　数学の成績最上位層における得点の男女差は、15歳の時点でも23〜25歳の時点でもほとんど変わらなかった。平均すると、上位10パーセンタイルの男女間での標準化した得点差は、15歳では0.24点であり、23〜25歳では0.23点であった。一方、成績最下層では、差は大幅にではないが拡大した（Borgonovi *et al.*, 2017）。

図6.2　数学的リテラシーの得点の男女差は2012年から2015年にかけて
ほとんど変化していない

PISAの数学的リテラシーの平均得点の男女差（男子の得点から女子の得点を引いた値）、2012年・2015年

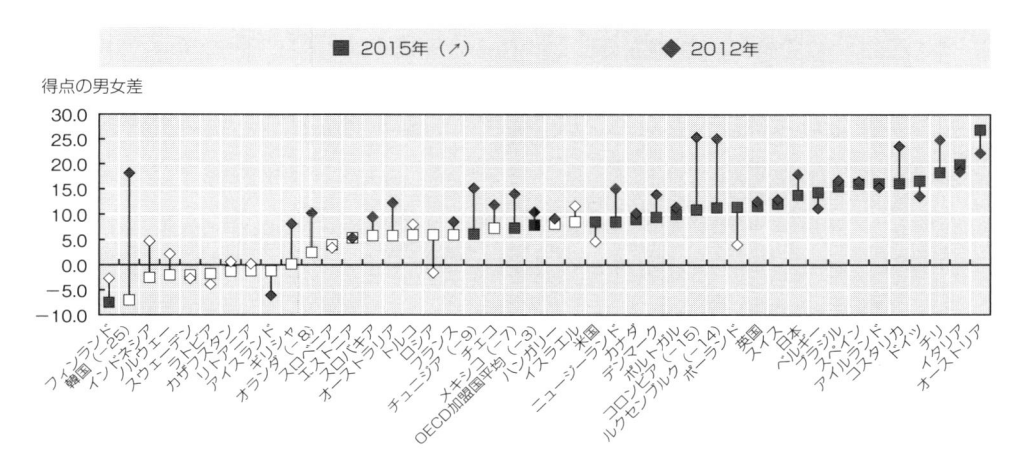

注：濃色のマーカーは男女差が統計的に有意であることを示しており、白いマーカーは統計的に有意ではないことを示している。
PISA2012年調査とPISA2015年調査の統計的に有意な変化は国名の横に（　）で示している。
資料：OECD PISA2015年調査データベース（*OECD PISA 2015 Database*）（http://www.oecd.org/pisa/data）。

StatLink：http://dx.doi.org/10.1787/888933574285

図6.3　数学の得点における男女差は10代から20代の間に拡大することがある

15歳（PISA2003年調査）[a]と23〜25歳（PIAAC2012年調査）における数的思考力の習熟度の標準化した得点の
男女差（男性の得点から女性の得点を引いた値）

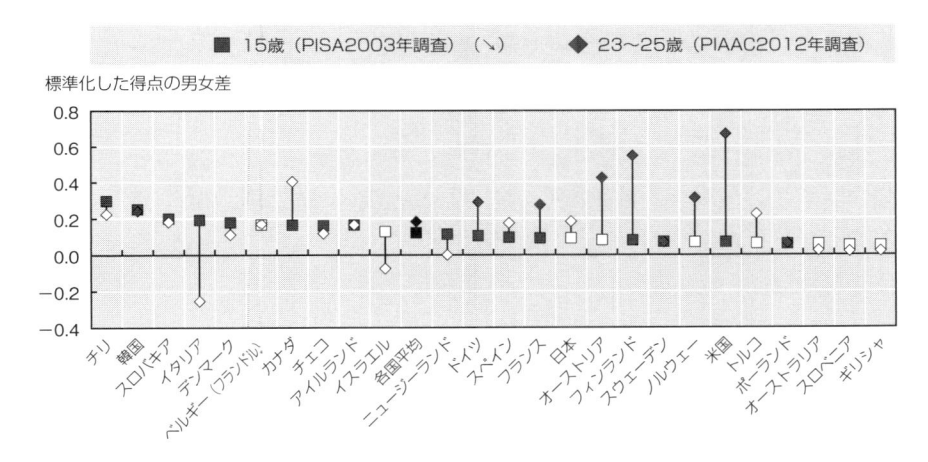

注：標準化した得点の男女差とは、男性と女性の得点の差を、プールされた標準偏差で除した値である。濃色のマーカーは男女差が5％
水準で統計的に有意であることを示しており、白いマーカーは5％水準で統計的に有意ではないことを示している。データは、異なる時
点でほぼ同じ出生コーホート——2003年に15歳だった年齢集団と、2012年に23〜25歳になった年齢集団——から抽出した若年男性と若
年女性の2つのサンプルに基づく。こうした設計は「疑似コーホート」分析として知られており、データが示すのは「疑似コーホート」を
ある期間追跡した際の男女差の評価であり、完全なパネルデータの場合のように、同一個人を追跡したものとは異なる。詳細については
Borgonovi *et al.*（2017）を参照。
a）チリ、ギリシャ、イスラエル、ニュージーランド、スロベニア、トルコに関しては、15歳のデータはPISA2003年調査ではなく
PISA2006年調査のもので、23〜25歳のデータはPIAAC2012年調査ではなくPIAAC2015年調査のもの。
資料：Borgonovi, F. *et al.*（2017）, "Youth in Transition: How Do Some of the Cohorts Participating in PISA Fare in PIAAC?", *OECD
Education Working Papers*, No. 154, OECD Publishing, Paris（http://dx.doi.org/10.1787/51479ec2-en）.

StatLink：http://dx.doi.org/10.1787/888933574304

　数学の得点に男女差が見られるのはなぜであろうか？　ひとつの理由として考えられるのは、女子と若年女性は男子と若年男性よりも、自分の数学の能力に対して否定的な見方を持ち、数学に関係する問題や状況に対してストレスと不安を報告する割合が高いということである（OECD, 2015a）。OECD PISA調査では、2012年に、生徒にさまざまな純粋数学と応用数学の問題に取り組む自信があるかどうかを質問した。2015年には、科学に関して自信があるかどうかを質問した。全体として、どちらの科目でも女子は男子よりも自信を低く回答していたが、自信の男女差は科学の問題よりも数学の問題の方でずっと大きかった。自分の科学の能力に対する女子の自信は、出された課題の種類によっても異なるようである。本書の第7章では、STEM分野を専攻したり、STEM分野に就職したりする女性が少ない点について証拠を取り上げ、ジェンダーステレオタイプに基づく態度や期待に対処し、STEM分野で女子の自信を確立するためのプログラムの重要性を明らかにする。

主な政策提言

- 女子と若年女性による教育へのアクセスが限られた国々では、学校教育の直接費用を軽減し、教育施設・交通機関を安全なものにし、女子に家族の世話や家事が割り当てられていることからその機会費用を低減することが重要である。政府は、ジェンダーに関する意識向上研修、メディアの番組、コミュニティの指導者による女子教育の支援などを利用して、差別的な規範、態度、慣習にも取り組む必要がある。早婚を遅らせて、10代での妊娠を防ぐためのインセンティブも、思春期の女子に就学を継続させるために不可欠である。

- ほとんどのOECD加盟国では、教育における男女平等の問題は、成果から機会へと移行しており、男子も女子も、教育学、数学、科学をはじめとするあらゆる科目において、質の高い教育を受ける機会を等しく得られなければならない。また女性が学校、職場、日常生活において、獲得した技能を伸ばすための機会を、男性と同等に得られるように、政策によって徹底すべきである。

- 教育者は可能性を発揮し、間違いから学び、自力で問題を解決するために、幼い時期から一生懸命に努力するよう、男子にも女子にも促すべきである。そのいずれも生徒の自信を育むのに役立つだろう。

参考文献・資料

Arceo-Gomez, E.O. and R.M. Campos-Vasquez (2014), "Teenage Pregnancy in Mexico: Evolution and Consequences", *Latin American Journal of Economics*, Vol. 51 No. 1, May, pp. 109-146.

Ashuraey *et al.* (1995), "Girls Education in Shabwah", The Netherlands Women's Development Programme, San'a 1995 as referenced in http://www.unicef.org/policyanalysis/files/Accelerating_Girls_Education_in_ Yemen (1).pdf.

Austrian, K. *et al.* (2015), "Adolescent Girls Initiative-Kenya Baseline Report", Population Council, Nairobi.

Barro, R. and J.-W. Lee (2013), "A New Data Set of Educational Attainment in the World, 1950-2010", *Journal of Development Economics*, Vol. 104, pp. 184-198.

Birdthistle, I. *et al.* (2011), "What Impact Does the Provision of Separate Toilets for Girls at Schools Have on their Primary and Secondary School Enrolment, Attendance and Completion? A Systematic Review of the Evidence", EPPI Centre, Social Science Research, Unit, Institute of Education, University of London, London, https://assets.publishing.service.gov.uk/media/57a08abaed915d3cfd0008e0/Birdthistle_et_ al_2011.pdf.

Borgonovi, F. *et al.* (2017), "Youth in Transition: How Do Some of the Cohorts Participating in PISA Fare in PIAAC?", *OECD Education Working Papers*, No. 155, OECD Publishing, Paris, http://dx.doi. org/10.1787/51479ec2-en.

Burde, D. and L. Linden (2012), "The Effect of Village-based Schools: A Randomized Controlled Trial in Afghanistan", *NBER Research Paper*, available at http://www.nber.org/papers/w18039.pdf.

Burton, P. and L. Leoschut (2013), "School Violence in South Africa: Results of the 2012 National School Violence Study", Centre for Justice and Crime Prevention, Cape Town, South Africa, www.cjcp.org.za/ uploads/2/7/8/4/27845461/monograph12-school-violence-in-south_africa.pdf.

Demographic and Health Surveys, Bolivia (2008), "Encuesta Nacional de Demografía y Salud (ENDSA) 2008", Ministerio de Salud y Deportes. Instituto Nacional de Estadística, http://dhsprogram.com/ publications/publication-FR228-DHS-Final-Reports.cfm.

Erulkar, A. and E Muthengi (2009), "Evaluation of Berhane Hewan: A Program to Delay Child Marriage in Rural Ethiopia", *International Perspectives on Sexual and Reproductive Health*, Vol. 35, No. 1, pp. 6-14.

Ferrant, G. and K. Nowacka (2015), "Measuring the Drivers of Gender Inequality and their Impact on Development: The Role of Discriminatory Social Institutions", *Gender and Development*, Vol. 23, No. 2, pp. 319-332.

Ferrant, G. *et al.* (2014), "Unpaid Care Work: The Missing Link in the Analysis of Gender Gaps in Labour Outcomes", Issues paper, OECD Development Centre, http://www.oecd.org/dev/development-gender/ Unpaid_care_work.pdf.

Filmer, D. (2000), "The Structure of Social Disparities in Education: Gender and Wealth", *Policy Research Working Paper*, No. 2268, World Bank, Washington, DC.

Goldbeck, L. *et al.* (2007), "Life Satisfaction Decreases During Adolescence", *Quality of Life Research*, Vol. 16,

第6章

No. 6, pp. 969-979.

Grabe, S., J. Hyde and L.M. Ward（2008）, "The Role of the Media in Body Image Concerns Among Women: A Meta-analysis of Experimental and Correlational Studies", *Psychological Bulletin*, Vol. 134, No. 3, pp. 460-476.

ILO – International Labour Organization（2009）, "*Give Girls a Chance, Tackling Child Labour, a Key for the Future*, ILO, Geneva.

OECD（2017a）, *Building an Inclusive Mexico: Policies and Good Governance for Gender Equality*, OECD Publishing, Paris, http://dx.doi.org/10.1787/9789264265493-en.

OECD（2017b）, *PISA 2015 Results（Volume III）: Students' Well-Being*, OECD Publishing, Paris, http://dx.doi.org/10.1787/9789264273856-en.

Population Council（2014）, "Building Evidence on Effective Programs to Delay Marriage and Support Married Girls in Africa", Policy Brief, July, http://www.popcouncil.org/uploads/pdfs/2014PGY_EvidenceBaseDelayedMarriage_Africa.pdf.

UNESCO（2016）, *Global Education Monitoring Report 2016: Education for People and Planet, Creating Sustainable Futures for All*, UNESCO, Paris.

UNICEF（2014）, *Hidden in Plain Sight: A Statistical Analysis of Violence Against Children*, UNICEF, New York.

World Bank（2016）, *World Development Indicators 2016*, World Bank, Washington, DC.

World Bank（2001）, *Engendering Development: Through Gender Equality in Rights, Resources, and Voice*, Oxford University Press, Oxford, United Kingdom.

データベース

OECD PISA2015年調査データベース（OECD PISA 2015 Database）
　　http://www.oecd.org/pisa/data

■ 第7章 ■

STEM分野では女性の割合が過少である

主な研究結果

- 高等教育において、STEM分野では若年女性の割合が過少である。OECD加盟国では、女性が高等教育レベルのコンピュータ科学課程の入学者に占める割合は20%未満、工学課程の入学者に占める割合は約18%のみである。

- 男子と女子の進路は、15歳になるまでにすでに分かれ始めている。OECD加盟国平均では、エンジニア、科学者、または建築家として働きたいと考えている15歳の男子は、女子の2倍を上回っている。また、情報通信技術（ICT）の専門家になりたいと考えている女子は0.5%未満であるが、男子は5%近い。

- 政策立案者は学校でのジェンダーステレオタイプ化の重大さと、それが将来、教育と職業の選択に与えうる影響について認識している。OECD理事会が2013年OECDジェンダー勧告を採択して以来、多数の国がSTEM分野の学科や職業において少数派であるグループ——女性や女子など——の参加を拡大させるために、新たな措置を講じたり、既存の措置を強化したりしてきた。

第7章

STEM分野で学ぶ女性も働く女性も少ない

　STEM学科の卒業生は労働市場で大きな需要があり、仕事も非常に高収入である。したがって、こうした分野で女性が少ないことは大きな影響がある。実のところ、OECDの国際成人力調査（PIAAC）によれば、ほとんどの国で賃金は労働者の数的思考力の習熟度に強く結び付いていることが判明している。過去1世紀にわたって、OECD加盟国は長らく存在していた学歴の男女格差の縮小または解消において、著しい進展を遂げてきた。しかし、高等教育とそれ以降に関して、STEM分野に占める若年女性は依然として過少である。たとえば、2014年、OECD加盟国平均で、高等教育レベルの科学課程への入学者に占める女性の割合は約37％であり、工学、製造、建築課程の入学者では約24％のみであった（図7.1）。STEM学科に占める女性の割合の低さは、コンピュータ科学において特に顕著で、OECD加盟国平均では新入学者の20％を下回っている（OECD Online Education Database）。また、高等教育レベルの製造・加工課程の新入学者の46％は女性であったが、工学課程の新入学者ではわずか18％に留まっている（OECD Online Education Database）。

　興味深いことに、女性はSTEM分野の職業に就いている場合でさえも、数的思考力が男性よりも乏しい傾向にある。社会規範やステレオタイプが原因で、女性の方が男性よりもSTEM分野への就職を阻む障壁が高いことを考慮すると、非常に能力の高い女性だけがSTEM分野に就職し、正の自己選択（positive self-selection）によって、STEM分野の就業者の中で、女性は男性よりも習熟していると考える方が理に適っているであろう。

15歳で下した決断が長期的に影響を与える可能性がある

　ティーンエイジの頃、多数の国の生徒（およびその家族）は、将来に向けて歩む進路について重要な決定、すなわち学校教育を受け続けるのか、職業教育に進むのか、高等教育の学位課程に進むのか、就職するのかの決定を下す。そのため、15歳の男子と女子の関心と選好、学問の得意分野、放課後のコースや研修活動への参加の相違が、その後の男女格差に大きな影響を与える可能性がある。

　コンピュータ科学や工学などの専攻分野に女性が少ない原因は、男子と女子のジェンダーに関連したキャリアへの期待にある（OECD, 2016b）。科学関連分野への就職を希望する男子生徒と女子生徒の割合は、OECD加盟国平均ではどちらも同じ約25％であるが、国によって大きなばらつきがある。たとえば、ハンガリーでは科学分野で働くことを考えていると答えた男子生徒の割合（24％）は女子生徒（13％）の2倍近いが、インドネシアは逆で、女子生徒の割合が22％であるのに対し、男子生徒は9％である。

図7.1　高等教育のSTEM分野の新入学者に女性が占める割合は少ない

高等教育新入学者に占める女性の割合、専攻分野別、OECD加盟国平均、2014年

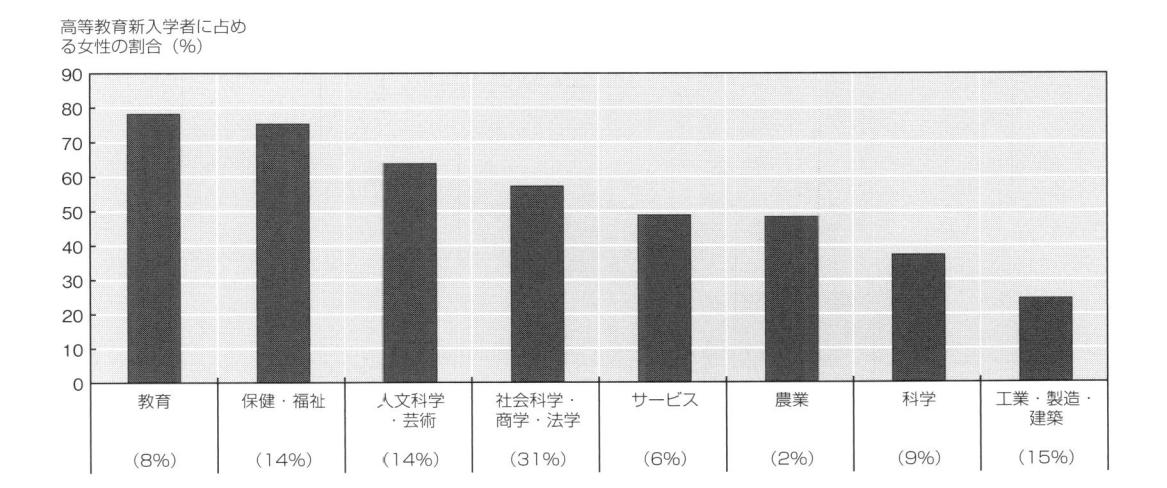

注：横軸の項目の下の（　）内の数字は、各専攻分野の新入学者の割合（％）を示す。

資料：OECD（2016）, *Education at a Glance 2016: OECD Indicators*, OECD Publishing, Paris（http://www.oecd.org/edu/education-at-a-glance-19991487.htm）.

StatLink : http://dx.doi.org/10.1787/888933574323

　オーストラリア、カナダ、ドイツ、ハンガリー、スペイン、スウェーデンでは、科学的リテラシーの習熟度の最上位層では、女子の方が男子よりも少ないだけでなく、習熟度が最上位に属していても、科学関連の職業に就きたいと考える生徒の割合は、女子の方が少ない。他のほとんどの国では、割合は同程度であるものの、デンマークとポーランドでは、成績最上位層の女子は同じ最上位層の男子よりも、科学分野の職業を目指す割合が大幅に高い。

　しかしながら、科学分野の職業を希望する男子と女子の割合に偏りがない場合でも、男子と女子は科学の異なる分野への就職を考える傾向にある。たとえば、平均すると、エンジニア、科学者、または建築家として働くことを希望する男子は女子の2倍である。ICT分野の場合、その差はさらに広がり、男子は4.8％であるのに対し、女子は0.4％のみである（図7.2）。将来への希望に関して、男女間に非常に大きな差が見られる国もある。たとえば、フィンランドでは、エンジニア、科学者、または建築家として働きたいと考える男子（6.2％）は、女子（1.4％）の4倍を上回っている。こうした調査結果には、男子と女子の進路が、15歳になるまで、それも職業に関する重要な選択が実際に下されるずっと前に、すでに分かれ始めていることが示されている。ひとつの要因は、男女それぞれに向いている職業についてのステレオタイプに強く関係している。それらは家族、教師、そして社会全体によって子どもたちに伝えられる。実際にPISA調査から明らかになっているように、親は10代の娘よりも息子の方に——娘が数学的リテラシーと科学的リテラシー、読解力において、同級生男子と同じくらい好成績を収めてい

図7.2　科学分野の職業では、女子は男子よりも保健専門職を希望する生徒が多い

30歳までに科学関連の仕事に就いていたいと考えている15歳児の割合、科学分野の職業別、OECD加盟国平均、2015年

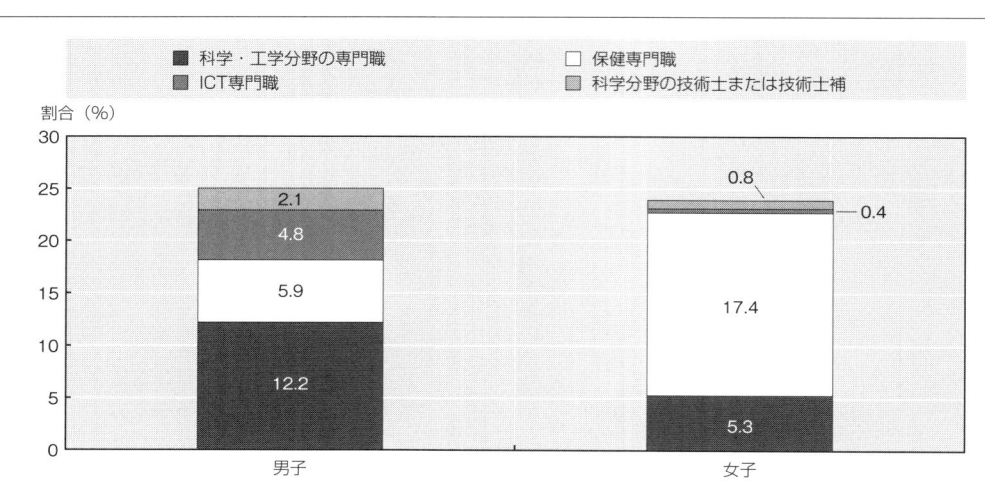

注：PISA2015年調査では、30歳までにどんな職業に就いていたいかを生徒に質問した。生徒はどのような職名や職業でも回答することができた。生徒が答えた職業を、その後、国際標準職業分類2008年改定版（ISCO-08）に従って分類した。こうして分類した回答を用いて、科学分野の職業への希望を示す指標を作成し、希望を実現するには、義務教育に続いて正規の高等教育課程で科学を学ぶ必要がある職業と定義した。この科学分野の職業という大グループ内で、主要なグループとして科学・工学分野の専門職、保健専門職、科学分野の技術士または技術士補、ICT専門職に分類した。

資料：OECD事務局算定。データ源は、OECD PISA2015年調査データベース（*OECD PISA 2015 Database*）（http://www.oecd.org/pisa/data/）。

StatLink：http://dx.doi.org/10.1787/888933574342

る場合でも――STEM分野への就職を期待する傾向が強い（OECD, 2015）。

驚くべきことかもしれないが、科学に対する適性と態度の男女差は比較的わずかである

　PISA2015年調査は、一連のPISA調査としては初めて、科学実験の妥当性と限界、科学的知識の暫定的・発展的性質について、生徒の考えを評価した。その際に用いたのは、以下の記述に対する回答であった。

- ●「何が真実かを確かめる良い方法は、実験をすることである」

- ●「科学的見解は、変わることがある」

- ●「良い答えとは、多くの異なる実験から得られた証拠に基づくものだ」

- ●「発見したことを確認するために、2回以上実験を行う方がよい」

- ●「科学的に真実とされていることについて、科学者は考えを変えることがある」

- ●「科学の本に書かれている見解は変わることがある」

図7.3　科学的リテラシーの得点の男女差は最上位層の生徒の間で顕著である

10パーセンタイル（最下位層）、中央値（平均層）、90パーセンタイル（最上位層）におけるPISA科学的リテラシーの得点の男女差（男子の得点から女子の得点を引いた値）、科学的能力別、OECD加盟国平均、2015年

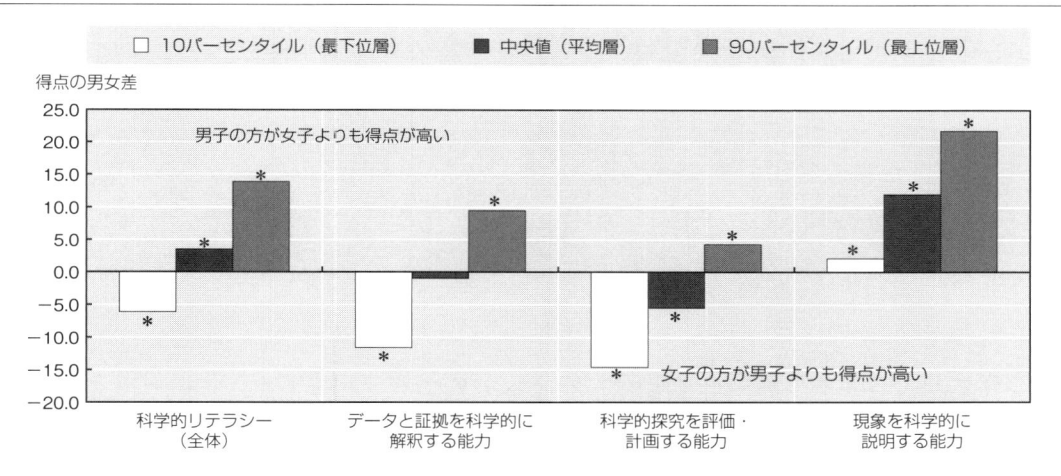

注：アスタリスク（＊）の付してある棒は男女差が統計的に有意であることを示している。

資料：OECD事務局算定。データ源は、OECD PISA2015年調査データベース（*OECD PISA 2015 Database*）（http://www.oecd.org/pisa/data/）。

StatLink：http://dx.doi.org/10.1787/888933574361

　こうした記述への回答は、科学的探究への幅広い支持と、科学的知識の暫定的・発展的性質への明確な認識を表した。生徒の認識論的信念における男女差は概して小さかった。男女差が存在する場合でも、最も多く見られたのは、知識源としての探究に対する実証的アプローチと、科学的見解は一時的なものであり変化する場合があるという意見への支持を、男子よりも女子の方が多く表明したというものであった（OECD, 2016b）。

　PISA調査データによると、男子も女子も科学的リテラシーの成績はだいたい同じではあるが、次のような問題で、成績最上位層の生徒には男子の方が多いという差が現れた。

●現象を科学的に説明する

●科学を利用して自然現象と技術現象を説明する

●化学的性質や磁場、エネルギーと物質の相互作用など、物質の構造と性質に関する知識などを必要とする物理的システムに注目する

　概して女子の方が、最下位層に占める割合が低く、科学的探求の評価と計画に習熟しており、科学者がどのように科学的理論を究明し、開発するのかを知ることに対して関心が高いようである（図7.3）。

127

教育上の選択における男女平等を促進するための政策

第7章

　OECD加盟国の政策立案者は、学校でのジェンダーステレオタイプ化と、それが将来の教育と職業の選択に与えうる影響について認識している。おそらく、そうした認識が最も高い国はスウェーデンであろう。同国で2010年に改訂された就学前教育課程および学校教育課程では、次のように述べられている。

> 「就学前教育は伝統的なジェンダーパターンとジェンダーロールを解消しなければならない。就学前教育を受ける男子も女子も、ステレオタイプ化されたジェンダーロールによる制限を受けることなく、その能力と関心を育み、探究する機会を等しく持たねばならない」。

　OECD理事会が教育、雇用、起業におけるジェンダー平等に関する理事会勧告（OECD, 2013）を採択して以来、複数の国が学校でのジェンダーステレオタイプ化に対策を講じてきた。たとえば、チリでは、ミチェル・バチェレ大統領が2期目に発表した2014〜2018年の政府プログラムに、差別の禁止と公平の促進に関する重要な条項が盛り込まれている。

　2013年、ハンガリー政府は1〜8年生の教科書を改訂して、ステレオタイプを除去し、男女平等に対する意識を高めようとしている。新しい内容として、生物学の教科書で女性科学者の業績を取り上げて、科学の進歩に対する女性の貢献を説明している。そのほか、「物理学分野の職業」というタイトルのセクションでは、それぞれの研究分野で成功を収めた女性を紹介している。歴史の解説書でも、男女平等と、女性の伝統的な役割の変化の歴史的背景を論じている。

　オーストラリア、ベルギーのフラマン語圏共同体、ドイツ、イタリア、日本、ラトビア、メキシコ、オランダ、ニュージーランド、スイス、英国は、STEM分野で少数派である女子やその他のグループの問題に対処するため、保護者・教師・生徒を対象にした新しい措置を導入したり、既存の措置を強化したりしている（コラム7.1）。

コラム7.1　STEM分野の専攻と職業におけるジェンダー問題に対処するための OECD加盟国による行動

　オーストラリア政府の「学校でSTEM学科に再注目（Restoring the focus on STEM in schools）」イニシアチブは、学校で理系科目の専攻者を増やすことを目指している。イニシアチブの4つの重要要素のうちの1つは、STEM学科の専攻者向けのサマースクールに、女子と社会経済的に恵まれない生徒をより多く参加させることである。全国イノベーション・科学アジェンダ（National Innovation and Science Agenda, NISA）の下、オーストラリア政府は最初に、2016〜2017年から2019〜2020年にかけて、1,300万オーストラ

リアドルを拠出して、より多くの女子と女性にSTEM科目の専攻とSTEM分野での研究と就職・起業を促す計画である。

　イングランドでは、政府は、娘が目指す職業のためにはどの科目を学校で選択すべきか重要な決定をする際、保護者が娘を支援するのに役立つオンラインガイド、「ユア・ドーターズ・フューチャー（Your Daughter's Future）」を作成した。「オープニング・ドアーズ（Opening Doors）」は英国物理学会によるプロジェクトで、学校と教師がSTEM学科のジェンダーステレオタイプ化を解消する支援を目的としている。

　「Go MINT」として広く知られている「MINTキャリアにおける女性のための国家協定（National Pact for Women in MINT Careers）」は、ドイツ連邦教育研究省の要請を受けて、科学技術——ドイツ語のMINTは英語のSTEMに相当——の学位課程に対する若年女性の関心を高めるために、2008年に創設された。Go MINTは政府、企業、科学界、メディアを連携させて、社会におけるSTEM関連職業のイメージ改善に取り組んでいる。

　日本ではSTEM（日本語で理工）分野での女性の活躍を促そうと取り組みを行っている。そのひとつに理工チャレンジがあり、進路としてSTEM分野の選択を考える女子を増やすことを目指している。そのため、産官学が連携して、優れた女性研究者やエンジニアを役割モデルとして育成し、女子生徒にSTEM関連分野の職業体験イベントを提供し、企業や大学を紹介するなどしている。

　中米では、コスタリカ工科大学（Costa Rican Technological Institute）がSTEM分野と起業に関する女性の能力構築のため、専門的な研修センターを設立した。OECDとメキシコが共同で2017年初期に立ち上げたイニシアチブ、女子STEM教育は、科学と数学の分野で卓越した経歴を持つメキシコの女性に依頼して、メンターとして学校を訪問し、女子生徒にSTEM学科を選択し目標を高く持つよう促してもらっている。

　米国では教育省のプログラム、「トップを目指す競争（Race to the Top）」が2009年に創設され、州への補助金で、全体および少数派——女性と女子など——のSTEM教育を優先的に改善している。同省の「イノベーションへの投資（Investing in Innovation）」プログラムも、STEMを重視している。STEM分野において従来少数派であったグループ——マイノリティ、障害者、女性など——のSTEM教師を増やそうとしている。そのため、そうした人々に質の高い研修、訓練、専門能力開発を提供している。米国科学財団による「科学・工学キャリアにおける女性の参入・昇進の促進（Increasing the Participation and Advancement of Women in Academic Science and Engineering Careers）」プログラム（「ADVANCE」）は、STEM労働力への女性の参入の拡大を目指す米国科学財団の多角的戦略にとって、不可欠な一部となっている。米国科学財団は補助金を拠出して、STEM分野の研究職への女性の参入と昇進を促すための機関や組織によるADVANCEプロジェクトを支援している。

女子に自信を与える

　STEM教育の推進は、多数の国で共通の目標になっているようであるが、経済成長を促すためにSTEM技能を育成するには、どのアプローチが最も適しているのかは不確かなままである。一般的に、STEM教育の改革案は、科学・技術・工学・数学が非常に重要であるため、どの生徒にもこれらの科目で最高の教育を与えられなければならないという考え方を保持し続けている（Atkinson and Mayo, 2010）。最高の教育により多く触れることで、STEM関連職業を選択する若者を増やすことができるだろう、と想定しているのだ。しかし、本格的な対策を講じて、生徒──特に女子生徒──が数学に対する不安と、科学能力と数学能力への自信の欠如を克服する後押しをしなければ、最高のSTEM教育もSTEM分野の専攻と職業における男女格差の縮小に役立たないだろう。また、「すべてのSTEM教育を一部の生徒に（all STEM for some）」──STEM分野に最も高い関心を持ち、成績が優秀な生徒だけがSTEM教育を受ける──というアプローチでは、現在の男女格差を悪化させ、成績の優秀な女子生徒の大きな可能性を引き出せない恐れがある。

　教師と親は、女子生徒の実際の能力を評価する──比較的容易に完遂できる課題と、苦労している課題に注目する──ことで、数学と科学の能力に女子が自信を持てるようにすることができる。良い結果を出した課題には肯定的なフィードバックを与え、間違えても評価に影響しない日常的な理解度診断テストなどで、「科学者のように考える」機会を与えるとよいだろう（OECD, 2015）。

　男子と女子に関して抱く可能性のあるあらゆる偏見について認識し、それらに対応するよう教師に研修を行うことも、生徒が可能性を最大限に発揮できるように、教師がより効果的に教えるのに役立つだろう。一部の国は教科書を改訂して、ステレオタイプや偏見を取り除き、男子も女子も自由に関心を探究し、努力すればその職に就けると考えられるようにしている。しかし、多くの教育制度において学校は、生徒が一段先の教育や訓練または労働市場にスムーズに進めるようにするには不十分であるように思われる。また、女子がコンピュータ科学、数学、物理学、工学、製造、建築など、あらゆる分野のキャリアを検討できる適切な状態でもないようである。教育制度は、その進路指導や教育相談業務を改善すべきであり、女子が伝統的なステレオタイプに反する選択を安心してできるような役割モデルを提供すべきである。さらに、教育制度は女子の支援に努めるだけでなく、男子の間で、そして男性中心のSTEM教育において、女性と女子に差別的に働く男性的な文化や規範にも徹底的に対処すべきである。

主な政策提言

● 生徒——特に女子生徒——が数学への不安とSTEM能力への自信の欠如を克服するための支援をこれまで以上に強化すれば、もっと多くの若者がSTEM分野のキャリアを選択することができるだろう。

● 教師と親は、女子生徒の実際の能力を評価し、良い結果を出した課題には肯定的なフィードバックを与え、低い評価を与えずに不得意分野を支援することで、数学と科学の能力に女子が自信を持てるようにすることができる。

● 男子と女子に関して抱く可能性のあるあらゆる偏見について認識し、それらに対応するよう教師に研修を行うことも、生徒が可能性を最大限に発揮できるように、教師がより効果的に教えるのに役立つだろう。

参考文献・資料

Atkinson, R. and M. Mayo (2010), "Refuelling the U.S. Innovation Economy: Fresh Approaches to Science, technology, Engineering and Mathematics (STEM) Education", Information Technology & Innovation Foundation, Washington, DC, available at www.itif.org/files/2010-refueling-innovation-economy.pdf.

Diverseo (2012), "Women in Leadership: The Unconscious Sealing", Women's Forum white paper available at http://diverseo.com/share/documents/Diverseo-Unconscious-Sealing-Women-in-Leadership.pdf.

OECD (2016a), *Education at a Glance 2016: OECD Indicators*, OECD Publishing, Paris, http://dx.doi.org/10.1787/19991487. (『図表でみる教育OECDインディケータ (2016年版)』経済協力開発機構 (OECD) 編著、徳永優子, 稲田智子, 矢倉美登里, 大村有里, 坂本千佳子, 三井理子訳、明石書店、2016年)

OECD (2016b), *Excellence and Equity in Education, PISA 2015 Results (Volume I)*, OECD Publishing, Paris, http://dx.doi.org/10.1787/9789264266490-en.

OECD (2015), *The ABC of Gender Equality in Education: Aptitude, Behaviour, Confidence*, OECD Publishing, Paris, http://dx.doi.org/10.1787/9789264229945-en.

OECD (2013), "Recommendation of the Council on Gender Equality in Education, Employment, and Entrepreneurship", OECD, Paris, http://dx.doi.org/10.1787/9789264279391-en.

Kahneman, D. (2011), *Thinking, Fast and Slow*, Farrar, Straus and Giroux, New York, United States. (『ファスト＆スロー：あなたの意思はどのように決まるか？（上・下）』ダニエル・カーネマン著, 村井章子訳、早川書房、2012年)

第7章

データベース

OECD PISA2015年調査データベース（OECD PISA 2015 Database）
　　http://www.oecd.org/pisa/data

OECDオンライン教育データベース（OECD Online Education Database）
　　http://www.oecd.org/education/database.htm

■ 第8章 ■

男子は学校では後れを取っているが、
その後すぐに追いつく

主な研究結果

- 2014年、OECD加盟国全体で、女性は学士号・修士号取得者の57％を占めていたが、博士課程卒業生に占める割合は47％のみであった。

- 親が後期中等教育または高等教育以外の中等後教育の修了者である成人の間では、OECD加盟国全体で見た場合、女性の方がより上位の教育レベルに進んでおり、平均すると高等教育に進学する割合が男性よりも10パーセントポイント高い。

- OECD加盟35か国中22か国では、15歳時点では男子の方が女子よりも全般的に成績が低い傾向にあるが、残りの13か国では男女差はいずれも小さく、統計的な有意差はない。しかし、27歳になると、若年男性は数的思考力で若年女性を上回り、読解力では女性と同等の成績である。この変化が反映しているのが、男性と女性の相対的な適性の真の変化なのか、年齢層における調査参加者の相違なのか、調査の設計の違いなのかを判断するには、さらなる研究が必要である。

後期中等教育と高等教育の修了者には概して女性が多い

　現代の経済は高学歴者には高い賃金を与えるが、資格がないまたは乏しい成人は失業リスクが高くなる。OECD加盟国平均では、後期中等教育未修了の成人の失業率は12.4％であるのに対し、高等教育修了者では4.9％である。後期中等教育を修了したフルタイム就業者は、未修了者よりも所得が平均して19％高い（OECD, 2016a）。

　学歴は幸福感、健康、社会的統合、市民参加とも正の関連を有している。多くのOECD加盟国の教育制度が直面している問題のひとつに、中退という問題があり、多数の生徒が後期中等教育を修了せずに学校を辞める。そうした生徒たちは一般に、労働市場に参入し、そして、留まる際に大きな困難を経験する。

　ほとんどのOECD加盟国で中等教育の最終段階である後期中等教育を修了する割合は、男性よりも女性の方が高い。2014年には、OECD加盟国全体で88％の女性が後期中等教育を修了予定であったが、男性の場合は83％であった。データのあるすべての国——中国、アイルランド、韓国を除く——で、女子生徒は後期中等教育段階の普通プログラム卒業生の過半数（平均55％）を占めていた。データのある39か国中32か国で、男性は女性よりも後期中等教育段階の職業プログラムを卒業する割合が高かった（OECD, 2016a）。

　2014年、博士課程卒業生を除き、高等教育修了者には男性よりも女性の方が多かった（図8.1）。女性は、

- 短期高等教育修了者の56％

- 学士課程または同等レベルの課程の修了者の58％

- 修士課程（または同等レベルの課程）の修了者の57％

- 博士課程修了者の47％

を占めていた。

　3か国（ドイツ、日本、スイス）のみで、男性は学士課程の修了生の過半数を占めていたが、スウェーデンでは男性は3分の1未満であった。

　男性は高等教育の学位を取得する割合が低いが、それは女性よりも高等教育課程に入学したり修了したりする割合が低いからである。一部の国では、男性は女性よりも卒業するのに所定の期間よりも長くかかる。学士課程の修了に要する期間に関してデータのあるOECD加盟15か国では、所定の期間で卒業する男性の割合は35％であるが、女性の場合は46％である。男女差の平均は11パーセントポイントであるが、エストニアとフィンランドでは20パーセントポイ

図8.1　女性は学士号取得者の過半数を占めるが、博士課程修了者では半数を下回ることが多い

高等教育修了者に占める女性の割合、高等教育のレベル別、2014年またはデータのある最新年[a]

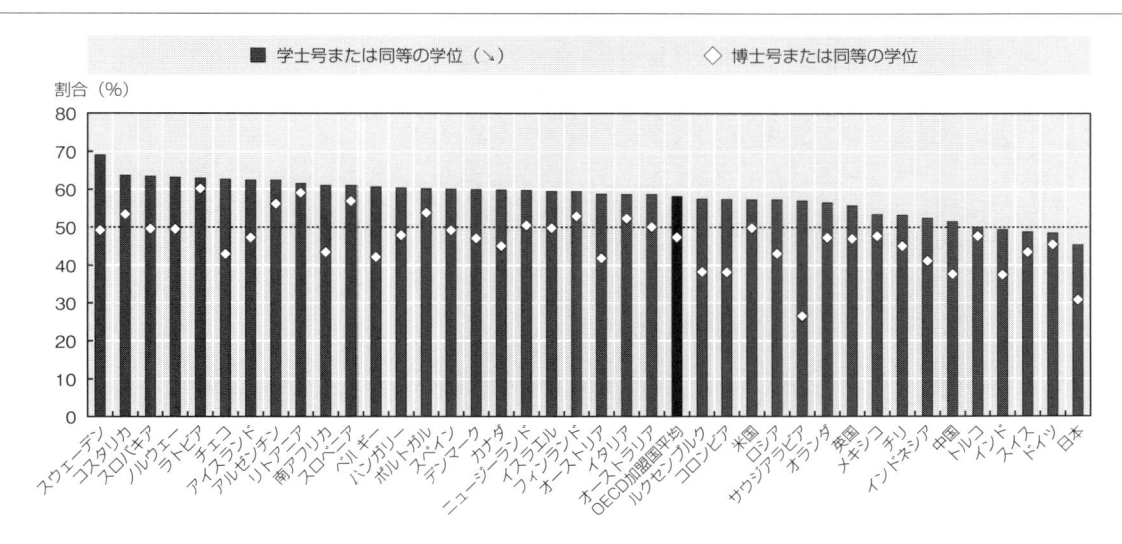

a）アルゼンチン、カナダ、アイスランド、インド、南アフリカのデータは2013年のもの。

資料：OECD（2016）, *Education at a Glance 2016: OECD Indicators*, OECD Publishing, Paris（http://www.oecd.org/edu/education-at-a-glance-19991487.htm）.

StatLink：http://dx.doi.org/10.1787/888933574380

ント以上にまで拡大する一方、オーストラリア、オーストリア、イスラエル、ノルウェーでは5パーセントポイント以下である。

　男性と女性の修了率は、3年の学士課程で高く、女性は74％、男性は63％である。そのため、男女差は11パーセントポイントで変化はないが、フィンランド、ニュージーランド、米国では、課程を修了するのに男性が要した余分の時間を考慮すると、修了率は4パーセントポイント以上縮小する。

コラム8.1　世代間移動

　女性は男性よりも親の学歴を上回る傾向が強い。データのある33か国中26か国で、親が後期中等教育または高等教育以外の中等後教育を修了している女性は、進学して高等教育課程を学ぶ割合が男性よりも平均して10パーセントポイント高い。こうした学歴の上昇移動の男女差における女性の優位性は、デンマーク、エストニア、フィンランド、イタリアで特に高く、19パーセントポイント以上の差がある。親が後期中等教育を未修了である成人の場合でも、女性は男性よりも高等教育に進学する割合が高く、2014年では女性が24％であるのに対して男性は21％であった。

第8章

図8.2　男子は女子よりも全分野で成績が下位層に属する割合が高いことが多い

PISA調査の読解力・数学的リテラシー・科学的リテラシーの全分野で習熟度が下位に属する生徒の割合、男女別、2015年

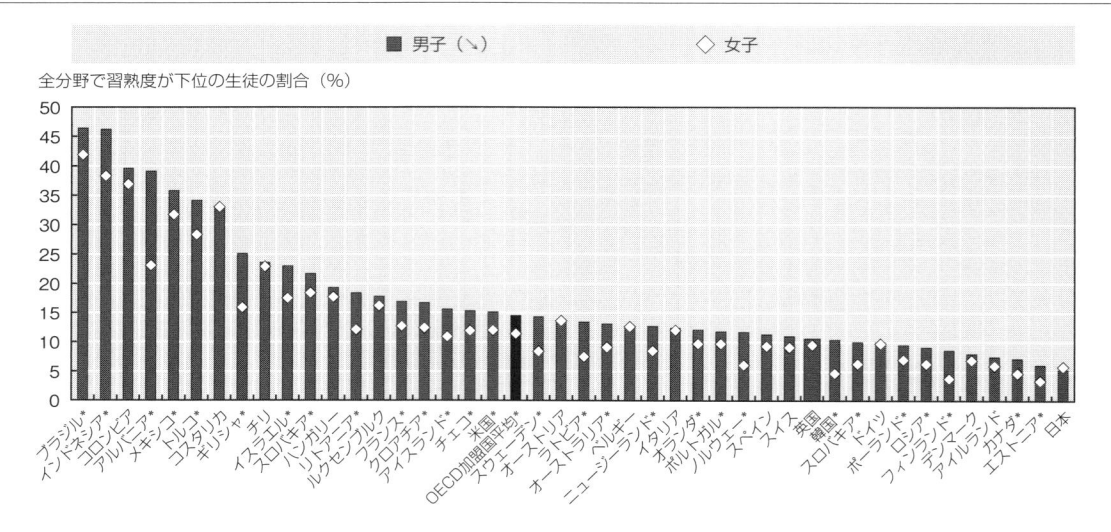

注：アスタリスク（＊）を付した国は、全分野で習熟度が下位の生徒の割合における男女差が5％水準で統計的に有意である。
資料：OECD PISA2015年調査データベース（*OECD PISA 2015 Database*）（http://www.oecd.org/pisa/data）。

StatLink : http://dx.doi.org/10.1787/888933574399

男子と低学力

　学歴の男女差は15歳児の成績の男女差の論理的延長である。15歳の男子は女子よりも全般的に学力が低い傾向にある。つまり、PISA調査で評価される読解力、数学的リテラシー、科学的リテラシーの3分野すべてにおいて、男子の方がベースラインの習熟度レベルを下回る割合が高いのである。また、読解力を苦手とする傾向が特に強い。2015年、OECD加盟国平均で、男子の14.5％が全分野で習熟度が下位に属していたが、女子の場合は11.4％であった（図8.2）。

　35か国中22か国で、男子は女子よりも全分野で成績が低く、残りの13か国では有意差は見られない。全分野で成績下位層に属する生徒の割合における男女差は、ギリシャ、イスラエル、韓国、ラトビア、ノルウェー、スウェーデン、トルコで5パーセントポイントを上回っている。データのある35の非加盟国・地域のうちの26か国・地域でも、男子は女子よりも全分野で成績が低い生徒の割合が高い。全分野で成績が低い生徒の割合が女子の方が高い国・地域はない。

　男子のかなりの割合がPISA調査で基準に達することができていないのは、教育制度にとって大きな問題である（OECD, 2015）。全教科で成績が低い生徒に対して、状況を改善するために教師や校長、親が拠り所にできるものがほとんどないため、意欲を引き出して学業を継続させることは困難である。そうした生徒たちは、孤立していると感じるようになり、低い成績と乏しい意欲という悪循環を断つのに必要な努力をするよりも、学校や学校教育に反発してアイ

デンティティを確立する方が容易だと思うようになる可能性もある。

　PISA調査の結果には、男子の行動は校内の行動であれ校外の行動であれ、彼らの学業成績に強い影響を与えることが示されている。男子は傾向として、女子よりも宿題に費やす時間が少なく、学校コミュニティへの帰属意識が低い。また男子の方が、テレビゲームをしたり、インターネットのヘビーユーザーになったり、学校に遅刻したり、教師との関わりが薄かったりすることも多い。

読解力の男女差は年齢とともに縮小する

　PISA2000年調査でテストを受けた15歳児の読解力の習熟度と、27歳前後でPIAAC2012年調査を受けた同一（疑似）コーホートの習熟度とを比較すると、若者が義務教育から継続教育、職業訓練、労働市場へと進むにつれて、男女差が大幅に縮小することがわかる。PISA2000年調査についての研究（Borgonovi *et al.*, 2017）によれば、15歳の男子と女子の読解力平均点の差の1標準偏差は0.33であり、格差は中程度であった。生徒が若年成人になる頃には、差は大幅に縮小するか解消している（図8.3）。平均では、27歳時点での読解力の男女差の1標準偏差は0.01（無視できるレベル）であり、分析に参加したいずれの国でも0.25（ニュージーランド）以下であった。

　15歳時点と27歳時点での読解力の男女差の縮小は、どの習熟度でも見られたが、最も顕著なのは成績下位層の若年男性の間であった。15歳児の読解力の成績で最低十分位の場合、男女差は0.46（女子の方が高い）であったが、このコーホートが27歳になる頃には、差はほぼ解消しており、わずか0.09であった。成績分布の最上位（90パーセンタイル）では、15歳時点での男女差は0.23と相対的に小さく、27歳時点では実質的に解消していた——たったの0.02であった。

　読解力の習熟度における男女差は、認知的・動機的・行動的要因のほかに（Ruble *et al.*, 2006）、テストの範囲と調査設計から生じているといえる。PISA調査とPIAAC調査の間のジェンダーに関連する意欲の差と、15歳から27歳にかけての若年男女の認知的・行動的発達の差が、PIAAC調査よりもPISA調査で女子の方が相対的に習熟度が高い原因であると考えられる。PISA調査における男子の習熟度には、彼らの方が意欲と、テスト時間中に集中力を維持する能力が低いことが、特に影響していると思われる（Borgonovi and Biecek, 2016）。PIAAC調査ではパソコンが用いられるほか、もっと重要なことに、学校という環境での集団試験としてではなく、訓練を受けた調査員によって回答者の自宅で1対1の調査として実施されることにより、関与と意欲と努力がより大きく引き出された可能性があった。

　ティーンエイジの男子には、知識と技能を示すためにこれまで以上に強い動機づけが必要と

図8.3　10代での読解力得点の男女差は20代半ばには消滅することが多い

15歳時点（PISA2000年調査）と26〜28歳時点（PIAAC2012年調査）[a]における標準化した男女の読解力得点の差

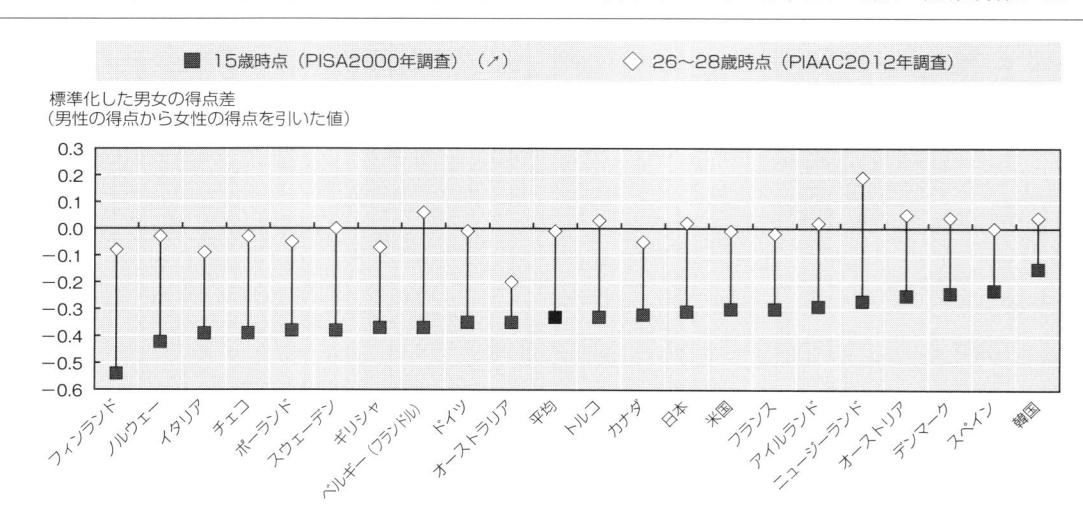

注：標準化した男女の得点差とは、男性と女性の得点の差を、プールされた標準偏差で除した値である。15歳時点での男女差はいずれも5％水準で統計的に有意である。26〜28歳時点の男女差はいずれも5％水準で統計的に有意ではない。データは、異なる時点でほぼ同じ出生コーホート――2000年に15歳だった年齢集団と、2012年に26〜28歳になった年齢集団――から抽出した若年男性と若年女性の2つのサンプルに基づく。こうした設計は「疑似コーホート」分析として知られており、データが示すのは「疑似コーホート」をある期間追跡した際の男女差の評価であり、完全なパネルデータの場合のように、同一個人を追跡したものとは異なる。詳細についてはBorgonovi *et al.*（2017）を参照。

a）ギリシャ、ニュージーランド、トルコに関しては、15歳時点のデータはPISA2000年調査ではなくPISA2003年調査のもので、26〜28歳時点のデータはPIAAC2012年調査ではなくPIAAC2015年調査のもの。

資料：Borgonovi, F. *et al.*（2017），"Youth in Transition: How Do Some of the Cohorts Participating in PISA Fare in PIAAC?", *OECD Education Working Papers*, No. 154, OECD Publishing, Paris（http://dx.doi.org/10.1787/51479ec2-en）.

StatLink : http://dx.doi.org/10.1787/888933574418

いえるかもしれない。学校環境での男子の成績は、特に彼らの関心が低い場合、意欲と関与によって決まりやすくなると考えられる。さらに、ティーンエイジの男子は学校に対して無関心であり、特に仲間内における自己の社会的アイデンティティと社会的地位を主張する方法としての読書への関心が低い（Smith and Wilhelm, 2002, 2006）。そうしたことが、学校のテストで良い成績を収めようという意欲をほとんど示さない理由といえよう。

　読解力の男女差の縮小に寄与した可能性のある最後の要因は、男女の読み書きの習慣の変化である。15歳の女子は、男子よりも娯楽として読書をする割合が大幅に高い。OECDのPISA2000年調査とPIAAC調査に参加した国では、女子の3分の2近くが楽しむために読書をしているが、男子の場合は50％を超える程度であった。また15歳では、女子は男子よりもフィクションなどの複雑性の高い内容の本を読む割合が高かった。しかし、読み書きの習慣における男女差は、生徒がPIAAC調査の若年成人のサンプルを構成する年齢へと成長するにつれて、大幅に縮小する傾向にあった。一部の国では、興味を持って読み書きをする若年男女の割合の差は縮小して、若い男性の方が若い女性よりも積極的に読書をしていた（Borgonovi *et al.*, 2017）。

習熟度の低い男子と女子の関心を引き出す方法を探す

　親と教師は、習熟度の低い男子と女子に学習に関心を持たせる方法を見いだす必要がある。一般的にティーンエイジャーは——なかでも男子は——自制するのに苦戦しがちで、彼らの全般的な幸福に役立つ場合でも、将来について考えることが非常に少ない（Thaler and Sustein, 2008）。親と教師は、ティーンエイジャーが克己心と自制心を身につけるよう促す方策か、多くの生徒が教育を修了せずに中退することにつながる不適切な行動を取る機会を減らす方策だけでも、考案しなければならない。

　PISA調査の結果から、どんな読書でもしないよりはよいことがわかっている。そのため、読書を促す取り組みでは、生徒それぞれの読書の好みと読解力を考慮しなければならない。親や教師は、オンラインでの読書、マンガ、雑誌、新聞などを利用して、習熟度の低い生徒に楽しんで読書をするよう、うまく習慣づけるとよいだろう。

　読みやすくおもしろそうな読み物で読書をしない生徒の関心を引き、その後、徐々にもっと難しい内容や文章を取り入れていく順序だったアプローチならば、男子が読書に関心を持つきっかけとなり、最終的に習熟度の向上につながる可能性がある。一部の教育制度では、「読書活動の時間」を設ける取り組みを進め、生徒が学校にいる間に読書をするよう奨励している。毎日の読書活動の時間によって、生徒には読書の時間を増やす以上の効果が見込める。教師には一定期間にわたって生徒の様子を観察し、進捗を評価し、読書に関して的を射たサポートをする仕組みがもたらされる。また生徒には、読みたい本を読み、読んだ内容を伝え合い、読み物を探したり読んだ内容を振り返ったりするのに必要なサポートを受ける機会が与えられる。当初はほとんど、あるいはまったく読書をしていなかった生徒の読書への関心を維持するために、毎日の読書活動の時間は長すぎてはならず（20〜30分の間）、理想としては、読書の後で生徒が読書記録に記入するのが望ましい。

　また、親と教師はティーンエイジャーの自制する能力を育むことで、デジタルメディアの責任ある利用を促さなければならない。コンピュータゲームやウェブサイトの閲覧は、一部のスキルの向上につながり、学習の補助として利用することも可能だが、過剰な時間を費やした場合、成績の低下や社会的孤立の拡大、通学意欲の減退を引き起こす。親が子どものためにできるひとつの対策は、インターネットを利用する時間について、子どもに週間予定表を立てさせ、子どもがそれを守るよう監督することである。子どもが予定表を守れたら、親はそのことに対して報いてやり、デジタルコンテンツの責任ある消費者として子どもの行動を強化することが望ましい。

　最後になったが、習熟度の低い男子に関する研究によって、ジェンダー変革的（gender transformative）なプログラムや措置の必要性が明らかになっている。学業成績、出席、行動

第8章

に関する男女差は、男子の学校教育からの離脱に影響する男らしさに関する文化的な考え方との関連で理解すべきである（Kimmel, 2010）。

主な政策提言

- 重要なのは、習熟度の低い男子と女子の学校教育への関わりを改善して、中退するリスクを抑制することである。中退は将来、教育や職業訓練を受ける機会を損なうことになる。

- 読みやすくおもしろそうな読み物で読書に消極的な生徒の関心を引き、その後、徐々にもっと難しい内容や文章を取り入れていく順序だったアプローチならば、習熟度の低い男子や女子が読書に関心を持つきっかけとなり、最終的に読解力の習熟度の向上につながる可能性がある。親や教師は、オンラインでの読書、マンガ、雑誌、新聞などを利用して、生徒に楽しんで読書をする習慣を身につけるよう後押しをするとよいだろう。

- コンピュータゲームやウェブサイトの閲覧は、一部のスキルの向上につながり、学習の補助として利用することも可能である。しかし、インターネットに過剰な時間を費やした場合、若者の成績に悪影響が生じ、社会的に孤立し、学校に行きたがらなくなることもある。親や教師は、インターネットを利用する時間について週間予定表を立てさせるなどして、子どもが自分で時間を管理する能力を育むことで、子どもがデジタルメディアの責任あるユーザーとなるよう手助けすべきである。

参考文献・資料

Borgonovi, F. and P. Biecek (2016), "An International Comparison of Students' Ability to Endure Fatigue and Maintain Motivation During a Low-stakes Rest", *Learning and Individual Differences*, Vol. 49, pp. 128-137.

Borgonovi, F. *et al.* (2017), "Youth in Transition: How Do Some of the Cohorts Participating in PISA Fare in PIAAC?", *OECD Education Working Papers*, No. 154, OECD Publishing, Paris.

Kimmel, M. (2010), "Boys and School: A Background Paper on the 'Boy Crisis'", Swedish Government Official Report, Ministry of Education and Research, Sweden.

OECD (2016), *Education at a Glance 2016: OECD Indicators*, OECD Publishing, Paris, http://dx.doi.org/10.1787/eag-2016-en.（『図表でみる教育OECDインディケータ（2016年版）』経済協力開発機構（OECD）編著、徳永優子, 稲田智子, 矢倉美登里, 大村有里, 坂本千佳子, 三井理子訳、明石書店、2016年）

OECD (2015), *The ABC of Gender Equality in Education: Aptitude, Behaviour, Confidence*, OECD Publishing, Paris, http://dx.doi.org/10.1787/9789264229945-en.

Smith, M.W. and J. Wilhelm (2006), *Going with the Flow: How to Encourage Boys (and Girls) in their*

Literacy Learning, Heinemann, Portsmouth, United States.

Smith, M.W. and J. Wilhelm (2002), *Reading Don't Fix No Chevys: Literacy in the Lives of Young Men*, Heinemann, Portsmouth, United States.

Thaler, R.H. and C.R. Sunstein (2008), *Nudge: Improving Decisions about Health, Wealth, and Happiness*, Yale University Press, Yale.（『実践行動経済学：健康、富、幸福への聡明な選択』リチャード・セイラー，キャス・サンスティーン著、遠藤真美訳、日経BP社、日経BP出版センター（発売）、2009年）

データベース

OECD PISA2015年調査データベース（OECD PISA 2015 Database）
　　http://www.oecd.org/pisa/data

■ 第9章 ■

男子・男性は保健専攻者と教員に占める割合が過少である

主な研究結果

- 2015年、将来保健分野で働きたいと考えている生徒は女子では22％いたが、男子では8％のみであり、この男女差はほとんどのOECD加盟国で2006年以降拡大している。2015年にOECD加盟国で保健・福祉を専攻していた女性は男性の4倍近かった。

- OECD加盟国平均で、男性の教師の割合は初等教育段階ではわずか18％、前期中等教育段階では32％、後期中等教育段階では42％である。OECD加盟国における2015年時点での15歳児の将来に対する希望を考えると、今後ジェンダーバランスが改善する見込みは薄い。約8％の女子が将来は教師になりたいと考えているが、男子は3％だけであるからだ。

保健・福祉分野では男性は少数派である

　教育上の選択と労働市場での成果における性別分離に関する分析では、STEM関連職業に占める女性の割合の低さに重点が置かれることが多い。しかし、残念なことに、男女比の偏りは保健と教育の分野にも見られ、これらの分野では男性の方が少数派である。実のところ、教職に見られる女性化は、ティーンエイジの男子の意欲の低さと学校への無関心のひとつの要因になっている可能性がある。女性教師の中には、男子に馴染みのないやり方を用いて、社会的に受け入れられる方法で行動するよう教育を受けた女子の行動を奨励し、一般的に男子の間で見られやすい態度を罰する場合もあるかもしれない。すべてのOECD加盟国で、男性教師の割合と後期中等教育を修了する男子の割合の間に正の関連性があった（OECD, 2016a）。男性教師の存在が男子生徒により肯定的な学習環境を与えること、また男性教師が前向きな役割モデルとなりうることが推論できる。

　保健医療分野で男性の割合が低いことが憂慮すべき問題であるのは、この分野が、製造や建設といった男性優位の分野とは対照的に、今後成長が見込まれているからであるが、そうした状況であっても賃金は後者の方が高い。女性優位の保健医療分野の職業に男性が積極的に参入しなければ、やがて労働者の需要に対して供給が不足する事態に陥ってしまう恐れがある。

　実際、保健医療は福祉（社会福祉サービス）と関連していることが多く、保健・福祉と称されることが多々ある。社会福祉学の学位を専攻する男性の割合は国によって異なる。ブラジル、エストニア、フィンランド、ラトビア、リトアニア、スロベニアでは10％を下回っているが、インドネシアと日本では40％である。OECD加盟国全体では、保健・福祉分野を専攻する学生の4人に1人が男性であるが、こうしたデータからは、関連する学問の下位分野と専門の大きな相違が見えてこない。

教師として働く男性は女性よりも少ない

　データのあるすべてのOECD加盟国と主要パートナー国では、女性は初等教育段階の教師の大部分を構成している。男性は平均で18％のみであり、データのある42か国中11か国では10％未満である。教育段階が上がるにつれて、男性教師の比率も上昇し、前期中等教育段階では32％、後期中等教育段階では42％、高等教育段階では47％になる（図9.1）。

　こうした数値について懸念すべきなのは、現在初等教育、中等教育に従事している男性教師の多くが、間もなく定年を迎えるためである。その結果、女性教師の比率がさらに上昇することになり——教職における「女性化」とも呼ばれる状況になる。データのあるOECD加盟・主要パートナー国36か国のうちの25か国で、中等教育段階では29歳以下の男性教師の割合は、

図9.1　教師には女性が多いが、教育段階が上がるとともに男性教師の割合が上昇する

教育段階別、国公私立教育機関の教師の男女別割合、OECD加盟国平均、2013年

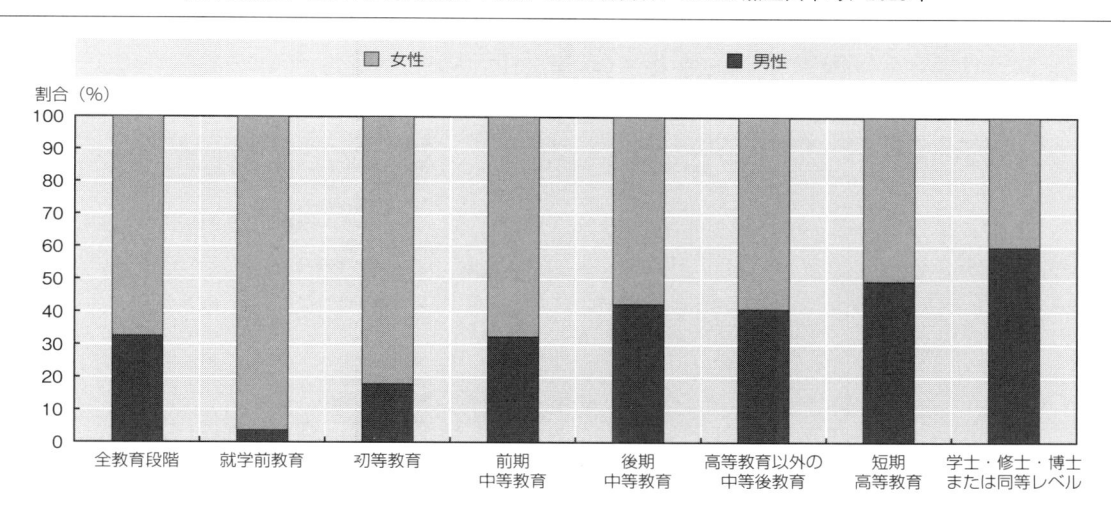

資料：OECD（2016）, *Education at a Glance 2016: OECD Indicators*, OECD Publishing, Paris（http://www.oecd.org/edu/education-at-a-glance-19991487.htm）.

StatLink：http://dx.doi.org/10.1787/888933574437

50〜59歳の男性教師の割合よりも低い。30歳未満の教師において男性が過半数を占めている国はイタリア（51％）と日本（56％）だけである。中国、インドネシア、日本、韓国、ルクセンブルク、オランダ、スイス、トルコでは、50〜59歳の教師の大多数が男性であり、中国、インドネシア、韓国、トルコでは、29歳以下の男性教師の割合は50〜59歳の男性教師の割合よりも37パーセントポイント以上少ない。こうした比率が示すのは、世代間における教師の男女別構成比の大きな変化である。

　学位レベル課程全体のうち、男女比が最も不均衡なのは教育学の課程であり、2014年では、男性はOECD加盟国全体の卒業生の4分の1未満であり（OECD, 2016）、8か国では5分の1を下回っていた。男性が過半数を超える国はなかった。インド、インドネシア、ルクセンブルク、トルコだけが、女性は男性の2倍を下回っている。大学レベルの教育学専攻者に占める男性に対する女性の比率は、エストニアが最も高く12倍である。

教師または保健医療従事者として働くためのキャリアプランの男女差は思春期に現れる

　早くも15歳の時点で、男子はすでに保健・福祉や教育の分野で働きたいと考える割合が女子を下回っている。2015年では、OECD加盟国全体で、教師として働きたいと答えた女子は約8％であったが、男子の場合は3％のみであった。アイルランド、韓国、ルクセンブルクでは、

第9章

図9.2　教師を目指す生徒は男子よりも女子の方が多い

30歳になる頃には教師として働いていたいと考える15歳児の割合、男女別、2006年・2015年

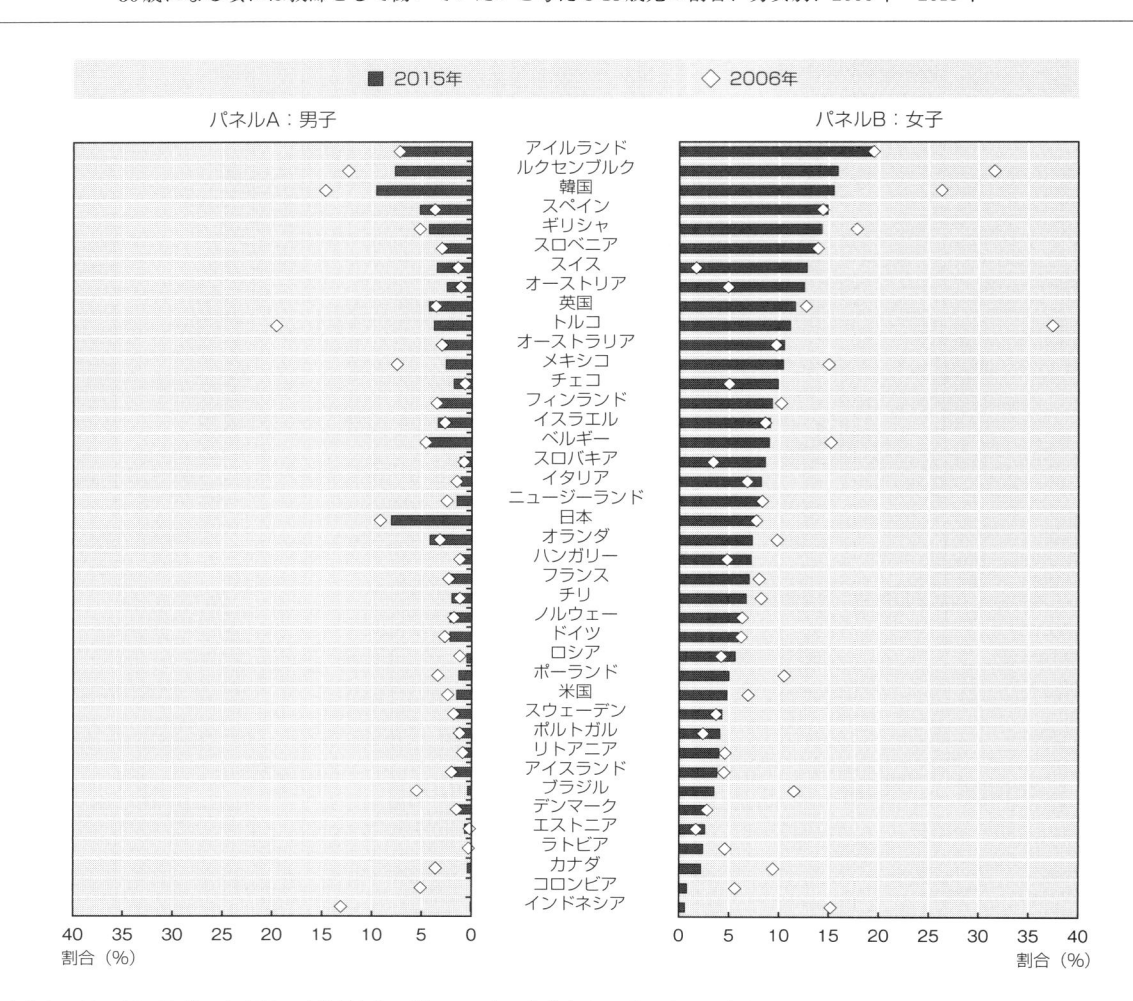

注：上から、2015年に30歳になる頃には教師として働いていたいと答えた15歳の女子の割合の高い国。PISA2015年調査で、30歳になる頃にはどのような職業に就いていたいかを生徒に質問した。生徒はどのような職名や職業でも回答することができた。生徒が答えた職業は、その後、国際標準職業分類2008年改定版（ISCO-08）に従って分類した。2006年調査でも生徒に同じ質問をしていたため、教師を目指す男子と女子の割合について2006年と2015年の変化を評価することができた。

資料：OECD事務局算定。データ源は、OECD PISA2015年調査データベース（*OECD PISA 2015 Database*）（http://www.oecd.org/pisa/data/）。

StatLink：http://dx.doi.org/10.1787/888933574456

15％を超える女子が教師を目指しており、日本と韓国では8％超の男子がそう答えた（図9.2）。日本を除き、すべての国・地域で、女子の方が男子よりも職業として教師を目指す割合が高かった。

2006年と2015年のデータのある複数の国では、教師を目指す生徒の割合は大幅に変化した。たとえば、オーストリア、スロバキア、スイスでは、教師として働きたいと答えた女子の割合は、その10年間で5パーセントポイント以上増加した。一方、ベルギー、ブラジル、カナダ、

図9.3　保健医療分野で働きたいと考える女子の割合は男子よりもますます増えている

30歳になる頃には保健医療分野で働いていたいと考える15歳児の割合、男女別、2006年・2015年

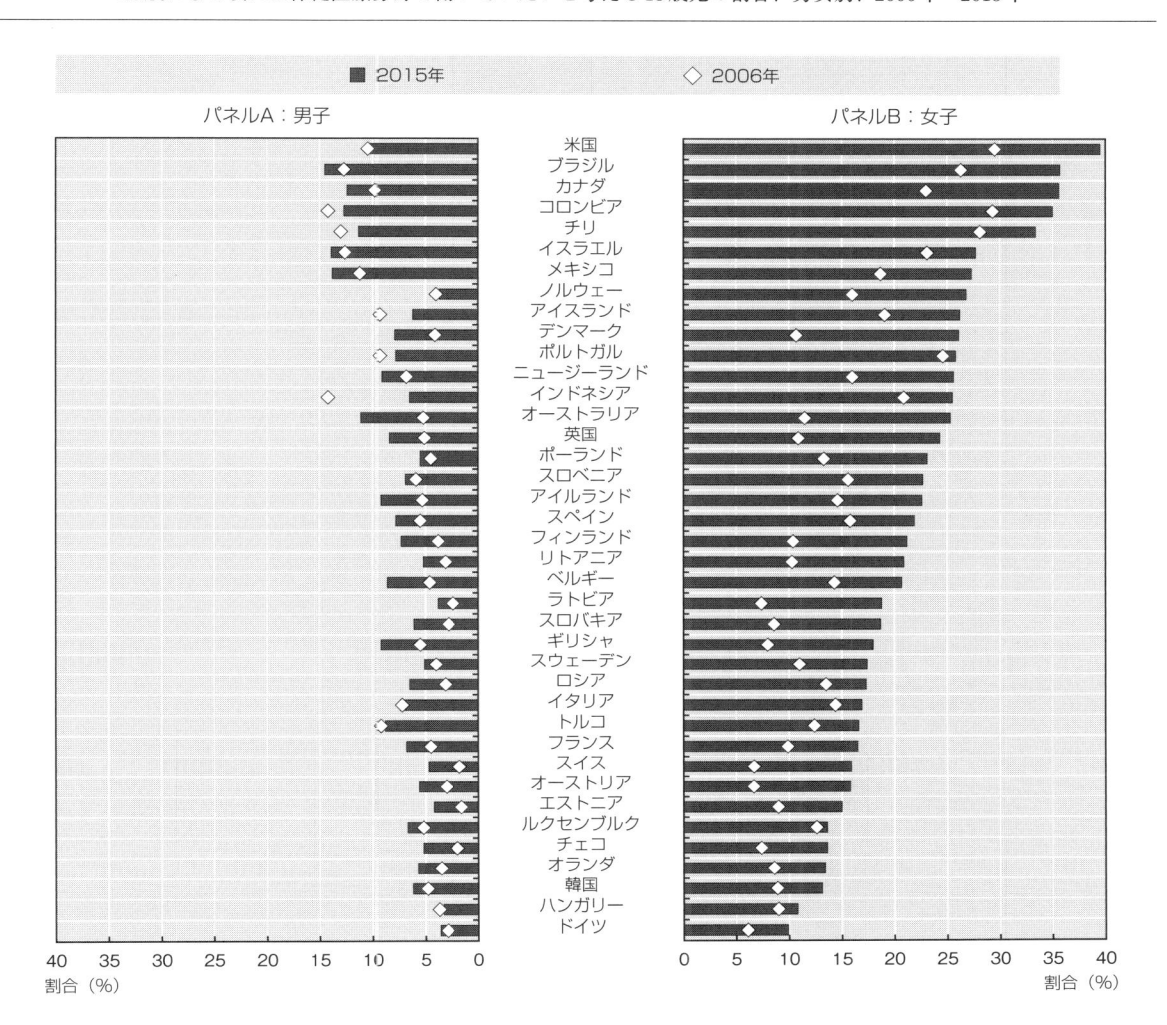

注：上から、2015年に30歳になる頃には保健医療分野で働いていたいと答えた15歳の女子の割合の高い国。PISA2015年調査で、30歳になる頃にはどのような職業に就いていたいかを生徒に質問した。生徒はどのような職名や職業でも回答することができた。生徒が答えた職業は、その後、国際標準職業分類2008年改定版（ISCO-08）に従って分類した。2006年調査でも生徒に同じ質問をしていたため、保健専門職を目指す男子と女子の割合について2006年と2015年の変化を評価することができた。

資料：OECD事務局算定。データ源は、OECD PISA2015年調査データベース（*OECD PISA 2015 Database*）（http://www.oecd.org/pisa/data/）。

StatLink : http://dx.doi.org/10.1787/888933574475

　インドネシア、韓国、ルクセンブルク、ポーランド、トルコでは、教師を志望する女子の割合は5パーセントポイント以上減少している。教師を目指していると答えた男子の割合に関しては、スイスでは2パーセントポイント増加したものの、ブラジル、カナダ、コロンビア、インドネシア、韓国、ルクセンブルク、メキシコ、ポーランド、トルコでは2パーセントポイント以上減少した。

男子・若年男性は保健関連学科を専攻する割合が低い

　PISA調査から、15歳児では、女子は男子よりも2～3倍の割合で保健関連学科を専攻することがわかった。さらに、2006年から2015年にかけて、保健医療分野で働きたいと答えた生徒の割合は、男子はあまり変化しなかったものの、女子はほとんどの国で大幅に増加した（図9.3）。その結果、保健医療分野で働きたいと考える生徒の割合の男女差は、ほとんどの国で広がった。カナダ、英国、アイスランド、ノルウェー、デンマーク、インドネシアでは、その差は10パーセントポイント以上拡大した。

　15歳児の選好を見ると、OECD加盟国では、保健・福祉を専攻する女性が男性の4倍近くに上り、エストニアとラトビアでは7倍以上であるのは、驚くことではないとわかる。実のところ、保健・福祉を新たに専攻する男女比の不均衡は、男女差が解消には向かっていないことを示している。保健・福祉の学位課程の新入学者のうち、約75％は女性であり、男性が過半数を占めるOECD加盟国もパートナー国も存在しない。新入学者に占める女性の割合が最も低いのは日本（65％）である（OECD, 2016a）。

教師の男女不均衡に取り組む

　多数の国の政策立案者が、教職に就く男性が非常に少ないことに懸念を示している（OECD, 2005; UNESCO, 2012）。教師の社会的地位の低さがひとつの要因であり、給与水準もまたそうである。それらは、同程度の水準と期間の教育課程を必要とする他の職業のものよりも低い。給与と社会的地位の低さが教師の男女不均衡に見られる国際的な相違の理由であるかどうかを確認するため、実証的研究によって、男性教師と教師を目指す男子生徒の比率の相違を調査した（Park and Byun, 2015; Han *et al.*, 2017, forthcoming）。興味深いことに、「職業の女性化」に関する研究によって、特定の職業に就く女性が徐々に増えると、雇用主が女性の業績を低く評価する結果、そうした職業の低賃金化につながっていることが明らかになった（Levanon *et al.*, 2009）。

　研究結果から、給与と社会的地位の改善は、実際により多くの男性に教職への関心を持たせることになるものの、それらだけでは男女不均衡を解消することはできないとわかる。実のところ、世論の議論でも、男性が教職（それに限らず、保健・福祉分野の職）を避けるひとつの理由として低賃金が上げられているが、原因は他にもある。特定の職業に関するジェンダー認識がそのひとつである。

　OECD加盟国の政策立案者は、学校でのジェンダーステレオタイプ化と、それが教育・職業の選択に与える影響、特定の職業に関して抱かれる女らしさ・男らしさの認識が、男子と女子

がそれぞれの才能と能力を発揮するのを妨げる可能性について、かねて認識してきた。教師には圧倒的に女性が多く、教師の男女不均衡は、上の年齢層の教師が退職するにつれて、近年さらに顕著になっている。男女不均衡が特に顕著なのは、子どもがステレオタイプと職業の「性別分離」を内面化する初等教育段階である。その結果、特に幼児期に男性教師に接する子どもがますます減少し、それによってステレオタイプが強化されることになる。

2013年ジェンダー勧告を支持する国々は、ジェンダーステレオタイプと労働市場における性別分離に取り組むために行動を起こしてきた（OECD, 2013）。そうした行動では、現在女性が多数派を占める分野に男性が参入できると感じられるようにしなければならない。また、広報活動によって、男子と女子が教職を検討し、学校が多様性を重んじ、家庭が教師の多様性がもたらすメリットを認識するよう働きかけるべきである。

教育と保健・福祉分野のほとんどの職業には特別な資格が必要であり、そうした資格を男性は取得しようとしないが、その理由のひとつには、特定の職業に対して女性向けの職業だというステレオタイプに基づく見方がある。別の理由として、男性は教職課程は機会費用が高く、他の職業の方が同じだけの投資に対してより大きな経済的収益を得られると考えていることがある。教育や保健・福祉分野に対する男性の関心を引き出すには、給与を他の職業と同程度に引き上げるだけではなく、この分野の課程を受ける学生に経済的支援を提供することも必要である。

主な政策提言

- 教職における男女不均衡が特に顕著なのは、子どもがステレオタイプを内面化する初等教育段階である。広報活動によって、男子と女子が教職を検討し、学校が多様性を重んじるよう働きかけなければならない。また、教師の多様性がもたらすメリットについて、各家庭を啓発すべきである。

- 特に初等教育（前教育）段階の教師の給与水準は低いと広く見なされている。政府は教職——なかでも初等教育の教職——への参入を促す財政的政策を強化することが望ましい。

第9章

参考文献・資料

Han, S., F. Borgonovi and S. Guerriero（2017）, "Why Don't More Boys Want to Become Teachers: The Effect of a Gendered Profession on Students' Career Expectations?", forthcoming.

Levanon, A., P. England and P. Allison（2009）, "Occupational feminization and pay: Assessing causal dynamics using 1950-2000 U.S. Census Data", *Sociological Forces* Vol. 88, No. 2, pp. 865-891.

OECD（2016）, *Education at a Glance 2016: OECD Indicators*, OECD Publishing, Paris, http://dx.doi.org/10.1787/19991487.（『図表でみる教育OECDインディケータ（2016年版）』経済協力開発機構（OECD）編著、徳永優子, 稲田智子, 矢倉美登里, 大村有里, 坂本千佳子, 三井理子訳、明石書店、2016年）

OECD（2013）, "Recommendation of the Council on Gender Equality in Education, Employment, and Entrepreneurship", OECD, Paris, http://dx.doi.org/10.1787/9789264279391-en.

OECD（2005）, *Teachers Matter: Attracting, Developing and Retaining Effective Teachers*, OECD Publishing, Paris, http://dx.doi.org/10.1787/9789264018044-en.（『教員の重要性：優れた教員の確保・育成・定着』経済協力開発機構（OECD）編著、国立教育政策研究所国際研究・協力部監訳、国立教育政策研究所、2005年）

Park, H. and S-Y Byun（2015）, "Why Some Countries Attract More High-ability Young Students to Teaching: Cross-national Comparisons of Students' Expectation of Becoming a Teacher", *Comparative Education Review*, Vol. 59, No. 3, pp. 523-549.

UNESCO（2012）, *World Atlas of Gender Equality in Education*, UNESCO Publishing, Paris.

データベース

OECD PISA2015年調査データベース（OECD PISA 2015 Database）
　　http://www.oecd.org/pisa/data

■ 第10章 ■

金融リテラシーの男女差と金融教育

主な研究結果

- OECDと金融教育に関する国際ネットワーク（INFE）が実施した2015年金融リテラシー調査から、参加した30か国・地域のうち19か国・地域で、女性は男性よりも金融知識が乏しいことが明らかになったが、残りの国・地域に有意な男女差は見られなかった。

- 一般的に男性には、女性よりも傾向として金融上の問題に対する耐性、すなわち「金融レジリエンス（financial resilience）」が見受けられる。2015年金融リテラシー調査によると、男性の方が女性よりも、予想外の大きな出費に対処することができると思う、収入損失時に生活費を賄うことができると思う、退職後に配偶者や家族の力を借りなくても自活できると思う、と答える割合が高かった。こうした結果には、所得と資産の男女差など、多様な要素が関係していると思われるが、女性の方が金融知識が乏しいことも関係していると考えられる。複数の国では、「金融レジリエンス」の男女差は、金融知識の男女差も考慮した場合、縮小するようである。

- ますます多くの国が、金融リテラシーの男女差に関する国際的に比較可能なデータを収集するようになっている。しかし、女性と女子を対象にした金融教育プログラムの有効性に関する証拠は今なお少なく、ジェンダーに配慮した評価への取り組みを強化する必要がある。

2013年に採択された教育、雇用、起業におけるジェンダー平等に関するOECD理事会勧告は、金融リテラシーの男女差を縮小するために行動を起こすよう各国に求めている。2013年以降、政府や非営利団体は、対象が女子と女性であるか、女性が主たる受益者である既存の金融教育プログラムを引き続き実施しているが、2013年以降創設された女性に焦点を絞った新たなプログラムはごくわずかである。

金融知識の男女差は解消されていない

女性は男性よりも金融知識が低く、傾向として金融知識と金融スキルに関する自信が低いことが、非常に多くの証拠に示されている（Drolet, 2016; OECD, 2013; Silgoner *et al.*, 2015）。また、女性は男性よりも寿命が長いが、老後に備えて貯蓄をするための就労期間は短く、平均所得も低い。金融の基本概念に関する知識と自信の不足が、女性が適切な金融商品・機会を利用する能力を弱めることになりうる。また、小企業を設立し、緊急時に備えて資産を貯め、老後のために貯蓄し、ニーズに最も合った金融商品を選ぶ能力も弱める恐れがある。女性は金融面での幸福を実現する際に直面する問題に対処するために、男性以上に金融リテラシーを向上させる必要がある（OECD, 2013）。

「金融に関する健全な意思決定を行い、究極的には金融面での個人の幸福を実現するために必要な金融に関する意識、知識、スキル、態度、および行動の総体」（Atkinson and Messy, 2012）と定義される金融リテラシーについて、その男女差に関する国際的に比較可能なデータを提供する国がますます増えている。OECDと金融教育に関する国際ネットワーク（INFE）が2010〜2011年に収集した14か国のデータにより、初めて金融知識の男女差について国際的に比較することができた（Atkinson and Messy, 2012; OECD, 2012）。2015年の調査では対象は約30か国・地域に拡大した（OECD, 2016）。

2015年の調査データから、金融知識の男女差は解消していないことが明らかになった。図10.1が示すのは、金融知識に関する7つの設問に対して5つ以上正答できた男性と女性の割合の差である。30か国・地域のうちの19か国・地域で、5問以上正答できた割合は（濃色の棒が示すように）女性よりも男性の方が高かった。2011年の調査で見られた金融知識の男女差も、（濃色の菱形が示すように）男性の方が割合の高い国がほとんどであった。経時的に比較できるデータのある10か国では、アルバニアとポーランドが金融知識の男女差の統計的に有意な縮小を報告したが、他の国では男女差に有意な変化は見られなかった（オンライン付録10.A1の表10.A1.1）。

またOECD／INFEの2015年の調査データは、金融知識に関して女性の方が男性よりも自信が低い傾向にあるという証拠を裏付けている（オンライン付録10.A1の表10.A1.2）。自国の他の成人と比較して、金融問題に関する自分の知識はどの程度だと思うか、という設問に対して、

図10.1　多くの国で男性は女性よりも金融知識が高い

金融知識に関する設問に7問中5問以上正解できた男女の割合の差

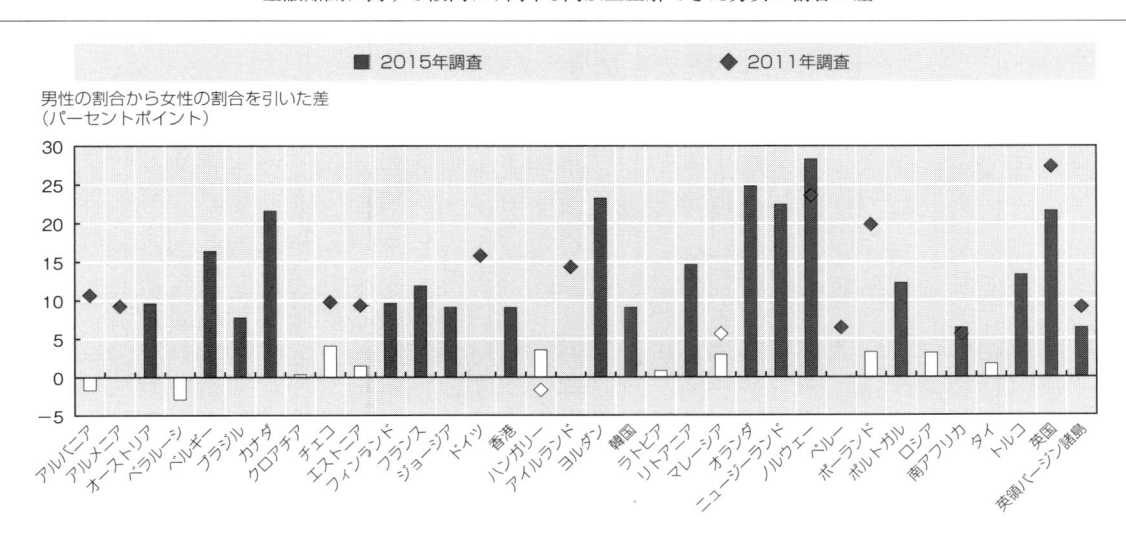

注：左から順に、国名のアルファベット順。濃色の棒とマーカーは男女差が5％水準で統計的に有意であることを示す。白い棒とマーカーは男女差が5％水準で統計的に有意ではないことを示す。OECD／INFEの金融リテラシーと金融包摂に関する調査では、アルバニア、オーストリア、ベラルーシ、ベルギー、ブラジル、英領バージン諸島、カナダ、クロアチア、チェコ、エストニア、フィンランド、フランス、ジョージア、香港、ハンガリー、ラトビア、リトアニア、マレーシア、オランダ、ニュージーランド、ノルウェー、ポーランド、ポルトガル、ロシア、南アフリカ、タイ、トルコ、英国における18～79歳の成人の金融に関する知識、態度、行動についてのデータを収集した。調査とその主な結果についての詳細は OECD（2016）参照。
資料：OECD事務局算定。データ源は、金融リテラシーと金融包摂に関する OECD／INFE調査（*OECD/INFE Survey on Financial Literacy and Financial Inclusion*）（2011年・2015年）。

StatLink : http://dx.doi.org/10.1787/888933574494

30か国・地域のうちの13か国・地域で、平均を上回る知識があると答えた割合は、（テストに基づく）金融知識が同水準の男性と女性を比較した場合でさえも、女性よりも男性の方が高かった。

女性は男性よりも金融面での耐性（金融レジリエンス）が弱い

　多くの国の女性は、男性よりも慎重で将来に備えているように思われるが、その一方で経済的ショックへの対応力と将来自活する能力が男性よりも低いという点で、金融面での自立性と耐性（レジリエンス）が低いことが明らかになった（Austen *et al.,* 2014; Fuhrman, 2015; OECD, 2013）。OECD／INFEの2015年の調査では、15か国・地域で、「何かを買う前に、それを買う余裕があるかどうかを慎重に検討する」と「自分のお金の運用や管理について十分注意している」という記述に、1つ以上当てはまると回答した人の割合は、女性よりも男性の方が低かった。13か国・地域で、「その日暮らしで、明日のことは明日考えればよいと考えがちである」と「お金を長期間貯蓄するよりも使う方が満足する」という記述に、1つ以上当てはまると回答した人の割合は、男性の方が高かった（オンライン付録10.A1の表10.A1.3）。30か国・地域のうち19か国・地域で、貯蓄や投資をする際、自己資金の一部を失う覚悟をしている女性

は男性よりも少なかった。

　しかし、OECD／INFEの2015年の調査に参加した一部の国・地域では、月単位で生活の収支を合わせることができると回答した女性は男性よりも少なく（カナダ、フランス、ニュージーランド、ノルウェー、ロシア、タイ、英国）、家計の主な収入源を失った場合に、最低3か月間は生活できると回答した女性は男性よりも少なかった（オーストリア、英領バージン諸島、ブラジル、フランス、ヨルダン、オランダ、南アフリカ、英国）（オンライン付録10.A1の表10.A1.4）。さらに、調査に参加した多数の国で、個人年金によって、または貯蓄した金融その他の資産を引き出すことで退職後の生活を支えるつもりだと答える割合は、女性よりも男性の方が高かったが、老後は配偶者や子どもからの経済的支援に頼るつもりだと答える割合は、男性よりも女性の方が高かった（オンライン付録10.A1の表10.A1.5）。

金融知識は金融レジリエンスの男女差に関係している

　概して女性の方が男性よりも金融面でのレジリエンスと自立性が低いことに関連していると考えられる社会経済的要因は数多くあり、職業、所得水準、所得の安定性（Schmidt and Sevak, 2006; Siermiska *et al.*, 2010）や、法律上の差別、ジェンダー規範（Demirguc-Kunt *et al.*, 2013）などがある。しかし、女性の方が金融知識が少ないことも関係していると思われる。

　OECD（2016）はデータのある国の過半数で、男性は女性よりも、借金をしたり、家族や友人に援助を求めたりしなくても、1か月の所得に相当する大きな支出に対応できると思うと答える割合が高い（オンライン付録10.A1の表10.A1.6）。できると答えた男性は、アルバニア、カナダ、ジョージア、ポルトガル、南アフリカ、英国では女性よりも50％以上多かった。社会人口学的特徴を考慮すると、クロアチア、ヨルダン、マレーシア、トルコでは、大きな経済的ショックに対応できると思うと答える割合は男女とも等しくなり、金融知識の男女差も考慮に入れると、ベルギー、カナダ、ニュージーランド、ポルトガルをはじめとする他の国では、ショックに対応する個人の能力の男女差は縮小するようである。こうしたことから、少なくとも一部の国では、金融知識の男女差は、金融レジリエンスにおける男女差に結び付いており、女性の金融知識が向上すれば、女性が経済的ショックに立ち向かうためのより良い資金計画作りに役立つだろう。

女性の金融リテラシー向上のための金融教育プログラムが続けられている

　政府と非営利団体は、金融教育プログラムの対象を引き続き女性と女子に設定しているが、

2013年以降に新たに創設されたプログラムは少ない。オーストラリア、バングラデシュ、ブラジル、インド、イスラエル、レバノン、トルコなど、金融教育のための総合的な国家戦略の一環として、女子と女性のニーズへの対処を続けている国もある。たとえば、ブラジルでは、ボルサ・ファミリアという条件付き現金給付プログラムを利用する女性は、2012年に開始された国家戦略の優先ターゲットのひとつになっている。インドでは、ほぼ女性のみで成り立ち、共同で定期的に拠出金を貯蓄してメンバーに貸し付けを行う小規模な自助グループが、2012年に始まった国家戦略のターゲットのひとつになっている。

　特定の女性グループや、女性が大部分を構成するグループをターゲットにした最近の政府主導プログラムの例では、女性が不利な立場にあるさまざまな分野が対象になっている。たとえば、女性は男性よりも株式市場に参加する割合が低いため（Almenberg and Dreber, 2015）、ポーランド財務省は2015年、女性に金融市場への投資を広めるために、「女性のための株式取引（The Stock Exchange is a Woman）」プログラムを導入した。オーストラリア証券投資委員会は2015年、インターネット上で利用できる「女性のためのマネー・ツールキット（Women's Money Toolkit）」を公開し、出産、ケア、住宅の購入、病気、障害、家庭崩壊といったライフイベントに関する金融面での中立的な手引きを提供している。2014〜2015年、香港とタイでは、幼い子どものいる保護者や母親が、人生の重要な段階における健全な資産管理スキルを習得するための取り組みを——セミナーやパンフレットの形態で——考案した。新興経済国では、女性の零細・小企業経営者をターゲットにするのが一般的である。たとえば、マレーシアの債務カウンセリング機構（Credit Counselling and Debt Management Agency）は、私立大学と同国最大のマイクロクレジット機関と協力して、小規模企業の女性経営者向けの金融教育プログラムを実施している。それによって大学生は、財務管理、企業登録、事業戦略に関して一定の女性企業経営者を支援するために、同機構から研修を受けた。

　デジタル金融サービスが女性の金融包摂と経済的包摂の改善に対して持つ可能性（World Bank Research Group et al., 2015）を受けて、インドネシア金融庁は2015年、零細・中小企業を経営する女性に財務計画に関する教育を提供し、正規の金融商品・サービスの利用を促すために、モバイルアプリの「Yuk Sikapi」を導入した。このアプリは、ユーザーが金融庁に質問できるチャットルームや全ユーザーと議論するプラットフォームを提供し、貯蓄を促す通知を定期的に送信する。

　非営利団体も女性と女子への金融教育の提供において重要な役割を担っている。スペインのイサドラ・ダンカン財団（Isadora Duncan Foundation）は、ひとり親家庭（そうした家庭の多くは女性が世帯主）を対象に、家計管理、予算管理、消費者政策の理解などについて、情報やワークショップを提供している。ニカラグアでは、女性財団（Fundación Mujeres）が2007年以降、女性企業経営者を対象に、企業経営・財務に関するワークショップを展開している。オ

第10章

ーストラリアのビクトリア州では、非営利団体である女性のための情報交換・紹介所（Women's Information and Referral Exchange, WIRE）が、お金に関する問題など幅広い問題に関して、女性に無料かつ極秘で情報や支援を提供し、調査や金融リテラシー事業を通じて、金融に関する女性のエンパワーメントの向上を目指している。米国では、多数の非営利団体が特に女性を対象とした金融教育を提供して、離婚したばかりの女性や、退職後の生活設計について職場で助言を得られない可能性のある女性を支援している。そうした非営利団体としては、サヴィ・レディース（Savvy Ladies）、安定した老後を目指す女性の会（Women's Institute for a Secure Retirement、WISER）、女性と女子のための金融リテラシー機関（Financial Literacy Organisation for Women and Girls、FLOW）などがある。

男女格差は解消されるのか、どのように解消すればよいのかについて、もっと情報が必要である

　金融教育プログラムが男性と女性の金融リテラシーの向上に寄与していることを示す証拠はあるが、プログラムについての厳格な評価は今なお全般的に不足している。同じことは、女性のみを対象にした取り組みについてもいえる（コラム10.1）。女性が対象のプログラムに対してほとんど評価が実施されておらず、男女両方が対象のプログラムを評価した際に見られる男女の成果の差に関して、体系的な証拠が不足している。金融教育プログラムは金融リテラシーと金融面での成果における男女格差を解消しているのか、どのように解消しているのかについて理解を深めるために、さらなる証拠が必要である。

コラム10.1　女性のための金融教育プログラムを評価する

　金融教育とは「金融の消費者または投資家が、金融に関する自らの暮らしの質を高めるために、金融商品・概念・リスクについて理解を深め、情報、教育、客観的助言のいずれかまたは複数を通じて、金融に関するリスクと機会を認識し、情報に基づく意思決定を行い、どこに支援を求めるべきかを知り、他の効果的な行動をとるための技術と自信を身につけるプロセス」と定義される（OECD, 2005）。女性を対象とした最近の金融教育プログラムで、評価を受けた複数の事例は、期待できる結果を示しており、女性の金融知識と技能を最大限に向上させる可能性の高い教育提供の仕組みについて、初期証拠をいくつか提示している。

　シティ・ツァオ財団（Citi-Tsao Foundation）が2008年以降、シンガポールで実施している「成人女性のための金融教育プログラム（Financial Education Programme for Mature Women）」は、40歳以上の低所得の女性をターゲットにしている。このプログラム

は、今後女性がもっと経済的に自立・安定できるように、お金の仕組みと資金の管理方法について理解するための実践的な提言を提供する。特別に編成したカリキュラムからなり、20週の授業期間に各3時間5単位の授業を行う。こうした授業期間を通じて、参加者は長期的な貯蓄と計画、収支管理と投資について教えられる。プログラム修了後、参加者の3分の1が緊急時に備えて資金を確保し始めたほか、より安定した消費ができる参加者が増えたものの、債務削減が引き続き多数の参加者にとって問題になっていることが、影響評価によって明らかになった。

　非営利団体のBSRは、女性のための世界銀行と協力して、2012年にインドでHERfinanceプロジェクトを開始した。衣料品工場で働く労働者は、給与を電子振り込みで受け取ることが増えているが、多くの労働者は銀行と初めて取引をするため、新しく作った銀行口座の使い方やATMからの給与の引き出し方がわからない。HERfinanceは職場でのピア・エデュケーションで構成され、各工場の数人の従業員が、同僚に研修を行う方法について研修を受ける。プログラムが対象とするのは、収支管理、貯蓄、ファイナンシャル・プランニング、責任ある借り入れ、家族との資産についての話し合い、地域の金融サービスの利用などであり、職場での計画的な教育セッションだけでなく、非公式の日常的な会話スタイルでも実施される。11の衣料品工場（従業員の大多数は女性であった）の従業員約1万人を対象にしたパイロットプロジェクトを評価したところ、プログラム終了後、ATMを使用する際に手伝いが必要だったと報告する割合が39％減少し、銀行の専門用語についての理解が向上し、個人的ニーズのために給与の一部を貯蓄したと答えた女性が44％増加した。男性従業員は大部分がお金の引き出し方についてすでに知っていて、貯蓄も行っていたため、女性ほど行動に影響を受けなかった。調査結果は、女性のエンパワーメントの点でもプラスの結果を示しており、給与の使途を自分で決めたと答えた女性が23％、家族と支出に関する決定について話し合ったと報告した女性が50％増加した（Ghuliani and Goldenberg, 2015）。

　インドでの女性起業家を対象とした金融リテラシー・ビジネス研修も、効果を得るにはプログラムの提供方法が重要であることを示している。女性を対象としたインド最大の銀行であるSEWA銀行が、その顧客から無作為に選び出したグループを、ビジネスカウンセリングや基本的な金融リテラシー研修などを含むプログラムに招待した（Field *et al.*, 2016）。無作為に選ばれた参加者の半数が、自分で選んだ友人と一緒にセッションに参加するよう招待を受けた。短時間のセッションは事業に関する行動と成果にプラスの影響をもたらしたが、それは友人と一緒に研修を受けた女性の場合のみであった。友人と一緒に招待された女性は事業のために融資を利用する割合が高く、取引高の増加を報告したが、1人で参加した女性は、融資をほぼ例外なく住宅修理のために利用し、対照群と比較した取引高の増加は報告されなかった。ピア効果が作用するチャンネルはいくつか考えられる。たとえば、女性はより支持的な環境でより大きな自信を示すこともあれば、研修後のピアからのサポートが、目標を実現する後押しになることもある。友人と一緒に研修を受けるプラスの効果は、女性の移動を制限する社会規範を有する宗教・カースト集団の女性の間の方が強いことを示す証拠もあった。

第10章

主な政策提言

● 各国は、金融リテラシーと金融上の成果における男女格差をモニタリングし、金融教育プログラムの対象をより適切に設定するために、金融リテラシーの男女差に関する証拠を引き続き収集する必要がある。

● 金融教育プログラムが女性のニーズにどの程度有効に対処しているのか、またどのような提供方法が金融リテラシーと金融上の成果における男女格差を解消するのに最も適しているのかについて、さらに多くの証拠が必要である。

● 各国はビジネススキルやデジタル金融サービスの利用方法に関する研修など、女性の経済的エンパワーメントを促進するための他の措置に金融教育を組み込むことが望ましい。また、女性の経済的自立を改善するために、条件付き資金給付など、女性が主たる受益者になりやすい他の措置に金融教育を取り入れるべきである。

参考文献・資料

Almenberg, J. and A. Dreber (2015), "Gender, Stock Market Participation and Financial Literacy", *Economic Letters*, Vol. 137, December 2015, pp. 140-142, http://www.sciencedirect.com/science/article/pii/S0165176515004115.

Atkinson, A. and F. Messy (2012), "Measuring Financial Literacy: Results of the OECD / International Network on Financial Education (INFE) Pilot Study", *OECD Working Papers on Finance, Insurance and Private Pensions*, No. 15, OECD Publishing, Paris, http://dx.doi.org/10.1787/5k9csfs90fr4-en.

Austen, S., T. Jefferson and R. Ong (2014), "The Gender Gap in Financial Security: What We Know and Don't Know about Australian Households", *Feminist Economics*, Vol. 20, No. 3, http://www.tandfonline.com/doi/full/10.1080/13545701.2014.911413.

Demirguc-Kunt, A., L. Klapper and D. Singer (2013), "Financial Inclusion and Legal Discrimination Against Women. Evidence from Developing Countries", *World Bank Policy Research Working Paper*, No. 6416, Washington, DC.

Doi, Y., D. McKenzie and B. Zia (2012), "Who You Train Matters. Identifying Complementary Effects of Financial Education on Migrant Households", *World Bank Policy Research Working Paper*, No. 6157.

Drolet, M. (2016), "Gender Differences in the Financial Knowledge of Canadians", *Insights on Canadian Society*, Statistics Canada, Ottawa, http://www.statcan.gc.ca/pub/75-006-x/2016001/article/14464-eng.htm.

Field, E. *et al.* (2016), "Friends at Work: Can Peer Support Stimulate Female Entrepreneurship?", *American Economic Journal: Economic Policy*, Vol. 8, No. 2, pp. 125-153.

Ghuliani, C. and E. Goldenberg（2015）, "Financial Inclusion in the Supply Chain: An Evaluation of the HERfinance Pilot in India", *BSR Working Paper, San Francisco*, March, http://www.herproject.org.

OECD（2016）, "OECD/INFE International Survey of Adult Financial Literacy Competencies", OECD, Paris, http://www.oecd.org/daf/fin/financial-education/OECDINFE-International-Survey-of-Adult-FInancial-Literacy-Competencies.pdf.

OECD（2013）, *Women and Financial Education: Evidence, Policy Responses and Guidance*, OECD Publishing, Paris, http://dx.doi.org/10.1787/9789264202733-en.

OECD（2012）, *Closing the Gender Gap: Act Now*, OECD Publishing, Paris, http://dx.doi.org/10.1787/9789264179370-en.（『OECDジェンダー白書：今こそ男女格差解消に向けた取り組みを！』OECD編著、濱田久美子訳、明石書店、2014年）

OECD（2005）, "Recommendation of the Council on Principles and Good Practices for Financial Education and Awareness", OECD, Paris, http://www.oecd.org/daf/fin/financial-education/35108560.pdf.

ECD/INFE（2015）, 2015 *OECD/INFE Toolkit for Measuring Financial Literacy and Financial Inclusion*, http://www.oecd.org/daf/fin/financial-education/2015_OECD_INFE_Toolkit_Measuring_Financial_Literacy.pdf.

OECD/INFE（2013）, *OECD/INFE Policy Guidance on Addressing Women's and Girls' Needs for Financial Awareness and Education*, http://www.oecd.org/daf/fin/financialeducation/G20-Women-Girls-Fin-Ed-Policy-Guidance-2013.pdf.

Schmidt, L. and and P. Sevak（2006）, "Gender, Marriage, and Asset Accumulation in the United States", *Feminist Economics*, Vol. 12, No. 1-2, pp. 139-166, www.tandfonline.com/doi/abs/10.1080/13545700500508445.

Siermiska, E.M. *et al.*（2010）, "Examining the Gender Wealth Gap", *Oxford Economic Papers*, No. 62, pp. 669-690, http://dx.doi.org/10.1093/oep/gpq007.

Silgoner, M., B. Greimel-Fuhrmann and R. Weber（2015）, "Financial Literacy gaps of the Austrian population", *Monetary Policy & the Economy*, Vol. Q2/15, Oesterreichische Nationalbank.

World Bank Development Research Group, Better Than Cash Alliance, Bill & Melinda Gates Foundation and Women's World Banking（2015）, *Digital Financial Solutions to Advance Women's Economic Participation*, https://www.betterthancash.org/toolsresearch/reports/digital-financial-solutions-to-advance-women-s-economicparticipation.

付録10.A1

オンラインで閲覧できる表

追加の表については以下のStatLinkからオンラインで閲覧できる。

オンライン表10.A1.1　金融知識の男女差

StatLink：http://dx.doi.org/10.1787/888933574513

オンライン表10.A1.2　金融知識に関する自己評価の男女差

StatLink：http://dx.doi.org/10.1787/888933574513

オンライン表10.A1.3　金融に関する態度の男女差

StatLink：http://dx.doi.org/10.1787/888933574513

オンライン表10.A1.4　生活費を賄う能力の男女差

StatLink：http://dx.doi.org/10.1787/888933574513

オンライン表10.A1.5　退職後の備えに関する男女差

StatLink：http://dx.doi.org/10.1787/888933574513

オンライン表10.A1.6　大きな支出に対応する能力の男女差

StatLink：http://dx.doi.org/10.1787/888933574513

第Ⅲ部

雇用における男女平等

職場における女性：女性労働力の全体像

主な研究結果

● 女性の就業率は依然として男性のそれを大きく下回っているが、就業率の男女差は2012年以降、4分の3近くのOECD加盟国で縮小している。

● 労働市場に参加する女性が増えたにもかかわらず、今なお女性は男性よりもフルタイムで働く割合がはるかに低く、低収入で、管理職や重役レベルに昇進する割合が低く、賃金の低い業種や職種に従事する傾向にある。

● 女性の中には、労働力への平等な参加を阻む非常に大きな障壁にぶつかるグループもある。学歴、技能、所得の低い女性や母親は、そうではない女性たちよりも傾向として生活状況が苦しい。

OECD加盟国における女性の雇用：慎重な楽観論の根拠？

第11章

　どのOECD加盟国でも、依然として男性は女性よりも有償労働に従事する割合が高い。しかし、歴史的傾向が楽観論をもたらしている。というのも、就業率の男女差は2012年以降、ほとんどのOECD加盟国で縮小しており、数十年にわたって継続してきた減少傾向は、2012年から2016年にかけて、OECD加盟国平均で就業率の男女差が0.6パーセントポイント縮小するのに寄与している。生産年齢の男性の就業率は、OECD加盟国平均で2012年の71.9％から2016年には74.1％に上昇している。女性の就業率のOECD加盟国平均は、2012年には60.1％であったが、2016年には62.8％に上昇した（図11.1）。

図11.1　2012年以降、就業率の男女差は多くの国で縮小している

就業率の男女差（男性の就業率から女性の就業率を引いた値）、15〜64歳、2012年・2016年またはデータのある最新年[a]

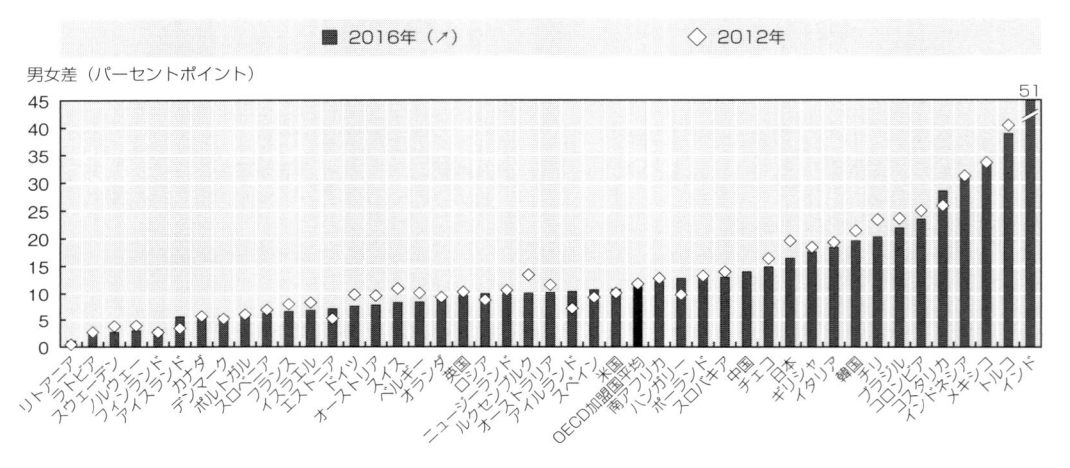

a）中国は2010年、インドは2012年、インドネシアは2013年、ブラジルは2015年のデータ。

資料：OECD雇用データベース（*OECD Employment Database*）（http://www.oecd.org/employment/emp/onlineoecdemploymentdatabase.htm）。

StatLink：http://dx.doi.org/10.1787/888933574532

　女性の労働力参加の拡大に寄与した要因は多数ある。若年男性と比較して若年女性の学歴が上昇したこと、ジェンダーロールを巡るステレオタイプと期待が徐々に変化していること、有償労働と育児の両立を目的とした公共政策の改善、ひとり親家庭でもふたり親家庭でも女性が就労する経済的必要性が上昇したことなどである。男女格差の縮小に、男性の労働参加率の減少または停滞が影響している国もある。2012年から2016年にかけて、就労中の男性の割合は、OECDに加盟する3か国（チリ、ノルウェー、ルクセンブルク）で1パーセントポイント以上低下している（OECD Employment Database）。

　実のところ、就業率の男女差は2012年から2016年にかけて、一部のOECD加盟国で上昇しており、なかには大幅に上昇している国もある。エストニア、アイスランド、アイルランド、ハン

ガリー、スペインでは、就業率の男女差は2012年から2016年の間に1パーセントポイント以上拡大した（図11.1）。男女差が拡大した原因はさまざまであるが、一部の事例では、男女差の拡大には、世界金融恐慌の間および直後に、女性の労働市場への参入がかなり進んだものの、その後、男性が労働市場に再参入するにつれて、女性の参入が減少したことが反映されている。たとえば、アイルランドでは2008年から2012年にかけて、女性の失業率と比較すると、男性の失業率は建設関連の雇用の喪失を受けて大きく上昇したが、2012年以降は男性の就業率が大幅に伸びている（Conefrey *et al.*, 2014）。

また、国家間の男女差には大きな差異が残っており、国際的な傾向はほとんど変化していない。たとえば、就業率の男女差は北欧諸国では依然として非常に小さいが、トルコ、ブラジル、コロンビア、コスタリカ、メキシコ、およびアジアのOECD加盟国では比較的大きい。

労働時間と職種における男女格差

ほとんどのOECD加盟国で、女性は徐々にではあるが、着実に就業率を伸ばしているものの、男女格差は雇用の質と職種に残存している。今なお女性はフルタイム就業を妨げる障壁にぶつかり、低賃金で女性が圧倒的多数を占める業種にしばしば就業し、（男性に比べて職業上の人脈が弱い、女性管理職が少ない、など）昇進を困難にする女性に特有の課題に直面する。

OECD加盟国全体で、女性は男性よりもパートタイムで働く割合がはるかに高いが（第18章）、男性のパートタイム就業率は2004年から2014年の間に、2か国（ラトビアとポーランド）を除くすべてのOECD加盟国でわずかに上昇した。OECD加盟国平均では、2014年には女性就業者の24.5％が、本業での労働時間が週当たり30時間未満と定義されるパートタイム労働に従事しており、2004年と比較すると1パーセントポイント弱の増加であった。男性就業者の場合、パートタイム就業者は9.0％のみであり、2004年と比較すると2.3パーセントポイントの増加であった。女性のパートタイム労働への移行が特に顕著なのは、母親になって、主として無償の育児に対して不均衡に大きな責任を担うようになった後である（第15章）。パートタイム就業は女性と労働市場とのつながりを維持するとはいえ、大きな後退である。なぜなら、パートタイムで働く女性はフルタイム就業者よりも低賃金であり、昇進の機会を逃すことが多いからである。

一方、男性は労働市場で非常に長時間の労働に従事する傾向にある。多数の国で、長時間労働に対する職場の期待が、無償労働に対する女性の不均衡に大きな責任と相まって、労働市場にジェンダーに特有の影響を生み出す。女性は長時間の無償労働と、多くのフルタイムの仕事で期待される長時間労働との両立という困難に直面する。こうした状況は、伝統的にフルタイムの就業時間が長い国に特に当てはまり、たとえば、ドイツでは母親はパートタイム労働に従事する傾向が強く、メキシコでは母親は労働市場から完全に退出する傾向にある（OECD, 2017a, 2017b）。

第11章

図11.2　女性は男性よりも少ない職種に集中している
相違指数に見られる性別職域分離、2011年・2015年

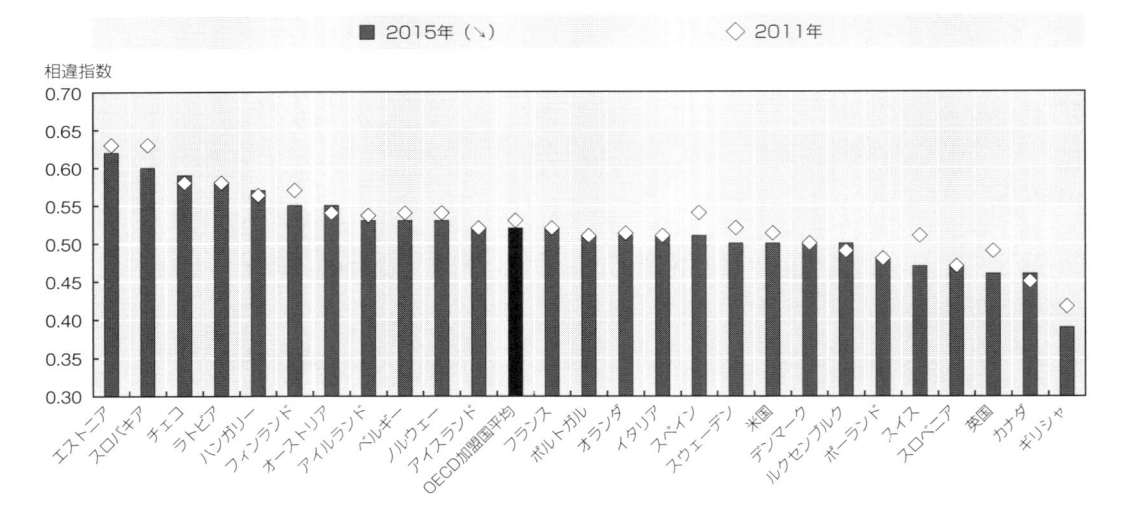

注：相違指数、すなわちダンカン指数は、全職種における男性と女性の就業者の分布の差の絶対値の和を評価する。分離とは男性と女性の職種分布が異なることを表すと見なす。分布の一致度が下がれば下がるほど、分離の度合いが高くなる。0～1で表示され、0は男女の職業分布が完全に一致していることを、1は完全に分断していることを示す。国際標準職業分類（ISCO）の小分類レベルで算出した。

資料：OECD事務局算定。データ源は、EU諸国、アイスランド、ノルウェー、スイスに関しては欧州連合労働力調査（European Union Labour Force Survey, EU-LFS）、カナダに関してはカナダ労働力調査（Canadian Labour Force Survey, LFS）、米国に関しては米国人口動態調査（United States Current Population Survey, CPS）3月追加調査（March Supplement）。

StatLink : http://dx.doi.org/10.1787/888933574551

　男性と女性は従事する業種も職種も異なる傾向が続いている。サービス業では女性の占める割合が依然として高く、なかでも小売、保健医療・社会福祉事業などの分野で高い。2015年の場合、女性は就業者の84％がサービス業に（男性は60.7％）、11.6％が工業に（男性は32.6％）、4％が農業に（男性は6.3％）従事していた（付録表11.A1.1）。全女性就業者の5分の1強が卸売・小売業、宿泊業、飲食業に、17.3％が保健医療・社会福祉事業に従事していた。こうしたことが関係して、女性は男性よりも職業の偏りが大きく、学歴やジェンダー別社会化などの多様な要因によって、就くことを「選択する」職業が限られている（第8章）。データのあるEU諸国では、女性にとって最も一般的な職業区分は売り場販売員、清掃員、介護士、就学前教育段階の教員、初等教育段階の教師、秘書である（2014年EU労働力調査に基づきOECDが算定）。図11.2が示す「相違指数」は、女性が従事する職種の数を男性が従事する職種の数と比較したものである。男性と女性の分布の差は、職種分布が完全に一致する0から、完全に分断している1までの数値で表される。どの国も性別職域分離を経験しており、それゆえにどの国も数値は0よりも大きいが、自主的選択や国家間における女性の就業率の相違などの要因を考慮に入れることは不可能であるため、ランキングを解釈するのはいくぶん困難である。実のところ、北欧諸国は歴史的に性別職域分離の程度が高く、地中海諸国は低い。その一因として、職域分離の進行は、女性労働力の供給の拡大と正の相関関係にあったからである（European Commission, 2009）。

ガラスの天井は無傷で残っている

女性の方が労働参加率が低く、家族の世話をするためにキャリアを中断する可能性が高く、パートタイムで働く傾向が強いことと、それらほど明白ではない他の要因——差別など——は、いずれも上級管理職に昇進する女性の減少につながっている。最高位職に続く「水漏れするパイプライン」が一因で、OECD加盟国では女性は管理職の約3分の1を構成するのみである。とはいえ、その割合は国によってかなりのばらつきがある（図11.3）。また、女性は男性よりも最高経営責任者（CEO）に就任する割合も、民間企業の取締役に就く割合も、公共部門の指導的地位に立つ割合も大幅に低いが、政府による割当（および、割当ほど強力ではないが、目標）は、民間・公共部門で指導的立場にある女性の割合にかなり迅速な変化をもたらしてきた（第14章）。

図11.3　女性の管理職は少ない

管理職に占める女性の割合と労働力に占める女性の割合、全年齢、2015年またはデータのある最新年[a]

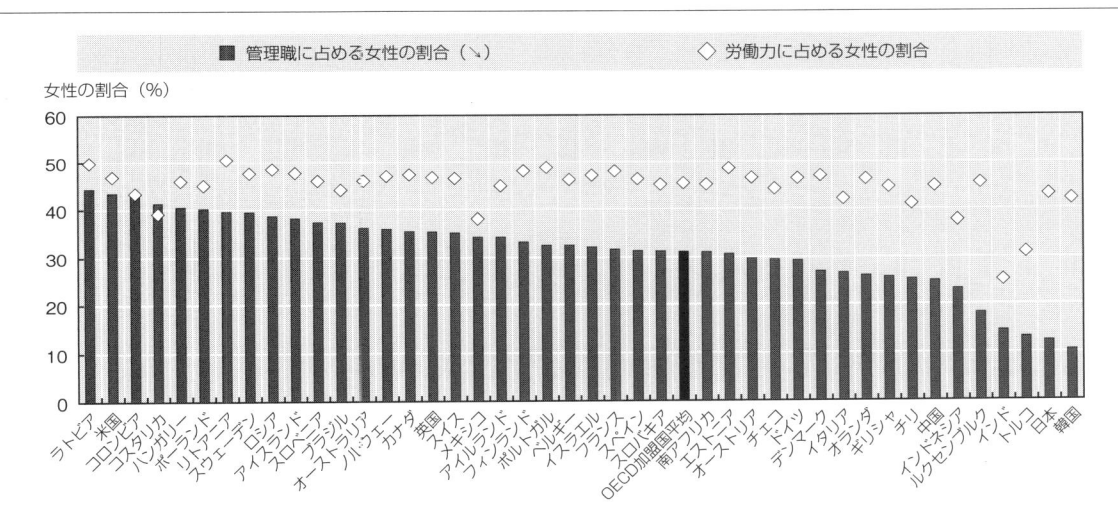

注：コロンビアに関しては、管理職に占める女性の割合は、国際標準職業分類1968年版（ISCO 68）の大分類2（管理的職業従事者）に分類される職に就いている就業者に占める女性の割合。カナダ、チリ、インド、インドネシア、米国に関しては、管理職に占める女性の割合は、国際標準職業分類1988年版（ISCO 88）の大分類1（立法議員、上級行政官、管理的職業従事者）に分類される職に就いている就業者に占める女性の割合。その他の国（中国を除く）に関しては、管理職に占める女性の割合は国際標準職業分類2008年版（ISCO 08）の大分類1（管理職）に分類される職に就いている就業者に占める女性の割合。中国に関しては、国家職業分類（National Occupation Classification）に基づく分類。コロンビアとインドに関しては、管理職に占める女性の割合に関するデータは15～64歳のみのもの。

a）中国は2010年、インドは2011～2012年、インドネシアと米国は2013年、オーストラリア、ブラジル、カナダ、南アフリカは2014年のデータ。

資料：OECD事務局算定。データ源は次の通り。労働力に占める女性の割合：各国のデータはOECD雇用データベース（*OECD Employment Database*）（http://www.oecd.org/employment/emp/onlineoecdemploymentdatabase.htm）。管理職に占める女性の割合：コロンビア、中国、インドを除くすべての国に関しては、国際労働機関（ILO）ILOSTATデータベース（2016年）（http://www.ilo.org/ilostat）、中国に関しては、国勢調査。コロンビアに関しては、全国総合世帯調査（Gran Encuesta Integrada de Hogares, GEIH）、インドに関しては、全国サンプル調査（National Sample Survey, NSS）。

StatLink : http://dx.doi.org/10.1787/888933574570

図11.4　低学歴労働者の就業率の男女差は大きい

学歴別の就業率の男女差（男性の就業率から女性の就業率を引いた値）、25～64歳、2015年またはデータのある最新年[a]

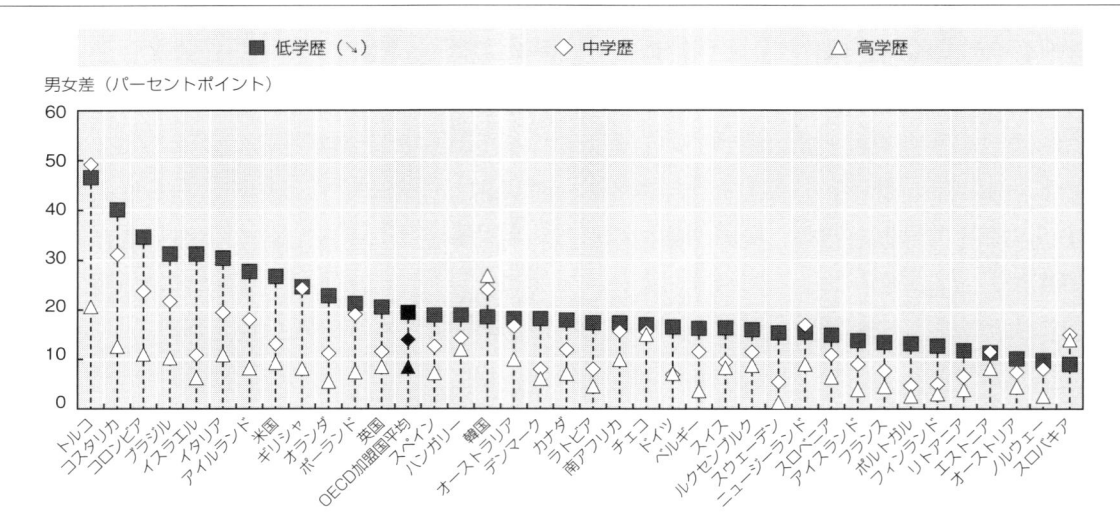

注：学歴は3つの順序変数に基づき評価した（低学歴、中学歴、高学歴）。3つのレベルの区別は、通常の国際標準教育分類（ISCED）の分類体系に対応している。「低学歴」はISCED 2011のレベル0～2（幼児教育、初等教育、前期中等教育）の最も高い学歴水準に、「中学歴」はISCED 2011のレベル3～4（後期中等教育、高等教育以外の中等後教育）の最も高い学歴水準に、「高等教育」はISCED 2011のレベル5～8（短期高等教育、学士または同等レベル、修士または同等レベル、博士または同等レベル）の最も高い学歴水準に対応している。

a）フランス、ブラジル、南アフリカは2014年のデータ。

資料：OECD（2016）, *Education at a Glance 2016: OECD Indicators*, OECD Publishing, Paris（http://dx.doi.org/10.1787/eag-2016-en）

StatLink：http://dx.doi.org/10.1787/888933574589

高学歴で子どものいない女性の方が男性との格差が小さい

　多数の女性が複合的な不利益に遭遇する。教育レベル全体を見ると、就業率の男女差は、高学歴の男女間で最も小さい。高学歴の男性と女性の就業率の差は8.5パーセントポイントであるが、低学歴の男性と女性の間では差は19.5パーセントポイントに拡大する（図11.4）。フィンランド、ノルウェー、ポルトガル、スウェーデンなど一部の国では、就業率の男女差は高学歴の男女間では3パーセントポイントを下回っている。このパターンに当てはまらないのが韓国で、同国では幼い子どもや扶養家族の世話をするために労働力から退出した後、高学歴の女性が賃金の高い正規雇用に戻るという選択肢が限られているため、女性は可能な場合、低賃金の非正規雇用に就くのではなく家庭に留まることがある。

　低学歴の労働者間に見られる大きな格差は、高学歴の女性と低学歴の女性がそれぞれ直面する経済的インセンティブに関連していることが多い。学歴は賃金と相関しており、低学歴の女性は高学歴の女性と低学歴の男性よりも概して低賃金である（第12章）。保育料は就労する魅力を減少させるため、多くの低学歴の女性にとって、それが就労に対する経済的インセンティブを引き下げる結果となっている。有償労働への従事を妨げる障壁が特に高いのは、低学歴の移民女性で

図11.5　低学歴の母親は有償労働への参加を阻む障壁にぶつかる

0〜14歳の子どもが1人以上いる場合といない場合の就業率の男女差と、0〜14歳の子どもが1人以上いる場合の学歴別就業率の男女差（ともに男性の就業率から女性の就業率を引いた値）、25〜54歳、2014年またはデータのある最新年[a]

パネルA：0〜14歳の子どもが1人以上いる場合といない場合の就業率の男女差

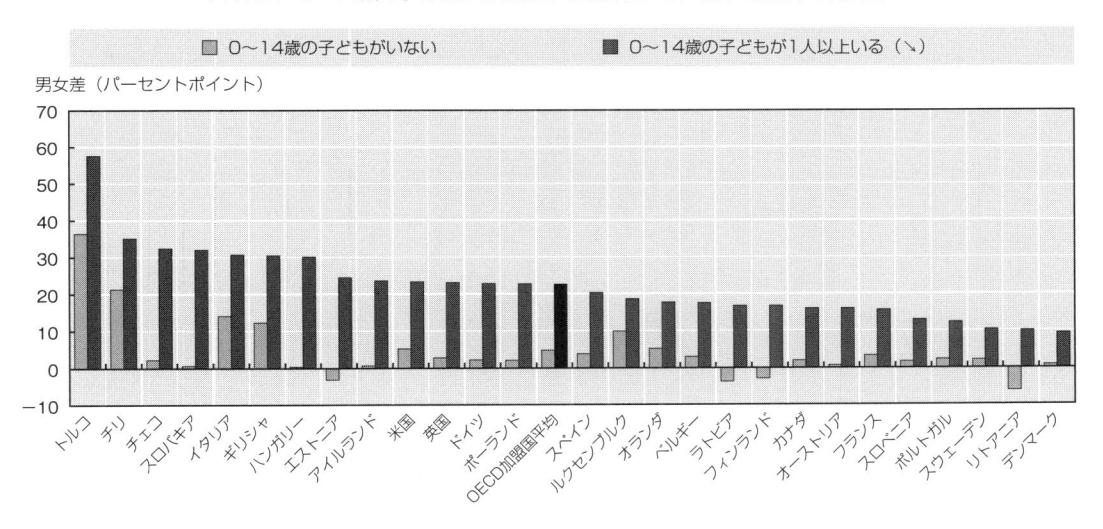

パネルB：0〜14歳の子どもが1人以上いる場合の就業率の男女差、学歴別

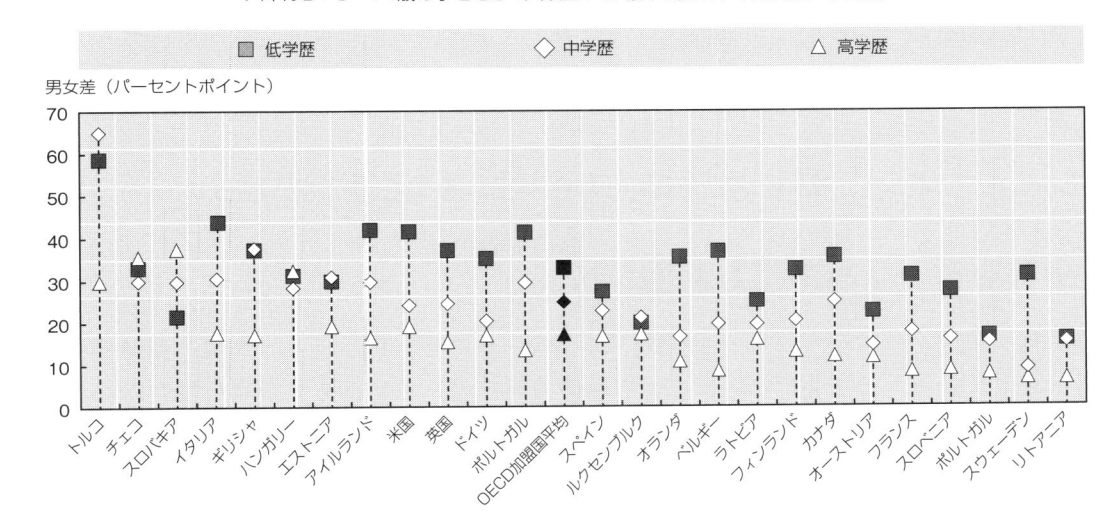

注：パネルAもパネルBも、左から、0〜14歳の子どもが1人以上いる男女間の就業率の差が大きい国。

　「0〜14歳の子どもが1人以上いる」個人とは、0〜14歳の子どもと同一世帯で暮らし、その子どもの母親または父親として申告している個人と定義される。「0〜14歳の子どもがいない」個人とは、自らが暮らす世帯に、当人がその子どもの母親または父親として申告する0〜14歳の子どもがいない個人と定義される。カナダは0〜15歳の子ども、米国は0〜17歳の子ども。

　学歴は3つの順序変数に基づき評価した（低学歴、中学歴、高学歴）。3つのレベルの区別は、通常の国際標準教育分類（ISCED）の分類体系に対応している。「低学歴」はISCED 2011のレベル0〜2（幼児教育、初等教育、前期中等教育）の最も高い学歴水準に、「中学歴」はISCED 2011のレベル3〜4（後期中等教育、高等教育以外の中等後教育）の最も高い学歴水準に、「高等教育」はISCED 2011のレベル5〜8（短期高等教育、学士または同等レベル、修士または同等レベル、博士または同等レベル）の最も高い学歴水準に対応している。

a）デンマーク、フィンランド、スウェーデンは2012年、チリ、ドイツ、トルコは2013年のデータ。

資料：OECD事務局算定。データ源は、EU諸国に関しては欧州連合労働力調査（European Union Labour Force Survey, EU-LFS）、カナダに関してはカナダ労働力調査（Canadian Labour Force Survey, LFS）、チリに関してはチリ全国社会経済特徴調査（Encuesta de Caracterización Socioeconómica Nacional, CASEN）、トルコに関してはトルコ世帯労働力調査（Turkish Household Labour Force Survey, LFS）、米国に関しては米国人口動態調査（United States Current Population Survey, CPS）ベーシック・ファイルズ。

StatLink : http://dx.doi.org/10.1787/888933574608

ある。こうした女性たちは、移民男性と受入国で生まれた女性よりも労働参加率が低い傾向にある（第21章）。

　労働人口の男女差は年齢とともに広がるが、第1子をもうけた後に特に大きくなる。女性のキャリアは出産と育児から不均衡に大きな影響を受ける。子どものいる女性は子どものいない女性よりも労働時間が短く、男性よりも収入が低く、労働力から完全に撤退しやすくなる。男性は親になった後も就労を続ける割合がずっと高い（OECD, 2016）。

　子どもがいない男性と女性の就業率の男女差は、OECD加盟国平均で4.8パーセントポイントと比較的小さい。この男女差は、0〜14歳の子どもが1人以上いる男性と女性を比較した場合、22.6パーセントポイントと4倍以上に拡大する（図11.5パネルA）。バルト三国とフィンランドでは、扶養児童のいない男性と女性の就業率の差はマイナスである。その理由として、女性が就業する業種は、男性が就業する業種よりも世界金融恐慌の影響が少なかったことと、それまでの就業率の男女差が比較的小さかったことが挙げられる。

　母親であることが労働参加率に与えるマイナス影響は、低学歴の女性の間で特に顕著である（図11.5パネルB）。ほとんどの親にとって（母親にとっても父親にとっても）仕事と育児のバランスを取ることは難しく、賃金が低ければ就労に対する経済的インセンティブがさらに弱まりやすくなる。低学歴の母親の労働参加率の低さに対処することは、労働参加率に残っている男女差を解消するのに必要であり、労働参加率の男女差を2025年までに25％削減するというG20の目標を達成するのに不可欠である。

男女平等をターゲットにした政策

　本書の他の章で、就業率の男女差を改善するために各国政府が採用してきた多様な政策措置について詳述している。そうした措置には、有給の育児休暇、質が高く手頃な料金の保育、職場の柔軟性のための施策、無償労働の平等な分担の促進など、ワーク・ライフ・バランスにとって必要な措置がある。本章で概観した結果から、女性の労働参加率の向上に最も効果が見込める措置は、母親、低学歴の女性、および高い技術を持たない女性の労働参加を促進することであるといえる。

　すべての「女性にとって適切」な社会・経済政策のほとんどは、母親、学歴・技能・所得の分布の低い方に位置する女性にとっては、さらに効果の高いものになるだろう。出産前後と子どもが幼い間の雇用が保障された有給の休暇は、こうしたライフイベントの間に女性の所得を保障し、子どもが成長したときに女性が仕事に復帰できるようにするために重要である。有給の育児休暇は、（有給育児休暇の資格を得るために）出産前まで女性が働く誘因となり、女性に出産後の

雇用保障を与えるため、世界的に見て女性の労働参加率の上昇に関連性がある。出産・育児休暇中の公的資金による賃金補填は、低所得労働者にとって特に重要である。一部の国では、そうした労働者は高技能労働者や高所得労働者ほど十分な出産・育児休暇手当を得られない傾向にある（Adema *et al.*, 2015）。保育料の助成は、低所得の母親に就労を促すのに重要である。柔軟な勤務を求める法的権利も、仕事を失うリスクを冒さずに親が必要なワーク・ライフ・バランスを実現するのに役立つひとつの措置である。そうした政策は、しばしば育児と有償労働の両立に苦労し、ふたり親家庭よりも高い貧困リスクに瀕しているひとり親家庭の親にとって、特に重要である（OECD Family Database）。

主な政策提言

- 政府は有給育児休暇（第16章）、質が高く手頃な価格の幼児教育・保育（ECEC）（第17章）、父親と母親の両方に対して職場の柔軟性を実現する措置（第18章）など、ワーク・ライフ・バランスの促進を目的とした措置を引き続き実施する必要がある。

- 政策では、子どものいる低技能の女性など、困難に直面している女性に引き続き着眼して、有償労働への従事が「割に合う」ようにしなければならない。

- 政策では、女性に就労させることを優先するだけではなく、女性の雇用の質も改善すべきである。賃金、労働時間、女性が就労する職種や業種における男女格差に対処するには、いっそうの取り組みが必要である。

参考文献・資料

Adema, W., C. Clarke and V. Frey (2015), "Paid Parental Leave: Lessons from OECD Countries and Selected U.S. States", *OECD Social, Employment and Migration Working Papers*, No. 172, OECD Publishing, Paris, http://dx.doi.org/10.1787/5jrqgvqqb4vb-en.

Conefrey, T., M. Lawless and S. Linehan (2014), "Developments in the Irish Labour Market during the Crisis: What Lessons for Policy?", *Journal of the Statistical and Social Inquiry Society of Ireland*, Vol. 44, No. 2014-5, pp. 18-39.

European Commission (2009), "Gender Segregation in the Labour Market: Root Causes, Implications, and Policy Responses in the EU", Report to the European Commission's Expert Group on Gender and Employment (EGGE).

OECD (2017a), *Building an Inclusive Mexico – Policies and Good Governance for Gender Equality*, OECD Publishing, Paris, http://dx.doi.org/10.1787/9789264265493-en.

OECD（2017b）, *Dare to Share: Germany's Experience Promoting Equal Partnership in Families*, OECD Publishing, Paris, http://dx.doi.org/10.1787/9789264259157-en.

OECD（2016）, "Walking the Tightrope: Background Brief on Parents' Work-life Balance Across the Stages of Childhood", OECD Issues Brief, http://www.oecd.org/els/family/Background-brief-parents-work-life-balance-stageschildhood.pdf.

データベース

OECD年次労働力統計データベース（Annual Labour Force Statistics（ALFS）Database）
http://stats.oecd.org/Index.aspx?DataSetCode=ALFS_EMP

OECD雇用データベース（OECD Employment Database）
http://www.oecd.org/employment/emp/onlineoecdemploymentdatabase.htm

OECDファミリー・データベース（OECD Family Database）
http://www.oecd.org/social/family/database.htm

第11章

付録11.A1

性別分離に関する追加データ

表11.A1.1　女性はサービス業に大きな割合を占める傾向にある

経済活動別・男女別の雇用分布（%）、2015年またはデータのある最新年[a]

	男性			女性		
	農業	工業	サービス業	農業	工業	サービス業
OECD加盟国平均	6.3	32.6	60.7	4.0	11.6	84.0
オーストラリア	3.7	30.9	65.4	2.0	8.7	89.3
オーストリア	5.7	36.3	58.0	5.2	11.5	83.3
ベルギー	1.6	32.8	65.6	0.7	8.4	90.9
カナダ	2.9	30.0	67.1	1.2	8.4	90.4
チリ	12.8	32.3	54.9	4.5	10.7	84.8
チェコ	3.9	49.3	46.7	1.6	23.8	74.6
デンマーク	3.8	29.4	66.9	0.9	9.3	89.8
エストニア	5.3	43.5	51.2	2.5	17.5	80.0
フィンランド	6.1	34.1	59.8	2.2	8.7	89.1
フランス	3.7	30.2	64.7	1.6	9.4	87.9
ドイツ	1.8	40.0	58.2	1.0	13.9	85.1
ギリシャ	13.5	20.1	66.4	12.4	7.8	79.8
ハンガリー	6.8	40.0	53.2	2.6	19.1	78.4
アイスランド	6.5	27.7	65.8	1.7	6.9	91.3
アイルランド	9.9	26.5	63.5	1.6	8.7	89.6
イスラエル	2.3	25.3	69.3	0.6	8.4	89.2
イタリア	4.8	36.8	58.4	2.4	13.3	84.3
日本	3.9	33.8	62.3	3.2	14.6	82.3
韓国	5.6	32.6	61.8	5.7	13.7	80.6
ラトビア	10.9	34.7	54.4	5.1	12.7	82.1
ルクセンブルク	1.2	17.5	72.2	0.7	4.1	87.0
メキシコ	19.4	30.0	50.5	3.6	16.5	79.9
オランダ	2.8	23.4	73.9	1.4	5.6	93.0
ニュージーランド	9.1	30.3	60.4	4.6	9.7	85.5
ノルウェー	3.0	31.6	65.4	0.9	7.1	92.1
ポーランド	12.5	41.9	45.7	10.3	16.4	73.3
ポルトガル	9.7	33.4	57.0	5.4	15.2	79.4
スロバキア	4.7	48.4	47.0	1.3	20.7	78.0
スロベニア	7.0	43.5	49.5	7.1	18.2	74.6
スペイン	5.8	29.5	64.7	2.1	8.7	89.2
スウェーデン	3.0	28.6	68.5	1.0	6.9	92.1
スイス	3.7	27.9	66.2	2.7	9.6	84.8
トルコ	17.8	31.1	51.0	37.0	15.3	47.7
英国	1.8	28.4	69.8	0.8	7.8	91.4
米国	2.3	27.4	70.3	0.9	8.3	90.8
コロンビア	22.7	23.8	53.5	7.0	13.6	79.4
コスタリカ	17.3	25.0	57.7	4.2	9.6	86.1
リトアニア	11.6	34.0	54.3	6.6	16.4	76.9
ブラジル	17.1	30.5	52.3	10.5	11.8	77.6
中国	..	..	..	..	..	..
インド	..	..	..	..	..	..
インドネシア	33.6	26.0	40.4	31.7	15.9	52.4
ロシア	8.2	37.6	54.2	5.1	16.2	78.7
南アフリカ	6.6	33.3	60.1	4.3	11.7	84.0

注：オーストラリア、オーストリア、カナダ、チリ、アイルランド、イスラエル、ニュージーランド、コロンビア、ブラジル、ロシア、南アフリカのデータは、国際標準産業分類（ISIC）第3版に基づく。その他の国のデータはISIC第4版に基づく。米国に関しては産業分類に関するデータが得られなかった。

a）オーストリア、ニュージーランドは2010年、デンマークは2011年、オーストラリア、イスラエルは2012年、トルコは2013年、カナダ、チリ、アイルランド、韓国、英国、ブラジルは2014年のデータ。

資料：OECD年次労働力統計データベース（*OECD Annual Labour Force Statistics（ALFS）Database*）（http://stats.oecd.org/Index.aspx?DataSetCode=ALFS_EMP）。フランス、ルクセンブルク、スイス、米国、コスタリカ、ラトビア、リトアニア、インド、南アフリカに関しては国際労働機関（ILO）ILOSTATデータベース（2016年）（http://www.ilo.org/ilostat）。

StatLink：http://dx.doi.org/10.1787/888933574627

■ 第12章 ■

男女賃金格差

主な研究結果

● OECD加盟国全体で、フルタイム就業者の男女間の賃金格差は、2010年以降、15％弱でおおむね推移している。男女賃金格差は高所得者間で特に大きい。

● 全就業者（パートタイム就業者を含む）の月収に着目した場合、賃金の男女格差の大部分は、女性の方が男性よりも労働市場で働く時間が少ないことで説明できる。職種と業種の分離も大きな要因となっている。逆に、学歴は男女賃金格差の縮小に有効な役割を果たしてきた。

● こうした観察された属性の差を調整すると、説明のつかない要因──差別など、測定しにくい要因──が、OECD加盟国全体で男女賃金格差の大きな原因になっている。

第 12 章

男女賃金格差は 15％弱のままである

　世界的に、女性は男性よりも賃金の低い傾向が続いている。男女賃金格差は、労働者の属性が急速に変化することがめったにないため、長い期間をかけて非常にゆっくり縮小してきた。実のところ、現在の壮年期以上の雇用成果に影響を与えているのは、20〜40年前に下された教育と職業に関する決断であり、当時は社会規範も技術もキャリアへの期待も、今日とは異なっていた。

　2015年、OECD加盟国全体の月収中央値で見た男女賃金格差は14.3％であった。この値は2010年以降ほとんど変化しておらず、10年前と比較して約1パーセントポイントしか低下していない（図12.1）。2005年以降、男女賃金格差はオーストリア、ベルギー、ギリシャ、デンマーク、日本、ルクセンブルク、スロバキア、スイス、英国で4パーセントポイント以上縮小した。G20諸国のインド、インドネシア、南アフリカでは、縮小幅は4パーセントポイントを上回った。米国と多くのEU諸国では、男女賃金格差は概して変化していない。一方、近年、フランス、チェコ、アイルランドではわずかに拡大しており、ブラジル、ポルトガル、トルコは拡大幅がさらに大きかった。チリ、コロンビア、ハンガリー、ラトビアでは5パーセントポイント以上の拡大が見られた。

　インド（56％）と南アフリカ（41％）の算定値を見ると、新興国における男女賃金格差はOECD加盟国のそれを大幅に上回っていることがわかり、韓国と日本も月収中央値の男女賃金格差が相対的に大きいことが読み取れる。ベルギーやスロベニアといった国では、最低賃金が比較的高いことと、団体交渉の対象範囲が広い——ベルギーでは従業員数50名以上の企業に対する男女別賃金の報告も含まれている——ことが寄与して、男女賃金格差が比較的小さくなっている。

　男女賃金格差は就労している男女の賃金格差を表したものであることを強調しておかねばならない。こうした未補正のデータが示すのは、労働者の属性に見られる男女差と、男女間での労働市場における選択プロセスの差である。労働者の属性に見られる男女差を調整するのは比較的簡単であるが、働くという選択に関する推定値を調整するのは困難である。なぜなら、働くという選択は、年齢、配偶者の有無、子どもの有無、態度、その国で実施されている政策などによって異なるからである。たとえば、トルコ、コロンビア、ギリシャ、イタリアなどで男女賃金格差が比較的小さいのは、この選択の影響に関係している。こうした国々では，労働市場に参入している女性は少ないが、働いている女性は男性と同等に高い技能を持ち、同等に高い賃金を得ている傾向にある。また、男女賃金格差は用いる賃金の定義によって大きく異なる可能性がある。というのも、月収または年収による算定値では、時給の場合よりも賃金格差はずっと大きくなるが、それは労働時間に大きな男女差があるためである（コラム12.1）。

図12.1　フルタイム就業者の月収中央値の男女差は過去10年間ほとんど変化していない

月収中央値の男女差[a]、フルタイム就業者、2005年・2010年・2015年またはデータのある最新年[b]

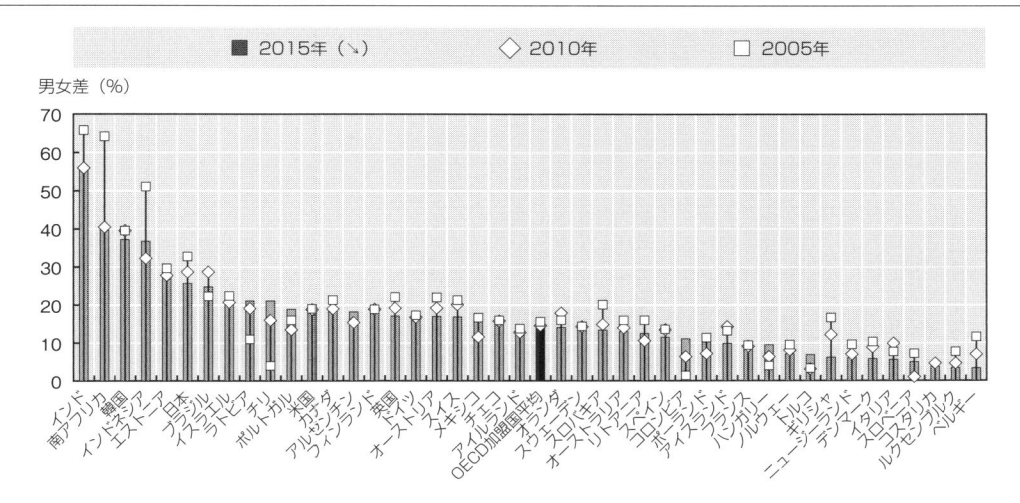

注：月収中央値の男女差は、フルタイム就業者における男女間の月収中央値の差を男性の月収中央値で除した値。フルタイム就業者は、1週当たりの通常労働時間が30時間以上の労働者。

a）オーストラリア、カナダ、インド、アイルランド、英国、米国は週当たり賃金のデータ。デンマーク、ギリシャ、アイスランド、ニュージーランド、ポルトガル、スペインは時間当たり賃金のデータ。

b）アルゼンチン、ベルギー、ブラジル、エストニア、フランス、ドイツ、インドネシア、イタリア、ラトビア、リトアニア、ルクセンブルク、オランダ、ニュージーランド、ポーランド、スロベニア、スペイン、スイス、トルコは2015年ではなく2014年、スウェーデンは2013年、インド、南アフリカは2012年、イスラエルは2011年のデータ。ブラジル、チリ、コスタリカは2010年ではなく2011年のデータ。チリ、エストニア、フランス、イタリア、ラトビア、リトアニア、ルクセンブルク、オランダ、ポーランド、スロベニア、スペイン、スイス、トルコは2005年ではなく2006年、コロンビアは2007年のデータ。

資料：OECD事務局算定。データ源は、OECD加盟国、コロンビア、コスタリカに関してはOECD雇用データベース（*OECD Employment Database*）（http://www.oecd.org/employment/emp/onlineoecdemploymentdatabase.htm）、アルゼンチンに関しては定期的家計調査（Encuesta Permanente de Hogares, EPH）、ブラジルに関してはブラジル全国家庭サンプル調査（Pesquisa Nacional por Amostra de Domicílio, PNAD）、インドに関しては全国サンプル調査（National Sample Survey, NSS）、インドネシアに関しては全国労働力調査（Survei Angkatan Kerja Nasional, SAKERNAS）、南アフリカに関しては一般世帯調査（General Household Survey, GHS）。

StatLink : http://dx.doi.org/10.1787/888933574646

コラム12.1　賃金の定義が男女賃金格差に与える影響

　男女賃金格差の規模を想定する場合、用いる賃金の種類（時給か、週給か、月収か、年収か）が大きく関係する。OECD加盟国全体で、女性は男性よりも労働時間が短い傾向にあるため、週給、月収、年収に基づく算定値は——支払賃率だけでなく、個人の1日当たり、1週当たりの労働時間なども反映しているため——時給に基づく算定値よりも、結果的に男女格差が大きくなりやすい。たとえば、時給中央値と月収中央値の賃金格差のデータがあるOECD加盟29か国平均では、1月当たりの賃金に基づく全就業者の男女賃金格差（26.5％）は、1時間当たりの賃金に基づく全就業者の男女賃金格差（12.9％）よりも、13パーセントポイント以上大きくなる（図12.2パネルA）。オーストラリア、オーストリア、オランダ、スイスなど、女性の労働時間が短い傾向が特に強い国では、月収に基づく賃金格差は、時給に基づく賃金格差よりも25パーセントポイント以上大きくなる。特にこうした国に関しては、特定の1週間、1か月、1年の労働時間数の相違を無視できるため、時給に基づく賃金格差の

図12.2　月収の男女賃金格差は時給の男女賃金格差よりも大きい

時給中央値の男女差と月収中央値の男女差、2014年またはデータのある最新年[a]

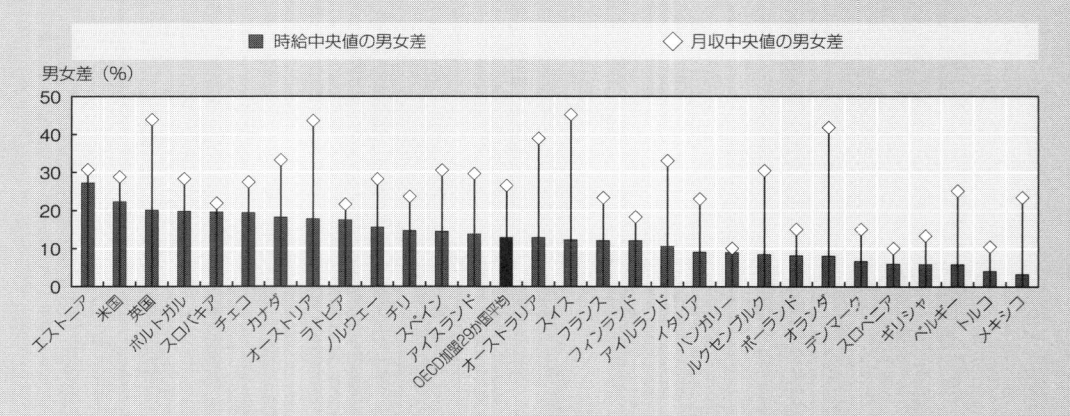

パネルA：全就労者

■ 時給中央値の男女差　　　◇ 月収中央値の男女差

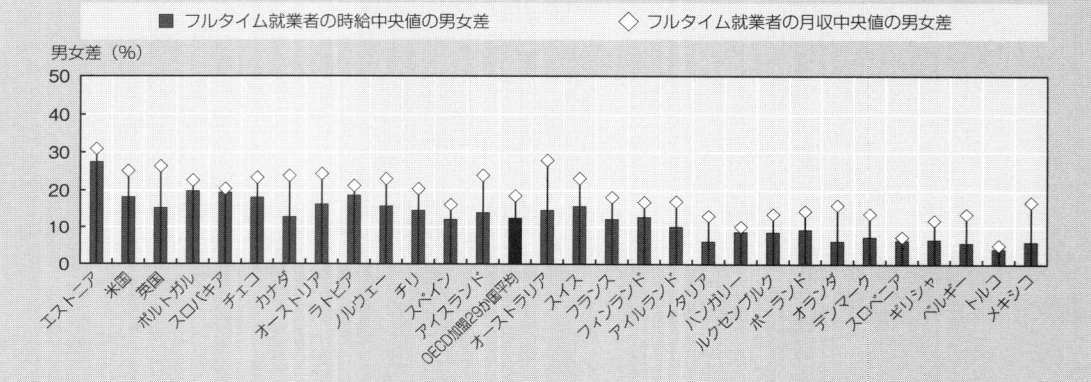

パネルB：フルタイム就業者

■ フルタイム就業者の時給中央値の男女差　　　◇ フルタイム就業者の月収中央値の男女差

注：両パネルとも、左から、全就労者の時給中央値の男女差が大きい国。月収中央値の男女差は、男女間の月収中央値の差を男性の月収中央値で除した値。時給中央値の男女差は、男女間の時給中央値の差を男性の時給中央値で除した値。フルタイム就業者は、1週当たりの通常労働時間が30時間以上の労働者。図12.1で示した国と異なる国を取り上げているのは、1週当たりおよび1月当たりの収入の男女差について、比較可能なデータが得られない場合があるためである。

a）チリとトルコのデータは2013年のもの。

資料：OECD事務局算定。データ源は、EU諸国、アイスランド、ノルウェー、スイスに関しては欧州連合所得・生活状況統計調査（European Union Statistics on Income and Living Conditions, EU-SILC）、オーストラリアに関してはオーストラリア世帯・所得・労働力動態調査（Household, Income and Labour Dynamics Survey, HILDA）、カナダに関してはカナダ労働力調査（Canadian Labour Force Survey, LFS）、チリに関してはチリ全国社会経済特徴調査（Encuesta de Caracterización Socioeconómica Nacional, CASEN）、メキシコに関してはメキシコ家計収支調査（Encuesta Nacional de Ingresos y Gastos de los Hogares, ENIGH）、トルコに関してはトルコ世帯労働力調査（Turkish Household Labour Force Survey, LFS）、米国に関しては米国人口動態調査（United States Current Population Survey, CPS）の社会経済年次補助（Annual Social and Economic Supplement, ASEC）。

StatLink：http://dx.doi.org/10.1787/888933574665

方が測定に適しているかもしれない。

　労働時間の男女差の影響を少なくとも部分的に調整するひとつの方法は、図12.1などで行っているように、フルタイムで働いている労働者のみに注目することである。しかし、時給中央値と月収中央値の男女差の差は、フルタイム就業者のみを見た場合、縮小する傾向にあ

るが、それでも差は存在する（図12.2パネルB）。月収と時給に関する男女賃金格差のデータがあるOECD加盟29か国平均では、フルタイム就業者のみの月収中央値の男女差（18.6％）は、フルタイム就業者のみの時給中央値の男女差（12.5％）よりもまだ約6パーセントポイント大きい。このような男女差が残るのは、フルタイム就業者間でも労働時間がまだ男女間で異なることの表れであると考えられる。たとえば、男性は女性よりも非常に長時間働く傾向がはるかに強く、女性のフルタイム就業者は1週当たり約30～34時間という相対的に短いフルタイム労働に従事していることが多いようである（第1章：OECD Employment Database）。

　ブラインダー・ワハカ分解などの統計的手法は、観察された賃金格差を引き起こすさまざまな影響を切り分けるのに役立つ。男女賃金格差の要因には、労働力の男女別構成、労働者の属性、職業の属性のほか、いわゆる「説明できない」要因を構成する差別などの観察できない要因の影響が含まれる。図12.3は月給と時給の両方に関して、年齢、学歴、業種、職種、労働時間、子どもの有無（これらは経済文献によって、時給における全体的な男女差の主要因とされている）における男女間の差によって、各中央値の男女差がどの程度説明されるかを、要因ごとに分解して表している（Goldin, 2014; Chiappori *et al.*, 2009; Greenwood *et al.*, 2016）。賃金格差の説明できない部分についても示されている。

　女性の学歴の向上が意味するのは、女性は平均して男性よりも高い賃金を期待できるということだろう（図12.3）。しかし、教育がもたらすいかなるプラス効果をも、他の要因が凌駕している。長時間労働の可能性における男女差は、賃金格差の7％の原因になっている。業種の分離も、月収中央値の男女差の11％の説明になるが、月収中央値の男女賃金格差の大部分が、女性の労働時間が短いことで説明される。これはOECD加盟国平均で、観察された男女差の26％の原因となっている。こうした短い労働時間の影響が特に強いのは、とりわけ女性の間でパートタイム就業が比較的一般的であるオーストラリア、オーストリア、オランダ、スイス、英国などの国である（図12.3パネルA）。しかし、時給に関して男女賃金格差の要因を分解した場合（図12.3パネルB）、労働時間が男女賃金格差に与える影響は有意ではなく、OECD加盟国全体の男女賃金格差の半分以上が「説明できない要因」に帰すると見られる。この説明できない要因は解明することが難しく、ジェンダーステレオタイプ化、社会慣習、制度、女性に対する差別、動機や能力といった労働者個人の観察できない属性など、賃金格差を引き起こす多様な要因と結び付いている。

　男女差別は測定するのが困難である。求職者の性別以外まったく同じ2枚の履歴書を提出するというフィールド実験では、雇用の際に差別が生じていることを示す明白な証拠が得られている（OECD, 2008）。国レベルの調査でもこの問題に注目している。たとえば、オーストラ

図12.3　労働時間と職種の差で説明できるのは男女賃金格差の一部であり、格差の原因の大部分は説明されないままである

月収と時給の男女差の要因分解、2014年またはデータのある最新年[a]

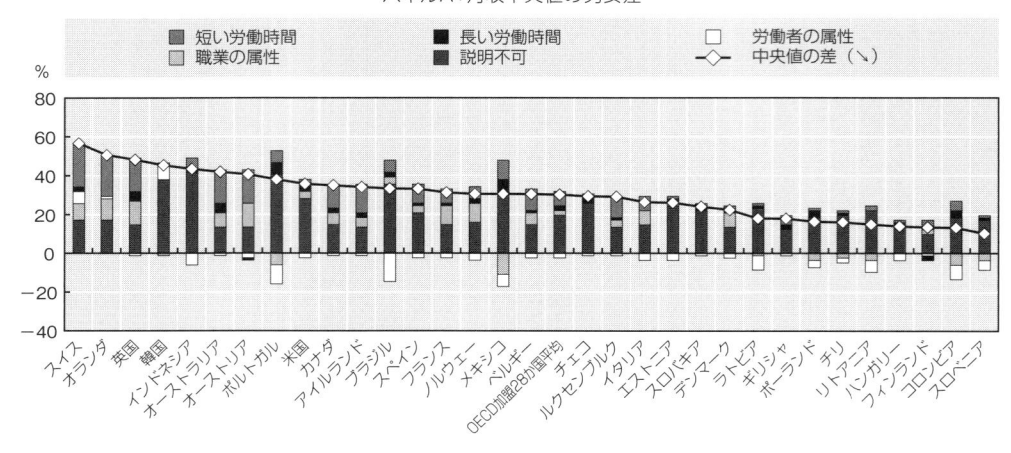

パネルA：月収中央値の男女差

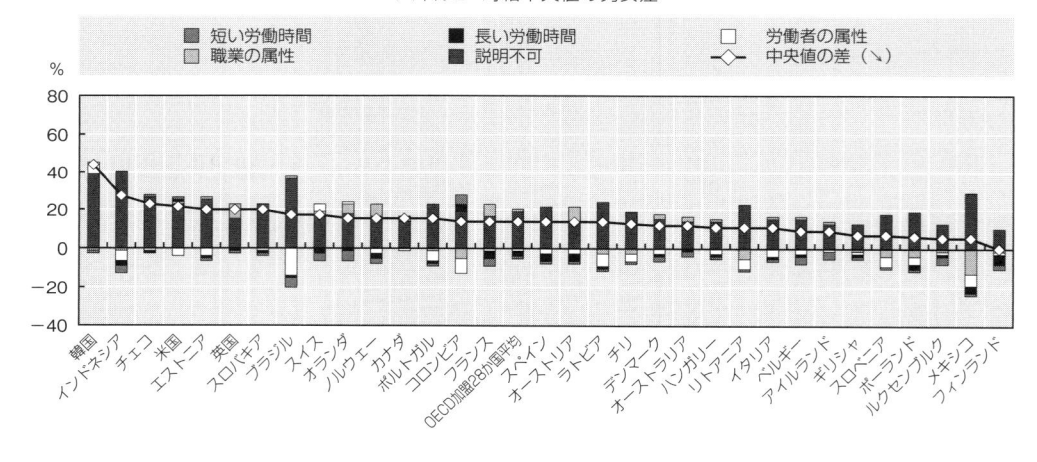

パネルB：時給中央値の男女差

注：要因分解に当たっては、ブラインダー・ワハカ分解手法を利用し、両グループに関してプールモデルの係数を参照として用いている。短い労働時間とは、本業における1週当たりの労働時間が30時間未満の個人に相当するダミー変数のこと。長い労働時間とは、本業における1週当たりの労働時間が50時間を超える場合の要因の影響のこと。労働者の属性とは、年齢、学歴グループ、子どもの有無に対するダミー一式のこと。職業の属性とは、業種と職種に対するダミー一式のこと。図12.1と国が異なるのは、要因分解に必要な調査データが一部の国に欠如しているためである。

a）チリは2013年、コロンビアは2015年のデータ。

データを読む際の注：図が示すのは、男女賃金格差全体に寄与するさまざまな要因である。たとえば、スイスの場合、女性の方が労働時間が短い（パートタイムで働く）傾向にあることが、月収中央値に観察される男女差の21.7パーセントポイントを引き起こしている。労働者の属性と職業の属性による男女差は、それぞれ5.3パーセントポイントと9.1パーセントポイントの差を引き起こしている。月収の男女差において、観察可能な変数の男女差によって説明されない部分、つまり「説明不可」の部分が17.3パーセントポイントを占めている。

資料：OECD事務局算定。データ源は、EU諸国、アイスランド、ノルウェー、スイスに関しては欧州連合所得・生活状況統計調査（European Union Statistics on Income and Living Conditions, EU-SILC）、オーストラリアに関してはオーストラリア世帯・所得・労働力動態調査（Household, Income and Labour Dynamics Survey, HILDA）、ブラジルに関してはブラジル全国家庭サンプル調査（Pesquisa Nacional por Amostra de Domicilio, PNAD）、カナダに関してはカナダ労働力調査（Canadian Labour Force Survey, LFS）、チリに関してはチリ全国社会経済特徴調査（Encuesta de Caracterización Socioeconómica Nacional, CASEN）、コロンビアに関しては全国生活状況調査（Encuesta Nacional de Calidad de Vida, ECV）、インドネシアに関しては全国労働力調査（Survei Angkatan Kerja Nasional, SAKERNAS ）、韓国に関しては韓国労働・所得パネル調査（Korean Labor and Income Panel Study, KLIPS）、メキシコに関してはメキシコ家計収支調査（Encuesta Nacional de Ingresos y Gastos de los Hogares, ENIGH）、米国に関しては米国人口動態調査（United States Current Population Survey, CPS）の社会経済年次補助（Annual Social and Economic Supplement, ASEC）。

StatLink : http://dx.doi.org/10.1787/888933574684

リア人権委員会は最近、妊娠と出産後の職場復帰に関連した差別について調査して、約半数の女性が妊娠中、育児休暇中、または職場復帰後に差別を経験していることを明らかにした（AHRC, 2014）。カナダ統計局による調査では、同じ職種内でも大きな賃金格差が残っていることが明らかになり、（育児との両立のため）融通の利きやすい地位を女性が好むことと、女性の方が給与の交渉や競争——社会から「男らしい」と見なされる属性——に消極的であるか長けていないことと合わせて、男女差別を可能性のある説明として指摘している（Moyser, 2017）。

男女賃金格差は年齢とともに、また育児中に拡大する

　賃金における男女格差は、年齢の高い労働者間の方が若い労働者間よりも一般的に大きい（図12.4）。データのあるOECD加盟29か国平均で、25〜29歳のフルタイム就業者における時給中央値の男女差は約7％であるが、35〜39歳では13％に、45〜49歳では14％に、55〜59歳では15％に拡大している。実のところ、データのあるOECD加盟29か国中6か国（オーストラリア、ギリシャ、ルクセンブルク、スイス、トルコ、オランダ）では、25〜29歳の女性フルタイム就業者は、25〜29歳の男性よりも賃金が高い（図12.4）。これらの6か国すべてで、こうした「マイナス」の賃金格差は、より高い年齢層を見ると消滅している。たとえば、55〜59歳では、6か国すべてで賃金格差がプラスに（つまり男性の方が賃金が高く）なっており、オーストラリアでは賃金格差は27％に、トルコに至っては34％にも拡大している。

　有償・無償労働における男女格差（第15章）は、労働者が親になると拡大し、賃金にマイナス影響をもたらす。女性は家庭での無償労働——なかでも育児——の負担が不均衡に大きく、そのことで労働市場に参加し昇進する能力が制限される。その結果、男女賃金格差は子どものいない労働者の間よりも子どものいる労働者の間の方が大きくなる傾向にある。データのあるOECD加盟19か国平均では、2014年、子どもが1人以上いるフルタイム就業の男女間での時給中央値の男女差は21.2％であり、子どものいないフルタイム就業の男女差（11.0％）の2倍近かった。母親になる代償が特に高いのはバルト諸国、英国、米国のほか、一部の東欧諸国である。傾向として母親は子どものいない女性とは異なる属性を有すること、また働く母親は子育ての時期に労働時間を減らしたり、「家庭に優しい」仕事を探したりすることが多いため、母親になることで賃金が受ける実質的な影響を分離するのはかならずしも容易なことではない。賃金に対する「母親の出産・育児ペナルティ（motherhood penalty）」の少なくとも一部は、学歴、職歴、出世意欲、職種などにおける子どものいる女性といない女性の差に起因する可能性も考えられる。しかし、この問題に関する文献に、母親の出産・育児ペナルティは、学歴、職種、母親になることへの「自主的選択」などの要因を調整した後でも、概して残存していることが立証されている（Budig and England, 2001; Gough and Noonan, 2013）。とりわけ父親はそうしたペナルティを受けることがなく、逆に父親になることは（少なくとも一部の）男性の賃

第12章

図12.4　男女賃金格差は年齢とともに拡大する

フルタイム就業者の時給中央値の男女差、年齢層別、2014年またはデータのある最新年[a]

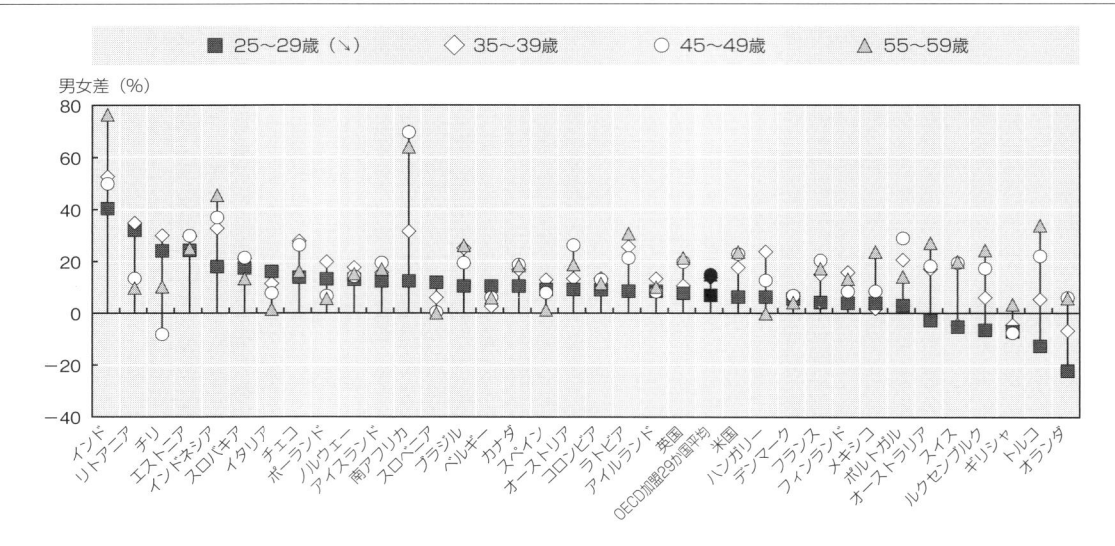

注：時給中央値の男女差は、男女間の時給中央値の差を男性の時給中央値で除した値。フルタイム就業者は、1週当たりの通常労働時間が30時間以上の労働者。

a）インドと南アフリカは2012年、チリとトルコは2013年、コロンビアは2015年のデータ。

資料：OECD事務局算定。データ源は、EU諸国、アイスランド、ノルウェー、スイスに関しては欧州連合所得・生活状況統計調査（European Union Statistics on Income and Living Conditions, EU-SILC）、オーストラリアに関してはオーストラリア世帯・所得・労働力動態調査（Household, Income and Labour Dynamics Survey, HILDA）、ブラジルに関してはブラジル全国家庭サンプル調査（Pesquisa Nacional por Amostra de Domicilio, PNAD）、カナダに関してはカナダ労働力調査（Canadian Labour Force Survey, LFS）、チリに関してはチリ全国社会経済特徴調査（Encuesta de Caracterización Socioeconómica Nacional, CASEN）、コロンビアに関しては全国生活状況調査（Encuesta Nacional de Calidad de Vida, ECV）、インドに関しては全国サンプル調査（National Sample Survey, NSS）、インドネシアに関しては全国労働力調査（Survei Angkatan Kerja Nasional, SAKERNAS）、メキシコに関してはメキシコ家計収支調査（Encuesta Nacional de Ingresos y Gastos de los Hogares, ENIGH）、南アフリカに関しては一般世帯調査（General Household Survey, GHS）、トルコに関してはトルコ世帯労働力調査（Turkish Household Labour Force Survey, LFS）、米国に関しては米国人口動態調査（United States Current Population Survey, CPS）の社会経済年次補助（Annual Social and Economic Supplement, ASEC）。

StatLink：http://dx.doi.org/10.1787/888933574703

金とキャリアにとって実際にプラスの影響をもたらしうることが証拠に示されている（Correll, Benard and Paik 2007; Hodges and Budig, 2010）。

職種と業種における男女賃金格差

　高技能職に従事する労働者（高技能労働者）と低技能職に従事する労働者（低技能労働者）との間に、男女賃金格差の世界的に明確なパターンはない。オーストリア、チリ、ポルトガル、スイス、チェコ、スペインなど、高技能労働者間の男女賃金格差が20％を超える国では、低技能労働者間の男女賃金格差は高技能労働者間よりも大幅に小さいことが多い。一方、イタリア、ハンガリー、ルクセンブルク、スロベニアなど、全体的な男女賃金格差が小さい国では、管理職の女性は管理職の男性と同等かそれ以上の賃金を得ている場合があり、低技能労働者間では男性の方が賃金が高い。

図12.5　男女賃金格差は子どもがいる場合の方が大きい

フルタイム就業者の時給中央値の男女差、25～44歳、子どもの有無別、2014年またはデータのある最新年[a]

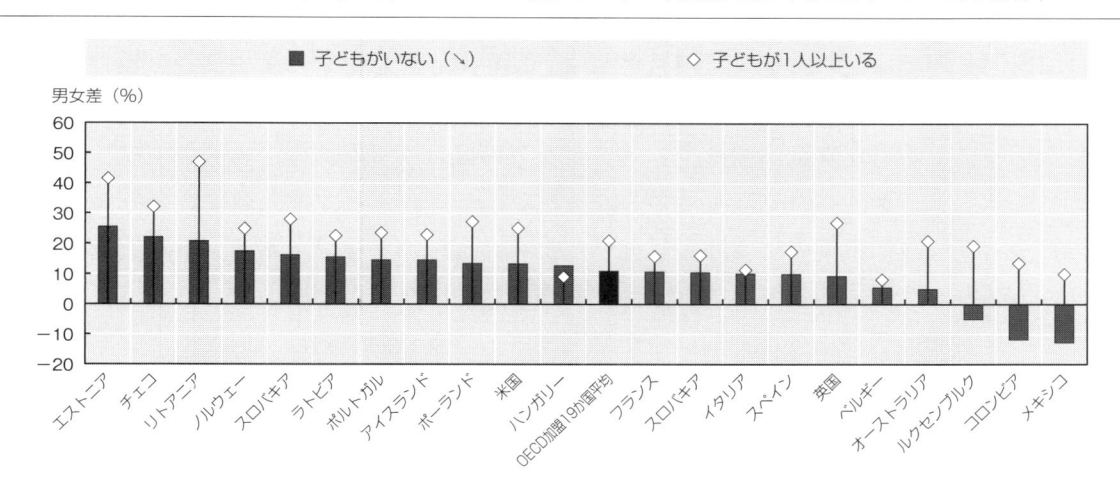

注：時給中央値の男女差は、男女間の時給中央値の差を男性の時給中央値で除した値。フルタイム就業者とは、1週当たりの通常労働時間が30時間以上の労働者。子どもが1人以上いるフルタイム就業の男女（25～44歳）のサンプルサイズが200を超えている国のみ、図に掲載した。

a）コロンビアは2015年のデータ。

資料：OECD事務局算定。データ源は、EU諸国、アイスランド、ノルウェー、スイスに関しては欧州連合所得・生活状況統計調査（European Union Statistics on Income and Living Conditions, EU-SILC）、オーストラリアに関してはオーストラリア世帯・所得・労働力動態調査（Household, Income and Labour Dynamics Survey, HILDA）、コロンビアに関しては全国生活状況調査（Encuesta Nacional de Calidad de Vida, ECV）、メキシコに関してはメキシコ家計収支調査（Encuesta Nacional de Ingresos y Gastos de los Hogares, ENIGH）、米国に関しては米国人口動態調査（United States Current Population Survey, CPS）の社会経済年次補助（Annual Social and Economic Supplement, ASEC）。

StatLink：http://dx.doi.org/10.1787/888933574722

　とはいえ、業種は賃金格差に大きな影響を及ぼしていると考えられる。OECD加盟国では、情報通信技術業、金融業、個人サービス業に従事する女性は、同じ業種に従事する男性よりも概して低賃金である。2014年、OECD加盟国平均で、これらの業種における時給中央値の男女差は、それぞれ22.1％、22.8％、23.9％であった。チリ、チェコ、エストニア、ラトビア、ポルトガルなど一部の国では、工業部門でも賃金格差は特に深刻であり、女性の賃金は男性よりも30％超低い。他の国（エストニアと米国）では金融業における男女賃金格差がきわめて大きく、女性は男性よりも賃金が40％低い。一般的には、賃金格差が最も小さいのは行政部門であり、中央値の男女差は8.7％で、厳格で比較的差別的ではない賃金設定制度と、差別を禁止する慣行と規定と関係している。宿泊・飲食業やその他の事業サービス業（不動産・専門的サービス業）も、時給に見られる男女差が同様に小さいことが報告されている（OECD加盟国平均でそれぞれ9.6％と11.9％）。個人サービス業は低技能労働者が多数を占めることが多い部門であり、男女賃金格差はオーストリア、スペイン、イタリア、ルクセンブルク、トルコでは40％前後またはそれ以上と非常に大きい。

学歴別の男女賃金格差

　フルタイム就業者の男女賃金格差は、平均すると学歴水準の低い男女間の方が小さい。OECD加盟国全体では、時給中央値の男女差は、後期中等教育を未修了の女性の場合は16.5％、後期中等教育を修了した女性の場合は18.1％、高等教育を修了した女性の場合は17.4％である。しかし、学歴による男女賃金格差は世界的にかなりのばらつきがある。オーストラリア、オーストリア、デンマーク、ハンガリー、アイスランド、ノルウェーでは、高等教育を修了した男女間の賃金格差は、低学歴の男女間の賃金格差よりも、10パーセントポイントも大きい。一方、チェコ、エストニア、スイスでは、中等教育を修了していない男女間の賃金格差は、実のところ高学歴の男女間の賃金格差よりもはるかに大きい。こうした傾向はインドやインドネシアなど一部の新興国でも見られ、そうした国では低技能労働者の男女賃金格差は50％弱——大学を卒業した労働者の約2倍——になっている。

男女賃金格差は傾向として時給分布の上位になるほど大きい

　賃金の平均値や中央値における男女差のみに注目すると、男女賃金格差の一部しか見えてこない。男女賃金格差は時給分布の上位になるほど拡大する傾向にあり（図12.6）、きわめて高い賃金において、十分な証拠に裏付けられた男女格差が存在することが（Goldin, 2014; OECD, 2012）、OECD・G20諸国で大きな特徴になっている。データのあるOECD加盟28か国平均で、フルタイム就業者の時給の男女差は、第1（最低）十分位で9％、第3十分位で11.5％、第7十分位で12.6％、第9十分位で17.2％である。時給分布の最高十分位では、賃金格差の範囲は、メキシコとトルコの約マイナス4％（つまり女性の方が賃金が約4％高い）から、エストニアの40％（つまり男性の方が賃金が40％高い）やインドの62％（男性の方が62％高い）にまで及ぶ。高賃金労働者の男女格差は、低賃金労働者の格差が比較的小さい国で大きい傾向にある。

　しかし、すべての国が所得分布の最上位層になると賃金格差が広がるというわけではない。チリ、イタリア、メキシコ、トルコのほか、一部の新興国（コロンビア、インド、インドネシア、南アフリカ）では、時給分布の第1（最低）十分位での男女賃金格差は、中央値や第9（最高）十分位よりも大きい。これにはこれらの国における強い選択効果が反映されていると考えられ、こうした国では多数の低熟練の女性は労働力から脱落するか、インフォーマル雇用——そのため、賃金格差に関する統計に表れない、または部分的にしか表れない——に従事し、残りの女性労働力は男性と比較して不均衡に多く高熟練労働に従事する。

図12.6　男女賃金格差は時給分布に沿って拡大する

フルタイム就業者の時給の男女差、時給の十分位別、2014年またはデータのある最新年[a]

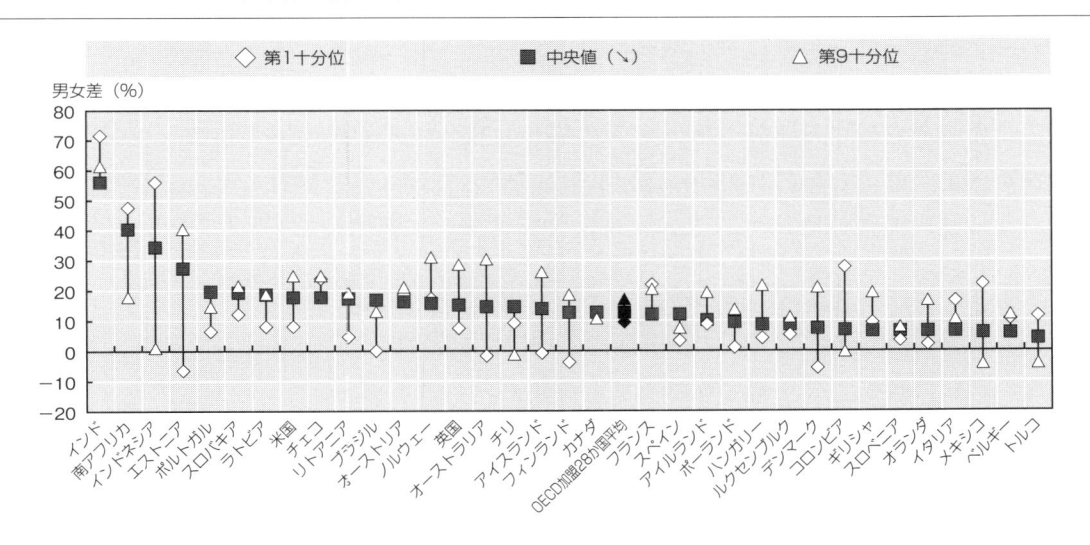

注：時給の男女差は、ある時給十分位での男女間の時給の差をその時給十分位の男性の時給で除した値。フルタイム就業者は、1週当たりの通常労働時間が30時間以上の労働者。

a）インドと南アフリカは2012年、チリとトルコは2013年、コロンビアは2015年のデータ。

資料：OECD事務局算定。データ源は、EU諸国、アイスランド、ノルウェー、スイスに関しては欧州連合所得・生活状況統計調査（European Union Statistics on Income and Living Conditions, EU-SILC）、オーストラリアに関してはオーストラリア世帯・所得・労働力動態調査（Household, Income and Labour Dynamics Survey, HILDA）、ブラジルに関してはブラジル全国家庭サンプル調査（Pesquisa Nacional por Amostra de Domicílio, PNAD）、カナダに関してはカナダ労働力調査（Canadian Labour Force Survey, LFS）、チリに関してはチリ全国社会経済特徴調査（Encuesta de Caracterización Socioeconómica Nacional, CASEN）、コロンビアに関しては全国生活状況調査（Encuesta Nacional de Calidad de Vida, ECV）、インドに関しては全国サンプル調査（National Sample Survey, NSS）、インドネシアに関しては全国労働力調査（Survei Angkatan Kerja Nasional, SAKERNAS）、メキシコに関してはメキシコ家計収支調査（Encuesta Nacional de Ingresos y Gastos de los Hogares, ENIGH）、南アフリカに関しては一般世帯調査（General Household Survey, GHS）、トルコに関してはトルコ世帯労働力調査（Turkish Household Labour Force Survey, LFS）、米国に関しては米国人口動態調査（United States Current Population Survey, CPS）の社会経済年次補助（Annual Social and Economic Supplement, ASEC）。

StatLink : http://dx.doi.org/10.1787/888933574741

男女賃金格差を是正するための政策

　男女賃金格差が根強く残っていることを受けて、2013年以降、25か国が男女間の賃金格差を削減するために国家的措置を新たに導入したと報告している。ひとつの有益な政策措置には賃金の透明化があり、これによって企業にそれぞれの男女賃金格差の程度を認識させる。企業には男女賃金格差の分析の実施がますます要請されるようになっており、こうした分析情報の従業員・政府監査人・世間への開示が要請または義務化されるようになっている。こうしたタイプの措置は、2013年以降、オーストラリア、日本、ドイツ、リトアニア、スウェーデン、スイス、英国など、複数の国で提案されたり導入されたりしている。一部の国では、これらの分析の結果を従業員または従業員の代表に開示することが義務づけられている。

　たとえば、リトアニアでは従業員の代表の要請により、従業員数21人以上の雇用主には、2017年7月1日以降、少なくとも年に1回、専門別と男女別に平均賃金を算出するよう義務づけている。スイスでは、従業員数50人以上の雇用主に、定期的に賃金分析を実施し、分析結果を

第三者の審査に付し、審査結果を従業員に開示するよう義務化する法案が出されている。他の国でも、こうした情報の公表を要請または義務化している。ドイツでは、2017年に施行予定の法律で、従業員が500人を超える企業に、賃金平等のための措置と成果を公表するよう義務づけることになっている。英国でも2017年4月から、企業に男女の従業員間の賃金格差について報告することを義務づけた。スウェーデンの場合、賃金格差分析に関する法的枠組みが、賃金の透明性を向上させるために2016年に修正され、すべての雇用主は賃金格差分析を毎年実施しなければならず、従業員数10人以上の企業は分析結果を文書化して、公表しなければならない。

オーストリアは2011年に賃金の透明化に関する規定を制定して、2015年にこうした措置の実施について評価を行った。企業には、雇用時の賃金の透明性を向上させるために、賃金を報告して求人の際には最低賃金を提示することが義務づけられている。

新しい戦略としては賃金格差の計算ツールの導入があり、こうした計算ツールは多くの場合、インターネット上で誰でも利用できる。ほかに、男女同一賃金に関するベストプラクティスを示している企業への認証制度もある。所定の仕事、部門、地域に関して受け取るべき給与について、従業員の理解の改善に役立つ賃金計算ツールをチェコは提供しており、ギリシャは開発中である。スペインはジェンダーの視点で職位を評価するために、男女賃金格差を自己診断するツールとソフトウェアを開発し、企業が利用できるようにした。コスタリカ、メキシコ、ラトビアでは、男女賃金格差の縮小（たとえば、差別の削減、職場の多様性の向上など）への取り組みを示している企業への認証または表彰を導入している。アイスランドは「同一賃金スタンダード（Equal Pay Standard）」という認証制度を試験的に実施している。イスラエル、リトアニア、スロベニア、スウェーデンなどの一部の国では、賃金格差の削減を目的として差別禁止法を強化し、5か国が国民、従業員、雇用者のいずれかまたは複数を対象に、男女賃金格差に関する意識向上キャンペーンを実施したと報告している（2016年のジェンダー平等に関するOECD質問票）。オーストラリア、フランス、アイスランド、オランダ、ポルトガルなどは、男女賃金格差に関する調査を委託している。

2012年に制定された職場における男女平等法に従って、オーストラリアは男女平等賃金に対する包括的アプローチを開発した。公共部門以外の従業員数100人以上の全雇用主に対して、管理職と管理職以外の男女別給与データと職場の情報、給与方針または計画（そうした方針や計画に含まれる男女平等賃金に関する目標を含む）、何らかの男女賃金格差分析の実施の有無（実施している場合は時期）、男女賃金格差分析の結果として実施した行動があればその行動を、職場における男女平等局（Workplace Gender Equality Agency, WGEA）に報告することを義務化した。2015～2016年に施行された追加報告要件では、男女別、雇用形態別に、また管理職かそれ以外かに分けて、昇進させた従業員の人数と割合についてデータを提出するよう雇用主に義務づけている。WGEAは総合的なウェブサイトを開設して、報告要件に関する手引き、男女賃金格差計算ツールを提供しており、各組織がさまざまな形態の男女賃金格差の原因を特定し、分析するのに役立てようとしている（WGEA, 2017）。

　公共部門では、一部のOECD加盟国が最近、男女賃金格差を是正するための特別措置の実施に取り組み始めた。たとえば、カナダ政府は2016年10月、連邦政府機関および連邦政府によって規制される民間部門における「積極的賃金平等（Proactive Pay Equity）」に向けた立法改革への着手を決定した。その基本理念には、雇用主によるそれぞれの賃金慣行の見直し、男女間での賃金差別の可能性の明確化と賃金の適宜の調整、計画の長期的な管理などがある。英国政府は2016年、男女賃金格差報告の実施を、職員数250人以上の公共機関の必須要件に含める意向を発表した。ポルトガルは3年ごとに男性と比較した女性の給与についての報告と、賃金格差を是正する職場計画の作成を国営企業に義務づけることで、国営企業における同一賃金を促進している。

　そうした措置が男女賃金格差を削減しているかどうかを判断するのは時期尚早であるが、それらは賃金格差に対する注目を集めている。そうした取り組みは、企業が評判を気にし、（過剰な超過労働時間などにではなく）生産性に合わせた適正な賃金に効率的に支出したいと考える誘因になる。こうした賃金の平等に関する措置については、厳格に評価することが望まれる。

主な政策提言

- 賃金の透明化に関する措置は、賃金格差に光を当てる有望なツールであるが、こうした措置は比較的新しく、結果について十分な評価が行われていない。賃金の透明化に関する政策の効果については慎重に調査する必要があり、評価計画をプログラムの設計に含めるべきである。

- 労働時間は、時給に見られる男女賃金格差にほとんど影響を及ぼさないが、パートタイム就業者の割合が高い国では、月収または年収の男女賃金格差が自動的に非常に大きくなる。各国は女性が育児・介護を理由としてパートタイム勤務に変更した場合、フルタイム勤務に復帰できるようにすべきである。

- 労働者と職業の属性を明確にした後でも、1か月当たりでも1時間当たりでも、男女の賃金格差の大部分が説明できないまま残っている。格差の説明できない部分を引き起こしている要因を個別に特定するのは不可能であるが、こうした要因には、労働市場での採用、昇進、機会における差別が含まれると考えられる。法規定と国民意識の向上を適切に組み合わせることが、今なお残る女性への差別に取り組む際に重要である。透明化に関する法令と、雇用に関する企業のベストプラクティス（公正な求人広告、求職者を公平にテストするための質問項目を固定した構造化インタビュー、偏見のないキャリア開発のための人材管理など）の促進を併せて利用することが、OECD加盟国で男女賃金格差をさらに縮小するために不可欠である。

第 12 章

参考文献・資料

AHRC（2014）, "Supporting Working Parents: Pregnancy and Return to Work National Review – Report. 2014", Australian Human Rights Commission, http://www.humanrights.gov.au/sites/default/files/document/publication/SWP_Report_2014.pdf.

Bielby, W. and J. Baron（1986）, "Men and Women at Work: Sex Segregation and Statistical Discrimination", *American Journal of Sociology*, pp. 759-799.

Budig, M. and M. Hodges（2010）, "Differences in Disadvantage Variation in the Motherhood Penalty Across White Women's Earnings Distribution", *American Sociological Review*, Vol. 75, No. 5, pp. 705-728.

Budig, M. and P. England（2001）, "The Wage Penalty for Motherhood", *American Sociological Review*, pp. 204-225.

Chiappori, P., M. Iyigun and Y. Weiss（2009）, "Investment in Schooling and the Marriage Market", *American Economic Review*, Vol. 99, No. 5, pp. 1689-1713.

Correll, S. and S. Benard（2007）, "Getting a Job: Is There a Motherhood Penalty?", *American Journal of Sociology*, Vol. 112, No. 5, pp. 1297-1339.

Goldin, C.（2014）, "A Grand Gender Convergence: Its Last Chapter", *American Economic Review*, Vol. 104, No. 4, pp. 1091-1119.

Gough, M. and M. Noonan（2013）, "A Review of the Motherhood Wage Penalty in the United States", *Sociology Compass*, Vol. 7, No. 4, pp. 328-342.

Greenwood, J. *et al.*（2016）, "Technology and the Changing Family: A Unified Model of Marriage, Divorce, Educational Attainment, and Married Female Labor-force Participation", *American Economic Journal: Macroeconomics*, Vol. 8, No. 1, pp. 1-41.

Jacquemet, N. and J. Robin（2012）, "Assortative Matching and Search with Labor Supply and Home Production", Centre for Microdata Methods and Practice, Institute for Fiscal Studies.

Miller, A.（2011）, "The Effects of Motherhood Timing on Career Path", *Journal of Population Economics*, Vol. 24, No. 3, pp. 1071-1100.

Moyser, M.（2017）, "Women and Paid Work", Statistics Canada, March, available online at: http://www.statcan.gc.ca/pub/89-503-x/2015001/article/14694-eng.htm.

OECD（2016）, *OECD Employment Outlook 2016*, OECD Publishing, Paris, http://dx.doi.org/10.1787/empl_outlook-2016-en.

OECD（2012）, *Closing the Gender Gap: Act Now*, OECD Publishing, Paris, http://dx.doi.org/10.1787/9789264179370-en.（『OECD ジェンダー白書：今こそ男女格差解消に向けた取り組みを！』OECD 編著、濱田久美子訳、明石書店、2014 年）

OECD（2008）, *OECD Employment Outlook 2008*, OECD Publishing, Paris, http://dx.doi.org/10.1787/empl_outlook-2008-en.

Weichselbaumer, D.（2003）, "Sexual Orientation Discrimination in Hiring", *Labour Economics*, Vol. 10, No. 6, pp. 629-642.

WGEA (2017), "The Workplace Gender Equality Agency Homepage", https://www.wgea.gov.au/, Workplace Gender Equality Agency, Australian Government.

データベース

OECD雇用データベース（OECD Employment Database）

http://www.oecd.org/employment/emp/onlineoecdemploymentdatabase.htm

■ 第13章 ■

女性のキャリアパスと所得流動性を妨げる障壁

主な研究結果

- 女性の就業期間は男性と比較して3分の1短く、パートタイムで働く傾向がはるかに強い。賃金上昇の男女格差の大部分は40歳になるまでに発生するが、それは女性がキャリアの早い段階で労働市場において多数の機会を逃すためである。

- 出産は女性のキャリアにとって大きな局面となる。出産前後に労働市場から退出することで、女性の労働参加と所得に長期的な影響が生じる可能性がある。また出産は多数の国で、しばしば相対的に大きな所得の脆弱性を女性にもたらす。

- 女性は職を失っても、男性の場合よりも喪失する世帯所得の割合が小さい。女性の方が低所得であることと、パートナーの所得が緩衝材の役割を果たすことが、その理由である。

- 離婚または離別後、女性は男性よりも大きな所得の喪失に直面しやすい。それまでパートナーが提供していた所得を失うこと、仕事と育児の両立の困難さが（潜在的に）増すこと、納税金額と給付金の変化により、法律上・事実上の夫婦関係の解消後に大幅な所得の減少につながる恐れがある。

第13章

　女子と女性の教育における大きな進展（第7章）や労働市場に参入する女性の大幅な増加（第11章）、数十年に及ぶ差別禁止法の発展にもかかわらず、男女賃金格差はOECD加盟国に残存している（第12章）。その観察される格差の少なくとも一部は、たびたびのキャリアの中断が原因になっており、人生とキャリアに関係する出来事が、男性にはほとんど影響しない形で、女性の所得流動性（income mobility）と所得プロファイルに影響を及ぼしているのである。

女性は男性よりも就業期間が短く、機会が少ない

　女性は男性よりも就業期間が平均して3分の1短く、パートタイムで就労する割合もずっと高い（OECD, 2018, forthcoming）。国と年齢によって大きな差はあるが、女性は概して男性よりも流動性がやや低い。OECD加盟国平均で、毎年、生産年齢人口の16％が就労状況の変更を経験している。そうした人々は雇用主を変え、労働時間を（フルタイムからパートタイムに、またはその逆に）変更し、職を失い、新たな職に就き、失業し無職になり、無職の期間を経て労働市場に再参入するなどしている。国による差異は大きく、雇用の流動性は生産年齢人口の12％以下であるイタリア、フランス、ギリシャ、アイルランド、ポルトガルから、25％を超えるフィンランド、スウェーデン、アイスランドのまでの幅がある。

　労働市場での移動に関する男女差は比較的小さく、平均して0.5パーセントポイント未満である。しかし、女性は労働市場で概して男性と同数の移動をするものの、移動の性質が異なっている。女性の方が失業、転職、契約形態の変更を経験することが少ない。ほとんどすべての国で、女性は男性よりも労働時間を変更することが多く、労働市場に参入・退出する割合も高い。年齢による労働市場での移動パターンは男性と女性で異なり、それが男女賃金格差の部分的な説明になりうる。なぜなら、女性の方が、1）若いときに安定した仕事に就き、2）壮年期に（労働市場への参入・退出により）就労状況を変更することが多く、3）55歳を超えてから職業上の変更を経験することが少ないからである。キャリアの初期段階での労働市場における移動（仕事、雇用主、または契約形態の変更）を経験しないことが、女性のキャリアを大きく決定づける。キャリアの重要な時期における仕事上の移動が、賃金上昇に最大の影響を与え、適切な仕事に就くのに寄与する。40歳になるまでに男女賃金格差の大部分が生じているため、こうした機会の喪失が女性にとって不利に働く（第12章）。

女性はキャリアの始め方が異なる

　男性と女性とではキャリアの始め方が異なる（図13.1）。すべてのOECD加盟国で、女性は概して男性よりも親元から離れるのが早く、また結婚生活を始めるのも早い。男性よりも若いう

図13.1　キャリア開始時の大きなライフイベント

25～29歳（パネルDのみ20～24歳）の割合、2015年またはデータのある最新年[a]

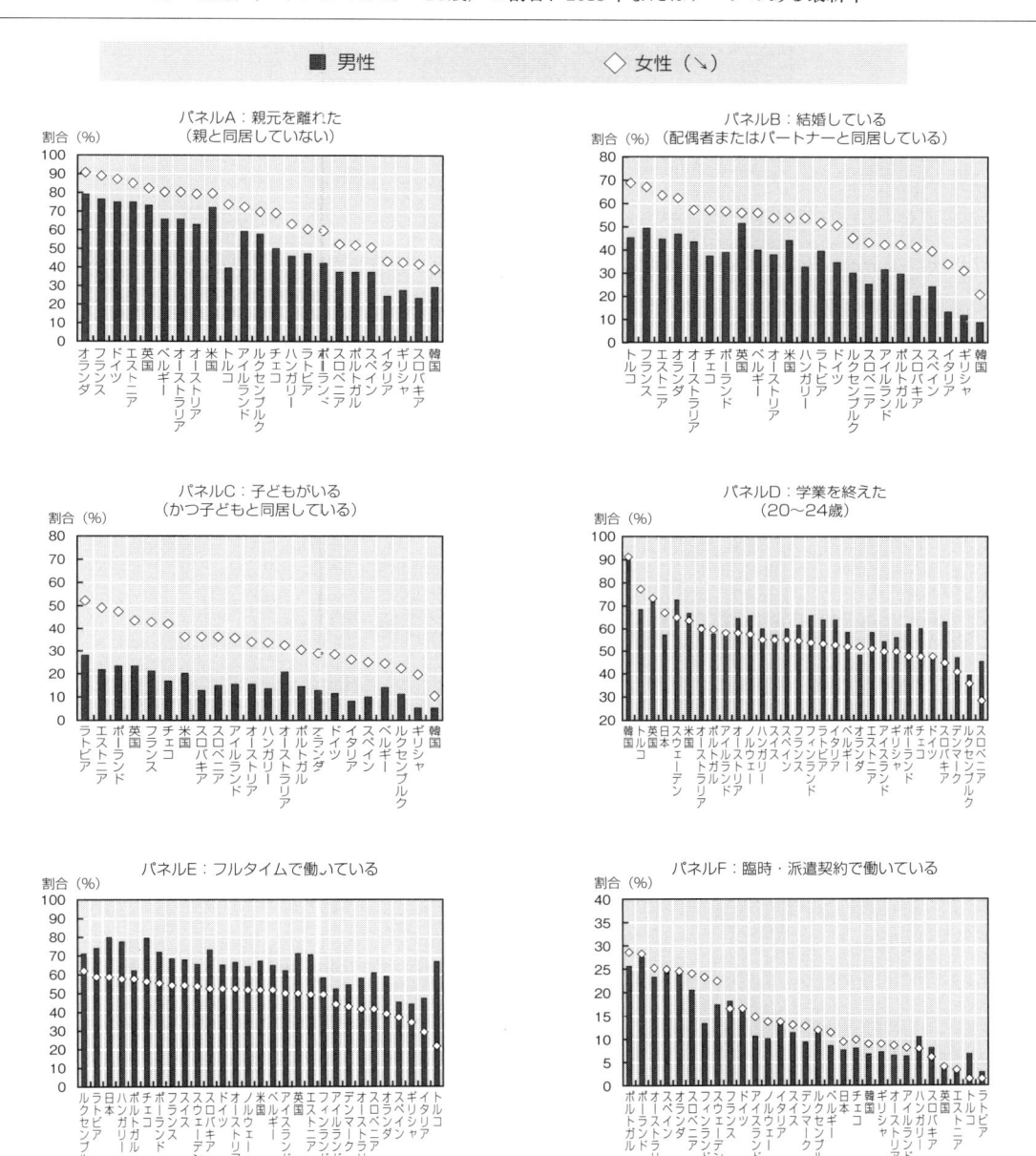

注：いずれのパネルも、左から順に、所定の指標における女性の割合の高い国。

a）日本は2012年、トルコは2013年、オーストラリアと韓国は2014年のデータ。

資料：OECD事務局算定。データ源は、EU諸国、アイスランド、ノルウェー、スイスに関しては欧州連合労働力調査（European Union Labour Force Survey, EU-LFS）、オーストラリアに関してはオーストラリア世帯・所得・労働力動態調査（Household, Income and Labour Dynamics Survey, HILDA）、韓国に関しては韓国労働・所得パネル調査（Korean Labor and Income Panel Study, KLIPS）、トルコに関してはトルコ世帯労働力調査（Turkish Household Labour Force Survey, LFS）、米国に関しては米国人口動態調査（United States Current Population Survey, CPS）ベーシック・ファイルズ。日本に関しては日本の労働力調査に基づき R. Kambayashi が提供したデータ。

StatLink : http://dx.doi.org/10.1787/888933574760

第13章

ちに子どもを持ち、子どもと過ごすことが多い。また、臨時の仕事によって労働市場に参入する割合が男性よりも高い。日本、ポルトガル、オランダ、トルコを除く全OECD加盟国で、女性は男性よりも長く学業を続けるため、労働市場に参入するのが遅い。欧州大陸・南欧諸国と韓国では、若年成人は相対的に長く学業を続けてから就職する。オーストラリア、デンマーク、フィンランド、ドイツ、アイスランド、オランダ、ノルウェー、スイスなど他の国では比較的早く有償労働に就くが、それには職業訓練と教育を並行して行う二元的アプローチ（見習い訓練など）が、教育と職業の橋渡しに重要な役割を担っている（付録13.A1の図13.A1.1）。興味深いことに、北欧諸国と英国では、キャリアの最も早い段階でのこの二元的アプローチは若年女性の間でより一般的であり、フィンランドと英国では、二重の活動（教育と労働）を継続することは、女性のキャリアの非常に遅い段階でもよく見られる（図13.A1.1）。女性と男性は労働市場への参入の仕方が異なり、その後のキャリアの進展に影響を与える。オーストラリア、フィンランド、スウェーデン、オランダ、ルクセンブルクでは、女性の方が臨時の仕事でキャリアを始める割合がずっと高い（図13.1）。

出産は女性の労働市場での活動の転換点である

　出産は女性にとって労働市場での活動パターンの大きな中断点となることが多い。多数の国で、子どものいない男性と女性の場合、両者の労働市場での活動はかなり類似しているが、いったん女性が母親になり、男性が父親になると、大きな差が現れる傾向にある（OECD, 2016）。なかでも女性は、特に子どもが幼い間、また子どもが大きくなっても、親になることで新たに生じた責務に合わせて有償労働を調整する傾向にあるが、母親であることが女性の労働市場での活動にどの程度の影響を与えるのかは、国によって大きな差がある（OECD, 2016）。

　就業している母親のほとんど全員が、出産の直前と出産後の数週間または数か月間、休暇を取るが、この休暇の後、国による育児休暇支援と育児制度の相違が、労働市場での活動に異なる影響を与える（OECD, 2016）。ポルトガルやオランダなど一部の国では、母親は数か月間の有給休暇の後、有償労働に復帰することが多く（OECD, 2007; Wall and Escobedo, 2013）、他の多くの国では、実際に就労している母親の割合が元に戻るのは、子どもが就学前教育に入る3歳頃、または初等教育に入る6歳頃である（OECD, 2016）。同年齢の子どもを持つ男女間の参加率の差で測定すると、出産による女性の労働市場からの撤退は、非常に一般的で長期間（約3年以上）（オーストラリア、オーストリア、チェコ、スロバキア、英国など）、一般的ではあるが比較的短期間（1年以下）（デンマーク、アイスランド、ラトビア、ルクセンブルクなど）、あまり一般的ではないが非常に長期間（約5年以上）（ベルギー、フランス、ギリシャ、アイルランド、イタリア、韓国、ポーランドなどでときおり見られる）になる場合がある（OECD, 2018）。

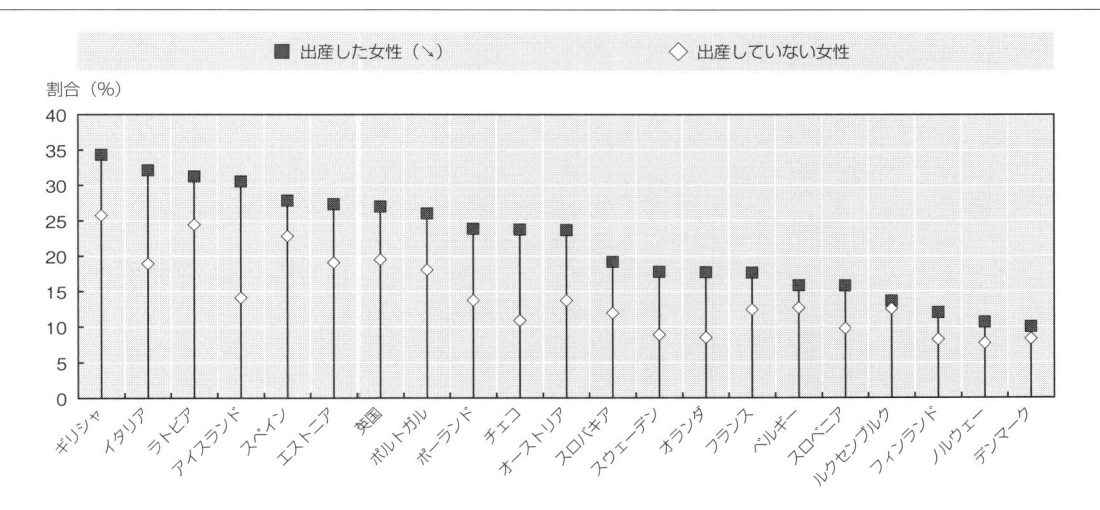

図13.2　出産は世帯所得に大きなマイナス影響を引き起こす

世帯可処分所得に前年比20％以上の減少を経験した女性の割合、出産の有無別、2007～2013年

注：生産年齢人口。等価世帯所得（実質）。前年比のデータは各国とも2007年から2013年までプールした。子どもの誕生によって世帯所得が変動する理由として、次の2つが考えられる。1）総家計所得は、母親の労働市場からの撤退、母親の労働供給の変化、父親の労働供給の変化、雇用主の変更、契約の変更、子どもの誕生による新たな給付金または税額控除によって、変動する可能性がある。2）世帯の人数（n）が増加すると、等価世帯所得の総額は世帯可処分所得の総額に変化がない場合でも自動的に減少する（子どもの誕生前は可処分所得をnの平方根で除すだけであったが、誕生後はn+1の平方根で除すことになる）。

資料：OECD事務局算定。データ源は、欧州連合所得・生活状況統計調査（European Union Statistics on Income and Living Conditions, EU-SILC）。

StatLink : http://dx.doi.org/10.1787/888933574779

　出産を契機とした有償労働からの撤退は、所得に重大な影響を及ぼす恐れがある。多くの国で、出産を経験した女性は、出産を経験していない女性よりも、前年と比較して所得が大幅に減少する割合がはるかに高い（図13.2）。実のところ、チェコ、アイスランド、オランダ、スウェーデンでは、子どもが生まれると、女性は前年比で世帯可処分所得の20％以上の減少を経験する割合が約2倍になる。出産した女性としていない女性で、所得の大幅な減少を経験する割合がほぼ等しいのはルクセンブルクであり、次に差が小さいのはデンマークである。

失業の経済的影響を和らげるのは貯蓄である

　労働市場と育児において果たす役割が異なるため、男性と女性は失業などの出来事によって受ける影響が異なる傾向にある。女性が職を失った場合、男性の場合よりも失う世帯所得が小さい（図13.3）。その理由としては女性の方が低所得であることのほかに、パートナーの収入が果たす緩衝材の役割も挙げられる。平均すると男性は女性よりも賃金が高い傾向にあるため、男性パートナーが失業すると、家計から失われる所得が概して大きくなる。たとえば、オランダでは扶養する子どものいる女性の75％がパートタイムで働いており、パートナーのいる失業した女性のうち、所得の大幅な喪失（20％以上の減少）を経験したのは約15％のみであっ

第13章

図13.3　世帯所得の減少幅は女性が失業した場合の方が小さい

最近失業した人で世帯可処分所得において前年比20％以上の減少を経験した者の割合、
パートナー（法律上・事実上の配偶者）と同居している個人、男女別、2010〜2013年

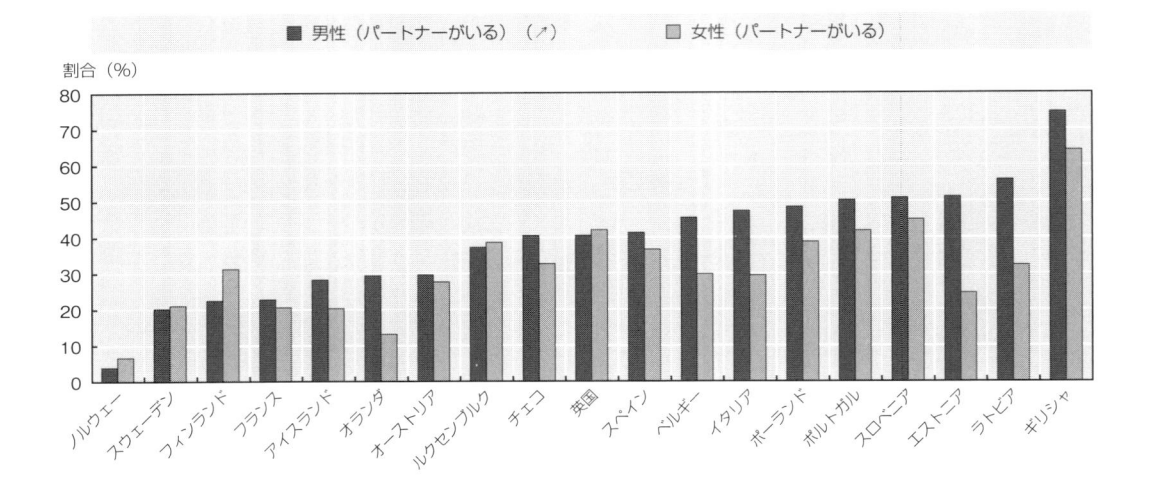

注：生産年齢人口。等価世帯所得（実質）。前年比のデータは各国とも2007年から2013年までプールした。
資料：OECD事務局算定。データ源は、欧州連合所得・生活状況統計調査（European Union Statistics on Income and Living Conditions, EU-SILC）。

StatLink：http://dx.doi.org/10.1787/888933574798

た。パートナーのいる失業した男性の場合、この数値は約2倍になる。女性の労働参加率が高い――または男女賃金格差が小さい――国では、両方の数値はもっと等しいものになりやすい。

キャリアの中断は年金受給額の男女格差につながる

　キャリアの中断や労働力からの早期撤退は、女性の年金受給額にも影響を与える。男性と比較して就業期間が短く、キャリアや賃金に制約があることが、平均すると女性の年金受給額が男性よりも低い原因の一部になっている。図13.4を見ると、2013〜2014年の年金受給者の間で、男女の年金格差が10％を下回っているのはエストニア、デンマーク、スロバキアだけであることがわかる。他のほとんどの国では、男女の年金格差は10〜40％であり、ドイツとオランダでは45％に迫っている。図13.4が示す男女の年金格差は年金受給者のみのデータであるため、過去数十年間の就業行動と生活行動が反映されている。高齢世代の女性は今日の働く女性よりも、早くに子どもをもうけることが多く、有償労働に従事する期間も一般的に短かった。さらに最近まで、OECD加盟国の多くの年金制度において、女性の年金受給開始年齢は男性のそれよりも低かった。年金改革によって、今後の年金受給開始年齢はチリ、ポーランド、イスラエル、スイスを除くすべてのOECD加盟国で、男女とも等しくなると予測される（OECD, 2015）。

図13.4　大きな年金格差はほとんどの国で見られる

男女の年金格差、65歳以上、2014年またはデータのある最新年[a]

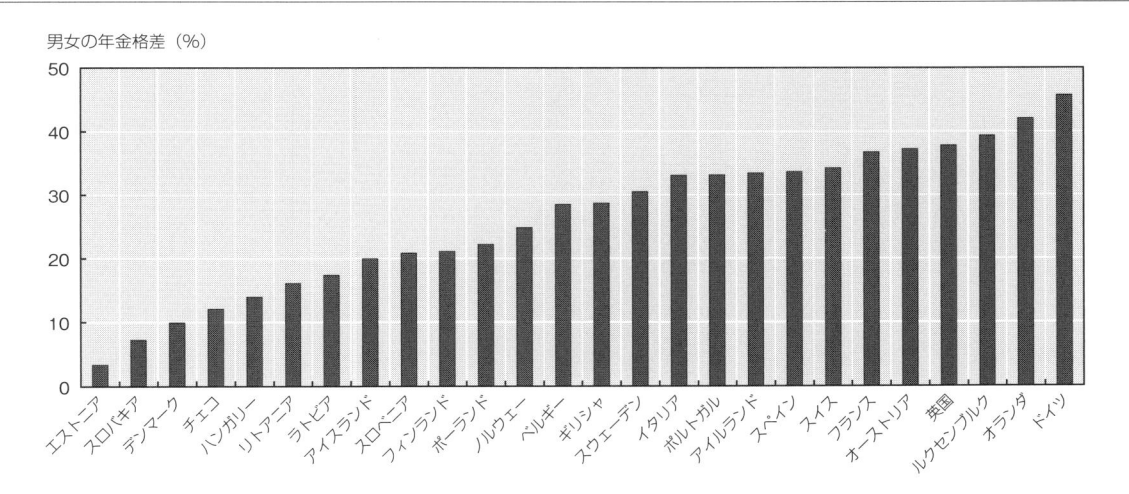

注：男女の年金格差は（1 −（女性の平均年金受給額／男性の平均年金受給額））＊100と定義。「年金」には公的年金、企業年金、遺族年金、障害年金を含む。男女の年金格差は65歳以上人口のみを対象に算出。

a）オーストリア、デンマーク、ギリシャ、フィンランド、ハンガリー、アイスランド、ラトビア、オランダ、ノルウェー、スロベニア、スペインは2013年のデータ。

資料：OECD事務局算定。データ源は、ドイツ以外の国についてはすべて欧州連合所得・生活状況統計調査（European Union Statistics on Income and Living Conditions, EU-SILC）。ドイツに関してはEU-SILCに基づき欧州委員会が算定。

StatLink : http://dx.doi.org/10.1787/888933574817

　こうした改革や就業率の男女差の縮小にもかかわらず、女性が低賃金の職種や職業、パートタイム就業に多数を占めている限り（これらはドイツとオランダでの大きな年金格差の原因である）、男女の年金格差は労働市場での男女不平等がもたらす深刻な結果として残り続けるだろう。

主な政策提言

● 政策では一生を視野に入れたアプローチをとり、女性の生涯のさまざまな段階に存在する多様な障壁を考慮しなければならない。女性はしばしばキャリアの初期段階で、重要な影響を持つ労働市場での移動の機会を失うが、それはこの時期が家庭に子どもが誕生する時期と重なるためである。政策では雇用を促進し、育児と両立させても働くことが経済的に魅力あるものにする措置をとることで、労働市場での移動の機会の喪失を抑えることができる。育児支援と学校時間外保育、就労付加給付と父親の育児休暇取得を促す政策（第16〜18章）は、労働参加率の男女差の削減に有効であろう。

● 出産は女性のキャリアにとって大きな意味を持ち、労働力への参加だけでなく現在の所得

第13章

にも影響を与える可能性がある。有給育児休暇、保育支援、その他の就労付加給付など、税と給付の制度内での経済的支援が、この時期に起こる所得への打撃を吸収するのに役立つだろう。

● 平等な年金受給を妨げる主な障壁は、女性の就労パターンと所得パターンにある。しかし、年金制度は、女性の退職時に出産に伴うキャリアの中断を補填することで年金格差の縮小を促し、男女の年金受給開始年齢を同一にし、最低受給額を定めて老後の貧困リスクを抑えることができる。

参考文献・資料

Bonnet C., A. Solaz, E. Algava (2010), "Les changements professionnels en France autour de la séparation conjugale", *Population*, 2/2010, Vol. 65, pp. 273-308.

De Vaus, D. *et al.* (2014), "The Economic Consequences of Divorce in Australia", *International Journal of Law, Policy and the Family*, Vol. 28, No. 1, pp. 1-22.

OECD (2018), "Expanding Career Opportunities for Women", *OECD Employment Outlook 2018*, OECD Publishing, Paris, forthcoming.

OECD (2016), "Walking the Tightrope: Background Brief on Parents' Work-life Balance Across the Stages of Childhood", OECD, Paris, http://www.oecd.org/social/family/Background-brief-parents-work-life-balancestages-childhood.pdf.

OECD (2007), *Babies and Bosses – Reconciling Work and Family Life: A Synthesis of Findings for OECD Countries*, OECD Publishing Paris, http://dx.doi.org/10.1787/9789264032477-en. (『国際比較：仕事と家族生活の両立：OECDベイビー＆ボス総合報告書』OECD編著、高木郁朗監訳、熊倉瑞恵, 関谷みのぶ, 永由裕美訳、明石書店、2009年)

Wall, K. and A. Escobedo (2013), "Parental Leave Policies, Gender Equity and Family Well-Being in Europe: A Comparative Perspective", in A.M. Minguez (ed.), *Family Well-being: European Perspectives*, Social Indicators Research Series, Vol. 49, Springer Science & Business Media, the Netherlands.

付録13.A1

女性の一生における活動状況の詳細

図13.A1.1［1/2］　詳細な活動状況別の女性の割合（%）、年齢5歳階級別、
2015年またはデータのある最新年

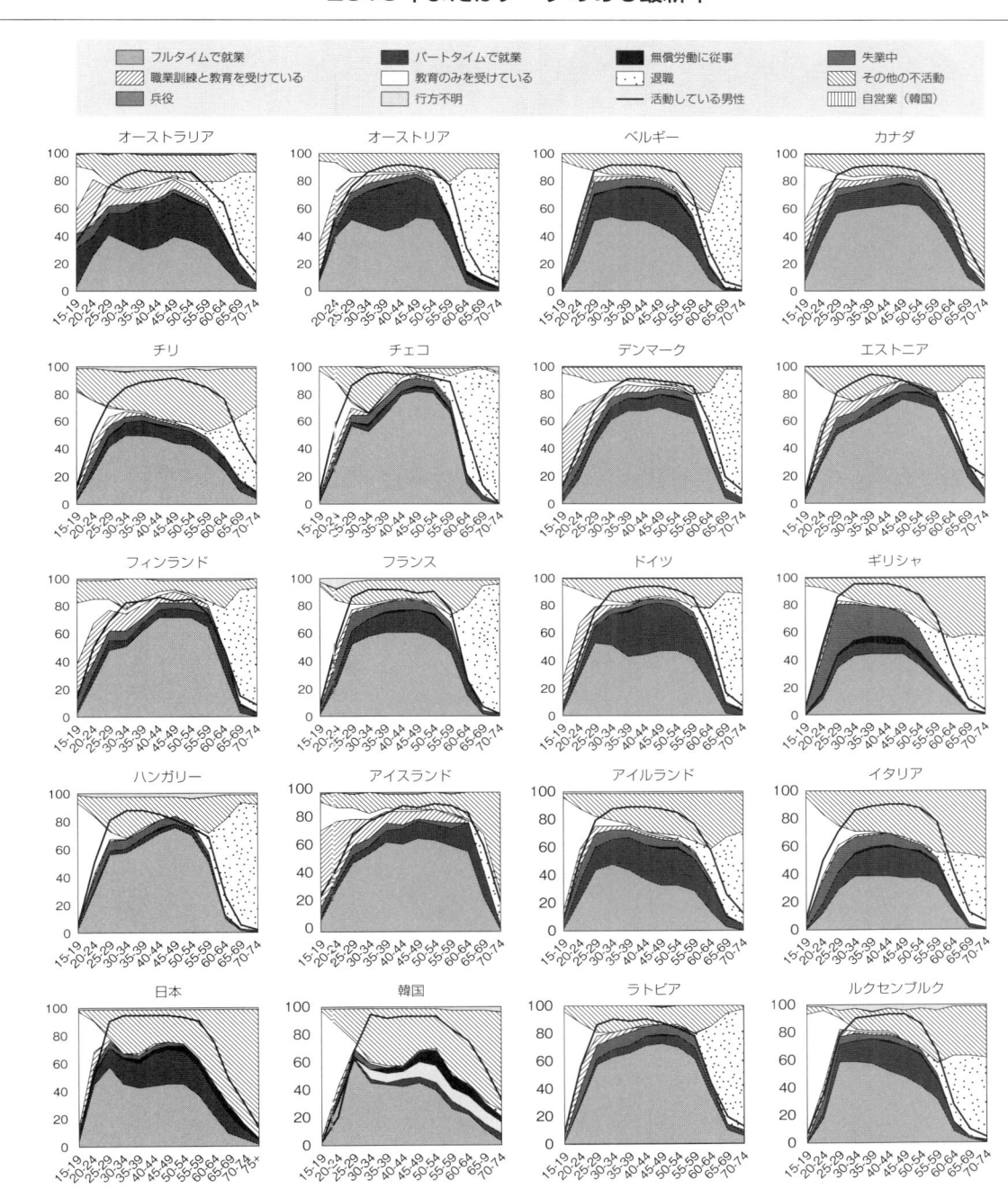

図 13.A1.1 ［2/2］　詳細な活動状況別の女性の割合（%）、年齢５歳階級別、2015年またはデータのある最新年[a]

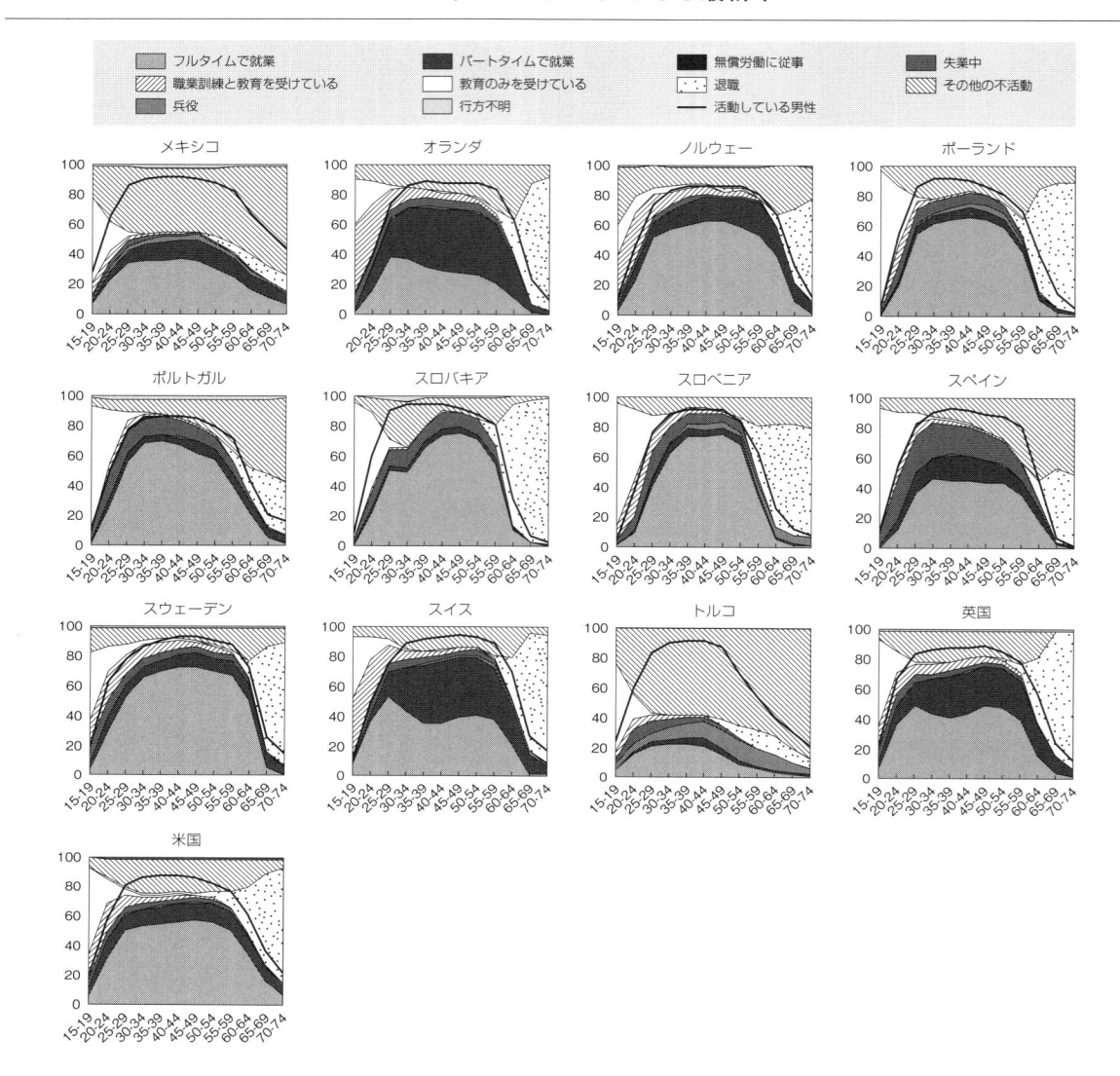

凡例：
- フルタイムで就業
- 職業訓練と教育を受けている
- 兵役
- パートタイムで就業
- 教育のみを受けている
- 行方不明
- 無償労働に従事
- 退職
- 失業中
- その他の不活動
- 活動している男性

注：実線が示すのは活動している男性の割合。「活動している」には、「フルタイムで就業」「パートタイムで就業」「無償労働に従事」「失業中」のカテゴリーが含まれる。この活動している男性の割合は、男女の労働市場への参入方法を明らかにするのに役立つ「職業訓練と教育を受けている」というカテゴリーの相違により、公表されている数値と異なる場合がある。ここで提示した活動の割合は、実際には「教育修了者の活動の割合」のことである。「パートタイム」とは１週当たりの労働時間が30時間未満の労働をいう。韓国に関して労働時間に関するデータは被雇用者のみのものであるため、自営業を別のカテゴリーとして表示している。カナダと日本に関して、「退職」は「その他の不活動」に含まれる。日本に関して、無償労働のカテゴリーは実際には「家庭内労働者」のことである。

a）イスラエルは2011年、日本は2012年、チリとトルコは2013年、オーストラリアと韓国は2014年のデータ。

資料：OECD事務局算定。データ源は、EU諸国、アイスランド、ノルウェー、スイスに関しては欧州連合労働力調査（European Union Labour Force Survey, EU-LFS）、オーストラリアに関してはオーストラリア世帯・所得・労働力動態調査（Household, Income and Labour Dynamics Survey, HILDA）、カナダに関してはカナダ労働力調査（Canadian Labour Force Survey, LFS）、チリに関してはチリ全国社会経済特徴調査（Encuesta de Caracterización Socioeconómica Nacional, CASEN）、イスラエルに関してはイスラエル労働力調査（Israeli Labour Force Survey, LFS）、韓国に関しては韓国労働・所得パネル調査（Korean Labor and Income Panel Study, KLIPS）、メキシコに関しては全国職業雇用調査（Encuesta Nacional de Ocupación y Empleo, ENOE）、トルコに関してはトルコ世帯労働力調査（Turkish Household Labour Force Survey, LFS）、米国に関しては米国人口動態調査（United States Current Population Survey, CPS）ベーシック・ファイルズ。日本に関しては日本の労働力調査に基づき R. Kambayashi が提供したデータ。

StatLink : http://dx.doi.org/10.1787/888933574836

ガラスの天井はまだ破られていない

主な研究結果

- 上場企業の上層部におけるジェンダーバランスの実現は、まだ遠い目標のままである。2016年、OECD加盟国全体で取締役に占める女性の割合は20％であり、2013年の16.8％からわずかに上昇した。平均すると2016年では最高経営責任者（CEO）に占める女性の割合は4.8％であり、2013年の2.4％から倍増した。

- 2016年、女性は下院または一院制議会で議席の28.7％を占めており、2013年の27.5％から微増した。大臣の任命に関して、クオータ制が法制化されたOECD加盟国はまだない。平均すると男性は閣僚の70％強を占め、女性は29.3％である。司法分野では、裁判官の任命においてジェンダーパリティが実現しており、OECD加盟国全体で裁判官の54.7％が女性である。しかし、女性裁判官の割合は下級裁判所では高いが、上級の裁判所になるにつれて低下する。

- 各国はさまざまな措置を採用して、取締役会と管理職におけるジェンダーバランスを推進してきた。2016年現在、OECD加盟9か国が、上場企業と国営企業の両方またはどちらかの取締役会にジェンダー割当制度を導入している。他の国は法的拘束力のないアプローチをとっており、その中には自発的目標やコーポレート・ガバナンス・コード、情報公開規則などがある。

- 女性のキャリア全体を通した構造的・制度的支援の欠如が、女性の上級職への昇進を妨げる深刻な障壁であることが明らかになっている。他の障壁には、社会・文化規範、指導層からの不十分な支援、女性に不利に働く女性の行動に関する思い込み、職業上の人脈不足のほかに、説明責任と適切なモニタリング制度の欠如がある。

2013年から2016年にかけてトップにおける女性の代表性は向上した

公共部門と民間部門における男女格差の解消は、公平性の問題であるとともに効果的なガバナンスの問題でもある。しかし、企業や行政機関で働く女性が増えたからといって、指導的地位に就く女性が増えているわけではない。全体として見ると、改善の歩みの鈍さから、まだ解決されずに残っている厄介な問題が浮き彫りになる。進捗は国や部門、機関によって度合いが異なり、現在の男女格差の縮小を明確な目的として設計された積極的是正措置によって引き起こされることが多い。

企業レベルでは、上場企業の取締役会に占める女性の割合は、改善したものの上昇幅は小さく、幹部のジェンダーバランスの実現はまだ遠い目標である。進捗状況の差をもたらす要因にはさまざまなものがあり、一部のOECD加盟国で見られる政策の欠如、政策が存在する場合でもその導入と強化を阻む障壁、企業レベルでの凝り固まった社会規範などがある。

公共部門の場合、政党の文化や投票慣行が、政策立案と指導的地位への女性のアクセスに影響している。実のところ、国家機関全体での文化と慣行——なかでも採用、任命、昇進における文化と慣行——は、どれだけの女性がトップにたどり着くかを左右する（OECD, 2015a）。

2016年、OECD加盟国全体で、上場企業の取締役会に占める女性の割合は20％であり、2013年の16.8％からわずかに上昇した。また、ジェンダー平等に関するOECD質問票（GEQ）への各国の回答から、最高経営責任者（CEO）に占める女性の割合は2016年では4.8％であり、2013年の2.4％から倍増していることが判明した。オーストラリア、ベルギー、フランス、イタリア、ポーランド、スウェーデンでは、ジェンダーバランスの取れた取締役会の実現に向けて最大の進捗が見られ、ハンガリー、アイルランド、ルクセンブルク、オーストラリアでは女性のCEOが増加した。OECD加盟国の80％で、上場企業の取締役会に占める女性の割合は、2013年から2016年の間に上昇した。しかし、改善の程度はこれまでのところ大幅ではなく控えめであった。ベルギー、イタリア、スウェーデンのみで10パーセントポイント以上上昇した。ベルギーとイタリアには、上場企業が取締役会に占める女性の割合を33％に引き上げるためのクオータ制が存在しており、それが増加に寄与したひとつの要因と考えられる。一方、スウェーデンの場合、コーポレート・ガバナンス・コードに「両方の性別が同数になることを目標とすること」という自発的な規定が設けられている。

立法機関におけるジェンダーバランスに関して、どのOECD加盟国でも女性はまだ男性と同数に達していない。下院または一院制の議会に占める女性議員の割合の平均は、2002年には20.6％、2013年には27.5％、2016年には28.7％であった。下院または一院制の議会における女性の代表性は一部のOECD加盟国——英国、メキシコ、ポルトガル、スペインなど——で向上しており、フィンランド、ギリシャ、デンマークなどでは後退している（IPU, 2016）。

図14.1　企業の取締役会に占める女性の代表性は徐々に拡大している

上場企業の取締役会に占める女性の割合、2013年・2016年またはデータのある最新年[a]

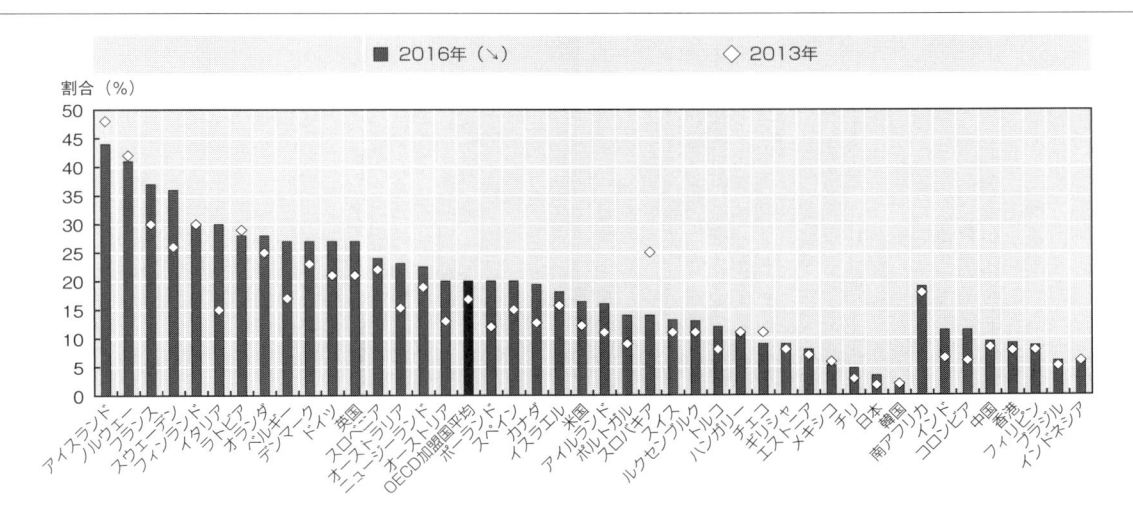

注：EU諸国、アイスランド、ノルウェー、トルコは、それぞれの国で優良株指数を構成し、それぞれの国で登記されている最大企業50社の取締役会に占める女性の割合に関するデータ。「取締役員」とは企業の最高意思決定機関（一層制の企業の場合の取締役会、二層制の企業の場合の監査役会など）の全構成員を指す。Lee *et al.* (2015) に基づくデータのある国に関して、モルガン・スタンレー・キャピタル・インターナショナル（MSCI）による「グローバル・ディレクター・レファレンス・ユニバース（global director reference universe）」構成企業の取締役会に占める女性の割合に関するデータであり、サンプルはオール・カントリー・ワールド指数（MSCI ACWI）、ワールド指数、EAFE指数、新興市場指数を構成する全4,218社のグローバル企業に、先進国市場の大型株・中型株企業1,700社（そのうちの900社は米国で法人化したか主に取引を行っている）を加えたもの。

a）オーストラリア、カナダ、チリ、イスラエル、日本、韓国、メキシコ、ニュージーランド、スイス、米国、ブラジル、中国、コロンビア、インド、インドネシア、南アフリカに関しては、2010年、2013年、2016年のデータはそれぞれ2010年第4四半期、2013年第1四半期、2015年第3四半期のもの。EU諸国、アイスランド、ノルウェー、トルコに関しては、2010年、2013年、2016年のデータはそれぞれ2010年下半期、2013年下半期、2015年上半期のもの。

資料：EU諸国、アイスランド、ノルウェー、トルコに関しては、意思決定における女性と男性に関するECデータベース（EC Database on Women and Men in Decision Making）（http://ec.europa.eu/justice/gender-equality/gender-decision-making/database/index_en.htm）、その他の国に関しては、Lee *et al.* (2015)。

StatLink : http://dx.doi.org/10.1787/888933574855

　議会で議長を務めている女性の割合になると、OECD加盟国全体の男女差はさらに大きくなる。OECD加盟国の立法府における54の議長職のうち、女性が務めているのは10のみ——割合にするとわずか18.5％——であり、2016年1月1日における世界平均の17.9％をわずかに上回る程度である。オランダはOECD加盟国で唯一、上院でも下院でも女性が議長を務めている国である。議長54人のうち女性の議長が8人であった2010年と比較すると、OECD加盟国で増えた女性議長はわずか2名であった（IPU, 2016）。

　大臣の職位への女性の任命に関して、OECD加盟国では2005年から2015年にかけて8％の増加が見られた。しかし、女性大臣の数は年ごとに大きく異なる。女性大臣の数は政治サイクルと内閣再編によってのみ左右され（OECD, 2015b）、大臣の職位に法制化されたジェンダークオータ制を採用しているOECD加盟国はない。OECD加盟国全体では大臣の70％強は男性であり、女性は29.3％である。スウェーデンはこの点に関して優れた実績を有しており、同国内閣は1994年以降ジェンダーバランスを実現している。

第14章

図14.2　議会に占める女性の割合は多くのOECD加盟国で低く、改善の歩みは遅い

議席に占める女性の割合、下院または一院制の議会、2013年・2016年

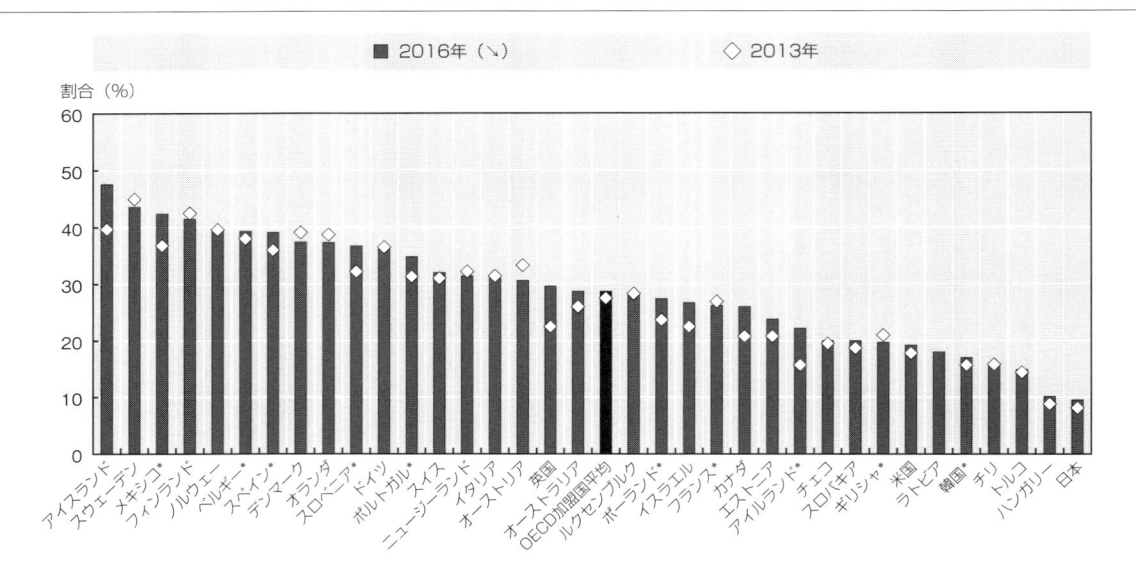

注：2013年のデータは2013年12月1日のもの、2016年のデータは2016年12月1日のもの。アスタリスク（＊）を付した国は、2016年に法制化されているクオータ制を実施していた（すなわち、立法によって割当を実施した）国。

資料：列国議会同盟（IPU）議会における女性データベース（Women in National Parliaments Database）（http://www.ipu.org/wmn-e/world.htm）、IPU・PARLINEデータベース（PARLINE database）（http://www.ipu.org/parline-e/parlinesearch.asp）、クオータ・プロジェクト・データベース（Quota Project Database）（http://www.quotaproject.org/）。

StatLink：http://dx.doi.org/10.1787/888933574874

　男女格差は公務員の間にも残っている。2010年から2015年にかけて、OECD加盟国の中央政府における女性職員の割合に関して変化はなく、約52〜53％で推移していた（OECD, 2011, 2017a）。26か国の公務員の専門職に占める女性の割合は、2015年には54.7％であり、19か国で54.1％だった2010年と比べてわずかに上昇した（OECD, 2011, 2017a）。しかし、中級・上級管理職に占める女性の割合は少ないままである。中央政府の管理職における女性の割合は近年上昇しているものの、今なおパイプラインが水漏れしていることがわかる（図14.3）。全体では52.4％を占める女性職員のうち、中級・上級管理職の女性の割合は次の通りである。

● 28か国では中級管理職にあるのは42.4％——2010年における20か国平均の39.7％から上昇

● 29か国では上級管理職にあるのは32.6％——2010年における20か国平均の28.6％から上昇

　データに示されているのは、公共部門の管理職レベルで水漏れするパイプラインが改修されていないということである。データのあるEU28か国では、2016年、女性が中央政府のトップ管理職に占める割合は35.3％であった——2013年と比較してわずか5.1パーセントポイントの

図14.3　女性は中央政府職員の過半数を構成することが多いが、
政府上級管理職に占める割合は低い傾向にある

中央政府の上級管理職に占める女性の割合と中央政府の全職員に占める女性の割合、2015年またはデータのある最新年[a]

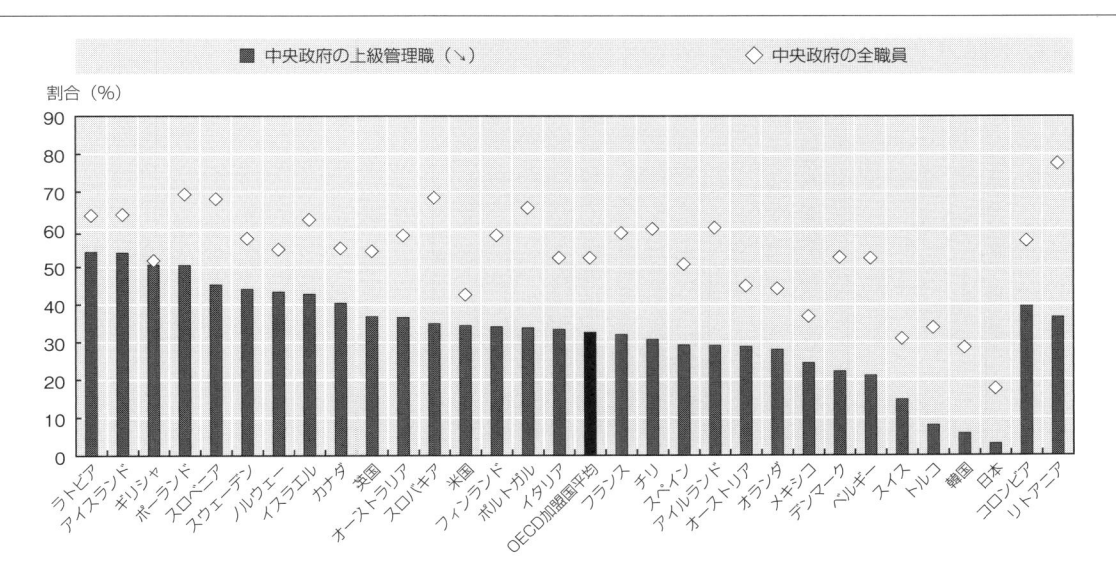

注：データの範囲と中央政府における職種の分類は国によって異なる場合がある。詳細と国別の注に関しては、OECD（OECD, 2017）の図3.8と付録Dを参照。
a）イタリアとフランスは2014年、英国は2016年のデータ。上級管理職に関する韓国のデータは2016年のもの。
資料：OECD（2017）, *Government at a Glance 2017*, OECD Publishing, Paris（http://dx.doi.org/10.1787/gov_glance-2017-en）。
StatLink：http://dx.doi.org/10.1787/888933574893

増加であった。次に重要な上級職の場合、女性が占める割合は41.1％であり、2013年と比較すると増加幅は2.5パーセントポイントと微々たるものであった。こうした平均値からは見えにくいが、特に公務員のトップレベルにおいて、国ごとに差異が存在している（EIGE, 2016）。

　司法府で働く女性の数に関して大きな進展が見られ、男女差も縮小している。利用可能なデータからは、OECD加盟国平均で女性は全裁判官の54.7％を構成していることがわかる。下級裁判所の裁判官では女性は十分に代表されており、多数派（59.4％）であるが、第二審裁判所すなわち控訴裁判所では、男性裁判官は49.5％、女性裁判官は50.5％とジェンダーバランスが取れている。

　しかし、上級の裁判所になればなるほど、女性裁判官の割合は低下する（図14.4）。最高裁判所裁判官に占める女性の割合は33.6％のみである。こうした傾向は女性裁判長の割合に関しても見られ、第一審裁判所と第二審裁判所ではそれぞれ45.9％と28％であり、最高裁判所では18.6％である。裁判官を除いた場合、女性が裁判所職員に占める割合は非常に高くなり、平均すると75％に上る。

第14章

図14.4　上級の裁判所になればなるほど女性裁判官の割合は低下する
職業裁判官に占める女性の割合、審級別、2014年

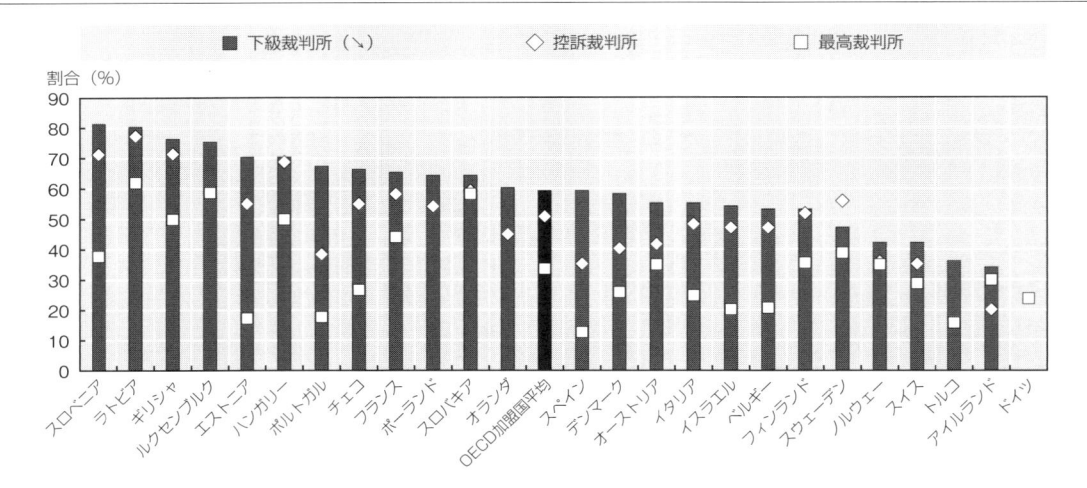

資料：CEPEJ - European Commission for the Efficiency of Justice（2016）, "European Judicial Systems - Efficiency and Quality of Justice", *CEPEJ Studies No. 23*, Edition 2016（2014 data）, European Commission for the Efficiency of Justice, Council of Europe, Strasbourg.
StatLink : http://dx.doi.org/10.1787/888933574912

変化する政策環境

　ほとんどのOECD加盟国は、取締役会と上級管理職のジェンダーバランスを促進するための政策を導入している（OECD, 2015c）。クオータ制を導入した国の方が、女性取締役の数の増加が速やかであり、情報開示や目標設定など、よりソフトなアプローチを採用している国の方が、経時的に緩やかに増加している（コラム14.1）。ほとんどの国が企業に取締役会のジェンダーバランスについての情報開示を義務づけるか、コーポレート・ガバナンス・コードの一環として企業に遵守させ、遵守しない場合は説明することを要請している。

　たとえば、英国では企業主体の自発的取り組みにより、ジェンダー多様性が改善している。2011年以降、FTSE100指数を構成する大企業では、取締役員の25％以上を女性とすることが奨励されており、この自発的な取り組みはその後、より多数の企業を含む全FTSE350指数構成企業に拡大され、現在では2020年までに女性取締役の割合を33％に引き上げることを企業に求めている。FTSE350指数構成企業を統治するコーポレート・ガバナンス・コードは、こうした企業に取締役会の多様性についての情報開示も要請している。スウェーデンもコーポレート・ガバナンス・コードを利用して、企業にジェンダーバランスの実現を促しており、このアプローチで成果を上げている。

　同様に、OECDのジェンダー勧告への支持を表明して以降、オーストラリア、チリ、チェコ、日本、ポーランド、ポルトガル、ルクセンブルク、スイスは上場企業と国営企業のどちらか、または両方の取締役会のジェンダーバランスを実現するために、ソフトな目標を導入した。

オーストラリアとチリは――フィンランドやスペイン、英国などの他の国とともに――コーポレート・ガバナンス・コードや企業に対する規定に開示要件を盛り込み、取締役会のジェンダーバランスの報告を義務づけ始めた。スペインは自主協定も利用しており、企業はそれによって、意思決定に関わる地位と取締役会におけるジェンダー多様性目標の実現を約束する。また、その目標を実現するための対策の考案と強化も約束する。

　2016年現在、オーストリア、ベルギー、フランス、ドイツ、ギリシャ、アイスランド、イタリア、イスラエル、ノルウェーの9か国が、上場企業と国営企業の取締役会を対象に、義務的なジェンダークオータ制を導入している。フィンランドは国営企業部門の目標値を法律に明記していないものの、取締役会に各性別を40％以上確保することを指名慣行で定めている。クオータ制によって多数の国で女性取締役が急増したが、取締役より下のレベルでは取締役会でのような改善は見られていない。

コラム 14.1　企業の取締役会を対象とした
ジェンダー多様性のためのクオータ制、目標設定、開示規定

　クオータ制度は、企業の取締役会に対して取締役員の男女比に最低限の基準を定める。性別による割当を法律で定めることで、政府は制度を強化し、法律に従わない企業には取締役の指名の取り消しや警告、罰金などによって制裁措置をとることができる。

　目標設定は、取締役会のジェンダーバランスを確実に実現するために、企業が目指すべき測定可能な男女平等目標のことである。政府または企業自身が定めた特定の期間内で達成することになる。目標設定は一般的に自発的なものであるため、企業には達成するまでに一定の余裕が得られる。しかし、企業が目標の達成や多様性の促進を実現しない場合、政府はオランダで行われているように、遵守しているかどうか、遵守していない場合はその理由について世間に説明させること――遵守せよ、さもなくば説明せよ（comply-or-explain）というアプローチ――によって、企業に説明責任を負わせることができる。

　開示規定は、取締役会の男女比について、またジェンダー多様性に関する方針についても、情報を開示することを企業に義務づける。法律に明記されていることもあれば、コーポレート・ガバナンス・コードの条項に定められていることもあり、企業には規定の遵守と、遵守しない場合はその説明を要請する。ジェンダークオータ制を実施している国はいずれも開示規定も利用しているが、ジェンダー多様性について自主的な目標設定を採用している国は必ずしもそうではない。

　ほとんどのOECD加盟国は政治分野での女性の代表性を促進するために、ジェンダークオータに関して何らかの取り組みを行っている。下記はその一部の例である（詳細についてはwww.quotaproject.org参照）。

- 議席を留保するジェンダークオータ制——憲法や法律の規定により、選出される男女の人数を定める。

- 法律による候補者のジェンダークオータ制——憲法や法律の規定により、選挙に擁立する候補者の一定割合を女性または男性にするよう政党に義務づける。

- 政党によるジェンダークオータ制——自発的に採用する割当で、候補者名簿で女性または男性とすべき最低人数を定める。

2016年、データのあるOECD加盟28か国のうち、

- 24か国が政党による自発的なジェンダークオータ制を採用していた。

- 10か国が一院制または下院の議会で法律によるジェンダークオータ制を実施していた。

- 10か国がジェンダークオータ制を選挙法に盛り込んでいた。

- 3か国が憲法でジェンダークオータ制を規定していた。

- 9か国が地方レベルでもジェンダークオータ制に関する法律案が可決されたと報告した。

- 議席を留保するジェンダークオータ制を採用している国は1か国もない。

　割当の程度に関しても14～44％まで幅があるが、50％を割り当てている国はない。しかし、2014年にはメキシコで、同国連邦憲法第41条の重要な修正案が可決され、男女同数が規定された。修正第41条は政党に連邦・地方議会選挙で候補者を擁立する際、男女同数を確保し、候補者名簿に男性と女性の氏名を交互に記載するよう義務づけている。この動きは、下院議員の少なくとも40％をひとつの性別とすべきであるとするこれまでの憲法上の規定からの大きな前進であった（OECD, 2017b）。

　割当に関する取り組みは、決して指導的地位におけるジェンダーバランスを実現する包括的な解決策ではないが、女性の政治的代表性にプラスの効果を示してきた。一院制または下院の議会で女性議員の割合が30％以上に達しているOECD加盟16か国のうち13か国が法律に基づく、または自発的なジェンダークオータ制を実施している。しかし、2013年から2016年にかけて、法律に基づくジェンダークオータ制を実施していると報告した10か国に新たに加わった国はなかったが、フランスでは地方政府で2013年に法律に基づくジェンダークオータ制が採用さ

れた。政党による自発的なクオータ制を利用している国の数も増加しなかった。

多様な地域的背景における政治分野でのジェンダークオータ制の実践

　女性の政治参画には今なお課題が残っているが、世界の多様な地域で多数の国が、憲法を制定または修正して、法的拘束力のある割当を導入し、選出される女性議員の割合を引き上げてきた。2005年から2015年にかけて、MENA諸国の下院と一院制の議会では、女性議員の割合が2倍以上に上昇しており、アルジェリアとチュニジアは、女性が実質的に政治に影響を与えることができると国連が考える30％以上という基準を上回った（MENA諸国の割当に関する規定の詳細については第20章参照）。

　ラテンアメリカ・カリブ諸国では、1990年代にジェンダークオータ制の導入が拡大した結果、女性議員の割合が増加した。その後、2009年3月にウルグアイが、2011年7月にコロンビアが、2015年1月にチリが導入するなど、多数の国が追随している。また、ジェンダーバランスを実現するためにさらに踏み込んで、（少数派の性別に最低限の割合を確保する）ジェンダークオータ制から、男女同数を目指す規定の採用に移行している国もある。その先陣を切った国はエクアドル（2008年）で、コスタリカ（2009年）、ボリビア（2010年）、ニカラグアとパナマ（2012年）、メキシコ（2014年）が続いた。チリでは2015年の選挙制度改革により、いわゆる「柔軟な同数制度（flexible parity）」が制定され、全候補者に占める割合がどちらの性別も60％を超えない（あるいは40％を下回らない）ことが定められた。

　アジアでは、多数の国がジェンダークオータ制を導入しているにもかかわらず、女性議員の平均割合（19.5％）は30％の最低基準を依然として大きく下回っている（IPU, 2017）。女性議員の割合が最も高い国——中国やバングラデシュ、パキスタンなど——は、おおむね法律によるジェンダークオータ制を採用している。2016年に女性議員の割合が最も高かったアジアの国、東ティモールの経験は教訓的である。同国では、2006年に女性候補者の割当枠を25％に設定したあと、2011年に33％に引き上げており、国会議員に占める女性の割合は、2001年の選挙後の25％から2007年の選挙後には29.2％、2012年の選挙後には38.5％へと大きく上昇した（IPU, 2017）。しかし、女性の政治的代表性が比較的高い国の中には、法律によるジェンダークオータ制を採用していない国もある。法律で定める代わりに、フィリピンなど、政党による自発的なジェンダークオータ制または目標設定に依存している国もあれば、ベトナムなどのように、政府による女性の登用促進に依拠している国もある。インド、マレーシア、ミャンマー、スリランカ、タイなどでは、国レベルでの法律によるジェンダークオータ制が存在しないことが、議会に選出される女性の割合が永続的に低い（12％未満）（IPU, 2017）一因となっているのは間違いない。しかし、インドの場合、地方レベルでは状況はまったく異なっており、積極的是正措置を導入している複数の州では、女性の割合が相対的に高い。

公務員を対象にした積極的是正措置

　小さな差異は存在するものの、公務員を対象として、女性の採用を強化し、女性が平等な昇進・昇格の機会を享受できるようにすることを明確な目的とした措置はあまり実施されていない。2016年のデータによると、最も一般的な政策措置は、OECD加盟10か国が採用を報告している措置であり、女性を対象にしたジェンダー多様化のための採用目標である。2010年とその前後に、OECD加盟国は少数派——特に女性——を対象にして、昇進・昇格に関する積極的是正措置を採用し始めた。

- ドイツとイスラエルは昇進時に女性を優先した。

- オーストリア、カナダ、ドイツ、韓国、スイスは昇進と採用時に女性を優先した。

- ベルギー、スウェーデン、スイス、英国、米国は特に女性を対象とした情報セッションを実施して、女性にキャリア開発の機会を周知させた。

- 日本、スイス、英国、米国は、特に女性の昇進支援を目的としたコーチングプログラムを導入した。

- オーストリア、フランス、日本、韓国、スペイン、スイスは一定数の女性に昇進の機会を与えるよう、昇進に関するジェンダー目標を導入した。

　しかし、2010年から2013年にかけて、一部の国ではジェンダーに関する積極的是正措置が後退した。オーストリアとアイスランドは、2010年にはジェンダー多様化のための優先的な採用を実施していると報告していたが、2016年には報告しなかった。フランスと日本は、女性志望者を対象にした公務員採用試験のための準備研修を廃止したことを報告した。しかし、フランスは2016年に、女性を多く採用したり、ジェンダー多様性目標を達成したりした公共サービス部門に報酬を与えたことを報告している。

　一部のOECD加盟国は、司法分野で男女比のバランスを確保するために積極的是正措置に取り組んでいる。たとえば、アイルランドが2016年に設置した裁判官任命委員会（Judicial Appointments Commission）は、司法府のジェンダーバランスの実現を主目標のひとつに定めている。2013年、スペインの司法総評議会は、司法機関でのキャリア平等計画（Equality Plan for Careers in the Judiciary）を承認した。スペイン司法制度全体での昇進に関する男女平等を効果的に実現するために、同計画には一般採用試験による平等な採用、機会均等に関する研修と意識改革、職業訓練、仕事と家庭生活の両立、裁判所上級職への女性の参入強化などが含まれている。複数のOECD加盟国——デンマーク、ドイツ、ノルウェー、英国など——は、2014年に司法制度においてジェンダーに配慮した採用プロセスを促進するための措置を講じたことを報告した（CEPEJ, 2016）。

残された問題

　民間企業と公職の意思決定に関わる地位でのジェンダーバランスの実現を妨げる障壁は、いくつも残っている。それらの原因は制度的・組織的な仕組みだけではなく、社会・文化規範、指導層からの不十分な支援、指導的地位で女性に不利に働く女性の行動に関する思い込み、女性の職業上の人脈不足にもある。数的なジェンダーバランスを確保するためのクオータ制、ソフトな目標設定、男女同数に関する規定などの措置は重要である。しかし、そうした措置は、公職と民間企業の指導的地位への平等なアクセスと完全な参入を女性にもたらすのに十分ではない。クオータ制をはじめとするいかなる積極的是正措置も、制度と文化を長期的に改善して、男女が対等な立場で個々の可能性を発揮し、自国の政治的・経済的発展を主導し貢献できるようにするための移行手段と見なすべきである。

　本章で取り上げた図と分析から、この3年間、多数の課題が積み残しになっていることがわかる。すべてのOECD加盟国で、男性と女性は今なお社会的責任の分担が不平等なままであり、長らく続いてきた性別に偏りのある代表性と社会規範が、女性のキャリア開発を——女性が男性と同等以上の教育を受けている場合でさえも——妨げている。政策立案者は指導的地位にある男女のワーク・ライフ・バランスを実現する方法をますます模索するようになっているが、特にトップに上る際、女性は依然として個人的責任と職業的責任の両立に苦労している。女性のキャリア全体を通じた構造的・制度的支援の欠如は、民間部門や公共部門で女性が上級職に就くのを妨げる深刻な障壁になっている。子育て支援、柔軟な労働形態、男女両方を対象にした育児・介護休暇のほかに、女性が必要としている——そして不可欠だが往々にして欠如している——ものは、リーダーとして成長するための有効で十分で平等な機会の提供である。それには、スポンサーシップ、メンタリング、自信の確立、人脈の利用などがある。

主な政策提言

- OECD加盟国で近年、民間企業でも公職でも指導層におけるジェンダーバランスの実現への歩みが遅く、一貫性がない原因を明確化する。残された課題に現実的な改革で対処するために、対象を絞って体系的に収集した男女別データに裏付けられた証拠の確立に、すべての国が投資すべきである。

- ジェンダークオータ制は有益ではあるが、公職の指導的地位に占める女性の割合が依然として低い状況を解決することはできない。この多面的な課題に取り組む一連の措置が必要である。一貫性のある法改正と適切な政策改革は、男女が選挙慣行と公職、公務員の採用と昇進、公共部門での一般的な人事管理において、平等な政治的代表性にアクセスできる

第14章

ようにするために不可欠である。改善を促進する一助として、指導的地位でのジェンダーバランスに関する規定を、国家・地方・機関レベルで強化することが必要である。公共・民間部門で、ジェンダーに基づく偏見が根強く残る現職の男性指導者・管理者の考え方を改善し、組織文化を改革することも、重要である。法律と政策の枠組みの改革には、上級職でのジェンダーバランスの実現に関して、組織の実績についての説明責任の強化と効果的なモニタリングを盛り込むべきである。

● 男性・女性指導者の役割モデルへの投資が重要である。各機関と政策立案者は、女性を対象にしたリーダーシップ開発制度と、ピアツーピア（仲間同士）を基本とするサポート——スポンサーシップ、メンタリング、自信の構築、人脈へのアクセスなど——の促進に投資する必要がある。しかし、男性指導者が男女平等の実現に関与することも不可欠である。そのためには、民間企業と公共部門の上級管理職から男性の役割モデルを確立して、意思決定への女性のアクセスと参入を妨げ続けているジェンダーステレオタイプと文化規範の改革に弾みをつけることが望ましい。

参考文献・資料

CEPEJ – European Commission for the Efficiency of Justice（2016）, "European Judicial Systems – Efficiency and Quality of Justice", *CEPEJ Studies No. 23*, Edition 2016（2014 data）, European Commission for the Efficiency of Justice, Council of Europe, Strasbourg.

EIGE – European Institute for Gender Equality（2016）, *Gender Statistics Database*, European Institute for Gender Equality, EIGE website, http://eige.europa.eu/genderstatistics/dgs.

IPU – Inter-Parliamentary Union（2017）, *Women in National Parliaments Database*, http://www.ipu.org/wmn-e/world.htm.

IPU（2016）, *Women in Parliament in 2015*, Inter-Parliamentary Union, Geneva.

IPU（2011）, *Women in Parliament in 2010*, Inter-Parliamentary Union, Geneva.

Lee, L-E. *et al.*（2015）, "Women on Boards, Global Trends in Gender Diversity on Corporate Boards", MSCI, November, https://www.msci.com/documents/10199/04b6f646-d638-4878-9c61-4eb91748a82b.

OECD（2017a）, *Government at a Glance 2017*, OECD Publishing, Paris, http://dx.doi.org/10.1787/gov_glance-2017-en.

OECD（2017b）, *Building an Inclusive Mexico: Policies and Good Governance for Gender Equality*, OECD Publishing, Paris, http://dx.doi.org/10.1787/9789264265493-en.

OECD（2015a）, *2015 OECD Recommendation of the Council on Gender Equality in Public Life*, OECD Publishing, Paris, http://dx.doi.org/10.1787/9789264252820-en.

OECD（2015b）, *Government at a Glance 2015*, OECD Publishing, Paris, http://dx.doi.org/10.1787/gov_glance-2015-en.（『図表でみる世界の行政改革 OECD インディケータ（2015年版）』OECD編著、平井文三訳、

第14章

明石書店、2016年）

OECD（2015c）, *G20/OECD Principles of Corporate Governance*, OECD Publishing, Paris, http://dx.doi.org/10.1787/9789264236882-en.

OECD（2011）, *Survey on Gender in Public Employment*, in OECD（2014）, *Women, Government and Policy Making in OECD Countries: Fostering Diversity for Inclusive Growth*, OECD Publishing, Paris, http://dx.doi.org/10.1787/9789264210745-en.

■ 第15章 ■

無償労働における男女格差

主な研究結果

● 女性は引き続き男性よりもはるかに長い時間を無償の育児と家事に費やしており、ほとんどのOECD加盟国で、有償労働と無償労働の合計時間は女性の方が男性よりも長い。

● 女性が無償労働に従事する時間は、女性が有償労働に費やせる時間を制限しており、この傾向は世帯間でも国際レベルでも見られる。

● 育児と家事に関する規範、態度、および行動は、時間とともに徐々に変化しており、子どもたちは——成長した後——自身の親の有償・無償労働に関する行動に倣う傾向がある。多数のOECD加盟国政府は、無償労働の不平等な分担が男女平等全般への大きな障壁であることを認識して、父親の育児休暇取得や育児参加を促進するとともに、ジェンダーに基づくステレオタイプと規範に取り組む多様な国民意識向上キャンペーンを推進している。

女性は依然として無償労働の大部分を担っている

第15章

　時間は限りのある資源である。家庭で料理や掃除、家族の世話に長い時間を費やすことで、有償労働に充てられる時間が制限される。女性は不均衡に高い割合で家族の世話に従事しており、それによってフルタイムで働き、労働市場に留まり、キャリアや所得、年金受給額を上げることが妨げられる場合がある。こうした無償労働は女性が子どもを持つのを思いとどまる原因にもなる。

　無償労働に対する女性の責務は、雇用主が女性を採用する相対費用も押し上げるため、女性が育児のために退職する可能性を理由に、雇用主が出産年齢の女性を雇用する際に差別待遇をする恐れが生じることになる。女性が育児のために退職する可能性があるという認識は、育児に関する規範と社会的期待だけでなく、（OECD加盟国を含む）ほとんどの国の出産休暇・父親休暇制度など、男女で異なった扱いをする法的制度や政策にも原因がある。一方で、男性は——家族の世話をするのではなく——労働市場で懸命に働くだろうというステレオタイプと期待は、家族と過ごしたいと考える父親から貴重な時間を奪っている。

　データのあるOECD加盟国だけでなく、実際には世界全体で、女性は男性よりもはるかに多くの無償労働に従事している。平均すると、女性が最も高い割合で無償の家事と育児に従事しているのは、韓国、日本、メキシコ、ポルトガル、トルコ、イタリアであり、女性は無償労働全体の4分の3以上を担っている。トルコとメキシコでは、女性は1日のほとんどの時間を無償労働に費やしており、絶対値では1日当たり平均6時間を超えているが、男性は2時間を下回っている（OECD Gender Data Portal）。この差は一般的に開発途上国の方がずっと大きく（OECD, 2014a）、時間を節約できるインフラ（家庭に引かれた水道など）や技術（洗濯機など）を十分に利用できないために、無償労働に要する合計時間が増える。たとえば、インドとパキスタンでは女性は男性の約10倍の時間を無償労働に費やしている（OECD, 2014a）。

　ほとんどのOECD加盟国で、女性は不均衡に長い時間無償労働に従事する結果、女性の方が有償労働と無償労働の合計時間が長くなっている（OECD Gender Data Portal）。6か国（デンマーク、日本、オランダ、ニュージーランド、ノルウェー、スウェーデン）を除くすべてのOECD加盟国で、女性は有償労働と無償労働の合計時間が男性よりも長い。無償労働に費やす時間の男女差は、有償労働に従事する時間の男女差と密接な関係にあり、無償労働の男女差が小さい国では、労働市場で費やす時間の男女差も小さい傾向にある。

育児と家事の負担は女性の有償労働の可能性を制限する

　無償労働の負担が不均衡に大きいために、女性が労働市場に参入し、キャリアを積む可能性が制限されている。女性——特に母親——が労働力に加わる場合、育児と家事に関わる責務

図15.1　無償労働のジェンダーバランスの改善は労働市場の男女平等と相関している

男女別1日当たりの平均無償労働時間（分）と女性の就業率、15〜64歳

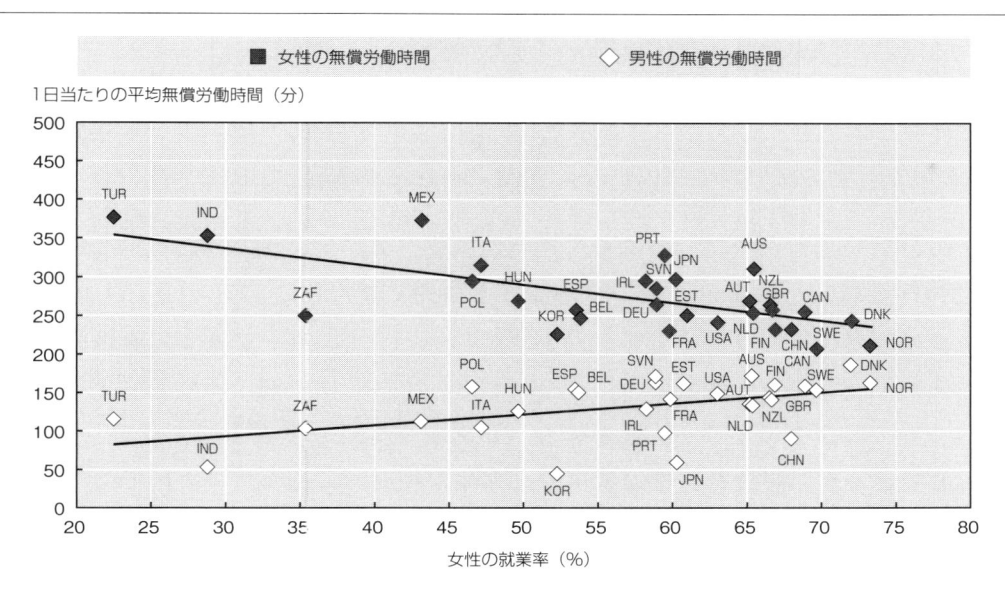

注：無償労働のデータに関して、オーストラリアは15歳以上、ハンガリーは15〜74歳、スウェーデンは25〜64歳。調査年は国によって異なり、オーストラリアは2006年、オーストリアは2008〜2009年、ベルギーは2005年、カナダは2010年、中国は無償労働については2008年、女性の就業率については2010年、デンマークは2001年、エストニアは2009〜2010年、フィンランドは2009〜2010年、フランスは2009年、ドイツは2001〜2002年、ハンガリーは1999〜2000年、インドは無償労働については1999年、女性の就業率については2010年、イタリアは2008〜2009年、アイルランドは2005年、日本は2011年、韓国は2009年、メキシコは2009年、オランダは2005〜2006年、ニュージーランドは2009〜2010年、ノルウェーは2010年、ポーランドは2003〜2004年、ポルトガルは1999年、スロベニアは2000〜2001年、南アフリカは2010年、スペインは2009〜2010年、スウェーデンは2010年、トルコは2006年、英国は2005年、米国は2014年。

資料：OECDジェンダー・ポータルサイト（*OECD Gender Data Portal*）（http://www.oecd.org/gender/data/）、OECD雇用データベース（*OECD Employment Database*）（http://www.oecd.org/employment/emp/onlineoecdemploymentdatabase.htm）。

StatLink : http://dx.doi.org/10.1787/888933574931

が女性の昇進を妨げ、女性を低熟練の一時的なパートタイム労働に追いやる恐れがある。世界全体で総合的に見た場合、男性が担う家事が増えると、女性の労働市場参加が増える（Hook, 2006; OECD, 2017a）。女性の就業率が高い国の女性は、女性の就業率が低い国の女性よりも無償労働に費やす時間が少ない（図15.1）。ノルウェー、デンマーク、スウェーデンはOECD加盟国の中でも、無償労働の平等な分担を促進している主要な国である。こうした国の女性でも育児と家事に費やす時間は男性よりも長いが、女性と男性が無償労働に費やす時間の差は、1日当たり1時間を下回っている。

　この世界的な傾向は世帯レベルでも見られる。OECD加盟国では、男性が一家の稼ぎ手である夫婦の方が、傾向として無償労働と有償労働の分担がより伝統的である。つまり、男性がフルタイムで働く場合、女性は主として家事と育児に従事する。一方、共働き夫婦の場合、男性は男性1人が稼ぎ手である夫婦の場合よりも多く家事に従事している。

　しかし、夫婦2人ともがフルタイムで働いている場合でも、家事労働の分担が50％ずつであることはめったにない。夫婦2人ともがフルタイムで働く世帯で、女性が担う無償労働の割合

は国によって異なり、例としてドイツの平均62％から韓国の平均88％まで開きがある（OECD, 2017a）。一般的に世帯所得に占める女性の所得の割合が上昇するにつれて、女性が無償の家事と育児に費やす時間は少なくなるが、両者の関係は直線的ではない。オーストラリアと米国で得られた証拠に、高所得の女性は職場ではそうではないが、家庭ではより多くの家事を担ってジェンダー規範を満たそうとすることが示されている。いわゆる「ジェンダーを実践する（doing gender）」という行動の例である（Bittman, 2003; Bertrand *et al.*, 2015）。

　ほとんどのOECD加盟国では経時的な生活時間調査が体系的に実施されていないが、メキシコなど一部の国では、この測定ツールをかなり本格的に運用している（OECD, 2017b）。この重要なデータの不足は——女性の労働を過小評価し——ジェンダーに基づく無償労働の分担に見られる時間的傾向の把握を困難にする。それでも、生活時間に関する時系列データを収集している国についての調査によると、家事における男女平等は、世界平均で見て1960年代以降、徐々に拡大してきたが、男性と女性の家事の平等化が相対的に進んでいた国では、1980年代後半以降、時間の差の縮小は減速していることがわかる（Altintas and Sullivan, 2016）。

誰が何をするのか？　無償労働の分担の決定要因

　家庭内の無償労働の分担を左右する要因は数多くある。高所得・高学歴の夫婦（法律婚・事実婚を含む）は、低所得・低学歴の夫婦と比較して、無償労働をより平等に分担する。また世界的に見て、子どものいない夫婦は子どものいる同年齢の夫婦と比較して、無償の家事とケアにより平等に取り組む傾向にある。OECD加盟国全体では、子どもが誕生すると、女性の無償労働の負担は一般的に増加する（OECD, 2017a）。

　OECD加盟国のふたり親家庭では、父親は子どもと過ごす時間が母親よりも短いが、時間の差は子どもの成長とともに縮小する（図15.2）。こうした時間の差は、自発的に育児にかかわる時間だけでなく、子どもの前で過ごすだけの時間にも存在する（OECD, 2017a）。育児に費やす合計時間に占める割合として見た場合、父親は合計育児時間のうち、読み聞かせ、遊び、会話、教育（インタラクティブな子育て。しばしば「親子の交流時間」と呼ばれる）に費やす時間の割合が母親よりも高い。一方、母親は合計育児時間の相対的に大きな割合を、身体的なケアと監督に費やす。母親は育児に費やす時間が全般的に長いため、幼い子どもとの「親子の交流時間」の合計は平均すると父親よりも長くなる（OECD, 2017a）。

　育児時間の男女差は経時的に緩やかに縮小しており、それに最も重要な役割を果たしてきたのは、男性ではなく女性の無償労働行動の変化であった。なかでも高所得の女性はますます家事を外部委託し、家事と育児をする第三者（一般的には女性）を雇い、時間を節約できる家電製品を購入するようになっており、低所得の女性と比較して、無償労働の負担が減少している。

図15.2　母親の育児時間は父親よりも長いが、子どもの成長とともに時間の差は縮小する

子育てに費やす時間、末っ子の年齢別、1日当たりの時間（分）

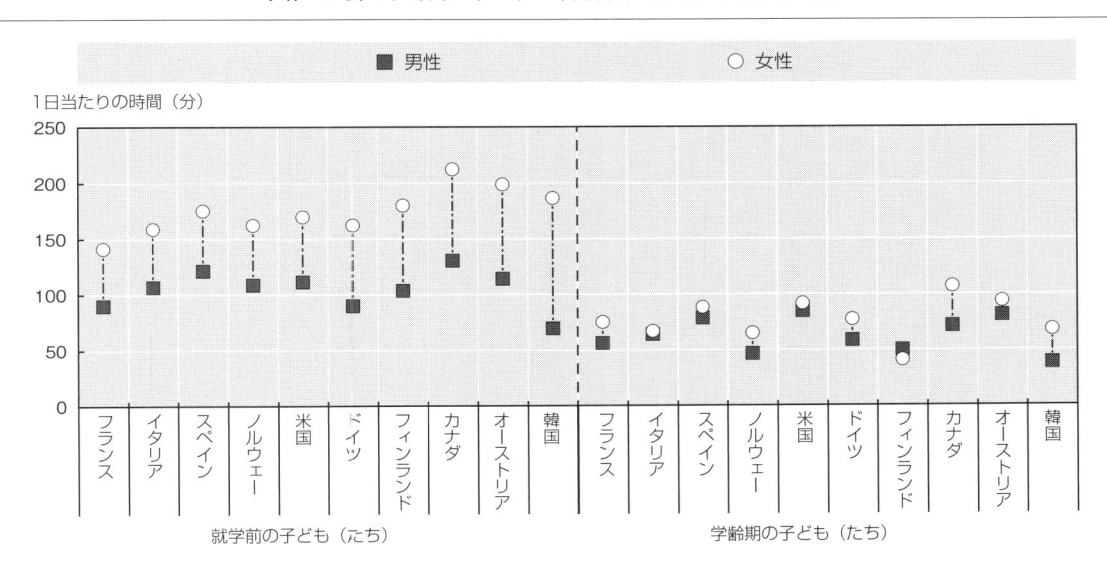

注：左から、就学前の子ども（たち）のいる男女間での子育てに費やす時間の男女差（女性の時間から男性の時間を引いた値）の小さい国。データは、夫婦関係にある男性と女性で（同一世帯で配偶者または同居のパートナーとして生活している者。法的に結婚しているかどうかを問わない）、女性の年齢が25〜45歳の夫婦のみ。年金生活者と学生は除外。データは、「子育て従事者」、すなわち日記式の生活時間調査の1日において1つ以上の育児活動に従事した母親と父親に限定。

資料：OECD（2017）, *Dare to Share: Germany's Experience Promoting Equal Partnership in Families*, OECD Publishing, Paris（http://dx.doi.org/10.1787/9789264259157-en）.

StatLink : http://dx.doi.org/10.1787/888933574950

一部の国では父親が育児に費やす時間が増えているものの、家事に費やす時間はほとんど変わっていない（OECD, 2017a）。父親による育児休暇の取得は、子どもの成長に際して父親の育児参加を改善するために重要であることが明らかになっているため（Adema *et al.*, 2015）、OECD加盟国政府は、子どもが幼い間の父親の有給育児休暇が、男女平等のための重要なツールであるという認識を強めている（第16章）。

コラム15.1　無償労働の価値

　無償労働には、金銭的にも非金銭的にも価値がある。無償労働は、民間市場で同一のサービスを受けるために世帯が支払わねばならないものに対して、節約された金銭に相当する。家庭での無償労働は、商品とサービスの全体的な消費を押し上げ、間接的な所得になり、恩恵を受ける家族の労働参加を可能にするうえで不可欠である（Becker, 1965がこのテーマに詳しい）。農村社会では、家計消費のために世帯内で行われる農業生産に特に大きな価値がある（Stiglitz *et al.*, 2007）。消費と生産は、定義をもっと広げて出産と育児、片付いた家の維持を含めることができる（Browning *et al.*, 2014）。

第15章

　個人と家族、および社会の福祉を推進する重要要素であるにもかかわらず、無償のケア労働は国内総生産（GDP）などの従来からある国富の基準から除外されている（Ferrant *et al.*, 2014; Miranda, 2011）。国民経済計算で無償のケア活動が無視されていることが、国の富の生産を過小評価することにつながっている。価値のある全経済活動の3分の1から2分の1が、OECD加盟26か国とインド、中国、南アフリカで計算に入れられていない（OECD, 2011）。たとえば、メキシコでは2014年、無報酬の家事とケア労働は42億ペソ——メキシコのGDPの24.2％に相当する——と推定された（OECD, 2017b）。

　世帯サテライト勘定（無償の家事労働、家庭内生産、家庭内での生産活動を測定・評価する勘定）を用いれば、女性の経済的・社会的貢献をより適切に評価することができる。女性の有償労働は世界のGDPの37％に寄与しているが、この結果が計算に入れているのは、女性による市場経済への参加だけである。女性が担う無償労働の生産高は1年当たり10兆米ドルにも上り、世界のGDPの13％に相当する（Woetzel *et al.*, 2015）。こうした推定は、女性がはるかに多くの無償のケア労働に従事している開発途上国で特に意味がある。たとえば、エクアドルでは無償のケア労働による生産高はGDPの15％に相当すると推定されており、そのうちの12％は女性が、3％は男性が生産している（Instituto Nacional de Estadística y Censos del Ecuador, 2014）。

　世界的に世帯サテライト勘定を開発し、標準化するには、生活時間に関するこれまで以上に適切な統計データが必要であるが、それは時間利用に関するデータが、計測ツールとして「生産量」（つまり「生産された財」）ではなく、「投入量」（つまり無償のケアに費やした時間価値）を測定するために欠かせないためである（Varjonen *et al.*, 1999）。コロンビアは国として初めて、無償のケア労働の経済的貢献を正式に認め、成立した法律（2010年法律1413）により、生活時間調査によってケア経済（care economy）と女性による目に見えない貢献を国民勘定に算入させることを規定した。

政策は無償・有償労働の負担のより平等な分担を促す一助となりうる

　OECD加盟国は、男女平等には女性だけでなく男性の側の変化も必要であることを認識しており、無償労働の不平等な分担は、より広い差別的な社会制度・規範の主な要因として、ますます認識されるようになっている（OECD Development Centre, 2014b）。ジェンダー平等に関するOECD質問票（GEQ）への回答で、14か国が不平等な家事労働の分担を自国における喫緊の男女平等問題として挙げており、「家庭で男性が負担する無償労働を増やすために政府はどのようにすればよいか？」という問いに対して最も多かった回答は、「ケア活動に対する男性と男子の態度を改善する」であった。政府はそれに対応して、父親を対象にした育児休暇の延長、（一般的には共有可能な）育児休暇の父親に限定した留保、父親対象の柔軟な労働形態の拡大

など、代表的な家族政策措置によってケアに関するジェンダー規範を（第16章、第18章）、また教育上の選択と学校での慣行に関するジェンダー規範を（第7章、第9章）改善しようとしてきた。傾向として、夫婦は子どもの誕生前は比較的平等主義的であるが、親になった後はより「伝統的な」ジェンダーロールを担うため、子どもの誕生後の男女の行動に着目することは非常に重要である。

　現在、OECD加盟国の約3分の2が有給の父親休暇を提供しており、短期間ではあるが概して十分な給与が支給され、父親は子どもの誕生後、最初の数か月以内に利用することができる。ますます多くの国が、国による育児休暇制度内で父親を対象に育児休暇を留保するようになっており（父親限定の「ボーナス」）、それは母親休暇と父親休暇の期間が終了した後、親が利用できる共有可能な育児休暇期間であるのが一般的である。政策変更が行動に影響を与えるにはある程度の時間を要することもあるが、複数のOECD加盟国で得られた証拠から、父親に父親限定の育児休暇を付与することで、十分な額の給与が支給される休暇の場合は特に、男性による育児休暇の取得が増加しうることが明らかになっている。

　育児の平等な分担を強化する取り組みとして、ドイツの例は興味深い。ドイツは2015年、両親手当プラス（ElterngeldPlus）とパートナーシップボーナス（Partnerschaftsbonus）という措置を導入し、子どもが小さい間、両親ともがパートタイム（1週当たり25〜30時間）で働き、育児を分担するための経済的インセンティブを提供している。このプログラムでは、両親が家族と過ごす時間を増やし、家庭と仕事の両立を支援し、育児の分担を促進し、母親の生計手段を保障することを明確な目的にしている（OECD, 2017a）。

　当然のことながら、平等主義ではない態度、性差別主義、女性蔑視が社会に残っている場合、家庭での男女平等の促進において、公共政策で可能なのはここまでである。調査データが示すように、男女の役割に対する世論は、OECD加盟国と新興国において、時が経つにつれて徐々に変化してきた（OECD, 2016, 2017b）。父親による育児休暇の取得とパートタイム勤務の拡大は、正しい方向に向かうステップではあるが、そうしたことでは、無償労働に対する行動の長期的で全体的な変化は、徐々にしかもたらされないであろう。実のところ、学校と家庭における早期のジェンダーの社会化がもたらす効果は（UNICEF, 2007）、強力かつ永続的であり、個人のジェンダーに関する行動と期待の最も強い予測因子のひとつは、その個人の両親である。世界的に見て、成人した子どもは両親の有償・無償労働の分担に（態度でも行動でも）倣う傾向にある（Cunningham, 2001; McGinn et al., 2015）。

　父親の育児休暇制度を実施するほか、多くの政府は国民意識向上キャンペーンを通じて、ジェンダーステレオタイプを改善しようとしている。2013年以降、オーストラリア、オーストリア、チェコ、韓国、ポルトガル、スロベニア、スウェーデンなど、7か国以上のOECD加盟国が、従来の方法とオンラインメディアを利用した方法を組み合わせて、ジェンダーステレオタ

第15章

イプ化とジェンダー規範を改善するための全国的な国民意識向上キャンペーンを実施している。そのなかでもオーストラリアの官民共同キャンペーンは斬新である。この「エクイリブリアム・マン・チャレンジ（Equilibrium Man Challenge）」は、インターネット上で閲覧できるミニドキュメンタリー・シリーズであり、フレックスタイム勤務を続けているある男性グループ（多くの場合、家族の世話をするため）を追跡して、ワーク・ライフ・バランスに関する意識の向上に努めている。同国の報告によると、このドキュメンタリー番組は再生回数が3万回に迫っており、フレックスタイム勤務への認知をもたらし、パートナー組織でのフレックスタイム制度の利用を後押しするのに奏功しているという。ポルトガルとスロベニアの全国キャンペーンでは、家事労働の平等な分担とワーク・ライフ・バランスの改善を具体的なターゲットにした。スウェーデンでは複数のプロジェクトを実施して、学校での機会、男性と子どもとの関係、健康、社会的脆弱性とリスク行動、男性による暴力行為と暴力への暴露に関して、男子と男性がジェンダー規範にどのように縛られうるのかを調査している。

　広報活動は考え方と行動を変えるためのソフトな措置であり、マスメディアによる介入やその他の短期的な刺激策は、偏見の永続的な削減に一般的には有効ではないことが証拠に示されている（Paluck, 2016; Broockman and Kalla, 2016）。ジェンダーステレオタイプの削減を目的とするキャンペーンに対して、無作為化比較試験による評価はまだ実施されていないが、米国では情報介入がトランスジェンダーに対する偏見を軽減し（Broockman and Kalla, 2016）、日本では移民受け入れへの反対を緩和する（Facchini *et al.*, 2016）ことを示す証拠を研究者らが明らかにしている。広報活動の設計段階の間、政府は公的資金を最大限に有効利用するために、ジェンダーステレオタイプへの効果を正確に評価する方法を戦略化することが望ましい。

主な政策提言

- 政府は父親による育児を奨励するために、社会政策ツールの利用を拡大すべきである。十分な給与が支給される父親休暇と父親に限定した育児休暇は、父親による休暇の取得を促すことが判明しており、平等な育児の確立に役立つ可能性がある。

- ケアと家事に関するステレオタイプと規範の改善は、不可欠ではあるが難問である。政府は意識向上キャンペーンなど、幅広いツールを利用して、男性がケアを担うことへの偏見を減らし、男女間での無償労働の平等な分担を促進すべきである。

- 政府は無報酬の労働に関するデータ不足の改善に取り組む必要がある。それには生活時間調査の実施頻度の拡大、父親の育児休暇取得に関するデータ収集の改善、国民意識向上キャンペーンの前後での世論調査の実施とその結果の公表などがある。

参考文献・資料

Adema, W., C. Clarke and V. Frey (2015), "Paid Parental Leave: Lessons from OECD Countries and Selected U.S. States", *OECD Social, Employment and Migration Working Papers*, No. 172, OECD Publishing, Paris, http://dx.doi.org/10.1787/5jrqgvqqb4vb-en.

Altintas, E. and O. Sullivan (2016), "Fifty Years of Change Updated: Cross-national Gender Convergence in Housework", *Demographic Research*, Vol. 35, pp. 455-469.

Becker, G. (1965), "A Theory of the Allocation of Time", *Economic Journal*, Vol. 75, No. 299, pp. 493-517.

Broockman, D. and J. Kalla (2016), "Durably Reducing Transphobia: A Field Experiment on Door-to-door Canvassing", *Science*, Vol. 352, No. 6282, pp. 220-224.

Browning, M., P. Chiappori and Y. Weiss (2014), *Economics of the Family*, Cambridge University Press, Cambridge.

Cunningham, M. (2001), "The Influence of Parental Attitudes and Behaviors on Children's Attitudes Towards Gender and Household Labor in Early Adulthood", *Journal of Marriage and Family*, Vol. 63, No. 1, pp. 111-122.

Facchini, G., Y. Margalit and H. Nakata (2016), "Countering Public Opposition to Immigration: The Impact of Information Campaigns", *CEPR Discussion Paper No. 11709*, Centre for Economic Policy research, London.

Ferrant, G., L. Pesando and K. Nowacka (2014), "Unpaid Care Work: The Missing Link in Analysis of Gender Gaps in Labour Outcomes", *OECD Development Centre Issues Paper*, www.oecd.org/dev/development-gender/unpaid_care_work.pdf.

Instituto Nacional de Estadística y Censos del Ecuador (2012), "Encuesta Específica de Uso del Tiempo", INEC, Ecuador, http://www.ecuadorencifras.gob.ec/uso-del-tiempo-2 (accessed July 2016).

McGinn, K., M. Ruiz Castro and E. Long Lingo (2015), "Mums the Word! Cross-national Effects of Maternal Employment on Gender Inequalities at Work and at Home", *Harvard Business School Working Paper*, No. 15-094, July.

Miranda, V. (2011), "Cooking, Caring, and Volunteering: Unpaid Work Around the World", *OECD Social, Employment and Migration Working Papers*, No. 116, OECD Publishing, Paris, http://dx.doi.org/10.1787/5kghrjm8s142-en.

OECD (2017a), *Dare to Share: Germany's Experience Promoting Equal Partnership in Families*, OECD Publishing, Paris, http://dx.doi.org/10.1787/9789264259157-en.

OECD (2017b), *Building an Inclusive Mexico: Policies and Good Governance for Gender Equality*, OECD Publishing, Paris, http://dx.doi.org/10.1787/9789264265493-en.

OECD (2016), *OECD Employment Outlook 2016*, OECD Publishing, Paris, http://dx.doi.org/10.1787/empl_outlook-2016-en.

OECD (2011), *How's Life?: Measuring Well-being*, OECD Publishing, Paris, http://dx.doi.org/10.1787/9789264121164-en. (『OECD幸福度白書：より良い暮らし指標：生活向上と社会進歩の国際比較』OECD

第15章

編著、徳永優子, 来田誠一郎, 西村美由起, 矢倉美登里訳、明石書店、2012年）

OECD Development Centre（2014a）, "Gender, Institutions and Development DataBase, Unpaid care work indicator", OECD Publishing, Paris, http://www.oecdilibrary.org/content/data/data-00728-en.

OECD Development Centre（2014b）, *Social Institutions and Gender Index Synthesis Report*. OECD Development Centre, Paris, http://www.oecd.org/fr/dev/d%C3%A9veloppement-genre/gender-publications.htm.

Paluck, E.（2016）, "How to Overcome Prejudice", *Science*, Vol. 352, No. 6282.

Stiglitz, J., A. Sen and J. Fitoussi（2007）, *Report on the Commission on the Measurement of Economic Performance and Social Progress*, Prepared for the French Executive Commission on the Measurement of Economic Performance and Social Progress, Paris.

UNICEF（2007）, "Early Gender Socialization", Early Childhood webpage, available online at https://www.unicef.org/earlychildhood/index_40749.html.

Varjonen, J. *et al.*（1999）, "Proposal for a Satellite Account of Household Production", *Eurostat Working Papers*, No. 1999/9, Eurostat, Luxembourg.

Woetzel, J. *et al.*（2015）, "The Power of Parity: How Advancing Women's Equality Can Add $12 Trillion to Global Growth", McKinsey Global Institute.

データベース

OECDジェンダー・ポータルサイト（OECD Gender Data Porta）
　　http://www.oecd.org/gender/data/

■ 第16章 ■

平等な育児を目指す適切な出発地点：
有給育児休暇

主な研究結果

- 米国を除くすべてのOECD加盟国が、国の制度によって母親に有給育児休暇を取得する法律上の権利を付与している。全体として見ると、こうした休暇は母親と子どもの健康にとっても、女性の労働市場成果にとっても望ましいものである。

- 父親による休暇の取得は父親、母親、および子どもにとって有益である。しかし、子どもの誕生後、父親が数日間の休暇を取ることは珍しくはないものの、父親の育児休暇取得率は依然として低い。

- 父親に育児休暇の利用を促すために、現在、ますます多くの国が育児休暇の一部を父親に留保したり、父親に数か月以上休暇を利用する強いインセンティブを与える休暇を提供したりしている。

第16章

過去数十年間、OECD加盟国では出産休暇、父親休暇、および育児休暇は、国による家族を対象にした支援パッケージの主要な特徴となっている。雇用を保障された有給休暇は、出産前後と子どもが幼い間の利用を目的として設定されており、親が仕事と家庭に関する目標を幅広く実現するのに役立ちうる。有給休暇は働く母親と新生児の健康を守るだけでなく、母親を有償労働に留めながら、子どもが幼い間、家庭で一緒に時間を過ごす機会を親に与えるのに有用である（Adema *et al.*, 2015; Rossin-Slater, 2017）。2013年ジェンダー勧告の原則に沿って、有給休暇も男女平等を促進するためにますます利用されるようになっている（OECD, 2013）。有給父親休暇、育児休暇制度内での父親に留保または父親を対象としたより長期の有給休暇期間など、「父親限定」の休暇を導入して、男性が家庭で子育てをする時間を増やそうとする国も増加している。

出産直前・直後に付与される有給の出産休暇と父親休暇

多数のOECD加盟国が、出産前後の両親を対象に多彩な有給休暇制度を提供している。米国を除くすべてのOECD加盟国が、国の制度によって母親に有給出産休暇を取得する法律上の権利を付与しており（図16.1パネルA）、期間は通常15〜20週の間である。米国では、いくつかの州が病気休暇保険や特定の育児・介護休暇制度によって、母親に有給休暇を個々に付与している（Adema *et al.*, 2015）。

全OECD加盟国の過半数は、父親を対象にした有給父親休暇も付与しており、期間は短いが、通常は十分な給与が支給される休暇で、父親は子どもの誕生後、最初の数か月間に利用することができる（図16.1パネルB）。ほとんどの国では父親休暇の期間は1〜2週間であるが、わずか数日間の国もある（ギリシャ、イタリア、オランダなど）。利用可能な場合、父親休暇をよく利用するのは、新たに父親になった男性であるのが一般的である（Moss, 2015; OECD Family Database）。しかし、父親休暇の期間が短ければ、全期間取得した場合でも、往々にして父親は家庭でせいぜい数週間だけ過ごして終わりということになろう。

乳幼児のための有給育児休暇

こうした比較的短期間の出産・父親休暇に加えて、多数の国が有給育児休暇や在宅ケア休暇——中期的に親による低年齢児のケアを可能にすることをより重視し、雇用が保障されたより長期の有給休暇——を追加で利用できるようにしている。育児休暇手当の賃金代替率は在宅ケア休暇手当の賃金代替率よりも大幅に高いことが多い。有給の育児休暇と在宅ケア休暇の期間は、OECD加盟国全体で大きな差がある（図16.1パネルC）。大多数の国で、親は合計6〜18か

月の有給の育児休暇や在宅ケア休暇を利用できる。しかし、チェコ、エストニア、フィンランド、ハンガリー、スロバキアなどの一部の国と、フランスでは2人以上の子どもがいる家庭で、親は子どもが2歳または3歳の誕生日を迎えるまで、有給の育児休暇または在宅ケア休暇を取得することができる。

　付与される有給育児休暇は、家族で共有できる権利であることが多く、各家族には育児休暇期間の一定の週数を自分たちに適したように分ける権利がある。理論上、そうすることで両方の親が有給育児休暇を取得する機会を得るが、実際には共有可能な休暇を利用するのは、母親であることが圧倒的に多い（Moss, 2015）。父親の方が母親よりも高賃金であることが多いため（OECD, 2016）、休暇手当が（ほぼ）完全にそれまでの賃金を代替するのでなければ、通常は母親が休暇の大部分を取得する方が経済的に理に適っている。低年齢児の育児に関する母親と父親の役割に対する社会的態度と、キャリアへの潜在的な影響を巡る懸念も、多くの父親が長期の休暇を取得することに概して消極的になる一因である（Rudman and Mescher, 2013; Duvander, 2014）。

　男性による取得を促すために、多数のOECD加盟国が現在、父親（および母親）に「取得しなければ消滅する」という原則で、個人を対象にした有給育児休暇制度を提供している（図16.1パネルC）。こうした親を限定した付与にはいくつかの形態がある。最も一般的なのは「ママ・パパ・クオータ」である。これは全育児休暇期間の一定期間を各親に排他的に留保しており、北欧諸国で最もよく見られる。他の選択肢としては、「ボーナス期間」——ドイツの例のように、両親ともが共有可能な期間の一定期間を利用した場合、夫婦が追加で数週間の有給休暇を取得する資格を得られるという制度——や、最初から各親に個別の権利として有給育児休暇を付与する制度がある。親を限定した有給育児休暇の期間は、2か月くらいであるのが通例であるが、日本と韓国は母親と父親それぞれに、約1年間の譲渡不可能な有給育児休暇を付与している（図16.1パネルC）。しかし、もっと一般的な育児休暇と同様に、こうした親を限定した休暇期間は、必ずしも十分な給与が支給されるわけではなく、たとえば、フランスでは育児休暇手当の賃金代替率は定率で低く、平均賃金で個人のそれまでの給与の約15％にすぎない（OECD Family Database）。このように賃金代替率が低いことが、多くの父親が休暇を取得する妨げになっていると考えられる。

　政策変更が行動に影響を与えるには少し時間がかかると考えられるが、複数のOECD加盟国から得られた証拠によって、父親限定の休暇を付与することで、給付が手厚い場合は特に、父親による育児休暇の利用が促される可能性が示されている（O'Brien, 2009; Moss, 2015）。たとえば、スウェーデンでは1995年に1か月間の「ママ・パパ・クオータ」を導入後、何らかの休暇を利用する父親が増えただけでなく、男性が取得する有給休暇日数の割合が、徐々にではあるが着実に上昇した（Duvander and Johansson, 2012）。現在では父親母親それぞれに対して3

第16章

図16.1［1/2］　1か国を除くすべてのOECD加盟国が有給出産休暇を付与しており、大半が有給父親休暇や有給育児休暇を提供している

有給出産休暇と有給父親休暇と有給育児休暇の期間、2016年

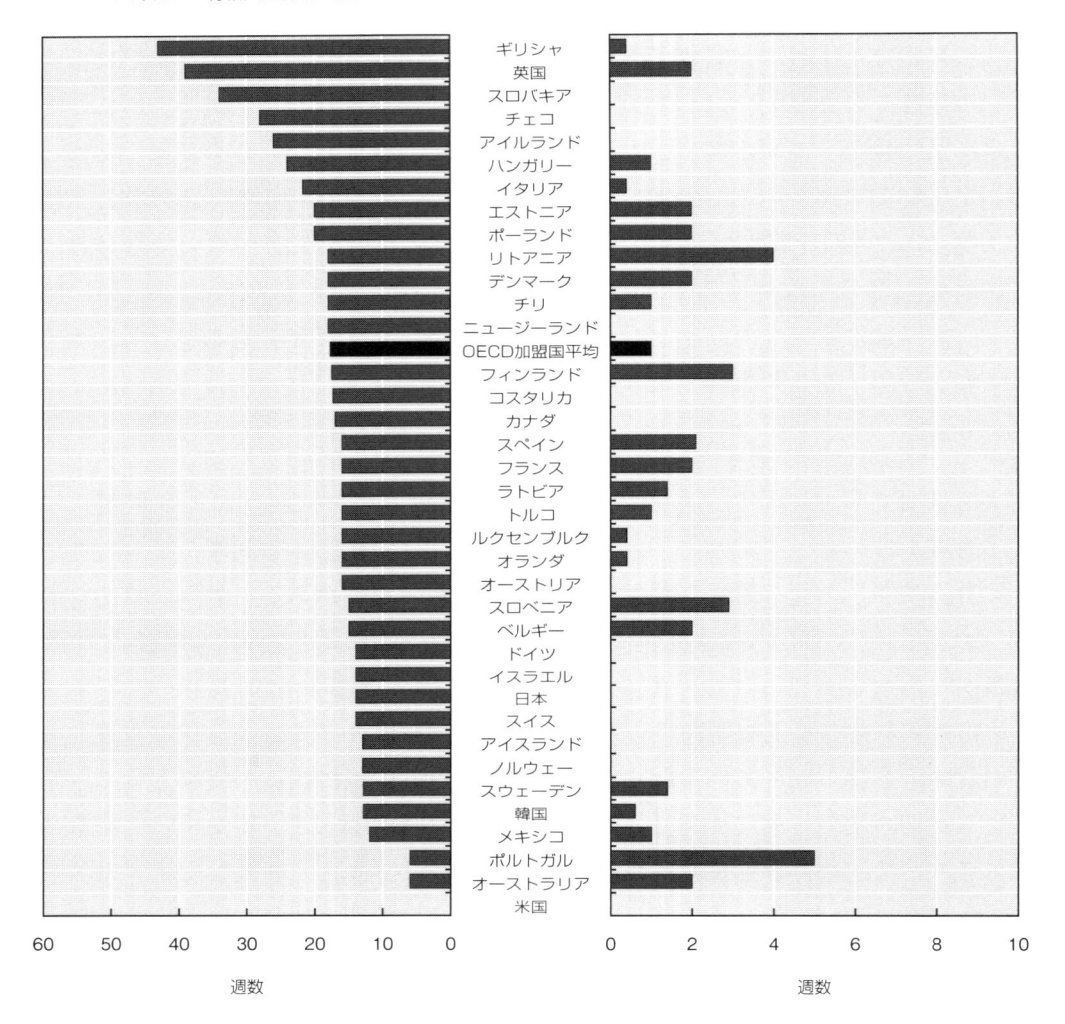

パネルA：有給出産休暇の週数　　　　　　　　　　　　パネルB：有給父親休暇の週数

ギリシャ
英国
スロバキア
チェコ
アイルランド
ハンガリー
イタリア
エストニア
ポーランド
リトアニア
デンマーク
チリ
ニュージーランド
OECD加盟国平均
フィンランド
コスタリカ
カナダ
スペイン
フランス
ラトビア
トルコ
ルクセンブルク
オランダ
オーストリア
スロベニア
ベルギー
ドイツ
イスラエル
日本
スイス
アイスランド
ノルウェー
スウェーデン
韓国
メキシコ
ポルトガル
オーストラリア
米国

60　50　40　30　20　10　0　　　　　　　　0　2　4　6　8　10
週数　　　　　　　　　　　　　　　　　　　週数

注：2016年4月現在実施されている有給休暇制度に関するデータであり、2016年4月以降に導入または修正された制度、たとえば、チェコとアイルランドで先頃導入された有給父親休暇や、スペインとスロベニアで最近実施された有給父親休暇の延長などは反映されていない。データは国または連邦レベルで付与される法定の権利のみを反映している。地方で実施されている類似制度、州・県・地方政府（カナダのケベック州や米国のカリフォルニア州など）が付与する追加または代替の休暇、法定の最低期間以外に雇用主が負担するいかなる手当も含まない。有給休暇中の賃金代替率は国によって異なる。データで取り上げているのは法定の権利のみであり、実際の利用状況は反映されていない。実際の利用状況は文化・社会規範や親の選択によって左右される可能性がある。

パネルAとパネルBの注：上から有給出産休暇の週数の長い国。図中のデータは、有給出産休暇（就業中の女性を対象とした出産前後、国によっては養子縁組の前後に取得できる雇用が保障された休暇と定義される）の週数と、有給父親休暇（就業中の父親〈または該当する他のパートナー〉を対象とした子どもの誕生時または誕生後の最初の数か月間に取得できる雇用が保障された休暇と定義される）の週数。アイスランド、ノルウェー，ポルトガル、スウェーデンに関して、「有給出産休暇の週数」には、母親のみが取得できるように留保された有給育児休暇の週数も含まれる。フィンランドに関して、「有給父親休暇の週数」には、母親が出産休暇または育児休暇を利用中に父親が利用できる3週間の有給父親休暇のみが含まれ、母親が出産休暇または育児休暇を利用していない場合にのみ取得できる、残りの6週間の有給父親休暇は（結果的に、「子どもの誕生時または誕生後の最初の数か月間」に利用される可能性が低くなるため）、パネルCの「父親または『相当する親』のみ」の有給父親休暇に分類している。

資料：OECDファミリー・データベース（*OECD Family Database*）インディケータPF2.1（http://www.oecd.org/social/family/database.htm）。

StatLink：http://dx.doi.org/10.1787/888933574969

図16.1［2/2］　1か国を除くすべてのOECD加盟国が有給出産休暇を付与しており、大半が有給父親休暇や有給育児休暇を提供している

有給出産休暇と有給父親休暇と有給育児休暇の期間、2016年

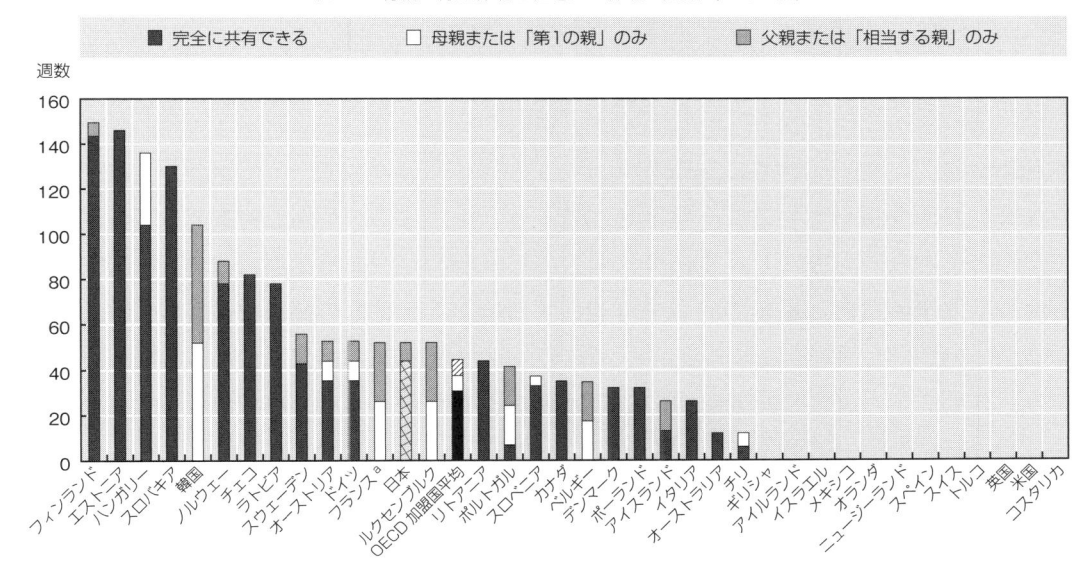

パネルC：有給の育児休暇と在宅ケア休暇の週数（タイプ別）

■ 完全に共有できる　　□ 母親または「第1の親」のみ　　■ 父親または「相当する親」のみ

注：2016年4月現在実施されている有給休暇制度に関するデータであり、2016年4月以降に導入または修正された制度、たとえば、チェコとアイルランドで先頃導入された有給父親休暇や、スペインとスロベニアで最近実施された有給父親休暇の延長などは反映されていない。データは国または連邦レベルで付与される法定の権利のみを反映している。地方で実施されている類似制度、州・県・地方政府（カナダのケベック州や米国のカリフォルニア州など）が付与する追加または代替の休暇、法定の最低期間以外に雇用主が負担するいかなる手当も含まない。有給休暇中の賃金代替率は国によって異なる。データで取り上げているのは法定の権利のみであり、実際の利用状況は反映されていない。実際の利用状況は文化・社会規範や親の選択によって左右される可能性がある。

パネルCの注：左から、有給の育児休暇と在宅ケア休暇の合計週数の長い順。有給育児休暇と、低年齢児をケアするためのその後の有給在宅ケア休暇に関するデータ。すべての週はパネルAとBに示した出産休暇と父親休暇の週数に付加（つまり加算）される。「母親または第1の親のみ」と「父親または相当する親のみ」として表示した期間は、譲渡不可能な個人の権利であり、「ママ・パパ・クオータ」、すなわち全付与期間を片方の親のみが利用できる休暇で、配偶者またはパートナーに譲渡することはできない。共有可能な週は、いずれも当該家族が育児休暇の「ボーナス」週の受給資格を得るために、片方または両方の親が取得しなければならない。一部の国（日本など）では、個々の「母親または『第1の親』のみ」と「父親または『相当する親』のみ」の期間は、両親ともが付与期間をすべて取得したい場合、同時に取得する必要がある。こうした期間については斜めの格子模様で表している。

a）フランスのデータは子ども1人のみの家庭に付与される休暇のもの。子ども2人以上の家庭はもっと長く有給育児休暇を取得することができる。

資料：OECDファミリー・データベース（*OECD Family Database*）インディケータPF2.1（http://www.oecd.org/social/family/database.htm）。

StatLink : http://dx.doi.org/10.1787/888933574969

か月間が留保されている。ドイツでは、2007年に両親ともが2か月以上の休暇を取得した場合に与えられる2か月間の「ボーナス期間」が導入されたことで、父親が育児休暇を利用した子どもの割合は、2008年生まれの子どもでは20.8％であったが、2014年生まれの子どもでは34.2％に上昇した（Reich, 2010; Destatis, 2016）。

有給休暇が母親・父親・家族にもたらす恩恵

　有給休暇に対する社会支出は相当な額に上りうる。OECD加盟国平均でGDPのおよそ0.3％を占めており、チェコ、エストニア、フィンランド、ハンガリー、スロベニア、スウェーデンなど、有給休暇の期間が最も長い国や給付が最も手厚い国の中には、GDPの0.7％以上に上る国もある（OECD Social Expenditure Database）。しかし、OECD加盟国全体から得られた証拠には、有給休暇は親だけでなく、子どもと家族全体にとって大きな恩恵をもたらすことが示されている。

　有給休暇の効果に関して現在ある証拠のほとんどが、母親を対象とした休暇、つまり母親が取得する休暇に重点を置いている。全体として見ると、証拠から、母親を対象とする有給休暇は主として女性と子どもの両方にとって有益であることがわかる。有給休暇は母親が出産から回復するのを促し、母親の健康と福祉の向上を可能にするほか、子どもの健康を促進する可能性も考えられる（Adema et al., 2015; Rossin-Slater, 2017）。また、適切に選定された有給休暇期間は、少なくともある程度まで、女性の就労を増やし、母親の離職を減らし、出産後の労働市場への再参入を促す（Thévenon and Solaz, 2013; Adema et al., 2015; Rossin-Slater, 2017）。しかし、休暇が非常に長期間であれば、新たに母親になった女性が有償労働から離れる時間が長くなり、場合によっては雇用主が出産年齢の女性の雇用や昇進に消極的になることから、女性の人的資本開発と昇進に悪影響が生じる恐れがある（Thévenon and Solaz, 2013; Adema et al., 2015; Rossin-Slater, 2017）。

　父親による休暇の取得もかなりの恩恵をもたらす。今日の夫婦は、子どもが誕生する前は（無償の）家事労働の分担に関して比較的平等主義的な傾向にあるが、子どもの誕生直後に変化することが多い。簡単に言うと、子どもが生まれると、女性は男性よりもはるかに多くの無償労働を担うようになる（OECD, 2016）。だからこそ、出産前後に父親が休暇を取得することが非常に重要になるのである。休暇を取得した父親の方が、早くから、また仕事への復帰後も、育児において積極的な役割を担う傾向にある（Huerta et al., 2013; Almqvist and Duvander, 2014; Bünning, 2015）。特に2週間以上の休暇を利用した場合、その傾向が強い（Huerta et al., 2013）。父親の育児参加の増大は、子どものより良い健康と発育につながり（Sarkadi et al., 2008; Huerta et al., 2013）、父親自身にも恩恵をもたらす。休暇を取得した男性の方が、子育てに対して大きな満足感を報告しており（Haas and Hwang, 2008）、子育てにより多く参加している男性の方が、生活満足度と精神的充足度を高く報告している（Craig and Sawrikar, 2009; Schindler, 2010）。

　父親による休暇の取得は、女性の労働市場成果にとっても有益である。男性により多くの無償労働を担うよう促すとともに、父親による休暇の取得を社会的に標準化することも、職場での男女差別を削減し、女性だけがケア関連の休暇を取得することになるリスク──およびそれによって生じる女性の所得と昇進への悪影響──を低減するのに役立つだろう（Rønsen and Kitterød, 2015）。

父親を対象にした有給休暇政策の最近の進展

2013年ジェンダー勧告の採択以来、多数のOECD加盟国が有給休暇政策——なかでも男性の休暇取得を促すための政策——で進展を見せてきた。OECD加盟国政府は、男性に家庭で子どもの世話をして過ごす時間を増やすよう促す重要性について、ますます認識を強めている。2016年のジェンダー平等に関するOECD質問票（GEQ）から明らかになっているように、14か国が男性をより多く家事に従事させることが男女平等の実現に不可欠であると考えており、数か国が先頃、父親の休暇取得を促す措置を新たに導入した。

複数のOECD加盟国が、父親休暇や父親限定の有給育児休暇など、父親に限定した休暇を導入または延長することで、男性による休暇の利用を促進しようとしてきた。2013年初以来、OECD加盟4か国（チェコ、アイルランド、イタリア、トルコ）が初めて法定の有給父親休暇を導入し、ポルトガル、スペイン、スロベニアは現行の付与日数を延長し、エストニアは経済危機を受けて2009年に停止していた父親給付を再び導入した。さらに、父親限定の有給育児休暇を導入または延長したOECD加盟国も2か国ある。フランスは2014年、（家族の規模に応じて）6〜12か月間の育児休暇手当を「第2の親」に留保することで、一種の父親限定の育児休暇を導入し（だが、給付率は非常に低く設定されたままである）、スウェーデンは2016年、同国の「ママ・パパ・クオータ」を2か月から3か月に拡大した。ノルウェーは実のところ逆方向に進んでおり、2013年に12週から14週に延長したばかりのクオータの期間を、翌2014年に14週から10週に短縮した。オランダは育児休暇を取得する父親と母親の両方が利用できた経済的支援をすべて廃止した。

他の国は賃金代替率を引き上げ、休暇を取得する経済的インセンティブを拡大することで、父親による休暇の利用を促進しようとしてきた。一部の国はそのための取り組みとして、育児休暇全般の賃金代替率を引き上げる改革を実施している。たとえば、日本は近年、育児休暇の最初の6か月間の賃金代替率を50％から67％へとまずまずの水準まで引き上げた。他の国（オーストリアや韓国）は父親を対象にした新たな給付やボーナスを導入して、給付率を引き上げている。たとえば、韓国は2014年、1か月間の特別な「父親月」を導入し、「第2」の親が取得する休暇の最初の1か月間、育児休暇手当の賃金代替率を従前の賃金の40％から100％（上限）へと引き上げた。2016年1月には「父親月」を第2の親が取得する休暇の最初の3か月間へと延長した。この後者の延長が、育児休暇利用者に占める男性の割合が最近50％増加して、2015年の5.6％から2016年には8.5％に上昇するのに寄与したと考えられる（MOEL, 2017）。

第16章

主な政策提言

● 母親に雇用が保障され、（十分な）給付が得られる出産休暇を付与すべきであるが、母親が対象または母親に利用可能ないかなる有給休暇制度も、母親が仕事に復帰する意欲をくじいたり、阻害したりしないように徹底しなければならない。

● 父親に（十分な）給付が得られる父親限定の休暇を付与すべきである。子どもの誕生前後に利用できる有給父親休暇制度は出発点として適切であるが、育児行動に真の変化を生み出すためには、譲渡不可能な父親限定の有給育児休暇を取得する権利も父親に付与する必要がある。

参考文献・資料

Adema, W., C. Clarke and V. Frey (2015), "Paid Parental Leave: Lessons from OECD Countries and Selected U.S. States", *OECD Social, Employment and Migration Working Papers*, No. 172, OECD Publishing, Paris, http://dx.doi.org/10.1787/5jrqgvqqb4vb-en.

Almqvist, A.L. and A-Z. Duvander (2014), "Changes in Gender Equality? Swedish Fathers' Parental Leave, Division of Childcare and Housework", *Journal of Family Studies*, Vol. 20, No. 1, pp. 19-27.

Bünning, M. (2015), "What Happens After the 'Daddy Months'? Fathers' Involvement in Paid Work, Childcare, and Housework After Taking Parental Leave in Germany", *European Sociological Review*, Vol. 31, No. 6, pp. 738-748.

Craig, L. and P. Sawrikar (2009), "Work and Family: How Does the (Gender) Balance Change as Children Grow?", *Gender, Work & Organization*, Vol. 16, No. 6, pp. 684-709.

Destatis (2016), *Kinder und tätige Personen in Tageseinrichtungen und in öffentlich geförderter Kindertagespflege am 01.03.2016*, Statistisches Bundesamt, Wiesbaden.

Duvander, A.Z. (2014), "How Long Should Parental Leave Be? Attitudes to Gender Equality, Family, and Work as Determinants of Women's and Men's Parental Leave in Sweden", *Journal of Family Issues*, Vol. 35, No. 7, pp. 909-926.

Duvander, A-Z. and M. Johansson (2012), "What Are the Effects of Reforms Promoting Fathers' Parental Leave Use?", *Journal of European Social Policy*, Vol. 22, No. 3, pp. 319-330.

Haas, L. and C.P. Hwang (2008), "The Impact of Taking Parental Leave on Fathers' Participation in Childcare and Relationships with Children: Lessons from Sweden", *Community, Work and Family*, Vol. 11, No. 1, pp. 85-104.

Huerta, M. *et al.* (2013), "Fathers' Leave, Fathers' Involvement and Child Development: Are They Related? Evidence from Four OECD Countries", *OECD Social, Employment and Migration Working Papers*, No. 140, OECD Publishing, Paris, http://dx.doi.org/10.1787/5k4dlw9w6czq-en.

MOEL – Ministry of Employment and Labor（2017）, "Press Release on Fathers' Leave Taking, Rapidly Increasing on 24 January 2017", Ministry of Employment and Labor, Sejong-si, Korea.

Moss, P.（ed.）（2015）, "11th International Review of Leave Policies and Related Research 2015", http://www.leavenetwork.org/fileadmin/Leavenetwork/Annual_reviews/2015_full_review3_final_8july.pdf.

O'Brien, M.（2009）, "Fathers, Parental Leave Policies, and Infant Quality of Life: International Perspectives and Policy Impact", *Annals of the American Academy of Political and Social Science*, Vol. 624, pp. 190-213.

OECD（2016）, *Dare to Share: Germany's Experience Promoting Equal Partnership in Families*, OECD Publishing, Paris, http://dx.doi.org/10.1787/9789264259157-en.

OECD（2013）, "Recommendation of the Council on Gender Equality in Education, Employment, and Entrepreneurship", OECD, Paris, http://dx.doi.org/10.1787/9789264279391-en.

Rønsen, M. and R.H. Kitterød（2015）, "Gender-equalizing Family Policies and Mothers' Entry into Aid Work: Recent Evidence from Norway", *Feminist Economics*, Vol. 21, No. 1, pp. 59-89.

Rossin-Slater, M.（2017）, "Maternity and Family Leave Policy", *IZA Discussion Paper Series*, No. 10500, Bonn, http://ftp.iza.org/dp10500.pdf.

Rudman, L.A. and K. Mescher（2013）, "Penalizing Men Who Request a Family Leave: Is Flexibility Stigma a Femininity Stigma?", *Journal of Social Issues*, Vol. 69, pp. 322-340, http://dx.doi.org/10.1111/josi.12017.

Sarkadi, A. *et al.*（2008）, "Fathers' Involvement and Children's Developmental Outcomes: A Systematic Review of Longitudinal Studies", *Acta paediatrica*, Vol. 97, No. 2, pp. 153-158.

Schindler, H.S.（2010）, "The Importance of Parenting and Financial Contributions in Promoting Fathers' Psychological Health", *Journal of Marriage and Family*, Vol. 72, No. 2, pp. 318-332.

Thévenon, O. and A. Solaz（2013）, "Labour Market Effects of Parental Leave Policies in OECD Countries?", *OECD Social, Employment and Migration Working Papers*, No. 141, OECD Publishing, Paris, http://dx.doi.org/10.1787/5k8xb6hw1wjf-en.

データベース

OECD ファミリー・データベース（OECD Family Database）
http://www.oecd.org/els/family/database.htm

OECD 社会支出データベース（OECD Social Expenditure Database）
https://www.oecd.org/social/expenditure.htm

■ 第17章 ■

子育て支援：
有償労働に従事する両親を支援する

主な研究結果

- 幼児教育・保育（ECEC）サービスの利用率はOECD加盟国内で異なるだけでなく、一国内でも社会経済的グループによって差異がある。多数のOECD加盟国では、貧困家庭の子どもは相対的に裕福な家庭の子どもよりも認可ECECに参加する割合がはるかに低い。

- 公的支援があっても、ECECは高額であることが多い。一部のOECD加盟国では、賃金が平均賃金の3分の2で、子どもが2人いるひとり親家庭の親は、可処分所得の半分近くを認可保育サービスに費やすこともある。

- 学齢期の子どもによる学校時間外保育の参加は多数のOECD加盟国で少ないままである。それによって、学齢期の子どもを持つ親がフルタイムで働く困難が増しており、OECD加盟国で、多くの母親が子どもが大きくなってもパートタイムでの就労を続ける理由のひとつになっていると考えられる。

幼児教育・保育（ECEC）サービスの利用率は、国によっても社会経済的グループによっても異なる

第17章

　ECECサービスは家庭・子ども・ジェンダーに関するさまざまな目標の要である。ECECが手頃な料金で利用できることで、親には仕事と家庭生活に関してニーズに合った決定をするための選択肢が与えられ、幼い子どものいる親には有償労働に全面的に従事する後押しとなる。育児の必要性から有償労働への就労パターンを調整するのは、父親よりも母親であることがはるかに多いため（第11章、OECD, 2016a）、ECECサービスは女性の労働市場での機会にとって、また親になってからも母親が有償労働に自由に従事できるようにするために非常に重要である（Jaumotte, 2003; Thévenon, 2013; Del Boca, 2015; Olivetti and Petrongolo, 2017）。それに加えて、質の高いECECに参加することで、なかでも恵まれない背景を持つ子どもたちに関して（Heckman *et al.*, 2010; Ruhm and Waldfogel, 2012; Havnes and Mogstad, 2015; García *et al.*, 2016など）、子どもの認知的・社会的発達に好ましい効果がもたらされうることを示す証拠も増えている（Camilli *et al.*, 2010; Havnes and Mogstad, 2011; OECD, 2013など）。

　ECECに対する公的支援は、すべての親が手頃な料金でサービスを利用できるようにするために欠かせない。どのOECD加盟国政府も何らかの形でECECに資金を援助しており、OECD加盟国平均ではECECへの公共投資はGDPの0.7％強に上っている（OECD Social Expenditure Database）。ECECへの公共投資が最も高いのは北欧諸国とフランスで、GDPの1％強に達している（OECD Social Expenditure Database）。その他のほとんどのOECD加盟国では、ECECへの公共支出はGDPの0.5～0.9％であり、最も低いのはトルコでGDPの0.2％である。

　公的育児支援の差異は、育児休暇制度の相違（第16章）と親によらない幼い子どもの保育に対する考え方の相違とともに、特に3歳未満の低年齢児によるECECへの参加率の国による大きな違いの原因になっている。OECD加盟国平均で、3歳未満児の3分の1強が認可ECECに参加しているが、チェコとスロバキアの約6％からデンマークの65％まで幅がある（図17.1）。参加率は北欧諸国で高く、多くの親が在宅ケア休暇を利用して自宅で幼い子どもの世話をするフィンランドは例外である。またベネルクス三国（ベルギー、ルクセンブルク、オランダ）でも参加率は高く、これらの国々では有給休暇が相対的に短い。オランダでは、ほとんどの子どもは短時間のみ参加する（OECD Family Database）。3歳未満児の参加は傾向として中・東欧諸国で最も低い。こうした国々では、長期の育児休暇制度によって、子どもが就学前教育に入学するまで多くの親が家庭に留まる後押しになっていることが多い。

　参加率は一般的に、少し上の3～5歳児の間ではずっと高くなる（図17.1）。多くのOECD加盟国では、就学前教育は3歳から法律上の権利としてすべての子どもに提供されており、サービスは大幅に助成されるか、無償で提供されることが多い。一部の国では初等教育入学前の少なくとも1年または2年間の就学前教育を義務化している（オーストリア、デンマーク、フィン

図17.1　OECD加盟国のECEC参加率は、特に低年齢児の間で異なる

0～2歳児の認可保育・就学前教育サービス参加率[a]と3～5歳児の就学前教育または初等教育就学率[b]、
2014年またはデータのある最新年[c]

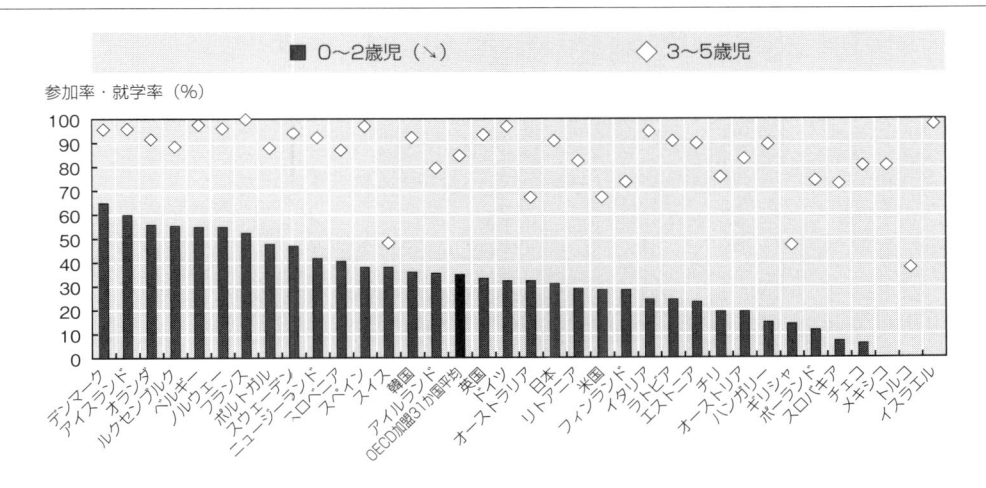

注：OECD加盟国平均には、両年齢層のデータのあるOECD加盟国をすべて含む。

a）0～2歳児の参加率の対象は、2歳（2歳を含む）までの子どもであり、一般的には施設型サービス（公立と私立の保育所、託児所、幼稚園など）、組織化された個人保育サービス、専門の（有償の）保育士によって提供される保育サービスを受ける子どもをいうが、厳密な定義は国によって若干異なる。国別の注と詳細については、OECDファミリー・データベース（*OECD Family Database*）（http://www.oecd.org/els/family/database.htm）インディケータPF3.2を参照。

b）3～5歳児の就学率の対象は、就学前教育（国際標準教育分類2011〔ISCED 2011〕レベル0）および初等教育（ISCED 2011レベル1）に就学している子どものみである。就学率と人口データの範囲に（地理的範囲や用いた調査データの点で）生じうるずれが、就学率に影響を及ぼす場合がある。詳しくはOECDの『図表でみる教育（2016年版）（*Education at a Glance 2016*）』の付録3インディケータC2の注を参照。

c）0～2歳児の参加率に関して、米国は2011年、チリは2015年のデータ。3～5歳児の就学率に関して、エストニアとアイスランドは2013年のデータ。

資料：OECDファミリー・データベース（*OECD Family Database*）インディケータPF3.2（http://www.oecd.org/els/family/database.htm）。

StatLink : http://dx.doi.org/10.1787/888933574988

ランド、ギリシャ、ハンガリー、リトアニア、ラトビア、ポーランド）。その結果、ほとんどのOECD加盟国では3～5歳児の80％以上が就学前教育または初等教育に就学しており（図17.1）、多くの国では就学率は90％を大きく上回っている。ベルギーやフランスなど一部の国では、3歳前後または3歳になる前からすべての子どもに無償で就学前教育が提供されており、3～5歳児の就学前教育就学率は実質的に100％になっている。

　保育サービスの参加率は子どもたちの間で差異がある。多くのOECD加盟国では、参加率は社会経済的グループによって異なり、恵まれない背景を持つ子どもは一般的に参加しない割合が最も高い（OECD, 2016b）。たとえば、OECDに加盟する多数の欧州諸国では、低所得家庭の低年齢の子ども（0～2歳児）は、より裕福な家庭の同年齢の子どもよりも、認可ECECサービスを利用する割合がずっと低い（図17.2）。所得層の間での差異が最大なのはベルギー、アイルランド、オランダであり、特にフランスでは、高所得家庭の子ども（0～2歳児）は最貧家庭の同年齢の子どもの4倍を上回る割合で認可ECECを利用している。こうした格差の背景にあ

第17章

図17.2　低所得家庭の子どもはECECに参加する割合が低い

0～2歳児の認可保育・就学前教育サービス参加率、等価可処分所得三分位別、2014年

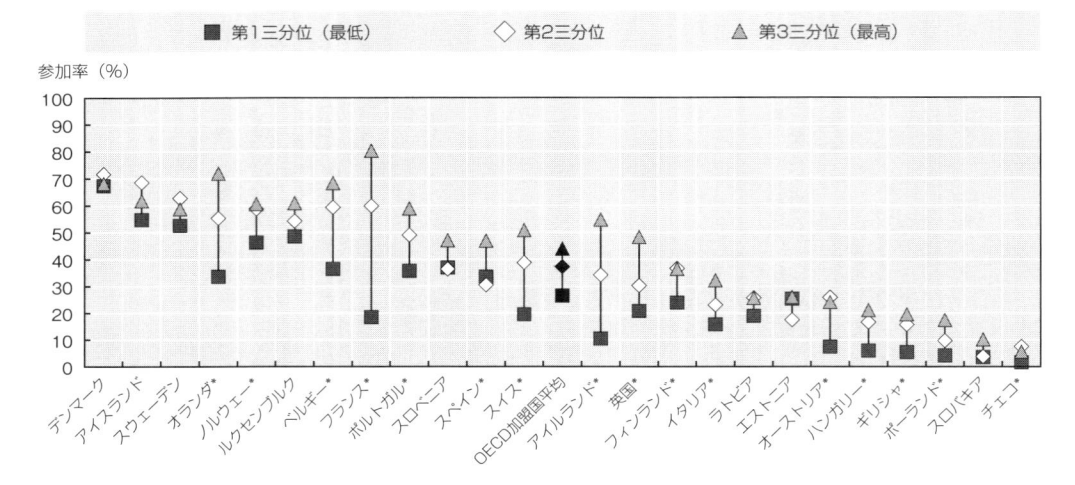

注：左から0～2歳児の全参加率の高い国。アスタリスク（＊）を付した国では、所得層間の差がp<0.05で統計的に有意である。図では施設型サービス（公立と私立の保育所、託児所、幼稚園など）、組織化された個人保育サービス、専門の（有償の）保育士によって提供される保育サービスを受ける子どもを対象とし、親族、友人、隣人などが無償で提供するインフォーマルなサービスを利用している子どもは除外している。等価可処分所得三分位は子どもが暮らす世帯の可処分（税引後移転後）所得を用いて計算──平方根尺度を用いて等価し、世帯人数が世帯の生活水準に与える影響を調整──しており、12歳以下の子どもの等価可処分所得を基準にしている。

資料：OECDファミリー・データベース（*OECD Family Database*）インディケータPF3.2（http://www.oecd.org/els/family/database.htm）。

StatLink : http://dx.doi.org/10.1787/888933575007

る要因は国によって異なるが、フランスでは貧困家庭の子どもの参加率が低い主な原因は、3歳未満児を対象にした公立の施設型サービスの供給不足と、親に対する公的助成があるとはいえ、個人保育所のような民間の保育サービスの利用料がかなり高額であることにある（OECD, 2016b）。しかし、すべての国に所得層による参加率の差異が見られるわけではなく、デンマーク、アイスランド、スウェーデンは参加率が高く、世帯所得による差異がほとんどない国として特に突出している。こうした国々では、大幅な助成と所得を勘案した料金、十分な供給が相まって、低年齢児が家庭の貧富にかかわらず、認可ECECに参加する割合が高くなっている。

学校時間外保育サービスは、ほとんどのOECD加盟国で今なお十分に発展していない

　保育に関する問題は、子どもが就学前教育や初等教育に就学しても解消しない。そうした教育を受ける子どもは、かなりの時間を学校で過ごすが、開校時間はフルタイム就業者の週間勤務時間と一致しないことが多く、学校の休暇は就業者の年次休暇よりも長いことがほとんどである。友人や親族が提供するインフォーマルな保育サービスは助けになるが、そうしたサービスはいつでも利用できるわけではなく、学齢期の子どもを持つ働く親は、しばしば学校時間外

図17.3　ほとんどのOECD加盟国で学校時間外保育の参加率は今なお低い

授業前・放課後保育サービス（施設型）への6～11歳児[a]の参加率、年齢層別、2014年またはデータのある最新年[b]

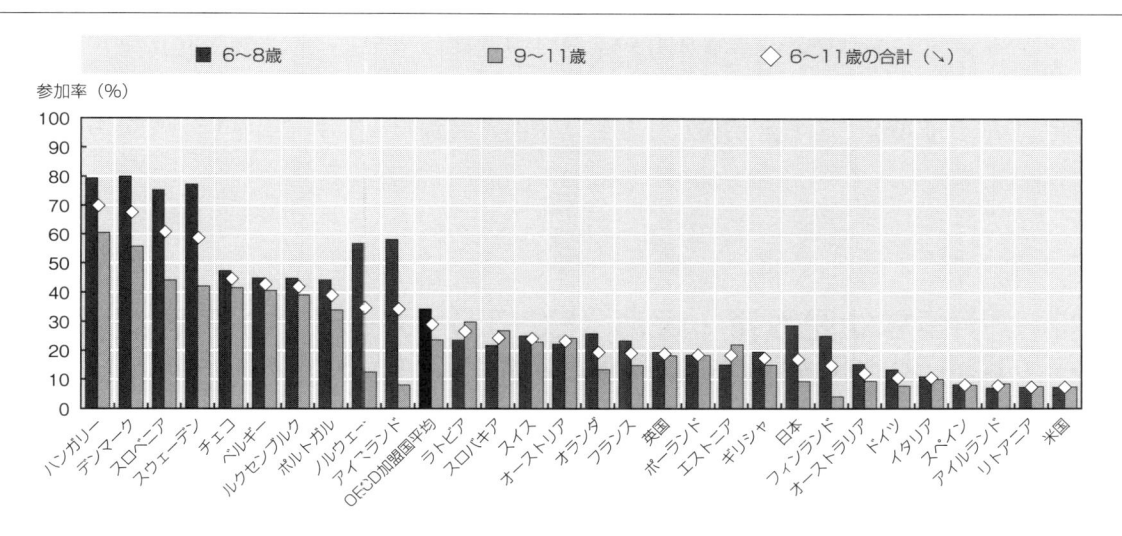

注：データ全般で取り上げているのは、通常の週の間に1時間以上、施設型の学校時間外保育サービスを利用している子どもの割合である。対象は、授業前と放課後のいずれか、または両方に提供されるサービスの利用率のみであり、「学校に通っている」子どもで、学校の休暇中のみ、または学校の休業日のみ、施設型の保育サービスを利用する子どもは除外している。厳密な定義は国によって若干異なる。国別の注と詳細については、OECDファミリー・データベース（*OECD Family Database*）（http://www.oecd.org/els/family/database.htm）インディケータPF4.3を参照。

a）オーストラリアは6～12歳児のデータであり、年齢層は6～8歳と9～12歳である。日本は7～11歳児のデータであり、年齢層は7～8歳と9～11歳である。米国は5～11歳児のデータであり、年齢層は5～8歳と9～11歳である。

b）米国は2011年、ハンガリーとノルウェーは2013年のデータ。

資料：OECDファミリー・データベース（*OECD Family Database*）インディケータPF4.3（http://www.oecd.org/els/family/database.htm）。

StatLink：http://dx.doi.org/10.1787/888933575026

と学校の休暇の間に子どもを預かってくれるフォーマルな解決策を追加で見つける必要がある。

　数か国のOECD加盟国が、学齢期の子どもを対象とした広範な学校時間外保育（OSHC）制度を開発してきた。デンマーク、ハンガリー、スロベニア、スウェーデンでは、通常の週に施設型の学校時間外保育サービスに通う6～11歳児は50％を超えており（図17.3）、一番低い年齢層（6～8歳）ではその割合は約80％に達している。デンマークとスウェーデンでは、学校時間外保育サービスはしばしば学校当局と連携して終日保育を提供しており、そうしたサービスは通常、学校の敷地内または近隣で提供され、午後5時以降まで利用できるのが一般的である。利用料に対する補助も受けられる。デンマークでは多くの場合、低所得家庭には無償でサービスが提供され、スウェーデンでは利用料に上限があり、大多数の家庭にとって学校時間外保育サービスが概して手頃な料金になるように、第1子の場合は総家計所得の約2％、第2子以降の場合はさらに低い水準に設定されている。

　しかし、ほとんどのOECD加盟国では、学校時間外保育サービスは今なお十分に発展していない（Plantenga and Remery, 2013; Plantenga and Remery, 2017）。多数の国で、通常の週に

施設型の学校時間外保育サービスを利用している6〜11歳児は4人に1人を下回っており（図17.3）、たいていの場合、学校時間外保育サービスの提供は地方自治体や利害関係者による善意の活動に依存している。こうした包括的な学校時間外保育サービスの不足は、学齢期の子どもを持つ親がフルタイムで有償労働に従事するのを妨げる大きな障壁になる恐れがあり、OECD加盟国で多くの母親が、子どもが大きくなっても引き続きパートタイムで働く原因のひとつになっていると考えられる（OECD, 2016a; OECD Family Database）。

利用料が手頃な幼児教育・保育（ECEC）サービスの不足は、引き続き多くの親にとって有償労働の妨げとなっている

　手頃な料金で利用できる保育サービスの不足は、依然として多数の女性にとって就労の妨げとなっている。ECECサービスのなかでも特に3歳未満児を対象とした施設は、多数のOECD加盟国で供給不足のままであり（EC/EACEA/Eurydice/Eurostat, 2014）、親の負担は高額な場合が多い。保育料はOECD加盟国平均で、子どもが2人いて夫婦2人ともが中所得のフルタイム就業者である世帯の可処分所得の約13％に相当し（図17.4）、低所得夫婦やひとり親家庭の親の場合、保育料は（相対的に）さらに高くなることが多い。たとえば、アイルランドと米国の場合、子どもが2人いるひとり親家庭の親が負担する保育料は、可処分所得の約45％にも上る場合がある（図17.4）。こうした高い利用料は、就労する経済的インセンティブを弱め、特に潜在所得が低い親の場合、第2の稼ぎ手やひとり親家庭の親が有償労働に従事する妨げとなる。実のところ、欧州のOECD加盟国平均では、低年齢児が1人いて職に就いていない母親の5人中2人以上が、手頃な料金で利用できる保育サービスの不足を、実際に求職活動をする妨げとして報告している（OECD, 2016a）。

　しかし、多数のOECD加盟国が、2013年ジェンダー勧告の採択後数年間で、ECECへのアクセスを改善するための政策で進展を見せてきた。OECD加盟国政府は、利用しやすい保育サービスの重要性をますます認識するようになっており、そのことは2016年のジェンダー平等に関するOECD質問票（GEQ）への回答に見て取れる。たとえば、3分の2近くの国が「保育サービスをもっと利用しやすいものにする」ことが、「女性の就労を妨げる障壁に対処する最も効果的な方法」の3つのうちの1つとして考えていることが明らかになっている。これまでの数年間、多くのOECD加盟国が、ECECの利用可能性と利用料の負担可能性を高めるために、種々の措置を導入または拡大してきた。

　多数のOECD加盟国が保育料に重点を置いて、親に対する利用料の負担可能性を改善するためにさまざまな措置を講じてきた。ほとんどの場合、こうした措置は、保育サービスを利用している親への助成金や給付金・払戻金の増額という形態を取る（カナダ、日本、韓国、ニュー

図17.4　一部のOECD加盟国では保育料は依然として非常に高額である

子どもが2人いる家庭の保育料の自己負担額が世帯可処分所得に占める割合、家族タイプ別、2015年

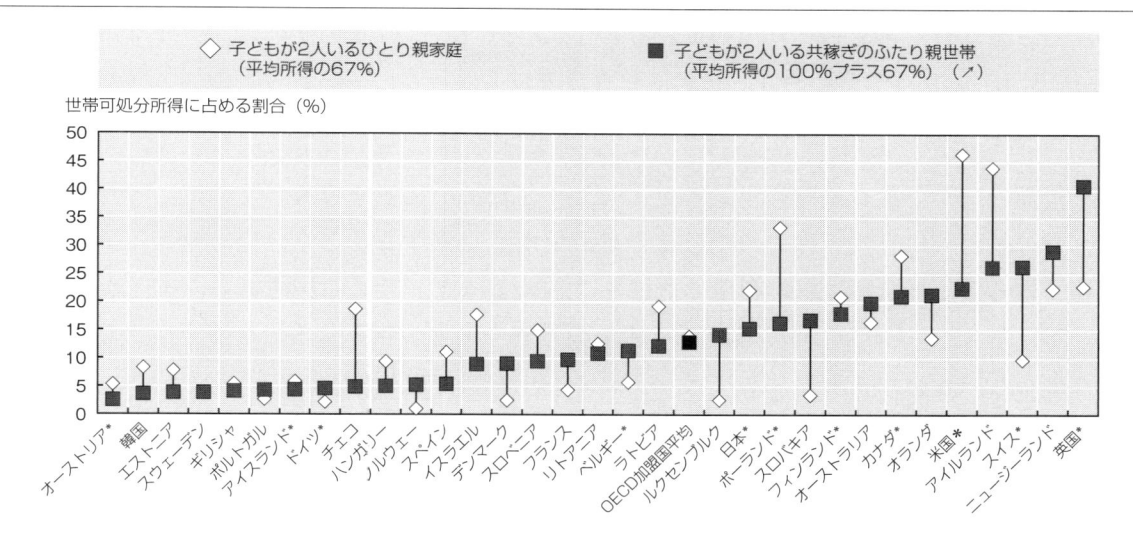

注：データは、子どもが2人いる家庭を対象とした、一般的な保育施設でのフルタイム保育の純費用（総費用から保育に関する給付金・払戻金と税額控除を減じて、保育サービスの利用に伴い、給付されるその他の手当に結果的に生じる変動や、家計所得の変動を反映させたもの）を表し、すべての親がフルタイムで就業し、子どもの年齢は2歳と3歳である。「子どもが2人いる共稼ぎのふたり親世帯」における2人の稼ぎ手の総所得は、第1の稼ぎ手の所得を平均所得の100％、第2の稼ぎ手の所得を平均所得の67％と設定して加算したものである。「子どもが2人いるひとり親家庭」における稼ぎ手1人の所得は、平均所得の67％と設定している。フルタイム保育とは、1週間当たり40時間以上の保育と定義する。アスタリスク（＊）を付した国のデータは、当該国全体ではなく特定の地域または都市の推定値に基づく。用いた手法と条件に関する詳細と、各国のモデルとなった政策に関する情報については、OECD税・給付モデルシステム（*OECD Tax and Benefit Systems*）ウェブサイト（http://www.oecd.org/els/soc/benefits-and-wages.htm）を参照。

資料：OECD事務局算定。データ源は、OECD税・給付モデル2015年版（*OECD Tax and Benefit Models 2015*）（http://www.oecd.org/els/soc/benefits-andwages）。

StatLink : http://dx.doi.org/10.1787/888933575045

ジーランド、スロバキア、ポーランドなど）。たとえば、ニュージーランドでは保育費助成金（Childcare Subsidy）と学校外保育レクリエーション（Out of School Care and Recreation）助成金——認可されたECECサービスや学校時間外保育サービスを利用する低所得家庭に代わって、直接保育提供者にそれぞれ支払われる利用料助成金——の水準は、2016年に25％引き上げられた。無償保育時間の導入または拡大によって、保育料全体の削減を試みている国もある（ノルウェーと英国）。たとえば、ノルウェーでは過去数年間にわたって、低所得家庭の3〜5歳児を対象に、1週間の無償保育時間を段階的に20時間に拡大した。

　韓国の例は、利用可能性の向上と保育料の保護者負担軽減のための最も大規模な取り組みのひとつである。韓国は施設型保育の利用料に対して長らく財政支援を行ってきたが、こうした助成金は従来、まさしく最貧家庭の子どものみに限定されていた。しかし、2004年以降、助成金の所得制限が徐々に緩和され、助成金の水準そのものも着実に引き上げられた。2013年、所得制限は完全に廃止され、背景や世帯の所得水準に関係なく、6歳までのすべての子どもに無償で保育を提供する制度が実質的に確立された。こうした改革は大規模な公共財政投資によって支えられており——韓国ではECECへの公共支出が2004年にはGDPの0.1％であったの

が、2014年には0.9％へと上昇しており、この期間ではOECD加盟国で最も大幅な伸びであった（OECD Social Expenditure Database）——、参加率の著しい向上に寄与している。2005年以降、施設型保育サービスを利用している0〜2歳児の割合は、9％から34％へと3倍以上に増加し（OECD Family Database）、就学前教育を受けている3〜5歳児の割合は31％から92％へと急上昇した（OECD Education Database）。

　また複数の国が、保育施設の供給不足に対処するための措置を導入している。一定年齢以上のすべての子どもに正規の保育を受けるための場所を提供することを、地方政府に対して法律で義務づけることで、ECECの利用可能性を改善しようとしている国もある（ドイツとポーランド、2017年9月からチェコ）。新施設への公共投資を増加・拡大することで、供給不足の緩和に乗り出した国もあり（オーストリア、チェコ、エストニア、フランス、ドイツ、ハンガリー、オランダ、ポーランド、スロバキア、スイス）、ほとんどの場合、3歳未満児を対象とした施設に重点を置いている。ドイツは両方の要素を包括的な改革パッケージに取り入れた。2013年8月以降、1歳以上のすべての子どもにECECを受ける権利が法的に付与され、公共投資事業の継続によって支援されている。それによって、公立の保育または公的補助を受けた保育を受ける3歳未満児は、過去10年間で2倍以上に増加し、2006年には29万人弱であったが、2016年には72万人を上回るまでになった（Destatis, 2016）。

主な政策提言

- 政府はECEC ——特に3歳未満の低年齢児を対象にしたECEC ——施設の供給と利用料の負担可能性の向上に向けて、引き続き取り組むべきである。

- 保育提供者への補助金の増額や、税制優遇措置による親への経済的支援の強化などによって、保育料の保護者負担をさらに引き下げることは、ECECを引き続き手頃な料金で利用できるようにするためにも、第2の稼ぎ手やひとり親家庭の親に対して就労が割に合うようにするためにも重要である。

- 政府は学校時間外保育サービスへの投資を拡大しなければならない。それによって、学齢期の子どもを持つ親が有償労働にフルタイムで参加する後押しをすることができるだろう。

参考文献・資料

Camilli, G. *et al.* (2010), "Meta-analysis of the Effects of Early Education Interventions on Cognitive and Social Development", *Teachers College Record*, Vol. 112, No. 3, pp. 579-620.

Del Boca, D. (2015), "The Impact of Child Care Costs and Availability on Mothers' Labor Supply", *ImPRovE Working Paper*, No. 15/04, Herman Deleeck Centre for Social Policy, University of Antwerp, Antwerp.

Destatis (2016), *Kinder und tätige Personen in Tageseinrichtungen und in öffentlich geförderter Kindertagespflege am 01.03.2016*, Statistisches Bundesamt, Wiesbaden.

European Commission/EACEA/Eurydice/Eurostat (2014), *Key Data on Early Childhood Education and Care in Europe. 2014 Edition. Eurydice and Eurostat Report*, Publications Office of the European Union, Luxembourg.

García, J.L. *et al.* (2016), "The Life-cycle Benefits of an Influential Early Childhood Program", *National Bureau of Economic Research Working Paper Series*, No. 22993, Cambridge, United States.

Havnes, T. and M. Mogstad (2015), "Is Universal Child Care Leveling the Playing Field?", *Journal of Public Economics*, Vol. 127, pp. 100-114.

Havnes, T. and M. Mogstad (2011), "No Child Left Behind: Subsidized Child Care and Children's Long-Run Outcomes", *American Economic Journal: Economic Policy*, Vol. 3, No. 2, pp. 97-129.

Heckman, J. J. (2010), "The Rate of Return to the High Scope Perry Preschool Program", *Journal of Public Economics*, Vol. 94, No. 1, pp. 114-128.

Jaumotte, F. (2003), "Female Labour Force Participation: Past Trends and Main Determinants in OECD Countries", *OECD Economics Department Working Papers*, No. 376, OECD Publishing, Paris, http://dx.doi.org/10.1787/082872464507.

OECD (2016a), "Walking the Tightrope: Background Brief on Parents' Work-life Balance Across the Stages of Childhood", OECD, Paris, http://www.oecd.org/social/family/Background-brief-parents-work-life-balancestages-childhood.pdf.

OECD (2016b), "Who Uses Childcare? Background Brief on Inequalities in the Use of Formal Early Childhood Education and Care (ECEC) Among Very Young Children", OECD, Paris, www.oecd.org/els/family/Who_uses_childcare-Backgrounder_inequalities_formal_ECEC.pdf.

OECD (2013), *PISA 2012 Results: Excellence through Equity (Volume II) : Giving Every Student the Chance to Succeed*, OECD Publishing, Paris, http://dx.doi.org/10.1787/9789264201132-en.

Olivetti, C. and B. Petrongolo (2017), "The Economic Consequences of Family Policies: Lessons from a Century of Legislation in High-Income Countries", *NBER Working Paper*, No. 23051, National Bureau of Economic Research, Cambridge, United States, http://www.nber.org/papers/w23051.pdf.

Plantenga, J. and C. Remery (2017), "Out-of-school Childcare: Exploring Availability and Quality in EU Member States", *Journal of European Social Policy*, Vol. 27, No. 1, pp. 25-39.

Plantenga, J. and C. Remery (2013), *Childcare Services for School Age Children: A Comparative Review of 33 Countries*, Publications Office of the European Union, Luxembourg.

第 17 章

Ruhm, C. and J. Waldfogel (2012), "Long-term Effects of Early Childhood Care and Education", *Nordic Economic Policy Review*, No. 1, pp. 23-51.

Thévenon, O. (2013), "Drivers of Female Labour Force Participation in the OECD", *OECD Social, Employment and Migration Working Papers*, No. 145, OECD Publishing, Paris, http://dx.doi.org/10.1787/5k46cvrgnms6-en.

データベース

OECD教育データベース（OECD Education Database）
　　http://www.oecd.org/education/database.htm

OECDファミリー・データベース（OECD Family Database）
　　www.oecd.org/els/family/database.htm

OECD社会支出データベース（OECD Social Expenditure Database）
　　https://www.oecd.org/social/expenditure.htm

■ 第18章 ■

柔軟な勤務形態

主な研究結果

- 女性は育児の大部分を担うため、父親よりも母親の方が柔軟な勤務形態を利用している、あるいは柔軟な働き方をしやすい仕事に就いている、と考える人がいるかもしれない。実際には、女性の方がパートタイムで働く割合がずっと高いものの、柔軟な勤務慣行の利用に見られる男女差は小さい。上級職に就いている男性の割合は女性よりも高く、上級職に就いていることで、勤務スケジュールを調整しやすくなる。

- より熟練した労働者を擁し、女性従業員が多く、「優れた」マネジメント慣行を有する企業は、ある程度の勤務の柔軟性を認めている割合も高い。

- 変更可能な始業・終業時間や在宅勤務など、柔軟な勤務形態へのアクセスと大きく関係しているのは、新しいICTの利用であるが、ICTは職業や職種によって普及に偏りがある。

パートタイム就業における男女差はまだ大きいものの、縮小しつつある

第18章

柔軟な職場慣行は、主として生産工程における雇用主のニーズに対処するために考案されたが、一方で従業員全般と特に働く親によるより良いワーク・ライフ・バランスの実現にも役立ちうる（Chung *et al.*, 2007; Riedman, 2006; Plantenga and Remery, 2009; Eurofound, 2016; OECD, 2011, 2016）。職場の柔軟性は、働く親が勤務スケジュールを育児や子どもが学校で過ごす時間に合わせるのに役立ち、従業員の満足度に大きく寄与しうる（Cazes *et al.*, 2016）。在宅勤務は通勤にかかる時間を節約できるため、子どもの世話が必要なときに従業員は子どもとパートナーのそばで過ごすことができる。しかし、フレックスタイム制は長時間労働、疲労、ストレスを伴う恐れもある（Golden, 2012; Lott and Chung, 2016）。

職場の柔軟性には多様な慣行があり、勤務時間の短縮やフレックスタイム制（始業・終業時間の変更など）から、もっと進んだ形態として、「コンプレストワークウィーク（compressed weeks）」（1日当たりの就業時間を1時間長くすることで、金曜日の午後に休みを取る、など）や、「時間口座（time accounts）」を利用して、数週または数か月の幅で勤務時間を配分するといったものまである。職場の柔軟性には在宅勤務も含まれる。

パートタイム就業は、労働時間を恒久的に減らす必要のある従業者にとってひとつの選択肢になりうるが、一般的には賃金の減少と職業的成功の見通しの低下という代償を伴うことになる。OECD加盟国では、女性——多くの場合、母親——はパートタイムで働く割合が男性の3倍近くに上り、10人中1人近くが1週間の労働時間が20時間を下回っている（OECD, 2017a）。それでも、こうした平均値からは見えないが、女性のパートタイム就業に関する過去10年間の推移は多様である（図18.1）。

● 全OECD加盟国の約40％で、パートタイムで働く女性就業者の割合が減少した——ノルウェーとポーランドでは5パーセントポイント以上も減少した。

● さらに別の約40％では、パートタイムで働く女性就業者の割合が上昇した——オーストリア、チリ、ギリシャ、日本、スペイン、トルコでは5パーセントポイント以上増加した。

● オーストラリア、オランダ、ドイツなど、パートタイムで働く女性就業者の割合が非常に高い国を含む少数の国では、変化はほとんどなかった。

男性の間ではパートタイム就業は増加している。コロンビア、ラトビア、リトアニア、ポーランド、ロシアを除き、2013年ジェンダー勧告（OECD, 2013）を支持するすべての国で、2004年から2014年にかけて男性就業者の間でパートタイム就業が増加した。しかし、ほとんどの国で、男性パートタイム就業者の増加の大部分は、2008年の金融危機発生後に生じていることから、こうした増加そのものはいっそうの男女平等に向かう動きというよりも、この経済危機と

図18.1　女性パートタイム就業者の割合の推移は一様ではないが、
男性パートタイム就業者は増加傾向にある

パートタイム就業者の割合の変化、2004～2014年、男女別、全年齢

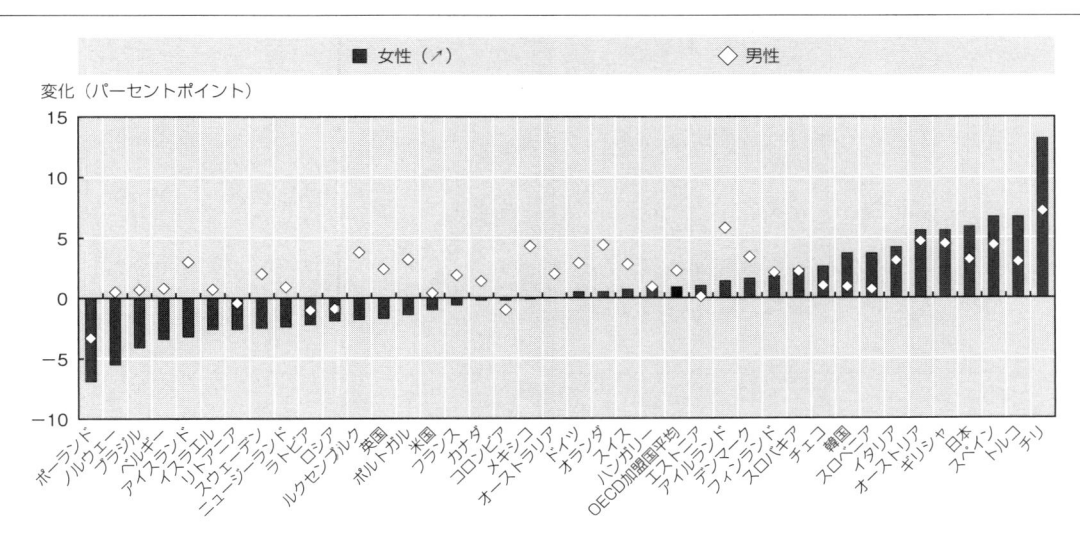

注：総就業者に占めるパートタイム就業者の割合。ここでの「パートタイム」就業者とは、本業での通常の週間労働時間が30時間未満の労働者のこと。米国のデータは従属的就業者（dependent employees）に関するもののみ。日本と韓国のパートタイム就業は、通常の週間労働時間ではなく実際の週間労働時間に基づく。

資料：OECD雇用データベース（*OECD Employment Database*）（http://www.oecd.org/employment/emp/onlineoecdemploymentdatabase.htm）。

StatLink：http://dx.doi.org/10.1787/888933575064

危機後の雇用環境の結果であると考えられる（OECD Employment Database）。

母親は父親よりも在宅勤務をする割合が低い

　欧州では就業者の約4人に3人が何らかの形態で柔軟な勤務をしているが、その割合にはギリシャの50％からオランダや北欧諸国の90％までの幅があり（Eurofound, 2015）、後者の国々の方が就業者は柔軟な勤務形態に関してより幅広い選択肢を利用できる。大まかに言って、柔軟な勤務形態が一般的な国では、扶養する子どものいない就業者よりも、子どものいる就業者の方が、そうした制度を利用する割合が高い。また多くの国では、子どものいる就業者は、柔軟な勤務制度を利用して在宅勤務をする傾向にある（OECD, 2016）。しかし、全体として見ると、柔軟な勤務形態の利用は、家庭に子どもがいるかどうかには密接に関連していない。

　多数の欧州諸国で、柔軟な勤務形態の利用に関する男女差は小さいが、父親の方が母親よりも自身の勤務時間契約を調整しやすいようである（図18.2）。欧州では就業者の約5人に1人が定期的または不定期的に在宅勤務をしているが、その割合はスカンジナビア諸国とオランダでは2倍に上る（OECD, 2016）。こうした国々では、父親の約50％と母親の約40％が定期的また

図18.2　子どものいる男性は他の就業者よりも在宅勤務をする割合が高いことが多い

過去12か月間で1回以上在宅勤務をしたことのある就業者の割合、男女別、子どもの有無別、全年齢、2015年

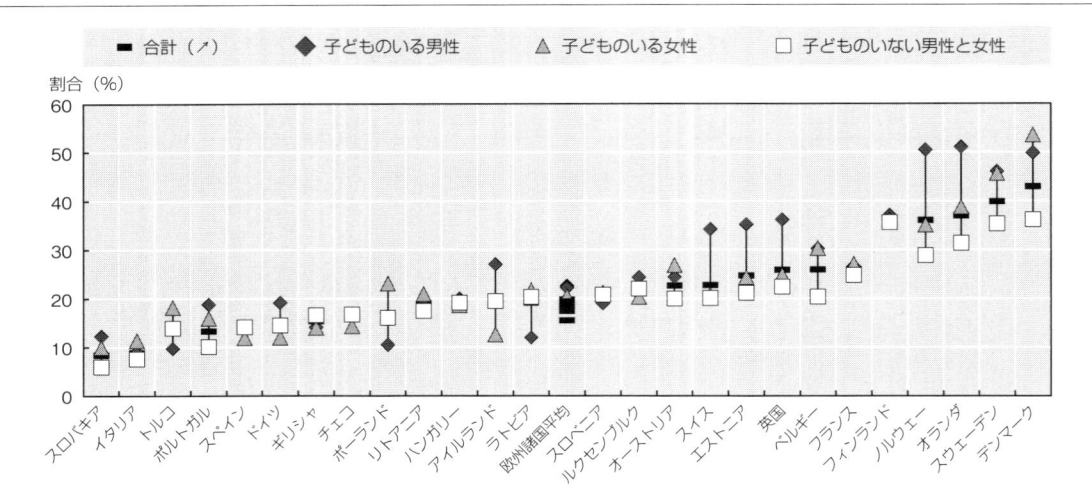

資料：OECD事務局算定。データ源は、2015年第6回欧州労働条件調査（The 6th European Working Conditions Survey, 2015）（www.eurofound.europa.eu/surveys）。

StatLink：http://dx.doi.org/10.1787/888933575083

は不定期的に在宅勤務をしている。

　1日の勤務時間中の休憩は、親が仕事と家庭を両立するのに役立つ場合がある。OECD加盟国全体では、就業者の60％以上が、個人または家族の用事に対応するために、1日の勤務時間中に1～2時間の休憩を容易に取ることができる。多数の国で、父親は母親や子どものいない就業者よりもそうした休憩を取る割合がずっと高い（OECD, 2016）。

　柔軟な職場慣行は米国では男女どちらの就業者の間にも広く見られ、女性の55％と男性の53％が柔軟な職場慣行の利用を報告した（US CEA, 2015）。オーストラリアでは男女差はもっと大きく、2015年に柔軟な勤務形態を要求した就業者は、女性（34％）の方が男性（21％）よりも多かった（FWC, 2016）。

　柔軟な勤務形態の利用の男女差が小さいのは、基本的に次の2つの大きな要素に関係している（OECD, 2016）。

● 職場と作業組織（コラム18.1）

● 就業者の個人的特徴

　専門職と管理職に従事する労働者は、事務職、サービス職、低熟練労働に従事する労働者よりも、フレックスタイム制をはるかに利用しやすい。後者は固定スケジュールで仕事が構成されているため、在宅勤務をする割合も大幅に低い。

　柔軟な勤務スケジュールの利用は、職場におけるICTの利用度の高さに密接に関係しているが、それはICTによって柔軟なスケジュールでの勤務と在宅勤務が促されるためである。

　在宅勤務を好む傾向には、長い労働時間（1週当たり40時間超）と長い通勤時間のほか、個人的事情で就業日に休憩を取る機会が少ないことも関係している。勤務時間を調整しやすくなることが、女性よりも男性の場合で、長時間労働（および追加所得）につながりやすくなることを示す証拠が――ドイツなどに――見られる（Lott and Chung, 2017）。フレックスタイム制にこうした性別による差異が見られる理由として、ひとつには女性の方が家庭の用事に対処するために勤務時間を調整する傾向が強く、柔軟性を得るために追加所得を放棄することさえありうるというものがある。一方、男性はワーク・ライフ・バランスの問題を解決するツールとしてではなく、主として職業的成功を後押しする手段として、勤務時間を調整することが多い。

コラム18.1　企業はなぜ柔軟な勤務時間制度を提供するのか？

　雇用主の視点から見ると、柔軟な勤務慣行は従業員の雇用と定着、長期欠勤の減少と離職率の低下に役立つと考えられ（Bloom *et al.*, 2010）、家庭に優しいというイメージを世間に与える一助となる（den Dulk *et al.*, 2013）。柔軟な勤務時間制度は従業員と職場全体の生産性を向上させることができるが、職場慣行を変えるには短期的なコストが発生する場合がある（Beauregard and Henry, 2009）。柔軟な勤務形態には、多数の従業員の多様な勤務形態を管理するために、有効なマネジメント慣行と相当のコミュニケーション能力が必要になる。

　比較可能なデータのあるOECD加盟国では、87％の企業が少なくとも一部の従業員に、少なくとも何らかの形態で柔軟な勤務時間制度を提供している（OECD Family Database）。オーストリア、デンマーク、フィンランド、ドイツ、スウェーデンはそうした企業の割合が最も高く、フィンランドでは99％に近い。柔軟性を認める雇用主が最も少ない国はギリシャとトルコであるが、こうした国でも50％を超える企業が、少なくとも一部の従業員に対して、少なくとも何らかの形態で柔軟な勤務時間制度を提供している。

　他の特徴は同じでも、熟練労働者と女性従業員の割合が高い企業の方が、柔軟な勤務時間制度を提供する傾向が強い（Thévenon *et al.*, 2018, forthcoming）。女性従業員の割合が高ければ高いほど、企業は柔軟な勤務時間制度を提供する割合が高くなるが、利用率は企業の熟練労働者の割合と比例して低下する。

　規模の小さい企業の方が労働者間で仕事を配分し直すのにコストがかかるため、大企業の方が中企業や小企業よりも柔軟な勤務時間制度を提供する割合が高い。欧州諸国全体では、

大企業の80％がフレックスタイム制を実施しているが、中企業では71％、小企業では64％である（European Company Survey, 2013）。規模の大きな企業の方が小さな企業よりも、多くのパートタイム勤務と高い柔軟性を提供している。

作業組織とマネジメント慣行も、柔軟な勤務時間制度を提供する重要な決定要素である。共同作業の場合、企業が従業員に始業時間と終業時間の変更を認める可能性は半減するが、パートタイム勤務の提供は影響を受けない。

特定の「最善の」マネジメント慣行（給与と賞与の選択肢、研修、長期雇用、優先措置としての内部雇用）は柔軟な勤務形態の提供と正の関連性がある。長期雇用慣行と意思決定プロセスへの従業員の関与も、柔軟な勤務時間制度の高い提供率に密接に関係している（Thévenon et al., 2018, forthcoming）。

柔軟な勤務形態へのアクセス拡大を促す政策

柔軟な勤務形態の利用しやすさを改善することは、能率の問題であるだけでなく、公平性の問題でもある。こうした勤務形態は、たとえばパートタイムで働くわけにはいかない低賃金労働者にとって特に重要である。この問題に対処しなければ、かなりの数の就業者が家庭や職場でストレスを経験することにつながり、ひいては長期欠勤が増加し、生産性が低下することになりかねない（Bond and Galinsky, 2011）。

職場慣行の柔軟性は、団体交渉や企業レベルの協定によって規定されることが多い（Hegewisch, 2009; Eurofound, 2016）。しかし、これに関しては政府も支援が可能であり、その方法として情報の提供、ベストプラクティスに関する企業の情報交換の奨励、職場の柔軟性問題についての団体交渉の促進のほか、職場慣行の改善を求める権利の従業員への付与がある（OECD, 2016）。ベルギー、フランス、ドイツ、ニュージーランドなどでは、一定規模の企業の全従業員に対して、柔軟な勤務形態——たとえばパートタイム就業への変更や始業・終業時間の変更など——を求める権利が与えられている。

2013年ジェンダー勧告が実施されて以来、オーストラリア、ハンガリー、ポルトガル、スロベニア、トルコをはじめとする一部のOECD加盟国が、幼い子どものいる親が少なくともパートタイム勤務またはフレックスタイム勤務を要求する権利を導入または拡大してきた。一方、オランダと英国はさらに進んで、この「要求する権利」の対象を、育児・介護負担や個人的事情にかかわらず、すべての労働者に広げた。この「要求する権利」の拡大が重要な意味を持つのは、それが交渉力を与えるとともに、柔軟な勤務形態を求めているのが子どものいる親だけである場合など、特定の労働者グループに対する差別の恐れを軽減するためである。

　また数か国（フィンランド、ドイツ、韓国、トルコ）は、パートタイム勤務への経済的障壁を最小限に抑える目的で、勤務時間を減らす親に対する補償や手当を導入した。2000年代半ば以降、ドイツの政策は有償・無償労働のより平等な分担を促進しようとしており、この点に関してほとんどのOECD加盟国（北欧諸国を除く）よりも進んでいる。ドイツは父親によるパートタイム勤務と有償・無償労働の平等な負担を奨励している。親手当プラス（2015年に実施）はパートナーシップボーナスと同時に導入され、両親ともが同時に4か月以上パートタイムで勤務した場合、各親は追加で最大4か月分の補償を受け取ることができる。さらに、民間部門のステークホルダーが関与する公的支援を受けた多様なイニシアチブもあり、それには家庭に優しい企業のベストプラクティスと監査の共有の促進がある。2015年、さまざまなステークホルダー（経営者団体や労働組合など）が仕事と家庭の「新たな調和（Neue Vereinbarkeit）」に関する覚書に署名した。この覚書は、進捗のあった分野（企業における柔軟な勤務時間についての認識の向上など）と引き続き克服すべき課題（母親を対象とした有償労働時間の延長など）を明確化している。

　政策支援の水準にかかわらず、通信技術と携帯電話技術の進歩は、多くの就業者に、在宅勤務など柔軟なスケジュールで働く機会をこれまで以上にもたらし続けるだろう。また、技術の進歩はさまざまな形で種々の職業と職種に影響を及ぼすと考えられ、それによって、リモートワークにおける不平等が縮小するのではなく拡大する恐れがあり、雇用における性別分離を考慮すると、男性就業者と女性就業者が異なる影響を受ける可能性もある（OECD, 2017b）。

　とはいえ、柔軟な勤務時間制度が、就業者のワーク・ライフ・バランスに恩恵をもたらすかどうかは今なおはっきりしておらず、利用することによって仕事と家庭生活との境界線が曖昧になり、労働時間の長期化を拓くリスクがある（Fagan, 2014; Lott and Chung, 2016; Eurofound and ILO, 2017）。そうしたリスクを防ぐために、フランスで2017年1月に制定された新しい法律は、1日の勤務時間が終われば、Eメールやスマートフォンなどによって電子的に「つながらない権利（right to disconnect）」を就業者に付与することを目的としている。同法は従業員数50人以上の企業に対して、勤務時間外のEメール利用に関する新たな規則について、従業員と交渉することを義務づけている。企業には、Eメールの使用を規制して、従業員が仕事から離れられるようにする義務がある。新たな規則について経営陣と従業員が合意に至らない場合、企業は宣言書を作成して、いつ従業員が電源を切ることができるのかを明確に規定しなければならない。ドイツにも、職場以外での勤務について規定するセクターレベルや企業レベルでの協定の例がいくつかある。たとえば、ドイツの自動車メーカーのBMWは2014年1月、BMWの施設外で労働した時間を、勤務時間として登録することを全従業員に認めることを定めた協定が成立した。これは超過勤務手当の受給機会を広げるものである。また、従業員に、管理者と「つながる時間」をあらかじめ取り決めることを奨励している。

第18章

主な政策提言

- 職場での柔軟性の拡大は、すべての労働者が仕事と家庭生活のより良いバランスを見いだすのに役立つ可能性がある。とはいえ、その恩恵は女性にとって特に大きいと考えられるが、それはどの国でも女性が依然として無償労働の大部分を負担し、家事のほとんどを担っているためである（第15章）。

- 政府はさまざまな方法で職場の柔軟性を促進することができる。その方法として、すべての従業員に柔軟な勤務を求める権利を付与する、ソーシャルパートナーに働きかけて労使協約に職場の柔軟性を盛り込ませる、ベストプラクティスについての情報交換や広報活動によって企業が作業組織を改編するのを支援する、などがある。

- 政府は柔軟な勤務慣行の利用についてモニタリングして、フレックスタイム制を利用している労働者が差別されないように、またその利用が、「メールや電話でつながる」長時間労働などによって、労働者の福祉を損なわないようにすべきである。

参考文献・資料

Beauregard, T.A. and H.C. Lesley (2009), "Making the Link Between Work-life Balance Practices and Organizational Performance", *Human Resource Management Review*, Vol. 19, No. 1, pp. 9-22.

Bloom, N. *et al.* (2010), "Are Family-friendly Workplace Practices a Valuable Firm Resource?", *Strategic Management Journal*, Vol. 32, No. 4, pp. 343-367.

Bond, J.T. and E. Galinsky (2011), *Workplace Flexibility and Low-Wage Employees*, Families and Work Institute, New York.

Cazes, S., A. Hijzen and A. Saint-Martin (2015), "Measuring and Assessing Job Quality: The OECD Job Quality Framework", *OECD Social, Employment and Migration Working Papers*, No. 174, OECD Publishing, Paris, http://dx.doi.org/10.1787/5jrp02kjw1mr-en.

Chung, H., M. Kerkhofs and P. Ester (2007), *Working Time flexibility in European Companies, European Foundation for the Improvement of Living and Working Conditions*, Publications Office of the European Union, Luxembourg.

Dulk, L. den *et al.* (2013), "National Context in Work-life Research: A Multi-level Crossnational Analysis of the Adoption of Workplace Work-life Arrangements in Europe", *European Management Journal*, Vol. 31, No. 5, pp. 478-494.

Eurofound (2016), *Working Time Developments in the 21st Century: Work Duration and its Regulation in the EU*, Publications Office of the European Union, Luxembourg.

Eurofound (2015), *First Results: Sixth European Working Conditions Survey*, Publications Office of the

European Union, Luxembourg.

Eurofound and the International Labour Office (2017), *Working Anytime, Anywhere: The Effects on the World of Work*, Publications Office of the European Union, Luxembourg, and the International Labour Office, Geneva.

Fagan, C. (2014), "Gender, Occupational Class, and the Redrawing of the Boundary to the Working Day in the New Economy in Europe", in H. Strzeminska and M. Bednarski (eds.), *Working Time Trends and Prospects in the New Economy*, Studia i Monografie Series, Instytut Pracy i Spraw Socjalnych, http://www.ipiss.com.pl

FWC – Fair Work Commission (2016), *Flexible Working Practices*, Fair Work Commission, Australian Workplace Relations Study, https://www.fwc.gov.au.

Golden, Th. (2012), "Altering the Effects of Work and Family Conflict on Exhaustion: Telework During Traditional and Nontraditional Work Hours", *Journal of Business & Psychology*, Vol. 27, No. 3.

Hegewisch, A. (2009), "Flexible Working Policies: A Comparative Review", *Research Report No. 16*, Equality and Human Rights Commission.

Matos, K. and E. Galinsky (2014), *2014 National Study of Employers*, Families and Work Institute, New York.

Lott, Y. and H. Chung (2016), "Gender Discrepancies in the Outcomes of Schedule Control on Overtime Hours and Income in Germany", *European Sociological Review*, pp. 1-14.

OECD (2017a), *Dare to Share: Germany's Experience Promoting Equal Partnership in Families*, OECD Publishing, Paris, http://dx.doi.org/10.1787/9789264259157-en.

OECD (2017b), *The Future of Work: A Brave New World for Women?*, OECD Publishing, Paris, forthcoming.

OECD (2016), "Be Flexible!", Background brief on how workplace flexibility can help European employees to balance work and family, OECD, Paris, www.oecd.org/els/family/Be-Flexible-Backgrounder-Workplace-Flexibility.pdf.

OECD (2013), "Recommendation of the Council on Gender Equality in Education, Employment, and Entrepreneurship", OECD, Paris, http://dx.doi.org/10.1787/9789264279391-en.

OECD (2012), *Closing the Gender Gap: Act Now*, OECD Publishing, Paris, http://dx.doi.org/10.1787978926417 9370-en.（『OECDジェンダー白書：今こそ男女格差解消に向けた取り組みを！』OECD編著、濱田久美子訳、明石書店、2014年）

OECD (2011), *Doing Better for Families*, OECD Publishing, Paris, http://dx.doi.org/10.1787/9789264098732-en.

Plantenga, J. and Ch. Remery (2009), "Flexible Working Time Arrangements and Gender Equality", *European Commission: A Comparative Review of 30 European Countries*, European Commission Directorate-General for Employment, Social Affairs and Equal Opportunities, Publications Office of the European Union, Luxembourg.

Riedmann, A. *et al.* (2006), *Working Time and Work-life Balance in European Companies*, European

第 18 章

Foundation for the Improvement of Living and Working Conditions, Publications Office of the European Union, Luxembourg.

Thévenon, O., B. Bouzol-Broitman and A. Guez (2017), "Be Flexible! Determinants and Use of Flexible Working Arrangements in European Countries", *OECD Social, Employment and Migration Working Papers*, forthcoming.

US CEA – US Council of Economic Advisors (2015), *Economic Report of the President*, Council of Economic Advisors, The White House, https://obamawhitehouse.archives.gov/blog/2015/02/19/2015-economic-reportpresident.

データベース

OECD雇用データベース（OECD Employment Database）
　　http://www.oecd.org/employment/emp/onlineoecdemploymentdatabase.htm

OECDファミリー・データベース（OECD Family Database）
　　http://www.oecd.org/els/family/database.htm

■ 第19章 ■

新興国における教育と労働市場の男女格差

主な研究結果

● 労働参加率の男女差は多くの新興国で縮小してきたが、進捗状況は一様ではない。ラテンアメリカは最も顕著な改善を示しており、なかでもチリとコスタリカは1990年代半ば以降、労働参加率の男女差が1年当たり1パーセントポイントも縮小している。労働参加率に大きな男女差が残っているのは中東・北アフリカ諸国（第20章）、インド、インドネシアである。

● 初等教育と中等教育の就学率の男女差はほとんど解消しており、今では多くの国において、若年女性は高等教育に進学する割合で若年男性を上回っている。最も著しい改善が見られたのはモロッコ、エジプト、チュニジア、中国、トルコ、インドネシア、インドである。数学と科学に関しては、まだ大きな男女差が残っている。

● 男女賃金格差はまだ残っており、インド、インドネシア、南アフリカで特に大きい。女性は男性よりも管理職に占める割合が低いが、状況は多様である。ラテンアメリカでは管理職に占める女性の割合はOECD加盟国平均よりも高いが、他の新興国では一般的に男性の割合の方が高い。

教育と雇用の男女格差の縮小に向かう歩みは新興国では一様ではない

　教育と就業状況の男女格差は新興16か国で大きく縮小してきた。これらの16か国は（データのある）世界人口の過半数を占めている。これらの国とはアルゼンチン、ブラジル、チリ、中国、コロンビア、コスタリカ、エジプト、インド、インドネシア、モロッコ、メキシコ、ペルー、ロシア、南アフリカ、チュニジア、トルコである（OECD, 2016a）。

　しかし、進捗状況は一様ではなかった（図19.1）。労働参加率の男女差はラテンアメリカで縮小しており、なかでもチリとコスタリカは1990年以降、1年当たり約1パーセントポイント縮小している。それに対して、OECD加盟国平均では同期間の縮小幅は、1年当たりわずか0.3パーセントポイントであった。一方で中東・北アフリカ諸国、インド、インドネシアでは労働参加率の男女差は非常に大きなままである。これらすべての国（インドネシアを除く）では、女性の労働参加率は男性のそれを約50パーセントポイント下回っている。中国、南アフリカ、ロシアでは労働参加率の男女差は低く留まっている。

　労働参加率の男女差は国内でも大きな違いがあり、社会経済的に最も恵まれないグループでは概して男女差が最も大きい。高等教育を受けた男女間の場合、女性は平均すると男性よりも労働参加率が16.5パーセントポイント低いが、低学歴の男女間の場合、その差は41パーセントポイントである。実のところ、女性の労働参加率が全般的に低い国でさえも、学歴の高さは労働参加率の男女差の縮小につながっている。このパターンの例外がインドであり、同国ではしばしば、女性が家に留まることで家族の社会的地位が高まると考えられている（OECD, 2014、第4章）。

　女性の労働参加率の上昇は、教育における男女格差の着実な縮小と関係している。1950年、世界全体で女性の就学年数は男性の73％のみであった。2010年になる頃には、この割合は90％近くに達し、その後も上昇を続けている（Barro and Lee, 2013）。この収束率は開発途上国ではさらに高く、1950年にはわずか57％であったが、2010年には86％に上昇している。新興国の間では、男子と女子の初等・中等教育就学率はほぼ等しく（図19.2パネルAとB）、現在ではOECD加盟国同様、女性の方が高等教育に進学する割合が高い。最も目覚ましい改善を遂げている国は、モロッコ、エジプト、チュニジア、中国、南アフリカ、トルコ、インドネシア、インドである。

　若者の間では女性は男性よりも就業、就学、職業訓練のいずれもしていない（いわゆる「ニート」という状態になる）割合が高い（図19.3）。この傾向は分析をしたいずれの国にも見られ、新興国では男女差がOECD加盟国平均よりもずっと大きい。ニートの割合の男女差は最も若い年齢層（15～19歳）で最も小さく、年齢とともに拡大しており、就学率の男女差はほとんどの国で解消したものの、労働参加率の男女差が残存していることが読み取れる。こうした傾向は、母親になることが労働参加率に与えるマイナス影響に大きく関係している。実のところ、

図19.1　労働参加率の男女差は多数の新興国で縮小しつつあるが、歩みは一様ではない

労働参加率の男女差（男性の参加率から女性の参加率を引いた値）、15〜64歳[a]、一部の新興国、1990〜2014年

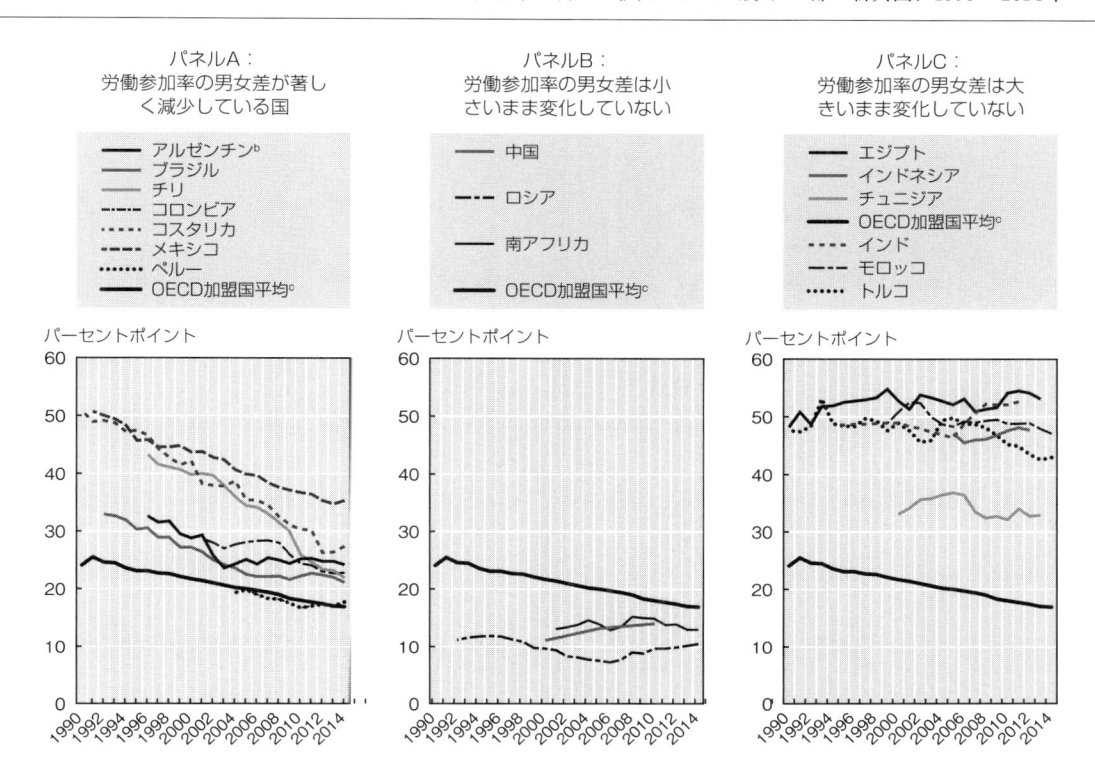

a）中国は16〜64歳、モロッコは15歳以上のデータ。

b）特定の都市部

c）OECD加盟国平均はOECD加盟34か国（ラトビアを除く）の非加重平均。

資料：OECD事務局算定。データ源は、ブラジル、チリ、コロンビア、メキシコ、ロシア、南アフリカ、トルコに関してはOECD雇用データベース（*OECD Employment Database*）（http://www.oecd.org/employment/emp/onlineoecdemploymentdatabase.htm）、エジプトに関してはILO ILOSTATデータベース（http://www.ilo.org/ilostat）、中国に関しては国勢調査、アルゼンチンに関しては定期的家計調査（Encuesta Permanente de Hogares, EPH）、インドに関しては全国サンプル調査（National Sample Survey, NSS）、インドネシアに関しては全国労働力調査（Survei Angkatan Kerja Nasional, SAKERNAS）、ペルーに関しては全国世帯調査（Encuesta Nacional de Hogares, ENAHO）、チュニジアに関しては全国人口・雇用調査（National Survey on Population and Employment, ENPE）、コスタリカに関しては国家統計国勢調査局（Instituto Nacional de Estadistica y Censos, INEC）から提供された多目的家庭調査（Encuesta de Hogares de Propósitos Múltiples、EHPM）と継続的雇用調査（Encuesta Continua de Empleo, ECE）、モロッコに関しては統計局モロッコ高等計画委員会（Haut Commissariat au Plan（Direction de la Statistique））の全国雇用調査（Enquête nationale sur l'emploi）。

StatLink：http://dx.doi.org/10.1787/888933575102

第1子の出産年齢が低い国の方が男女差は大きい。男女差が最も大きな国はインドであり、エジプト、トルコ、メキシコ、インドネシアが続く。男女差が最も小さい国は南アフリカ、ロシア、中国である。

　大多数の国でテスト結果に男女差が残っている。15歳の生徒を対象にしたOECDのPISA調査には、読解力では一般的に女子は男子の得点を上回っているが、多くの新興国では数学的リテラシーと科学的リテラシーの両方において女子は依然として後れを取っていることが示されている（OECD, 2016b）。男女差が最も大きいのは中南米諸国であり、なかでもチリ、コスタリ

第 19 章

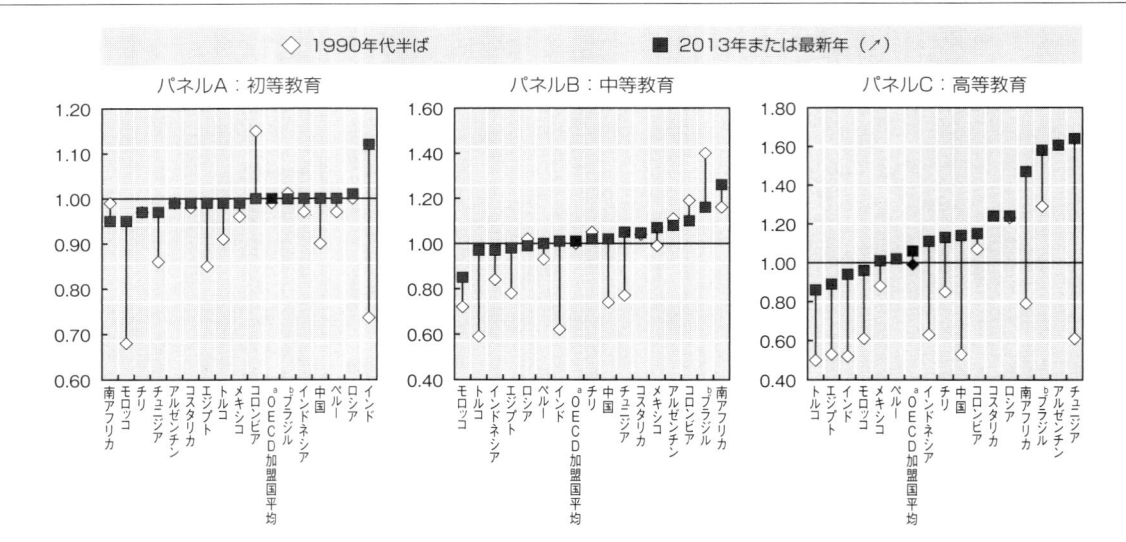

図19.2　初等・中等教育就学率の男女差はほとんどの新興国でほぼ解消し、
多数の国では今や女性の方が高等教育進学率が高い

教育レベル別就学率のジェンダーパリティ指数（GPI）、一部の新興国、1990年代半ば・2013年またはデータのある最新年

注：データは男性の総就学率に対する女性の総就学率。総就学率とは、年齢に関係なく特定の教育レベルに就学している生徒の総数であり、同じ教育レベルの公式就学年齢人口に対する割合として表される。高等教育レベルの図では、公式の中等教育修了年齢から5歳の年齢層を用いている。
a）OECD加盟国平均は国連教育科学文化機関（ユネスコ）統計研究所（UIS）データベースにあるOECD加盟国の非加重平均。
b）初等、中等、高等教育を修了した16歳、20歳、24歳の若者の割合。
資料：OECD事務局算定。データ源は、ユネスコ統計研究所（UIS）データベース（UNESCO Institute for Statistics（UIS）database）（http://data.uis.unesco.org/）、ブラジルに関してはブラジル全国家庭サンプル調査（Pesquisa Nacional por Amostra de Domicilio, PNAD）。

StatLink : http://dx.doi.org/10.1787/888933575121

カ、およびアルゼンチンの一部で著しい。こうした得点の差はここ数年ほとんど変化しておらず、それが問題なのは、性別職域分離を引き起こしてSTEM関連の専攻が必要な産業に就労する女性の割合が低くなるためである。

女性は男性よりも不利な仕事に就いていることが多い

　種々の経済セクターに占める男女の割合は均等ではない。平均すると、男性の方が製造業と建築業に従事する割合が高く、女性は社会福祉サービス・個人サービス業に従事する割合が大幅に高い。女性就業者は、相対的に低い賃金、低い雇用安定性、極端な低賃金に陥る高いリスクによって示される質の低い仕事に従事することが多い。また、管理職に占める女性の割合に関しても、ロシアや数か国のラテンアメリカ諸国など、一部の新興国がOECD加盟国平均を上回っているとはいえ、往々にしてきわめて低い（図19.4）。新興国ではフォーマルな雇用における男女格差は大きくないものの、女性が従事する多くの仕事はインフォーマルな仕事である（OECD, 2016a）。インフォーマルな企業は一般的に生産性が低く、労働者に人的資本を蓄積す

図19.3　ニートの割合は若年女性の間で著しく高い

女性と男性のニートの割合の差（パーセントポイント）、年齢層別、2015年またはデータのある最新年[a]

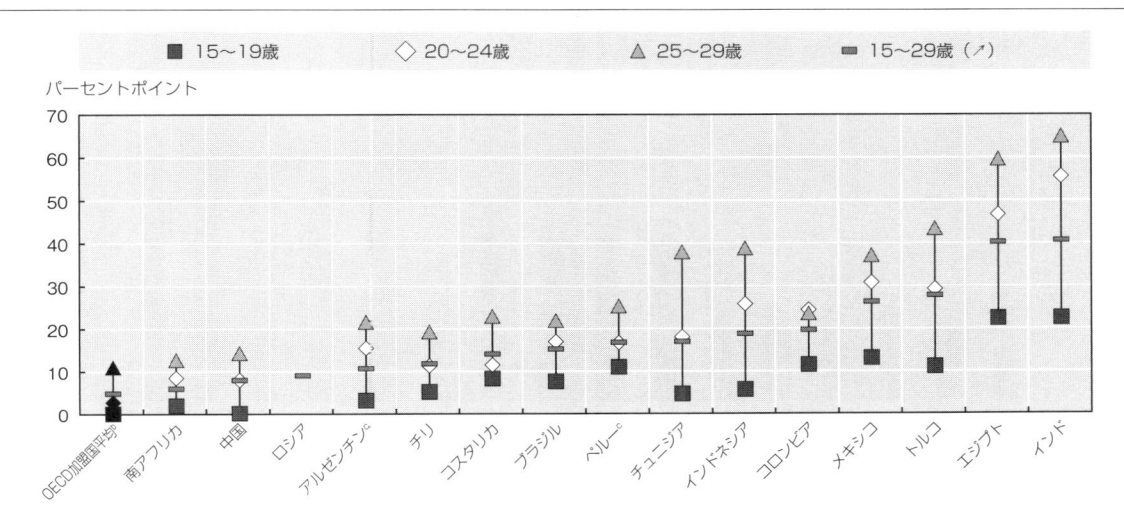

a）中国とチュニジアは2010年、インドは2011～2012年、エジプトは2012年、ペルーは2012～2013年、チリは2013年、ブラジル、アルゼンチン、インドネシア、南アフリカは2014年のデータ。

b）OECD加盟国平均はOECD加盟34か国（日本を除く）の非加重平均。

c）特定の都市部。

資料：OECD事務局算定。データ源は、ブラジル、チリ、コロンビア、コスタリカ、メキシコ、ロシア、トルコ、OECD加盟国平均に関してはOECD教育データベース（*OECD Education Database*）（http://www.oecd.org/education/database.htm）、エジプトとペルーに関してはILO学校から仕事への移行調査（ILO School-to-Work Transition Survey, ILO SWTS）、中国に関しては国勢調査、アルゼンチンに関しては定期的家計調査（Encuesta Permanente de Hogares, EPH）、インドに関しては全国サンプル調査（National Sample Survey, NSS）、インドネシアに関しては全国労働力調査（Survei Angkatan Kerja Nasional, SAKERNAS）、南アフリカに関しては四半期労働力調査（Quarterly Labour Force Survey, QLFS）、チュニジアに関しては国家人口雇用調査（National Survey on Population and Employment, ENPE）。

StatLink : http://dx.doi.org/10.1787/888933575140

る機会を与えることが少ないため（La Porta and Shleifer, 2008, 2014）、そうしたことが女性の所得と昇進の機会に対するさらなる障害となる（OECD, 2015b、第5章）。男性が圧倒的多数を占める業種や職種の方が生産性が高く、賃金も高い傾向にある（OECD, 2016a）。

　多数の新興国で、女性就業者の大きな割合（しばしば過半数）は自営業者であるが、経営するのは男性よりも概して小規模で業績が悪く、インフォーマルビジネスであることが多い。信用制約のほかに、金融リテラシーとビジネス関連の知識が低水準であることが、起業における男女格差の主要因になっている（第23章）。

　女性は多様な制約に直面するため、新興国平均では女性のフルタイム就業者の所得中央値は、男性のそれよりも約24％低いが、OECD加盟国平均では15％弱低い（図19.5）。ロシア、ペルー、ブラジル、チリ、アルゼンチン、メキシコでは、所得中央値の男女差はOECD加盟国平均よりも大きい。経時的データが利用可能な国の大多数では、男女賃金格差は2005年以降縮小している。改善の幅は一般的に小さいが、インド、インドネシア、ロシア、南アフリカでは、過去10年間にそれぞれ10、14、8、24パーセントポイント縮小している（とはいえ、これらの国では

図19.4　新興国では管理職に占める女性の割合が低い

管理的職業に占める女性の割合、2015年またはデータのある最新年[a]

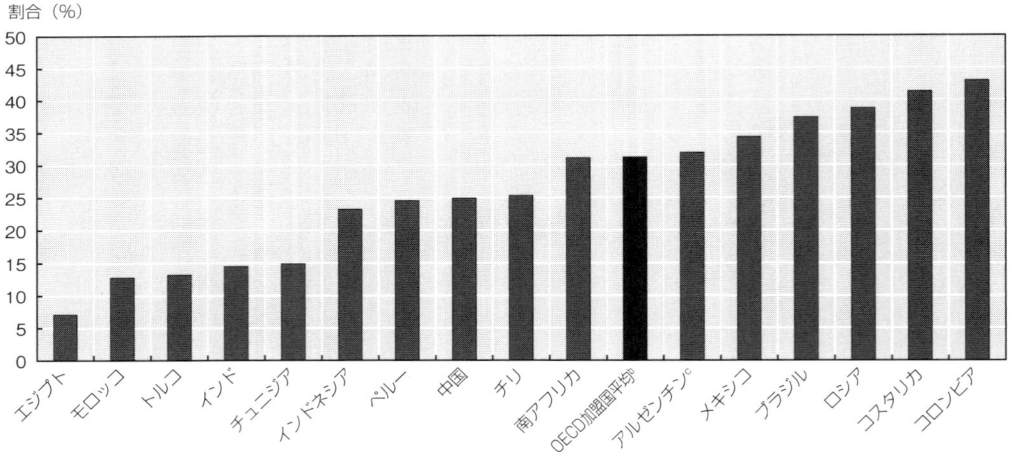

注：コロンビアのデータは、国際標準職業分類1968年版（ISCO 68）の大分類2（管理的職業従事者）に分類される職業の就業者に占める女性の割合。チリ、エジプト、インド、インドネシア、モロッコ、ペルー、チュニジアのデータは、国際標準職業分類1988年版（ISCO 88）の大分類1（立法議員、上級行政官、管理的職業従事者）に分類される職業の就業者に占める女性の割合。アルゼンチン、ブラジル、コスタリカ、メキシコ、ロシア、南アフリカ、トルコのデータは、国際標準職業分類2008年版（ISCO 08）の大分類1（管理職）に分類される職業の就業者に占める女性の割合。中国は国家職業分類（National Occupation Classification）のデータ。ブラジル、チリ、コスタリカ、インドネシア、メキシコ、モロッコ、OECD加盟国平均、ロシア、南アフリカ、トルコは全年齢層、中国は16歳以上、アルゼンチン、コロンビア、エジプト、インド、ペルー、チュニジアは15～64歳のデータ。

a) モロッコは2008年、中国は2010年、インドは2011～2012年、チュニジアは2012年、エジプトとインドネシアは2013年、アルゼンチン、ブラジル、コロンビア、ペルー、南アフリカは2014年のデータ。

b) OECD加盟国平均はOECD加盟34か国（ニュージーランドを除く）の非加重平均。

c) 特定の都市部。

資料：OECD事務局算定。データ源は、ブラジル、チリ、コスタリカ、インドネシア、メキシコ、OECD加盟国平均、ロシア、南アフリカ、トルコに関しては国際労働機関（ILO）ILOSTATデータベース（2016年）（http://www.ilo.org/ilostat）、エジプトとモロッコに関しては国際労働機関（ILO）2015年主要労働市場指標（Key Indicators of the Labour Market, KILM）、中国に関しては国勢調査、アルゼンチンに関しては定期的家計調査（Encuesta Permanente de Hogares, EPH）、コロンビアに関しては全国総合世帯調査（Gran Encuesta Integrada de Hogares, GEIH）、インドに関しては全国サンプル調査（National Sample Survey, NSS）、ペルーに関しては全国世帯調査（Encuesta Nacional de Hogares, ENAHO）、チュニジアに関しては全国人口・雇用調査（National Survey on Population and Employment, ENPE）。

StatLink : http://dx.doi.org/10.1787/888933575159

男女賃金格差は今なお非常に大きい）。一方、チリ、コロンビア、トルコでは男女賃金格差は拡大している。同じ教育レベルで同様の職種に従事する就業者を比較すると、大きな格差が残っている（詳細な議論についてはOECD, 2016aを参照）。

　多数の職種が、長時間働き、融通の利かないスケジュールに応じることのできる人に、賃金と昇進の点で大きな報酬を提供する（Goldin, 2014）。しかし、OECD加盟国同様、新興国の男女賃金格差に関しても、労働者の属性と職業の属性の観察される差異は部分的な原因でしかない（第12章）。態度、社会慣習・制度、差別が男女間の賃金格差に大きく関係していると考えられるが、それらは測定するのが困難である。

　新興国ではOECD加盟国よりもはるかに高い程度で、女性は一般的に男性よりも無償の家

図19.5　男女賃金格差はほとんどの国で今なお大きい

月収中央値の男女賃金格差[a]、フルタイム就業者、2005年・2010年・2015年またはデータのある最新年[b]

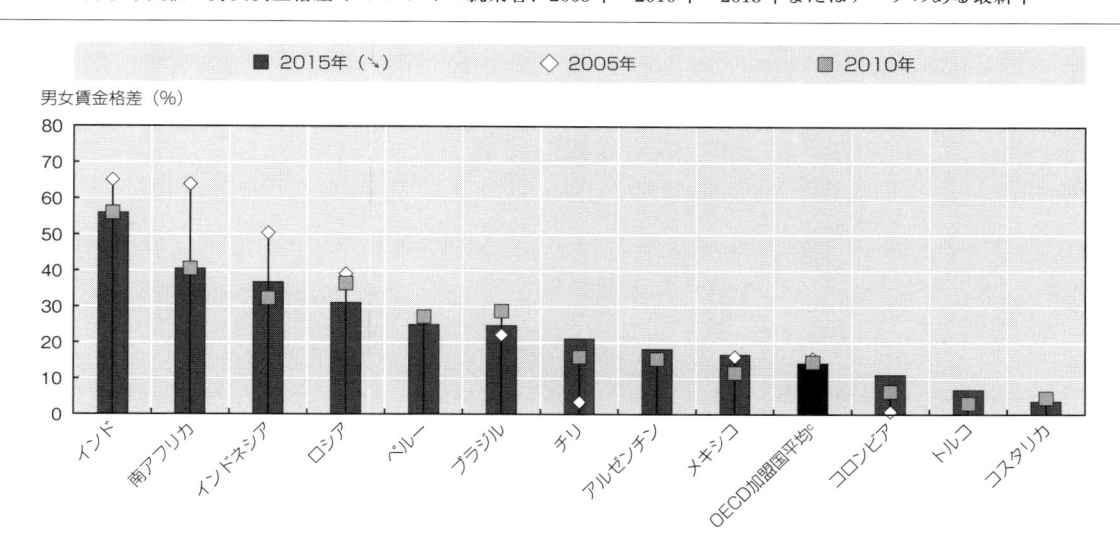

注：男女賃金格差は、フルタイム就業者における男女間の月収中央値の差を、男性の月収中央値で除した値。

a）インドはフルタイム就業者の週給中央値のデータ。

b）アルゼンチン、ブラジル、インドネシア、ペルー、ロシア、トルコは2015年ではなく2014年のデータ。インドと南アフリカは2015年ではなく2012年のデータ。ブラジル、チリ、コスタリカは2010年ではなく2011年のデータ。チリとトルコは2005年ではなく2006年のデータ、コロンビアは2007年のデータ。

c）OECD加盟国平均は2015年またはデータのある最新年のOECD加盟国の非加重平均。

資料：OECD事務局算定。OECD加盟国、ココンビア、コスタリカに関してはOECD雇用データベース（*OECD Employment Database*）（http://www.oecd.org/employment/emp/onlineoecdemploymentdatabase.htm）、アルゼンチンに関しては定期的家計調査（Encuesta Permanente de Hogares, EPH）、ブラジルに関してはブラジル全国家庭サンプル調査（Pesquisa Nacional por Amostra de Domicilio, PNAD）、インドに関しては全国サンプル調査（National Sample Survey, NSS）、インドネシアに関しては全国労働力調査（Survei Angkatan Kerja Nasional, SAKERNAS）、ペルーに関しては全国世帯調査（Encuesta Nacional de Hogares, ENAHO）、ロシアに関してはロシア長期家計モニタリング調査（Russia Longitudinal Monitoring Survey, RLMS）、南アフリカに関しては一般世帯調査（General Household Survey, GHS）。

StatLink：http://dx.doi.org/10.1787/888933575178

事と家族のケアの大きな割合を担うことが今なお期待されている。また、女性はフルタイムで働いている場合、フルタイムで働く男性よりも、その他の家事（育児を含む）に自分たちの時間のはるかに多くの割合を費やすのが一般的である。こうしたことは、女性の労働市場での機会を著しく制限する。有償労働と家事を合わせると、女性の労働時間は概して男性よりも長い（OECD, 2016a, 2017）。

　家事と家族のケアの分担にいまだに残る不平等は、克服するのが非常に難しいと考えられるが、それはそれらが反平等主義的な社会規範と密接に結び付き、社会と労働市場における女性の役割を制限するステレオタイプにつながっているからである。男女の役割に関するステレオタイプや規範、態度は、時間の経過とともに非常にゆっくりと変化するが、その改善の歩みは新興国ではOECD加盟国よりも遅い（OECD, 2017）。また、差別的な社会制度は、世界全体で（有償・無償）労働の大きな男女不平等と関係しており、新興国の多くの女性は、土地や財産、金融サービスなどの経済的資源を利用しようとする際、今なお法的およびその他の形態の差別に

ぶつかる（OECD Development Centre, 2014）。こうした要素はいずれも女性の権利、経済活動への参加、福祉に有害な影響を及ぼしており、それゆえに包摂的な経済成長の機会を蝕んでいる。

第19章

主な政策提言

● 親による仕事と家庭生活の両立を支援する幅広い措置（第15〜18章参照）と、電気、交通輸送、ICTインフラへの投資は、女性が無償労働に費やす時間を削減し、フォーマルな雇用を促進するのに役立ちうる。

● 労働市場における男女差別に対して、1）性別に基づく雇用と賃金の差別を禁じる具体的な法律、2）入念な行動設計を用いた積極的是正措置（これは雇用・マネジメント慣行に根強く残るジェンダーバイアスの克服に役立つ可能性がある）によって闘う。

● フォーマル化に要するコストの削減、フォーマル化のメリットの拡大、労働法の施行強化を目的とする広範な政策を含む有効な戦略によって、インフォーマルな雇用を抑制する。種々の雇用をフォーマル化する際にジェンダーに基づく差異を考慮する。

参考文献・資料

Barro, R. and J. Lee（2013）, "A New Data Set of Educational Attainment in the World, 1950-2010", *Journal of Development Economics*, Vol. 104（C）, pp. 184-198.

Goldin, C.（2014）, "A Grand Gender Convergence: Its Last Chapter", *American Economic Review*, Vol. 104, No. 4, pp. 1091-1119, April.

La Porta, R. and A. Shleifer（2014）, "Informality and Development", *Journal of Economic Perspectives*, Vol. 28, No. 3, pp. 109-126, Summer.

La Porta, R. and A. Shleifer（2008）, "The Unofficial Economy and Economic Development", *Brookings Papers on Economic Activity*, Economic Studies Program, Vol. 39, No. 2, pp. 275-363, The Brookings Institution, Fall.

OECD（2017）, *Building an Inclusive Mexico: Policies and Good Governance for Gender Equality*, OECD Publishing, Paris, http://dx.doi.org/10.1787/9789264265493-en.

OECD（2016a）, *OECD Employment Outlook 2016*, OECD Publishing, Paris, http://dx.doi.org/10.1787/empl_outlook-2016-en.

OECD（2016b）, *PISA 2015 Results（Volume I）: Excellence and Equity in Education*, OECD Publishing, Paris, http://dx.doi.org/10.1787/9789264266490-en.

OECD（2015b）, *OECD Employment Outlook 2015*, OECD Publishing, Paris, http://dx.doi.org/10.1787/empl_

outlook-2015-en.

OECD（2014）, *OECD Economic Surveys: India*, OECD Publishing, Paris, http://dx.doi.org/10.1787/eco_surveys-ind-2014-en.

OECD Development Centre（2014a）, *Social Institutions and Gender Index（SIGI）2014 Synthesis Report*, OECD Publishing, Paris.

データベース

OECD教育データベース（OECD Education Database）
http://www.oecd.org/education/database.htm

OECD雇用データベース（OECD Employment Database）
http://www.oecd.org/employment/emp/onlineoecdemploymentdatabase.htm

■ 第20章 ■

中東・北アフリカにおける男女不平等：
経済生活と公共部門への女性の参加

主な研究結果

- 経済生活と公共部門への女性の参加を阻む手強い法的・経済的・社会的障壁が残っている。男女間での差別の禁止と平等の原則が憲法や労働法に明記されているにもかかわらず、もっと広い法的枠組みでも現実的にも、男女不平等は女性の雇用とキャリア開発への実質的なアクセスに影響を及ぼし続けている。また、女性が労働力の過半数を占めている部門には、労働法の規定による規制や保護を受けていないものもある。

- 公共部門でのジェンダークオータ制の利用は、意思決定に関わる地位——なかでも政治や政党の選挙慣行——における女性の代表性の向上に寄与してきた。しかし、議会、政府、地方自治体での意思決定に参加し影響を与える均等な機会を女性が享受できるようにするには、まだ課題が残っている。

- 公共政策と予算に関して、男女平等と安全性への影響が体系的に評価されていない。たとえば、セクシャルハラスメント問題は、経済生活と公共部門における女性の参加を引き続き妨げている。

教育・雇用・起業・公共部門における女性の代表性

近年、MENA地域は男女平等を主流化するための多様なイニシアチブに取り組んでいる。同地域全体での政治的活動と並行して、市民社会と女性運動からの強い要求が、新たなガバナンス構造、リーダーシップ、法改正、政治改革に寄与し、アルジェリア、エジプト、ヨルダン、リビア、モロッコ、チュニジアでは憲法が修正された。女性の経済的・社会的・政治的エンパワーメントの向上は、包摂を拡大させるこうした推進力の一部となっている。「開発のためのガバナンスと競争力に関するMENA-OECDイニシアチブ（MENA-OECD Initiative on Governance and Competitiveness for Development）」（OECD, 2017a）はこうした発展を受けたもので、政策改革のための活動においてステークホルダーを支援しており、MENA-OECDガバナンスプログラムによって公共部門での男女平等に（OECD, 2015a）、MENA-OECD競争力プログラムによって女性の経済的エンパワーメントと起業に取り組んでいる（OECD, 2013a, 2014, 2015b, 2017b forthcoming）。教育における男女格差の縮小では大きく進展しているにもかかわらず、女性は一般的に雇用・起業・公共部門での平等な参加と機会へのアクセスを享受していない。そのため、男女平等に関する原則を具体的な政策改革と現場での実践に変えようとするなら、さらなる改革が必要である。

ほとんどのMENA諸国では、男性も女性もさまざまなレベルの教育へのアクセスが著しく改善してきた。成人識字率の男女差は徐々に縮小しており、多くの国では若者の間でほぼ解消している（図20.1）。女性の非識字率が政策課題として残っているのは、主にエジプト、イラク、モーリタニア、モロッコ、イエメンである（World Bank, 2016）。

女子は傾向として男子よりも初等教育就学率がわずかに低く、中等教育就学率の男女差は縮小してきた。高等教育に関して、ほとんどすべてのMENA諸国で、若年女性は若年男性の就学者数を上回っているが（前掲書）、専攻する科目は異なっている（World Bank, 2007）。多数のOECD加盟国同様、MENA地域の女子学生も教育学、人文科学、芸術を専攻する割合が高い。工学、数学、建築の分野では少数派である。したがって、女性の教育は市場ニーズに合わない場合があり、それもひとつの要因として民間部門における女性の雇用を妨げる可能性がある。

女性の教育に関して改善が見られているにもかかわらず、女性の労働参加率は依然として非常に低く、わずか22％である（OECD加盟国では50％を超えている）（図20.2）。とはいえ、ほとんどのMENA諸国で女性の労働参加率は上昇しており、なかでもアラブ首長国連邦やカタールでは、2000年以降、10パーセントポイント以上増加している。女性の労働参加率は、実のところ湾岸協力理事会諸国でかなり高いが、大部分は多数の外国人労働者によるものである。

MENA諸国では女性の労働参加率が低い一方、女性の失業率は世界的に最も高い水準にある。労働力人口の女性の17％以上が失業しており、クウェートを除くすべてのMENA諸国で、女

図20.1　ほとんどのMENA諸国では識字能力の男女差は若者の間で解消している

識字率の男女差（男性の識字率から女性の識字率を引いた値）、15歳以上と15〜24歳、2015年

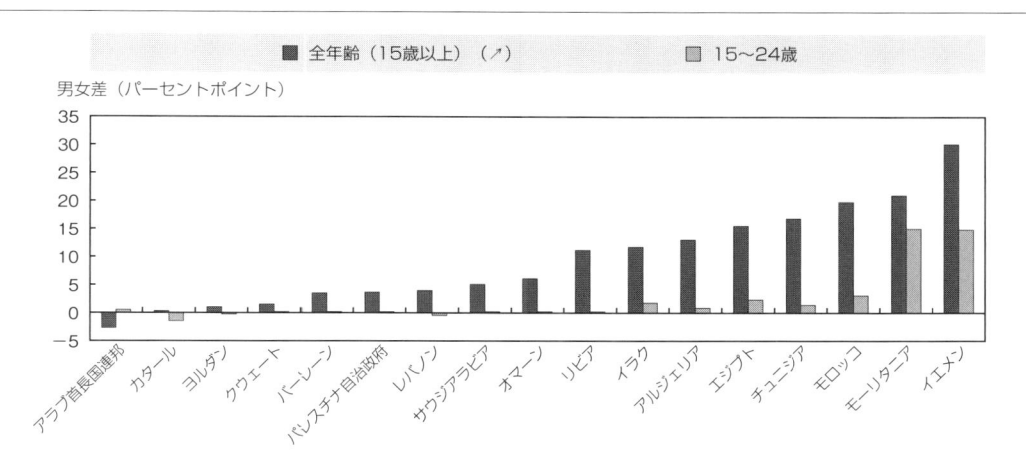

資料：OECD事務局算定。データ源は、世界銀行世界開発指標（World Bank World Development Indicators）（http://data.worldbank.org/data-catalog/world-development-indicators/）。

StatLink：http://dx.doi.org/10.1787/888933575197

図20.2　MENA諸国の女性の労働参加率は低いが、徐々に上昇している

女性の労働参加率、全年齢（15歳以上）、2000年・2011年・2014年

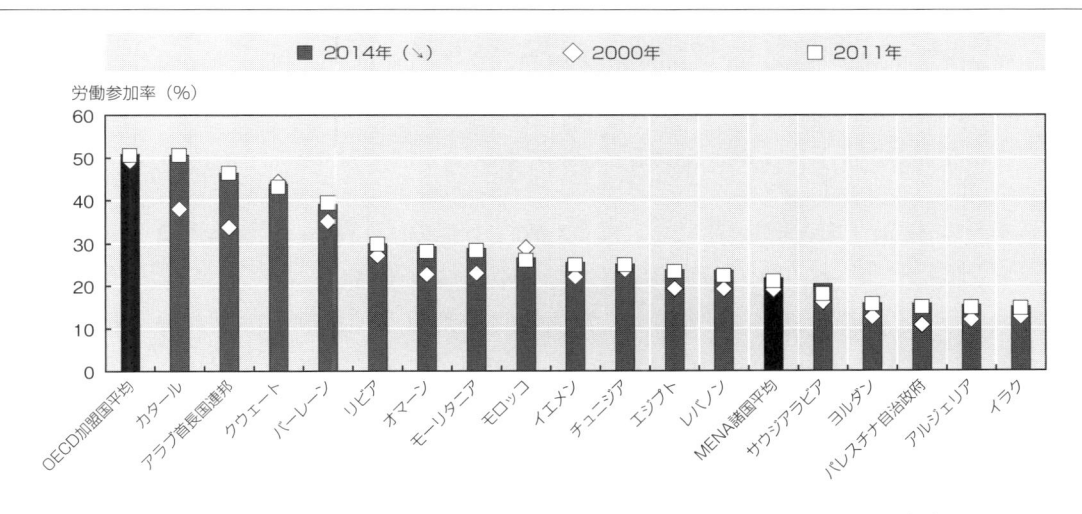

資料：OECD事務局算定。データ源は、世界銀行世界開発指標（World Bank World Development Indicators）（http://data.worldbank.org/data-catalog/world-development-indicators/）。

StatLink：http://dx.doi.org/10.1787/888933575216

性の失業率は男性のそれを大きく上回っている（World Bank, 2014）。失業率は若年女性の間で特に高く、15〜24歳の失業率はカタールの7.6％からリビアの69.2％に及び、MENA地域平均では38％である（前掲書）。

第20章

　MENA諸国での起業における男女格差は世界で最も大きい。初期段階の起業家（つまり、事業を開始するために活動しているか、新規事業を経営して42か月未満の起業家）の割合は、成人女性では約4％であるのに対し、成人男性では14％である（GEM, 2013）。しかし、男女別データが不足しているために、MENA地域における女性の起業を評価・モニタリングするのは困難である。

　女性の雇用で際立っているのは公共部門であり、女性の割合は——OECD加盟国同様——十分高いか、過半数を上回っていることもあり、女性は経済部門全体と比較して公共部門に占める割合が高い（OECD, 2015c）。

- たとえば、エジプトでは女性就業者の56％が公共部門で働いているが、男性就業者の場合は30％である。

- ヨルダンでは女性労働人口の52％が公共部門で雇用されている（OECD/CAWTAR, 2014）。

- アラブ首長国連邦では女性は連邦政府職員の51％を構成している（FAHR, 2016）。

　雇用の質と水準に関して、チュニジアの労働市場に関する調査から、男性と同等レベルの教育を受けた女性が、取得した資格よりも低い資格で足りる職に就いていることが明らかになっている（Stampini and Verdier-Chouchane, 2011）。また、ILOによると、民間部門でも公共部門でも上級職と幹部職に就いている女性は少なく、チュニジアでは14.8％、モロッコでは12.8％、エジプトでは9.7％、ヨルダンでは5.1％、アルジェリアでは4.9％である（ILO, 2015）。

　司法における女性の代表性に関して、得られたデータからは国によって大きな差異があることが読み取れる。チュニジアの最高裁判所における女性の割合は、OECD加盟国平均の33％を上回っているが（CEPEJ, 2016）、他の国では女性は依然として裁判官の被任命者に占める割合が過少である。重要なこととして、多数のアラブ諸国で二重の法制度が採用されている点に留意する必要があり、こうした国々では国法とシャリーア法が併存している。シャリーア裁判所に2人の女性裁判官を任命したパレスチナ自治政府という唯一の例外を除き、同地域のいずれの国にも女性のシャリーア裁判官は存在しない。

　全体的に見て——閣僚レベルであれ、議会であれ、司法府であれ——男性は依然として意思決定に関わる地位のほとんどを占めている。

　女性は政府の閣僚ポストにおいては、（2005年の7％から上昇して）10％を占めるのみであるが、過去10年間で二院制の下院と一院制の議会において、議席に占める割合が2倍以上に増加した（図20.3）。実際、アルジェリアとチュニジアでは、女性が実質的に政策に影響を与えることができると国連が考える30％以上という基準を上回っている。エジプトとモロッコも大きく

図20.3　平均するとMENA諸国では女性議員の割合は過去10年で倍増した

議席に占める女性の割合、下院または一院制議会、MENA地域、2006年・2016年

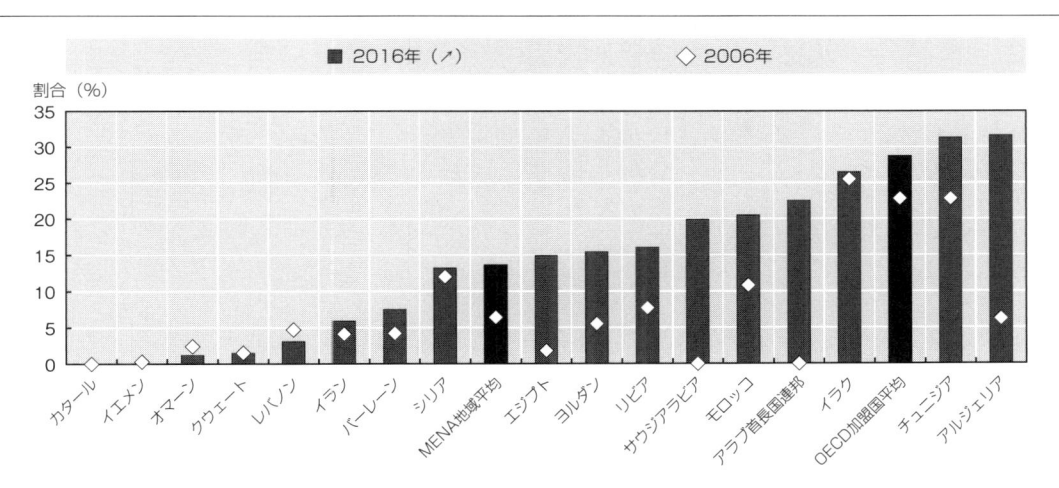

注：2006年のデータは2006年11月30日、2016年のデータは2016年11月1日のもの。OECD加盟国平均の2006年のデータは2006年12月31日、2016年のデータは2016年12月1日のもの。

バーレーンでは1975～2002年の間に選挙は行われなかった。オマーンでは1994年に制限選挙権が、2003年に普通選挙権が制定。カタールでは女性の選挙権は地方議会選挙にのみ認められている。サウジアラビアは2015年に選挙権の付与を発表した。イエメンのデータには、イエメン民主共和国での選挙権の付与年が反映されている。イエメン・アラブ共和国は1970年に女性の選挙権を認めている。

資料：列国議会同盟の女性議員割合に関するデータベース（Women in National Parliaments Database）（http://www.ipu.org/wmn-e/world.htm）。各国の公式文書。

StatLink：http://dx.doi.org/10.1787/888333575235

前進しており、それぞれ女性の割合が直近の選挙で2％から15％へ、11％から21％へと上昇した。平均すると、上下両院を合わせて女性議員の割合は18.1％であり、引き続き男性が意思決定で優位に立っている（IPU, 2016）。1か国——アラブ首長国連邦——のみで女性が議長を務めており、女性の議長は同地域の歴史上初めてのことである。

女性の政治参加が進展している主な理由は、同地域でのクオータ規定の導入にあり、政党が採用したり、選挙法で規定されたり、場合によっては憲法に記載されたりしている。チュニジアは2014年、ジェンダーパリティを法的枠組みに明記し、政党の候補者名簿に男女交互に記載することを原則にして、男女両方が等しく代表することを目指して大胆な措置を講じた。エジプトの2014年憲法では、地方評議会の議席の25％を女性に留保し、ヨルダンは3分の1近くを、また下院の議席の10％を留保している。

クオータ制や男女平等のための他の積極的な措置によって、指導的地位における女性の代表性の向上が見られてきたが、OECDの複数の調査によると、公職と企業において女性が指導的地位への平等なアクセスを享受できるようになるには、他の措置と組み合わせる必要があることも明らかになった（コラム20.1）。

第20章

> ## コラム20.1　MENA地域で企業の取締役会における女性の代表性を
> ## 高めるためのツール
>
> 　MENA地域では、企業の取締役に女性が少ない原因として、ひとつには女性の経済活動への参加の程度が低いことが挙げられる。取締役会のアンバランスな男女比を改善するために、政府による目標設定からコーポレート・ガバナンス・コードの自主的な遵守まで、幅広いツールが利用できる。G20／OECDコーポレートガバナンス原則（OECD, 2015d）は、企業の意思決定に関わる地位に就く女性を増やすために、各国に自発的目標やクオータ制、開示要件、国民の意識向上キャンペーンなどの措置を検討するよう勧告している。必要なのは、包括的アプローチによって、同地域の企業で女性のリーダーシップを促進するエコシステムを創出し、好循環につなげることである。つまり、企業の取締役への女性の登用を拡大するには、女性の経済活動への参加の拡大、目標を定めたキャリア研修とメンタリング、人脈へのアクセスが必要であり、それがひいては女性が企業の取締役に加わり、企業の指導的地位に就くことにつながる。そうした女性は役割モデルとして、企業のトップで女性の経済的参加の拡大を促すことになるだろう。

MENA地域に今なお残る男女平等を阻む障壁

　教育における成果は、（まだ）女性の経済的・政治的エンパワーメントや雇用と起業の大幅な改善につながっていない。しばしば伝統的なジェンダー規範や差別的な社会制度に由来する多様な障壁は、依然として女性による経済・公共生活および意思決定への全面的な参加を妨げている（OECD Development Centre, 2014）。さまざまな法規定は今なお男女の役割を差別化し、性別による偏見に基づく義務は女性の就業機会や職業的成功に引き続き影響を及ぼしている。個人の地位に関する法律は、一般的に家庭の意思決定や女性の財産、女性が職業を追求し、旅行に行き、世帯を率いる能力を左右する。

　MENA地域のほとんどの労働法は、雇用、報酬、昇進、および契約解除における差別を禁じる枠組みの中で制定されている。しかし、一部の規則は男女を区別しており、特定の条項で女性の「保護」を謳っている。たとえば、夜勤を伴う業務など特定の業務と、特定の業種への女性の従事を禁じている。賃金以外の手当に対して、男女が等しい権利を持たないことも、法律に記載されている。実のところ、社会給付はほぼ男性だけに支給されるが、それは法律によって男性は一般に世帯主とされているからである。さらに他の法規が、女性を雇用するコストを押し上げている。たとえば、民間部門では、雇用主だけが出産休暇、保育、または保育施設の設置に関する費用を負担するため、女性労働者の雇用に消極的になる恐れがある。他に注目す

べきこととして、一部の分野は依然として労働法の適用範囲に含まれていないため、こうした分野（農業や家事サービスなど）に従事する多くの女性は通常、雇用関連の給付を利用することができない。

出張が必要な仕事の場合は特に、雇用主は男性労働者を採用し、投資する傾向にある。女性は出産すると仕事を辞めるだろうという社会的期待は、女性の雇用の機会とキャリア開発の機会を制限する。従業員を解雇する際、男性は世帯主であるという理由から、雇用主は女性従業員を解雇する方を好むといわれている。そのため、女性の失業率が高いのは、このように雇用主が男性の採用と昇進を好む結果であると——少なくとも部分的には——いえるだろう。

公共部門での女性の就業率が高いのは、公共部門の仕事の方が女性たちにとって社会的に許容されやすいためである。つまり、社会的に構築された女性のジェンダーロール（教えることなど）により適しているからである。また、公共部門では民間部門よりも高い雇用の安定性、より安全で負担の少ない労働環境、より良いワーク・ライフ・バランス、そして場合によっては、より高い給与とより多くの手当を得られる。

公共部門と民間部門で、責任を伴う上級職に女性の割合が過少であるのは、労働力から退出する女性の割合が高いことに大きく関係しているといえよう。実際、多くのトップの地位に到達できるようになるのは、かなりの実務経験を積んだ場合のみである。しかし、そのことから、今より高い地位に上ることがきわめて困難であることが、女性が労働市場に参入し、留まる妨げになっているのか、またそうだとすればどの程度妨げになっているのかという疑問が生じる。アラブ首長国連邦を除いて、女性が企業の指導的地位に就く機会を創出し、ジェンダーに関連した昇進の格差を削減することを目的として、法規を導入したり、任意の割当政策を採用したりしている国はない。

起業に関していえば、女性は事業を起こして経営するのに苦労しており、その原因として実務経験不足、ビジネスネットワークとのつながりの弱さ、金融サービスへのアクセスの不十分さがある（第24章）。根本的な要因として社会・文化規範があり、それらが女性の経済的な自立と自己主張全般を制限し、女性の財産を減らし（家庭での地位や相続権の順位によって制限される）、自身の能力の自己評価や事業開発のニーズを左右する。

女性の経済活動への参加を制限する他の要因に、公共の場や職場で女性が高い割合で暴力にさらされ、またその割合が悪化していることがある。MENA諸国では、ジェンダーに基づく暴力とセクシャルハラスメントからの保護がほとんど与えられておらず、公共の場や雇用主による（他の従業員は含まれない）セクシャルハラスメントを防止する対策を導入しているのは数か国だけである。

司法へのアクセスに関していうと、女性は自分たちの権利を知らないことが多い。知ってい

る場合でも、社会規範と経済的不平等が、女性が裁判所で証言する妨げとなる場合がある。また、公平な法規定が実施されている場合でも、裁判所は必ずしも決定を完全に執行できるわけではない。MENA諸国の司法制度は、とりわけ2011年のアラブの春以降、多数の忌避に対応せざるをえなくなった。忌避は、法的保護制度が低所得層や女性、若者や犯罪被害者など、脆弱な人々に合わせた対応をしばしば欠く結果につながる。

　根強く残る男女平等を阻む障壁と格差に対処するために、多くのMENA諸国がジェンダー主流化を明確な男女平等戦略に組み込むか、もっと広い戦略に盛り込むかした。たとえば、モロッコ、レバノン、バーレーン、パレスチナ自治政府は2014年、ジェンダー主流化をジェンダーに関する国家戦略の一部に加えた。エジプトやチュニジアなどの他の国は2014年、ジェンダー主流化を別の戦略の一部としたことを報告したが、エジプトはジェンダー主流化を、同国の新しい2016年国家持続可能な開発戦略「エジプト・ビジョン2030（Egypt Vision 2030）」にも盛り込んでいる。

　それにもかかわらず、MENA諸国はハイレベルでの主流化戦略を、実質的なジェンダーレンズとしてあらゆる政策と予算に全面的に組み込まれるようにするのに今なお苦労している。重要なこととして、有効なジェンダー主流化には、さまざまな分野にまたがる堅牢な男女別データの収集が必要である。MENA諸国はデータ収集において進展してきたが、まだデータは大きく不足しており、それがジェンダー主流化を効果的に促進し、政策改革と戦略が男女の生活に与える影響をモニタリングするのを困難にしている。

主な政策提言

- すべての労働者が労働法の対象となるようにする。一部の労働法で「保護」を謳う規定について再考して、男女差別を除去し、女性が希望に合っていると考える仕事を選択できるようにする。官民両部門で功労、多様性、透明性、公平性の原則の適用を強化し、ワーク・ライフ・バランスを促進する措置と（第15～18章）、セクシャルハラスメントと闘う措置を拡大する。

- 融資や相続に適用される法律の修正など、金融サービスと起業の機会への平等なアクセスを支える措置を導入し（第24章）、性別や配偶者の有無による差別を禁じる規定を制定する。

- 政治分野や政党の選挙慣行、公共部門と民間部門のガバナンス構造（指導的地位や管理職、企業の取締役会）において、一時的なクオータ制や目標設定など、積極的是正措置やその他のジェンダーバランスを実現するための措置の採用を検討する。そうした措置を——キャリアカウンセリング、コーチング、メンタリングなどによって——男女を対象にしたリー

ダーシップ育成のための機会で補完することで、上級職への男女平等なアクセスを確保することができるだろう。

● ジェンダーに配慮した政策を開発し、ジェンダー主流化戦略を実施するために、政府の能力を強化する。そのためには、ジェンダー分析を政策開発プロセスに組み込む包括的なアプローチが必要である。データ収集をこれまで以上に改善して、経済活動と政治への参加について正確な情報を得られるようにしなければならない。また、政策改革について評価し、モニタリングすべきである。

参考文献・資料

CEPEJ – European Commission for the Efficiency of Justice, Council of Europe（2016）, *European Judicial Systems – Efficiency and Quality of Justice*, CEPEJ Studies No. 23, Edition 2016（2014 data）, European Commission for the Efficiency of Justice, Council of Europe, Strasbourg.

DCAF – Geneva Centre for the Democratic Control of Armed Forces（2014）, *Loi organique n° 2014-16 du 26 Mai 2014 relative aux élections et aux référendums*, Tunisia, http://aceproject.org/ero-en/regions/africa/TN/tunisie-loi-organique-nb0-2014-16-du-26-mai-2014/view.

FAHR – Federal Authority for Government Human Resources（2016）, *Issue 64 – August 2016*, HR Magazine, Federal Authority for Government Human Resources, https://www.fahr.gov.ae/Portal/en/media-center/newsletters.aspx.

GEM – Global Entrepreneurship Monitor（2013）, "Global Entrepreneurship Monitor 2012 Women's Report, Global Entrepreneurship Monitor", London, http://www.babson.edu/Academics/centers/blank-center/globalresearch/gem/Documents/GEM%202012%20Womens%20Report.pdf.

ILO – International Labor Organization（2015）, *Women in Business and Management Gaining Momentum*, Global Report, ILO Publishing, Geneva, http://www.ilo.org/wcmsp5/groups/public/---dgreports/---dcomm/---publ/documents/publication/wcms_316450.pdf.

IPU – Inter-Parliamentary Union（2016）, "Women in National Parliaments", Inter-Parliamentary Union PARLINE Database http://www.ipu.org/wmn-e/world.htm.

OECD（2017a）, "About the MENA Governance Programme", Middle East and North Africa: Initiative on Governance and Competitiveness for Development, website, http://www.oecd.org/mena/governance/aboutthemenaoecdgovernanceprogramme.htm.

OECD（2017b）, *Women's Economic Empowerment in Selected MENA Countries: The Impact of the Legal Frameworks of Algeria, Egypt, Jordan, Libya, Morocco and Tunisia*, OECD Publications, Paris, forthcoming.

OECD（2015a）, *2015 OECD Recommendation of the Council on Gender Equality in Public Life*, OECD Publishing, Paris, http://dx.doi.org/10.1787/9789264252820-en.

OECD（2015b）, *G20/OECD Principles of Corporate Governance*, OECD Publishing, Paris, http://dx.doi.org/

第20章

10.1787/9789264236882-en.

OECD（2015c）, *Government at a Glance 2015*, OECD Publishing, Paris, http://dx.doi.org/10.1787/gov_glance-2015-en.（『図表でみる世界の行政改革OECDインディケータ（2015年版）』OECD編著、平井文三訳、明石書店、2016年）

OECD（2015d）, *G20/OECD Principles of Corporate Governance*, OECD Publishing, Paris, http://dx.doi.org/10.1787/9789264236882-en.

OECD（2014）, *Women in Business 2014: Accelerating Women's Entrepreneurship in the Middle East and North Africa*, OECD Publishing, Paris, www.oecd.org/publications/women-in-business-2014-9789264213944-en.htm.

OECD（2013）, "Recommendation of the Council on Gender Equality in Education, Employment, and Entrepreneurship", OECD, Paris, http://dx.doi.org/10.1787/9789264279391-en.

OECD（2012）, *Women in Business: Policies to Support Women's Entrepreneurship Development in the MENA Region*, OECD Publishing, Paris, http://dx.doi.org/10.1787/9789264179073-en.

OECD/CAWTAR（2014）, *Women in Public Life: Gender, Law and Policy in the Middle East and North Africa*, OECD Publishing, Paris, http://dx.doi.org/10.1787/9789264224636-en.

OECD Development Centre（2014）, "The Social Institutions and Gender Index", OECD Development Centre website, www.genderindex.org.

Stampini, M. and A. Verdier-Chouchane（2011）, "Labor Market Dynamics in Tunisia: The Issue of Youth Unemployment", *Review of Middle-East Economics and Finance*, Vol. 7, No. 2, September 2011, pp. 1-35, https://papers.ssrn.com/sol3/papers.cfm?abstract_id=1806412.

World Bank（2016）, *World Development Indicators*（database）, http://databank.worldbank.org/data/home.aspx（accessed on 03 February 2017）.

World Bank（2014）, *World Development Indicators*（database）, http://databank.worldbank.org/data/home.aspx（accessed on 03 February 2017）.

World Bank（2007）, *The Status & Progress of Women in the Middle East & North Africa*, World Bank, Washington, DC, http://siteresources.worldbank.org/INTMENA/Resources/MENA_Gender_Compendium-2009-1.pdf.

World Bank Middle East and North Africa Social and Economic Development Group（2007）, *The Status and Progress of Women in the Middle East and North Africa*, The World Bank publishing, Washington DC, http://siteresources.worldbank.org/INTMENA/Resources/MENA_Gender_Compendium-2009-1.pdf.

第21章

移住する女性たち

主な研究結果

● OECD加盟国の移民の2人に1人以上は女性である。移民女性は「家族移民」と呼ばれるカテゴリーの大多数を占めている。

● 移民女性は労働市場で二重の困難に直面しており、その結果、ほとんどのOECD加盟国で、就業率は現居住国生まれの女性と男性、それに外国で生まれた男性の就業率を下回っている。

● 高等教育を受けた女性は、同等の教育を受けた男性よりも他国へ移住する割合が高い。

第21章

移民には男性よりも女性が多い

　2000年以降、OECD加盟国に居住している移民女性の割合の平均は、驚くほど安定しており、約51％を中心に0.5パーセントポイント以内の増減で推移している（図21.1）。同じ期間、女性の流入はもっと大きな増減を見せている。2009年にピークを迎え、移民のほぼ2人に1人は女性であったが、その後、徐々に減少して、2015年には46％になった（図21.1、暫定的な部分データに基づく推定）。

図21.1　OECD加盟国に流入する移民に占める女性の割合は近年逓減している

外国人人口の流入者数（フロー）と居住者数（ストック）に占める移民女性の割合、OECD加盟国平均、2000〜2015年

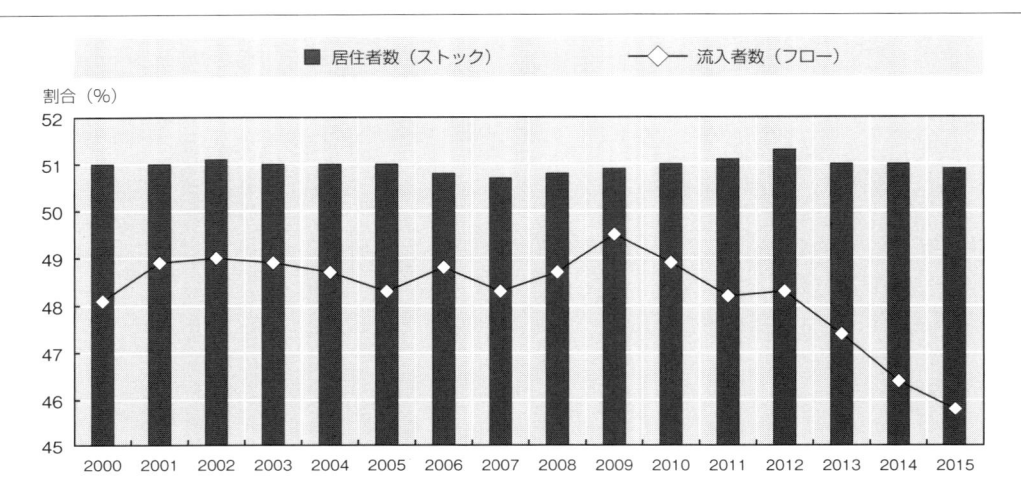

注：OECD国際移民データベース（*OECD International Migration Database*）（http://www.oecd.org/els/mig/oecdmigrationdatabases.htm）。

StatLink：http://dx.doi.org/10.1787/888933575254

　永住移民の3つの主要カテゴリーは、家庭の事情、就労、人道的保護を目的とする移住と関連している。女性はこれらの移民カテゴリーのすべてに存在するが、家族移民に大きな割合を占める傾向にある。その結果、OECD加盟国への女性の移住は2009年に最高水準に達したが、この年、就労目的の流入は相対的に少なかった。その後、女性の移住は徐々に減少しているが、それは特にEU諸国内で就労目的の移住が増加し、また最近では難民や亡命希望者が大勢流入しているからである。女性の移住の減少傾向はほとんどのOECD加盟国で見られ、流入が増加しているのはカナダ、フランス、アイルランド、ノルウェー、英国のみである（図21.2）。しかし、現在居住している移民の男女比がごくわずかな影響しか受けていないのは、女性が最も高い割合を占める移民カテゴリーが、恒久的な移住に最もなりやすいカテゴリーだからである。

図21.2　2010年以降、ほとんどのOECD加盟国では流入する移民に占める女性の割合が減少している

OECD加盟国への移民のフローに占める女性の割合、2010年・2015年

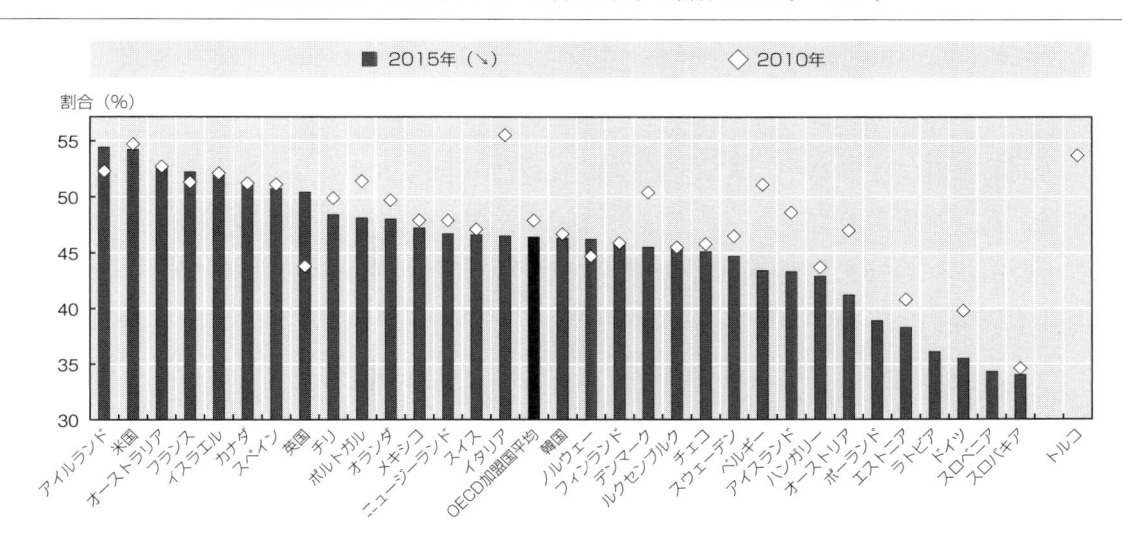

注：OECD加盟国平均は2010年と2015年の両方のデータがあるOECD加盟国の非加重平均。

資料：OECD国際移民データベース（*OECD International Migration Database*）（http://www.oecd.org/els/mig/oecdmigrationdatabases.htm）。

StatLink : http://dx.doi.org/10.1787/888933575273

家族移民の最近の傾向

　女性の移住で特に顕著なのは、家族移民としての移住である。男性はしばしば主たる移民（principal immigrant）――労働者、学生、または難民として最初に到着する移民――と見なされ、女性は主たる移民に帯同または後に合流する配偶者の大部分を占める。こうしたパターンは「後続する妻（trailing wife）」と呼ばれることもある（Cooke, 2008）。家族移民には未成年の子どもが含まれることもあるものの、男女比はバランスが取れているため、家族移民の傾向に主な関連性があるのは女性である。

　家族移民のジェンダーに関する側面について経験的に調査するために、本セクションでは欧州統計局が収集しているEU労働力調査の2014年アドホック調査（ad-hoc module）を利用する。こうした最近のデータは、欧州のOECD加盟国（デンマーク、アイルランド、オランダを除く）への移住の動機として、移民による自己申告から得たものである。家族移民とは、EU域外で出生し、主たる移住の理由が「家庭の事情」と申告した者か、調査対象国に到着したときに未成年であった者とされる。2014年のアドホック調査とそれより早い2008年のデータセットを比較することで、傾向を抽出できる。

　2つのデータセットを見ると、欧州のOECD加盟国では女性が家族移民の安定多数を占めて

第21章

いることがはっきりとわかる――2014年でも2008年でも61％を構成していた。この割合は労働移民、難民、留学生に占める割合（それぞれ2014年で36％、40％、42％）よりも高いだけでなく、到着時に成人であった家族移民のみを対象にした場合、さらに上昇するだろう。というのも、家族移民の男女比のバランスが、到着時に未成年であった家族移民の男女比によって調整されるからだと考えられる。

　他のOECD加盟国に関する証拠も、家族移民に女性が多数を占めることを裏付けている。カナダでは、女性は同国の家族クラスの移民の60％を構成し、労働移民に帯同する家族移民の多数を占めている。2004年の長期移住データベース（Longitudinal Immigration Database）に基づくと、女性が占める割合は、主たる労働移民（42％）と難民（50％）では大幅に低くなる。オーストラリアでは、2013年のオーストラリア統計局のデータによると、女性は直近の家族移民の68％を占めているが、直近の難民では49％、直近の労働移民では45％である。

　主たる移民としてではなく家庭の事情によって移住することが、受入国の社会への統合に影響を与える場合がある。労働移民と留学生は、仕事や学習プログラムを通じて受入国の社会と必然的に接触を持つ。家族移民は受入国の社会から切り離される傾向にあり、それによって現地の言語を学習する機会が損なわれる。そうした状況では、家族移民は主たる移民に大きく依存することになりやすく、当初は在留許可が配偶者と結び付いているため、法的にも高度に依存する。

　2014年アドホック調査のデータ収集の一環として、移民に受入国の言語（移民の母語と同じ場合もある）の習熟度を質問した。その結果から、女性の家族移民は受入国の言語の習得にいくぶん苦労していることがわかった。16％がビギナー、21％が中レベル、残り（63％）が上級またはネイティブレベルの習熟度であると回答した。女性の労働移民のうち、ビギナーだと回答したのは9％のみであり、24％は中レベル、67％は上級またはネイティブレベルと答えた。留学生として入国した女性は、受入国の言語にさらに熟達していた。男性の家族移民の場合、79％が上級またはネイティブレベルと回答しており、3つの移民グループのいずれに属する女性よりも大幅に高い割合であった。

　統合はある程度教育に左右される。一般的に、より高い教育を受けた移民の方が、受入国の言語に関して高い習熟度を獲得し、受入国の制度を理解し、受入国の労働市場にアクセスすることが容易である。2008年と2014年のデータを比較すると、教育レベルが上昇傾向にあることがはっきりと見て取れる。教育レベルの低い家族移民の割合は2008年の46％から2014年の38％に低下したが、教育レベルが中程度の家族移民はほぼ横ばいであった（2008年は35％、2014年は37％）。しかし、教育レベルの高い移民の割合は、2008年には17％であったが、2014年には23％へと上昇している。2014年には、家族移民は教育レベルの高い移民の割合の上昇と教育レベルの低い移民の割合の減少という点で、教育レベルの向上の度合いが労働移民や難民を上回った。

図21.3　移民──なかでも男性の労働移民と女性の家族移民──の教育レベルは上昇傾向にある

一定の学歴を有する移民の割合の変化（2008年・2014年）、移住状況・男女別、欧州のOECD加盟国

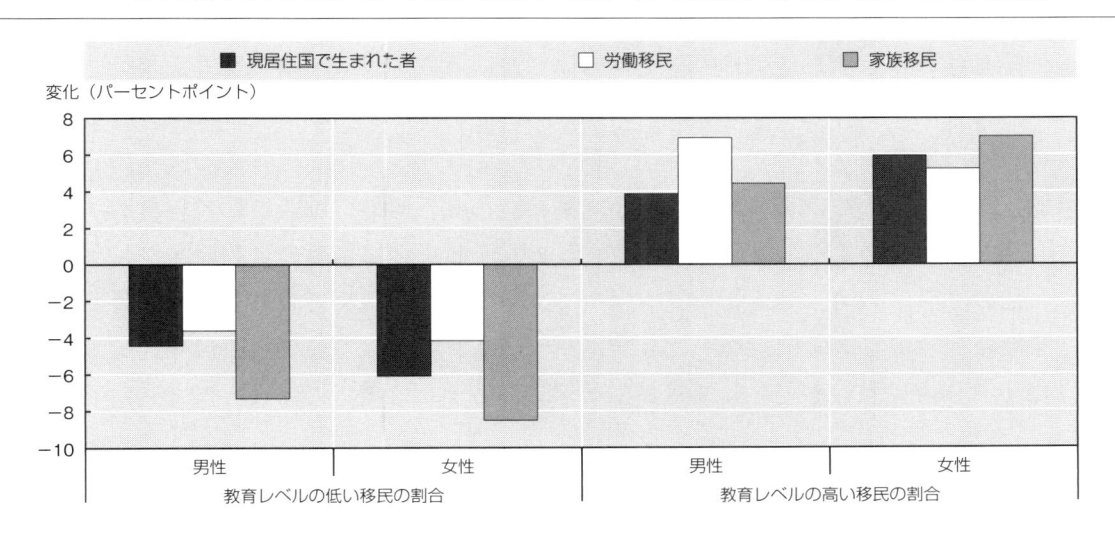

注：2014年のデータは、デンマーク、アイルランド、オランダを除く欧州のOECD加盟国を含む。2008年のデータはフィンランドを除く欧州のOECD加盟国を含む。EUに加盟していない15か国では家族移民を特定できていない。しかし、2008年に新規EU加盟国に居住していた移民は少数であることから、調査結果に大きな影響はないと考えられる。
資料：OECD事務局算定。欧州連合労働力調査（European Union Labour Force Survey, EU-LFS）アドホック調査（2014年・2008年）。

StatLink : http://dx.doi.org/10.1787/888933575235

　家族移民の教育レベルの大幅な上昇にはジェンダーの側面がある。図21.3を見ると、教育レベルの低い移民の割合の減少は、男性の家族移民よりも女性の家族移民に強く見られ、教育レベルの高い移民の割合の増加に関しても同じことがいえる。これはある程度、現居住国生まれの者の間に見られる同様の傾向が反映されているといえるだろう。つまり子どものときに入国した家族移民は、学歴に関して現居住国生まれの者と類似する傾向を示す可能性がある。しかし、学歴の上昇は現居住国生まれの者よりも家族移民の方が顕著であることから、成人として入国した家族移民の学歴も上昇している可能性があり、特に女性に関してそれがいえる。一方、労働移民の場合、学歴の上昇傾向を牽引しているのは男性である。

労働移民が増えているのは女性が多数を占めるケア・家事労働部門

　上述のように、労働移民は従来、男性の割合が高かったが、女性が多数を占める職種や業務がいくつか存在する。すでに女性が圧倒的多数を占めている職種は、当然のことながら女性の労働移民を引きつける。

　移民女性の主要な就労カテゴリーのひとつは個人の家庭であり、家事や、幼い子ども・障害者・高齢者の世話をする。労働移民に賃金と技能に関する規制を適用しているOECD加盟国で

第21章

は、こうした労働が低技能や低賃金に分類されるため、一般的にこうしたカテゴリーでの労働移民を認めていない。

　ケア労働が移住の合法的な就労ルートである国では、移民のフローはかなり大きい。イスラエルではケア労働者は2000年には2万2,000人を下回っていたが、2016年には5万7,000人を上回った。カナダでは住み込みのケア労働者の流入は、2005年の3,000人から2014年の1万1,700人へと増加した。イタリアでは2000年代後半以降、流入は一般的に制限されているが、2009年と2012年に実施された2度の正規化によって、数十万人の女性に家事労働の許可が付与された。韓国では、他のアジア諸国——主として中国——出身の朝鮮民族を対象とした商用ビザ制度によって、多数の女性が家事労働、なかでも育児サービスに就労している。2014年、そうしたビザを持つ12万人以上の女性が、主に清掃員や家事労働者として働いていた。

　病院や高齢者施設などの施設で、雇用主と契約を結んで従事するケア労働（訪問看護師や看護助手）なども、一部のOECD加盟国では労働移民の就労ルートになっている。

移民女性は労働市場で二重に不利な立場にある

　OECD加盟国全体で、生産年齢の移民女性は雇用において、移民男性や現居住国生まれの女性と比較して、二重に不利な立場にある。こうした不利な状況は、主に労働市場行動における男女差によって引き起こされていると考えられるが、国によってかなりの差異がある。

移民男性、現居住国生まれの女性と比較した移民女性の就業率

　平均すると、移民女性の就業率は57.4％であり、現居住国生まれの女性の場合は61.8％、移民男性の場合は73.3％である。国によって就業率に大きな差があり、トルコでは就業している移民女性は28.1％のみであるが、アイスランドでは78.5％にも上る。ニュージーランド、カナダ、オーストラリア、米国などでは、移民女性の就業率はいずれもOECD加盟国平均と同等か、それを上回っている（図21.4）。

　調査したどのOECD加盟国でも、移民女性の就業率は移民男性よりも低く、平均すると移民男性は移民女性よりも就業率が15.9パーセントポイント高かった。しかし、移民の間の男女差には国によって大きな違いがある。男女差が最も大きいのはトルコ、メキシコ、韓国で、30パーセントポイントに上った。チェコ、ハンガリー、スロバキア、ポーランドでは、男性の就業率は女性のそれよりおよそ20パーセントポイント高かった。移民の間の男女差が20パーセントポイントを上回る国には、他に米国、日本、イタリアがある。男女差が最も小さいのはイスラエル、アイスランド、ポルトガルで、その差は3〜6パーセントポイントである。また、バルト

図21.4　移民女性は労働市場で二重に不利な立場にある

現居住国生まれの者と外国出生者の就業率、15～64歳、男女別、2014～2015年またはデータのある最新年[a]

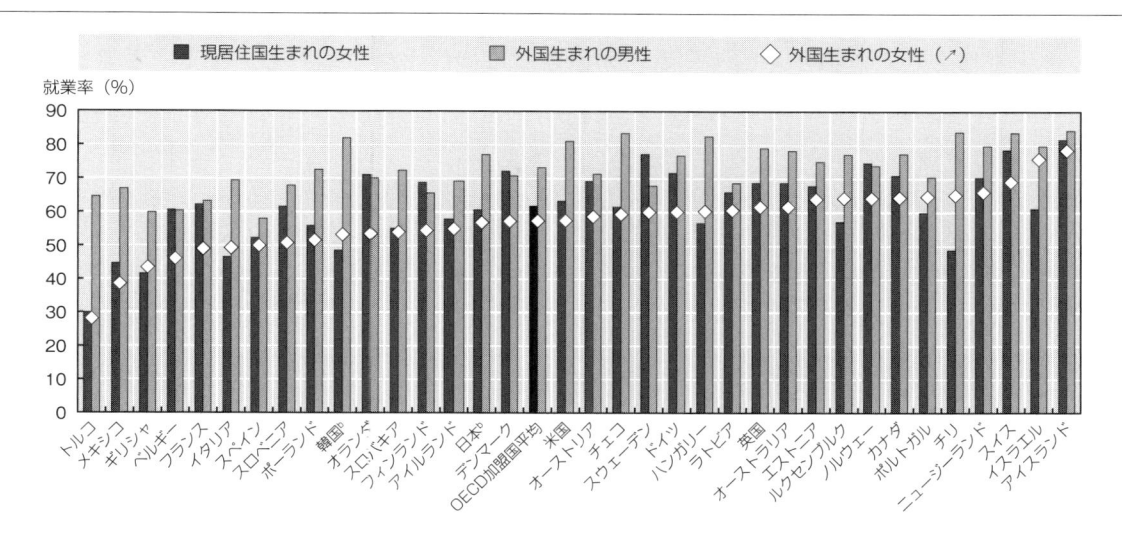

a) 日本は2010年、韓国は2012～2013年、チリとメキシコは2015年のデータ。

b) 韓国と日本は出生国ではなく国籍に基づいて移民かどうかを判断する。韓国のデータは15～59歳人口。

資料：OECD事務局算定。データ源は、EU諸国、アイスランド、ノルウェー、スイス、トルコに関しては欧州連合労働力調査（European Union Labour Force Survey, EU-LFS）、オーストラリア、カナダ、ニュージーランドに関しては全国労働力調査、チリに関してはチリ全国社会経済特徴調査（Encuesta de Caracterización Socioeconómica Nacional, CASEN）、日本に関しては2010年国勢調査、韓国に関しては外国人労働力調査（Foreign Labour Force Survey）と韓国国民労働力人口調査（Economically Active Population Survey of Korean nationals, EAPS）、メキシコに関しては全国職業雇用調査（Encuesta Nacional de Ocupación y Empleo, ENOE）、米国に関しては米国人口動態調査（United States Current Population Survey, CPS）。

StatLink：http://dx.doi.org/10.1787/888933575311

諸国とスカンジナビア諸国も男女差が非常に小さく、約10パーセントポイント前後であった。

　移民女性と現居住国生まれの女性の就業率を比較すると、国による差がさらに大きいことがわかる。2010年代に両者の差が最大で、現居住国生まれの女性の就業率の方が高かったのは、スカンジナビア諸国とオランダ、ベルギー、ドイツ、フランスなどの西欧諸国であった。オランダとスウェーデンでは、それぞれの国で生まれた女性は、移民女性よりも就業率が17パーセントポイントも高かった。興味深いことに、こうした国は、傾向として全般的に就業率が最も高い水準に属している。逆に、チリとイスラエルでは、移民女性は現居住国生まれの女性よりも就業率が15パーセントポイント高かった。ギリシャ、イタリア、ハンガリー、韓国、ポルトガル、ルクセンブルクも、移民女性の方が現居住国生まれの女性よりも就業している割合が高い。OECD加盟国平均で、現居住国生まれの女性の就業率は、外国生まれの女性よりも4.5パーセントポイント高い。

　全体として見ると、こうしたデータから、移民女性の就業率は移民男性と比べて低いだけでなく、現居住国生まれの女性と比べても低い。同様に、移民女性は現居住国生まれの女性と比較して、失業率もほぼ必ず高い。しかし、傾向として最大の差が見られるのは男女間であり、

移民と現居住国生まれの者の間ではない。

　移民かどうかで最大の差が生じているのは、就業率が最も高い国に多く、そのことから就業率が高い国ではこうした格差を縮小するのが困難な可能性が読み取れる。また、そうした国は全体的な就学率も高いため、移民女性と現居住国生まれの女性の格差には、他に原因となる要素があると考えられる。

　とはいえ、徐々に好ましい傾向が現れている。近刊書（OECD, 2017）の中で、OECDは2014年と2008年の欧州における家族移民の4コーホートの就業率を比較している。就業率は女性の家族移民の間で、4つのすべてのコーホートにおいて2008年よりも2014年の方が大幅に高かった。一方、男性の家族移民の就業率は、2つの若いコーホートで減少している。こうした状況は労働移民の状況とは異なっており、労働移民の場合、4つのすべてのコーホートで男女ともに就業率が低下していた。比較的低水準からではあるが、女性の家族移民の間で就業率が著しく上昇したのは、おそらくそうした女性たちの学歴が上昇している結果だと考えられるが、女性の家族移民が、配偶者の雇用状況の悪化を埋め合わせるために、労働市場にますます参入するようになったことの表れとも考えられる。

移民女性の統合を促すための政策対応

　OECD加盟国で多くの移民女性が立っている二重に不利な立場に対処するには、移民女性に特有のニーズを考慮した柔軟な政策対応が必要である。しかし、最近までこの問題は比較的注目されておらず、解決するための体系的な政策を開発した国はほとんどない。

　通例、移民女性を統合する取り組みは、こうした女性たちがしばしば家庭において育児の主たる責任を担っていることを考慮して、家族の視点から始めなければならない。保育サービスに母親である移民女性を対象にした教育プログラムを組み合わせるのは、ひとつの有益なアプローチであり、オーストリア、カナダ、ドイツ、ニュージーランドなどが採用している。もうひとつのアプローチとして、移民女性に起業へのアクセスを提供するというものもある。これは労働市場への参入経路として特に有効である。それによって報酬を得られる活動に従事する機会が得られるが、そうした活動は正規雇用よりも柔軟で、育児やその他の責務と両立しやすく、文化の壁がそれほどの障害にはならない。さらに、移民女性の起業家は、他の移民女性の役割モデルにも潜在的雇用主にもなりうる。

　移民女性が直面する問題の多くは、家族移民という彼女たちの立場に関係がある。実のところ家族移民は、入国管理法令により、通常、給付金の対象にならず、給付金受給者を対象とし、場合によっては受給者に限定した措置——積極的労働市場政策措置——など、統合政策で顧みられないことが多い。顧みられない背景には、女性の家族移民は配偶者に養われ、配偶者はあ

らゆる必要な生活費を妻に与えることができるため、そうした女性には、統合サービスに関して専門的なカウンセリングはほとんどあるいはまったく必要ない、という思い込みがある。

　この問題に対処するために、オーストラリア、カナダ、ドイツが実施しているサービスは、新たに入国した資格のある家族移民に、彼らに必要と考えられるサービスについて助言し、利用できる統合支援について情報を提供する。学歴の低い女性に限定して、新しい技能を身につける後押しをして、労働市場への参加を促す地域的なプログラムを実施している国もある。言語教育も重要なツールである。スウェーデンでは、一部の自治体が公立の保育園や幼稚園で移民の親に言語教育を提供しており、移民女性を主な対象にしている。

　移民女性の中には、付き合いの範囲が主として家庭や同じ民族が属するコミュニティに限られている者もおり、それによって通常の情報ルートでそうした女性たちに接触するのが困難になる。そうした場合、特別なアウトリーチ活動が政策を成功に導くひとつの重要要素になる。たとえば、メンターシッププログラムは、受入国の社会との結び付きを強化することが可能である。メンター自身が移民背景を有していることが多く、馴染みのある場所で文化や言語の壁なく、移民女性に働きかけることができる。一例にデンマークの「地区の母（District Mothers）」プログラムがあり、このプログラムでは仕事のない移民の母親に研修を行って、近隣の他の移民女性を訪問し、教育や求職について助言してもらう。同様の制度はドイツやオランダ、ポルトガルでも実施されている。一方、ノルウェーでは、移民団体や他の非政府組織（NGO）に助成金を提供して、移民の地域参加を強化し、彼らが社会的ネットワークに居場所を見つけられるよう支援している。

　最後に、移民女性に教育への参加や再参加、就労を促す適切なインセンティブのパッケージを設計することが重要である。インセンティブにはいろいろな形態が考えられるが、主に重点が置かれているのは、活動しないよりもする方が有利になるように、税と給付の組み合わせを微調整することである。ここでもノルウェーの例を取り上げると、同国では就労への移行期の給付金があり、給付と訓練を初期の一定期間の就労と組み合わせている。オランダではより広範な活性化戦略の一環として、再訓練と就労の障壁を引き下げるために、就労プログラムと所得保障給付制度を統合した。

　幼稚園に通っていない子どもの親に支給される家庭保育手当が、母親の労働市場参加にとってきわめて好ましくない可能性があることが、証拠に示されている。それが特に当てはまるのは、公共保育サービスの利用料が高額な国で、子どもが複数いる低学歴の女性であり、保育料がかさむことがその理由である。そうした女性は、就労から期待できる追加所得が、公共保育サービスの利用料を上回る見込みがないため、公共保育を利用しようという意欲が低い。そのため、手頃な利用料での公共保育の提供は、女性の労働市場参加を支援したい政府にとって、戦略的な措置になる。

頭脳流出のジェンダーの側面

高学歴女性の流出に対して世界的に懸念が高まっている

　高学歴の女性と男性の流出は、ここ数十年の間に大幅に増加しており、こうした移住者に占める女性の割合は上昇傾向にある。ひとつには詳細データの不足が原因で、頭脳流出のジェンダーの側面についてはほとんど研究されてこなかったが、こうしたフローのジェンダーの側面は特有の懸念を引き起こしている。

　高学歴女性の流出——いわゆる女性の頭脳流出——の割合は男性よりも高く、特にアジア・オセアニアとサハラ以南アフリカからの流出によって引き起こされている（図21.5）。流出率は、特定の国・地域の高学歴者（15歳以上）に占める、その国・地域からの高学歴移民の数（すでに移住した者も含む）として測定される。現に、OECD加盟国移民データベース（Database on Immigrants in OECD Countries, DIOC）によると、2010～2011年、サハラ以南アフリカでは、同地域出身の高学歴女性全体の15％がOECD加盟国に居住しており、女性の流出率は他のどの地域よりも高く、男性の流出率よりも3パーセントポイント高かった。実のところ、2000～2001年から2010～2011年にかけて、高学歴の男性と女性の流出率はほとんどの地域でも増加していた。DIOCの対象国の半数近くで、高学歴の女性の10％以上が外国で暮らしており、約60か国ではその数値は20％を上回っている（OECD, 2015）。

　しかし、MENA地域は例外であり、高学歴者の流出の増加は、流入する高学歴者の急増によって、全体としては相殺されている。そのため、MENA地域からの高学歴の男性と女性の流出率は、2000～2001年から2010～2011年にかけて、それぞれ1パーセントポイントと2パーセントポイント低下した。

高学歴女性の移民は急増している

　OECD加盟国における高学歴移民女性の総数は、2000～2001年から2010～2011年にかけて80％増加したが、男性は63％の増加であった（図21.6）。これらの割合を別の表し方をすると、女性は900万人弱から1,600万人強に、男性は900万人強から1,500万人弱に増加したことになる。ここでも、この上昇を主に牽引しているのはアジア・オセアニア地域からとOECD加盟国間の移民であるが、高学歴女性の数はサハラ以南アフリカ、アジア・オセアニア、OECDに非加盟の欧州諸国からの移民の間で倍増した。中央アジア、ネパール、モンゴル、サウジアラビア、パラグアイ、アフガニスタン、リトアニアも、2000～2001年から2010～2011年にかけてOECD加盟国に移住した高学歴女性の数が大幅に——250％以上——上昇している（OECD, 2015）。

図21.5　アジアとサハラ以南アフリカでは、高学歴女性は高学歴男性よりも
OECD加盟国に移住する割合が高い

OECD加盟国に流出する高学歴者の割合、男女別、出身地域別、2000～2001年と2010～2011年

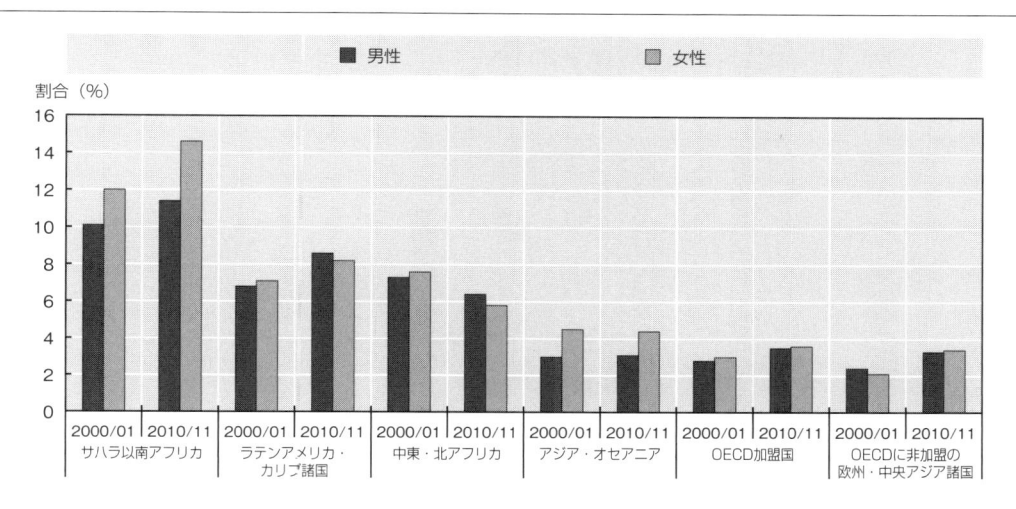

注：高学歴女性（男性）の流出率は、特定の国・地域の15歳以上の全高学歴女性（男性）に占める、その国・地域から移住する15歳以上の高学歴女性（男性）の割合で、既に移住している者も含む。「高学歴」とは高等教育修了者のこと。左から順に、2010～2011年におけるOECD加盟国への高学歴女性の流出率が高い出身地域。

資料：OECD加盟国移民データベース（*Database on Immigrants in OECD Countries*, DIOC）（2000～2001年と2010～2011年）（http://www.oecd.org/els/mig/dioc.htm）。

StatLink：http://dx.doi.org/10.1787/888933575330

多数の要因が高学歴者の間で移民の女性化の原因になっている

　供給要因も需要要因も、OECD加盟国で高学歴の移民女性が増加している理由を説明するのに役立つ。先進国と開発途上国における発展と経済構造の変化は、女性の学歴の上昇をもたらした。男女平等に対する文化的態度の変容、女性の社会的役割の変化、女性の自立と資金へのアクセスの拡大も、近年、世界のほとんどの国で女性の教育レベルの向上に寄与してきた。その結果、出身国における高学歴女性の供給が拡大した。

　家族の再統合の割合の上昇は、最近まで主たる移民であった高学歴男性の移住の増加とともに、高学歴女性の流出が増大する要因になっている可能性がある。実のところ、高学歴女性は家族の扶養者ではなく、主たる労働移民になることが増えているが、高学歴女性は高学歴男性の場合よりも、逆の性別の移住に呼応しやすいことを明らかにした研究もある（Docquier *et al.*, 2009）。

　女性の移住に対する態度の変化も、女性の移住性向に一役買っている（Curran *et al.*, 2001）。移住した女性はひとつには移住によってエンパワーメントが促されるため、出身国に帰還する割合が低くなる。また、そうした女性は移住先国のネットワークをより広範囲に利用する傾向にあり、女性のネットワークは男性が利用するものよりも発展していて、活発であることが多い。

図21.6　2000〜2001年から2010〜2011年にかけて、OECD加盟国に移住する高学歴女性は全地域で増加している

OECD加盟国への高学歴移民の数、出生地域別、男女別、2000〜2001年と2010〜2011年

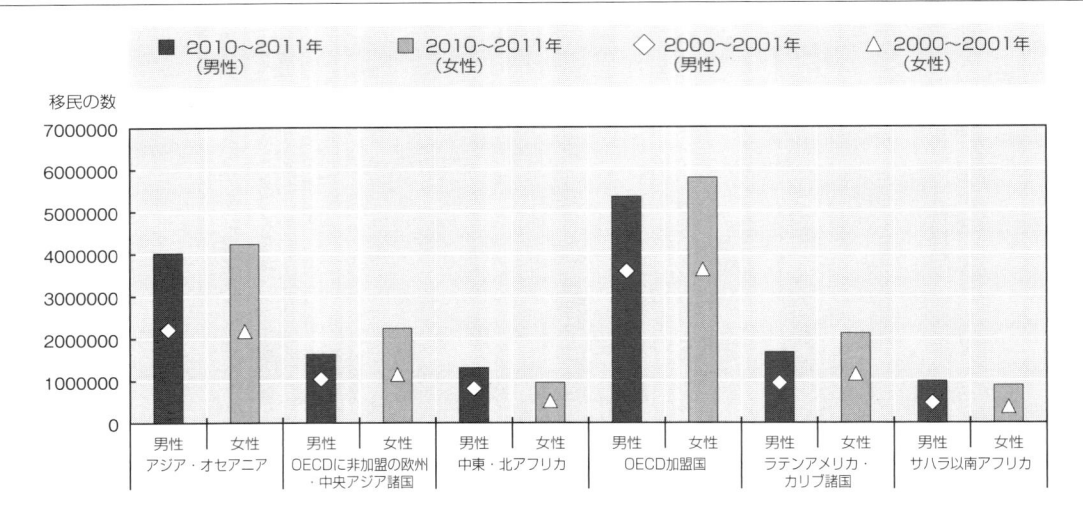

注：縦軸の移民人口は15歳以上人口。「高学歴」とは高等教育修了者のこと。

資料：OECD加盟国移民データベース（*Database on Immigrants in OECD Countries*, DIOC）（2000〜2001年と2010〜2011年）（http://www.oecd.org/els/mig/dioc.htm）。

StatLink：http://dx.doi.org/10.1787/888933575349

コラム21.1　出身国の差別的な社会制度の影響

　女性の出身国での社会制度におけるジェンダーに基づく差別は、女性による移住の決定に影響を与える可能性がある。女性は以下を逃れようとして移住する（Lam and Hoang, 2010）。

● 性的暴力や虐待

● 未婚、寡婦、または離婚者である場合の社会的不名誉

● 自由の制限

● 結婚への圧力や結婚するまで貞操を守る義務（Jolly and Reeves, 2005）

　出身国の差別的な社会制度は、女性が移住する能力を妨げる恐れもある。たとえば、早期に結婚する少女は、教育を終える可能性が低いため、雇用機会が制限され（Ferrant and Nowacka, 2015）、社会的にも経済的にも──移住のためでさえも──夫への依存が大きくなる。モルドバでは、女性は男性よりも利用できる資金が少ないため、移住する機会も低い

と報告している（IOM, 2005）。また、女性が１人で出歩いたり旅行したりすることが受け入れられにくい場合もある。

　移住と社会制度における差別の程度との間にある関連性は、図示すると世界的に逆のU字型を示す。OECDの社会制度・ジェンダー指数（SIGI）による分析には、出身国での差別は女性が移住する動機になるが、それは一定の水準までであり、その水準に達すると、女性の移住を妨げる障壁となって、女性の流出が減少することが示されている（Ferrant and Tuccio, 2015）。

女性の頭脳流出は開発にとって問題になる

　頭脳流出は一部の移民送出国の開発にとって問題となっており、女性の頭脳流出は別の懸念も引き起こしている。高学歴女性の流出は、出身国の乳児死亡率、5歳未満死亡率、中等教育就学率に悪影響を及ぼす（Dumont *et al.*, 2007）。女性の教育レベルは、子どもの教育への投資と相関関係にあるため、開発にとって重要な要素である。そのため、アフリカでは女性の高い流出率が、人間開発と経済成長に深刻な影響を及ぼす恐れがある。女性はまた、高い教育を受けた場合、家計所得への貢献度と影響力が大きくなり、それによって子どもの教育への投資が増大し、出生率が低下することになりうる。

　女性の頭脳流出は開発途上国特有の問題にもなっているが、それは高学歴女性は高学歴男性よりも希少な資源であるためである。女性はより高い教育、より高技能の職へのアクセスにおいて不平等に直面することが多いため、そうした女性の流出は、高学歴男性の流出よりも、相対的に大きな人的資本の喪失を引き起こす恐れがある（Docquier *et al.*, 2009）。

　しかし、良い面として、移民のフローの女性化は、本国への送金額にプラス効果をもたらすと考えられる。移民全体に占める女性の割合が上昇すると、送金も増える。また女性の方が長期にわたって送金を行う傾向にあるため、男性による送金とは異なる影響を受取人の支出に与える可能性がある。しかし、送金は開発途上国にとって高学歴女性の喪失を埋め合わせることにはならないとする研究もある（Dumont *et al.*, 2007）。女性の頭脳流出は男性の流出よりも開発に悪影響を及ぼすが、低学歴者の場合、流出によって開発が受ける影響に、ジェンダーに関連した差異がないことをこの研究は明らかにしている。

第 21 章

主な政策提言

● 移民の統合支援を目的とする措置が柔軟で、かつ育児の負担、言葉の壁、受入国での孤立など、移民女性に特有の問題を考慮できるものになるよう徹底する。

● 移民女性が、労働市場に占める女性の割合が低い国の出身である場合は特に、移民女性に研修への参加（または再参加）や就労を促す。

● 移民──特に高技能移民──の女性化の影響を国外移住に関する政策に反映させる。

参考文献・資料

Cooke, T.J.（2008）, "Migration in a Family Way", *Population, Space and Place*, Vol. 14, pp. 255-265.

Curran, S. and A. Saguy（2001）, "Migration and Cultural Change: A Role for Gender and Social Networks?", *Journal of International Women's Studies*, Vol. 2, No. 3, pp. 54-77.

Docquier, F. and H. Rapoport（2009）, "Skilled Migration: The Perspective of Developing Countries", Chapter 9 in J. Bhagwati and G. Hanson（eds.）, *Skilled Immigration: Problems, Prospects and Policies*, Oxford University Press, pp. 247-284.

Dumont, J., J. Martin and G. Spielvogel（2007）, "Women on the Move: The Neglected Gender Dimension of the Brain Drain," *IZA Discussion Paper*, No. 2920, Bonn.

Ferrant, G. and M. Tuccio（2015a）, "South South Migration and Discrimination against Women in Social Institutions: A Two-way Relationship", *World Development*, Vol. 72, Issue C, pp. 240-254.

Ferrant, G. and K. Nowacka（2015b）, "Measuring the Drivers of Gender Inequality and Their Impact on Development: The Role of Discriminatory Social Institutions", *Gender & Development*, Vol. 23, No. 2, pp. 319-332.

IOM – International Organization for Migration（2005）, *Migration and Remittances in Moldova*, International Organization for Migration, Geneva.

Jolly, S. and H. Reeves（2005）, *Gender and Migration*, Bridge.

Lam, T. and L. Hoang（2010）, "Effects of International Migration on Families Left Behind", Paper presented at the Experts Meeting, Civil Society Days GFMD, Mexico City.

OECD（2017）, "Too Many to Fail: A Profile of Family Migrants", *International Migration Outlook 2017*, OECD Publishing, Paris, forthcoming.

OECD（2015）, *Connecting with Emigrants: A Global Profile of Diasporas 2015*, OECD Publishing, Paris, http://dx.doi.org/10.1787/9789264239845-en.

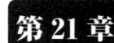

データベース

OECD国際移民データベース（OECD International Migration Database）
　　http://www.oecd.org/els/mig/oecdmigrationdatabases.htm

OECD加盟国移民データベース（Database on Immigrants in OECD Countries, DIOC）
　　http://www.oecd.org/els/mig/dioc.htm

■ 第22章 ■

ジェンダー、健康、労働参加

主な研究結果

- 一般的に女性は男性よりも長生きするが、人生のその長い数年間を良好ではない健康状態で過ごすことが多い。女性の方が労働年齢の間に身体に障害を負う割合が高く、それによって労働市場での機会が制限される可能性があり、人生の最後の期間を長期ケアサービスに依存する傾向が高い。長期ケアの質をモニタリングし、改善することは、多くの高齢女性の福祉にとって不可欠である。

- 女性は高齢家族のインフォーマル（私的）なケアの主たる担い手である。長期ケアのための社会的保護を強化することで、インフォーマルな介護者の男女不均衡を改善することができ、介護者に対する支援を拡大することで、介護がメンタルヘルスや雇用に与える悪影響を軽減することができる。

- 女性は医療・社会的介護サービス従事者の大多数を構成しているが、近年、女性医師の割合が上昇しているとはいえ、女性は最も技能が高く最も報酬の高い職種では、依然として少数派である。

女性は男性よりも長く生きるが、人生のその長い数年間を良好ではない健康状態で過ごす

全OECD加盟国で、男女どちらとも平均寿命が大きく伸びており、今生まれた人は、50年前に生まれた人よりも10年長く生きると予測されている。女性は男性よりも長く生きる。OECD加盟国平均では、2013年に生まれた女子の平均寿命は83.1歳と予測されているが、男子の場合は77.8歳である。しかし、その長い数年間、女性の健康状態は悪くなりがちである。

女性は長寿から恩恵を得る一方で、老後の健康状態が傾向として良好ではない。男性は肺癌や心臓麻痺など、致死的な疾患にかかる割合が高いが、関節炎やうつ病といった、非致死的で生活に支障を来たす症状が見られるのは、女性の方が一般的である。2014年、65歳時点での女性の平均余命は21.3年であり、男性の17.8年よりもかなり長い。一方、65歳時点での健康余命は男女ともほぼ等しく、女性は9.4年、男性は9.2年である（図22.1）。

図22.1　女性は全般的に男性よりも平均余命は長いが、健康余命はほぼ等しい

65歳時点での平均余命と健康余命、欧州のOECD加盟国、2014年

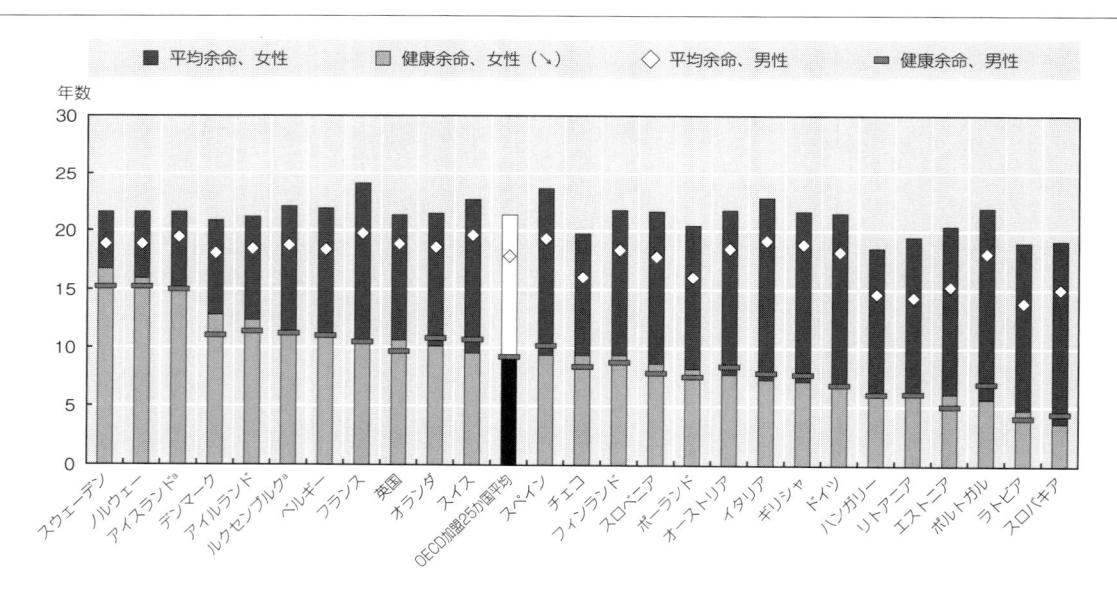

注：左から、65歳時点での女性の健康余命の長い国。

a）アイスランドとルクセンブルクのデータは2012～2014年の3年間の平均。

資料：OECD/EC（2016）, *Health at a Glance Europe 2016 - State of Health in the EU Cycle,* OECD Publishing. Paris（http://dx.doi.org/10.1787/9789264265592-en）.

StatLink：http://dx.doi.org/10.1787/888933575368

65歳の時点で、女性は男性よりも約20％長生きすると予測されるが（図22.1）、健康状態は必ずしも良好ではなく、長期ケアサービスに依存する割合がはるかに高い。2014年、OECD加盟国全体で、長期ケア施設の入居者の3分の2は女性であった（OECD, 2017）。長期ケアサービ

スの質について各国は十分に把握しておらず、国レベルでモニタリングを行うことはめったにない（OECD/EC, 2013）。知識とデータの不足を改善することは、長期ケアサービスに依存する人々の生活の質を改善するために不可欠である。

女性は早いうちに障害を患いやすい

多くの人が良好な健康状態で65歳を迎えるが、職業人生の終わりに近づく頃、かなりの数の人が、通常の日常活動を行う能力や働くための能力に影響が生じる状態になる。こうした能力の制限を患うのは男性よりも女性の方が多く、欧州諸国では50〜64歳の女性の36％が、健康上の問題によって日常活動が制限されていると答えているが、男性の場合は31％である（図22.2）。同年齢層の機能的移動能力に関して、制限を来たしていると回答する女性は男性よりも50％多い。社会経済的地位の低い高齢者は、男女を問わずあらゆる種類の制限から広く影響を受けている。

健康状態の低下は労働と所得に悪影響を及ぼす恐れがある。慢性疾患を抱える人は仕事に就いていることが少なく、所得が低い。たとえば、糖尿病患者は平均すると労働時間が数時間短く（Pelkowski *et al.*, 2004; Saliba *et al.*, 2007）、健康上の問題が原因で、就業日を平均で1年当たり2日逃してしまう（Tunceli *et al.*, 2005）。癌と診断され、就業を続けている人は、1週当たりの就業時間が3〜7時間少ない（Bradley *et al.*, 2005; OECD, 2011）。

しかし、健康状態の低下が労働に与える影響の男女差については、相反する証拠がある。50〜64歳の女性は、健康に関連した制限によって日常活動が影響を受けていると報告する割合が大幅に高いが、健康状態の低下によって有償労働への参加が制限を受けていると答える男女の割合はほぼ等しい（図22.2）。しかし、2つ以上の慢性疾患を患っている50〜59歳の女性は、慢性疾患を1つも患っていない同年代の女性よりも、就業している割合が3分の1少ないが、2つ以上の慢性疾患を患っている男性の場合、慢性疾患をひとつも患っていない男性よりも、就業している割合は4分の1少ないだけである（OECD/EC, 2016）。

因果関係が逆に作用する可能性もある。仕事が健康に影響を与える場合もあるが、その影響についての経験的証拠はさまざまである。たとえば、可処分所得が高ければ健康的な生活を送る可能性が高まりやすく、一部の国では就業者は包括的な健康保険に加入することが多い。しかし、激しい労働は身体的・精神的健康に悪影響を及ぼす場合もある（Currie and Madrian, 1999; Grossman, 2000）。

図22.2　女性の方が65歳になるまでに障害を患う割合が高い

5種類の活動の制限のうち1種類以上を来たしていると報告した50～64歳の男女の割合、欧州諸国、2013年

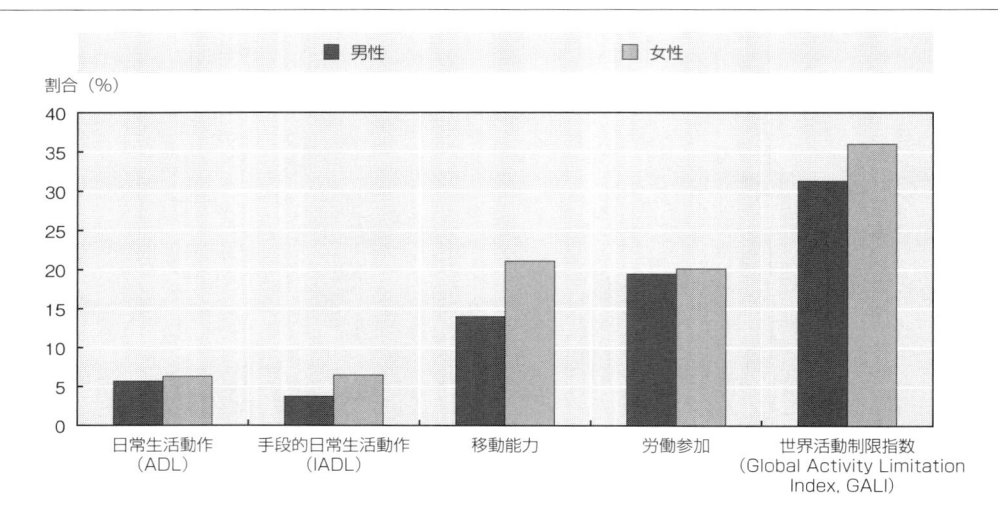

注：1）日常生活動作（ADL）（日常生活と身の回りの基本的な作業）、2）手段的日常生活動作（IADL）（自立した生活を営めるという評価を可能にする活動）、3）移動能力に関連する機能的制限とは、部屋の中を歩く、100メートル歩く、休むことなく一階分の階段を上る、休むことなく数階分の階段を上るなど、歩行・階段上りに関連する中度・強度の機能的制限、4）有償労働への参加に対する健康上の制限、5）世界活動制限指数（Global Activity Limitation Index, GALI）（健康上の問題を原因とする日常的に行う活動への制限を測定）という5つの異なる指標によって測定した、身体障害または健康障害を原因とする制限（自己報告に基づく）。

資料：OECD事務局算定。データ源は、第5回欧州健康・高齢化・引退調査（Survey of Health, Ageing and Retirement in Europe, SHARE）。

StatLink：http://dx.doi.org/10.1787/888933575387

女性はインフォーマルケアを提供する割合が高く、それによって健康と仕事に影響が生じる場合がある

　人は自分自身の健康だけでなく、愛する人の健康からも影響を受ける。フォーマルな長期ケアサービスはすべてのOECD加盟国で利用できるが、完全に自立して生活することが不可能になった場合、その人が必要とするインフォーマルな援助のほとんどを、家族や友人が提供している。こうした種類の援助は、しばしばインフォーマルケアと呼ばれ、どのOECD加盟国でも主たる提供者は女性である（図22.3）。欧州15か国では、2013年、51歳以上の女性のうち、平均10％が毎日インフォーマルケアを提供していたが、男性の場合は8％であった。しかし、こうした平均値の陰に、国による男女差が存在する。たとえば、スウェーデンでは、51歳以上で日常的にケアを行っている者の57％は女性であったが、スロベニアでは女性の割合は70％であった。また、女性はフォーマルな保健医療分野の労働人口の大部分を占めている（コラム22.1）。

　インフォーマルケアはケアを受ける側にとって有用であり、提供する側にもやりがいがあるといえるが、一方で犠牲を強いる。なぜなら、ケアをする必要がなければ、ケアに充てた時間を有償労働や余暇に利用することができたからである。実のところ、（1週当たり20時間を超え

図22.3　51歳以上の女性は、長期ケアのための総合的な社会的保護がない国では特に、同年齢層の男性よりもインフォーマルケアを提供する割合が高い

社会的保護の水準が異なる欧州諸国で、インフォーマルケアを日常的に提供している51歳以上の平均割合、男女別、2013年

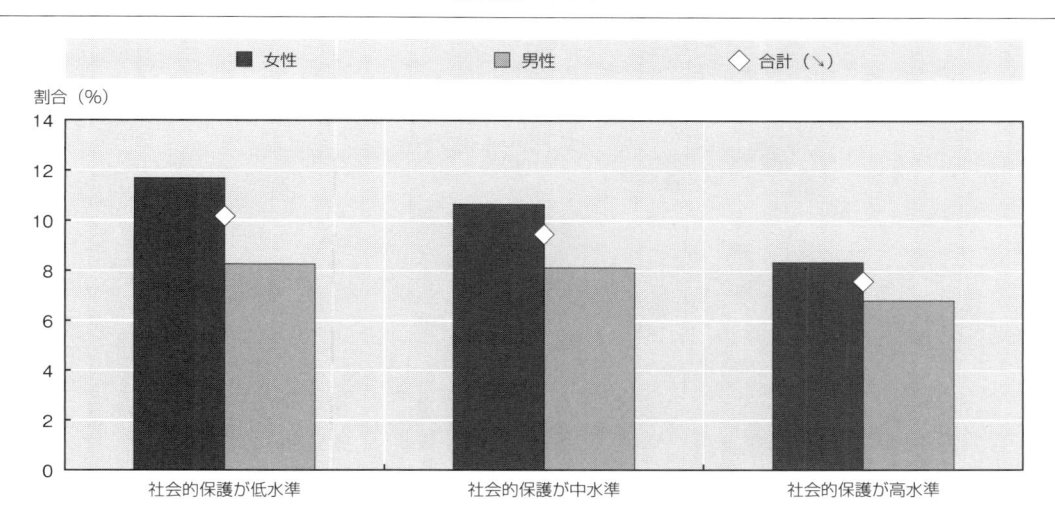

注：ケアの頻度について質問を実施しなかったが、同一世帯居住者にケアを提供している人も図に含めている。子ども、義理の子ども、甥や姪のケアをしている人は除外した。長期ケアへの公共支出を社会的保護の尺度とした。つまり、長期ケアへの公共支出がGDPの1%より少ない＝「社会的保護が低水準」、GDPの1〜2%＝「中水準」、GDPの2%より多い＝「高水準」。

資料：OECD事務局算定。データ源は、第5回欧州健康・高齢化・引退調査（Survey of Health, Ageing and Retirement in Europe, SHARE）。

StatLink：http://dx.doi.org/10.1787/888933575406

る）集中的なケアを提供するインフォーマルケア提供者は、就労している割合が低く、メンタルヘルスの問題を患っている割合が高く（OECD, 2011）、女性が不均衡に多く影響を受けている。

コラム22.1　女性は保健医療従事者の圧倒的多数を占めるが、ほとんどが低技能職に就いている

　女性は保健医療労働力全体の大部分を占めているが、医師など、最も高い技能を必要とする保健医療職においては依然として少数派である。OECD加盟国全体としては、全医師の半数近くが女性であるが、国によって大きな差異がある。日本と韓国では、女性は医師の約20%にすぎないが、ラトビアとエストニアでは70%を上回っている。しかし、医師の性別構成は、女性の割合が増加していることで変化している。OECD加盟国の医師に占める女性の割合は、平均すると1990年ではわずか29%であったが、2000年には約39%、2015年には46%に上昇している。

　女性は医師などの高度な技能を要する専門職に就いた場合でも、最も報酬の低い専門分

野に従事することが多い。フランスやカナダなどから得られた証拠から、女性医師の割合は、傾向として外科などの比較的高報酬の専門分野よりも、総合内科で高いことが明らかになっている。

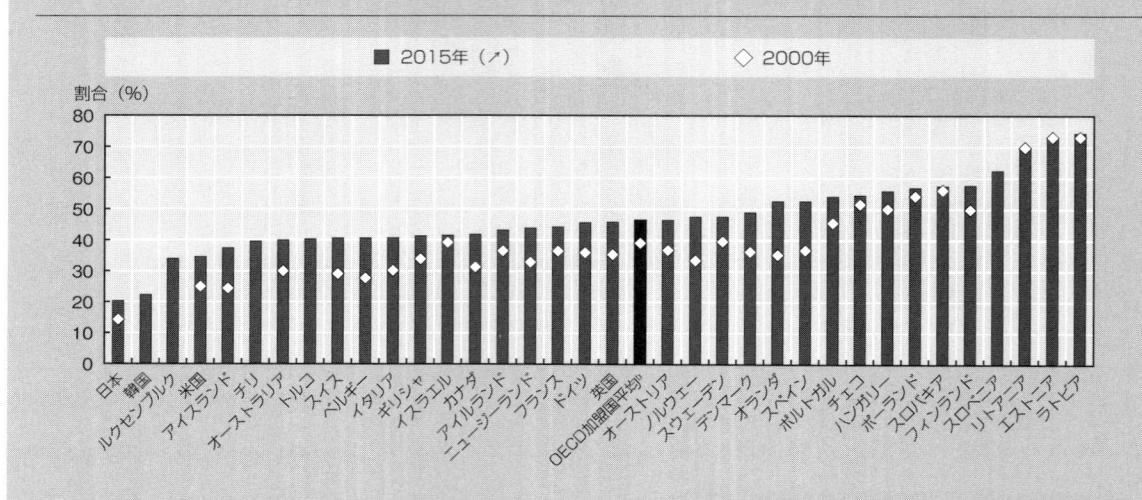

図22.4　OECD加盟国で女性は医師全体の半数を下回っているものの、割合は上昇しつつある

女性医師の割合、2000年と2015年またはデータのある最新年[a]

a）リトアニアは2000年ではなく2001年、ラトビアとノルウェーは2002年、アイスランドは2003年のデータ。チェコは2015年ではなく2013年、デンマーク、日本、スウェーデン、米国は2014年のデータ。
b）所定の時点で利用可能なデータのある全OECD加盟国の非加重平均。
資料：OECD保健医療統計2017年版（*OECD Health Statistics 2017*）（http://www.oecd.org/els/health-systems/health-data.htm）。
StatLink：http://dx.doi.org/10.1787/888933575425

長期ケアを対象とした社会的保護の強化と、インフォーマルケアへの支援の向上は、男女格差の緩和に役立つと考えられる

　総合的な長期ケアの提供が行われている国、すなわち公的な長期ケアにGDPの2％超が支出されている国の方が、概してインフォーマルケアの提供者における男女格差が小さい（図22.3）。そうした国では、2013年、51歳以上の女性は同年齢層の男性よりもインフォーマルケアを日常的に提供する割合が23％高いが、社会的保護が不十分な国——公的な長期ケアへの支出がGDPの1％を下回っている国——では、女性は日常的にケアを提供する割合が41％高い。文化的要因がジェンダーロールの決定に関して重要な役割を担うものの、長期ケアの提供を強化すれば、多くの国でインフォーマルケアに従事する男女の不均衡を是正するのに役立つだろう。

　OECD加盟国には、ケアの提供がインフォーマルケア提供者に与える影響の軽減に役立つ

さまざまな手当や支援サービスが存在する。女性はインフォーマルケアの大部分を担っており、最も恩恵を受ける立場にある。金銭的な手当はケア提供者に対する最も一般的な支援の形態であるが（Courtin *et al.*, 2014）、受給率は低い場合もあり、補償の水準が、正規雇用で働くために利用できた時間など、インフォーマルケアの機会費用を埋め合わせることはめったにない（詳細についてはMuir, 2017参照）。一部の国ではレスパイトケアも利用でき、ケア提供者にケアの負担から一時的に休息を取る機会を提供する。

ケア提供者はそうしたサービスを高く評価しているが、メンタルヘルスの転帰の改善に対する有効性については、決定的な証拠はない（OECD, 2011）。ケア提供者を対象にした支援サービスのいっそうの強化と、最も有効なアプローチを明らかにするためのさらなる研究が、インフォーマルケアが男女に与える異なる影響について理解するために不可欠である。

女性の労働参加が増加しても、インフォーマルケアに従事する割合は低下しない可能性がある

51歳以上の女性がインフォーマルケアを担う割合が高いひとつの理由として考えられるのは、そうした女性は同じ年齢コーホートの男性よりも、キャリアを中断している割合が高いということである。データのある欧州諸国では、2009年、51歳以上の女性の63％が、18〜64歳の間に学業にもフルタイム雇用にも就いていない期間が10年以上あった。男性の場合、その割合は11％のみである。キャリアの中断が潜在的所得能力に与えるマイナス影響を考慮すると（第13章）、インフォーマルケアを提供するために有償労働を減らしたり断念したりする場合、概して女性の方が失う所得が小さいことになる。

しかし、現在の51歳以上の女性人口に見られるインフォーマルケアの提供パターンは、職歴とインフォーマルケアの提供の関連性が単純なものではないことを示している。現在、キャリアを中断したことのない（仕事にも正規教育にも従事していない期間が10年未満の）51歳以上の女性は、キャリアを中断したことのある女性と同様に、インフォーマルケアを日常的に提供している。したがって、女性の労働参加率が今後上昇すると見込まれているものの、女性の労働参加率が上昇しても、ジェンダーロールに対する認識がこれまで以上に大きく転換されない限り（第14章）、インフォーマルケアの提供における男女格差が縮小されることにはならないだろう。そのため、長期ケアのための効果的な社会的保護とインフラと、ケア提供者へのより良い支援は、男女格差に取り組む政策の重要な一部であり続けるだろう。

主な政策提言

- OECD加盟国は長期ケアサービスに関して、アクセス、利用料の負担可能性、質の改善を政策優先事項とすべきである。それらの改善は、そうしたサービスの主な利用者である女性や、フォーマルケアが利用できない場合や費用を負担できない場合に、高齢者が依存するインフォーマルケアの大部分を担う女性に、特に恩恵をもたらすだろう。

- インフォーマルケアに対する支援を強化すべきである。そうした支援として、給付金やレスパイトケアなどのサービスの形態があるが、どのようなアプローチが最も効果的なのか、またケア提供者に支援の利用を促すにはどうすればよいのかを理解するために、研究を進める必要がある。

- 情報提供と研修も、インフォーマルケア提供者を支援できるひとつの重要な方法である。それによって、ケア提供者がより質の高いケアを提供し、提供者自身の負担をより効果的に管理するのを支援することで、提供者としての役割から生じる悪影響を軽減できる。娘は息子よりも高齢の親にインフォーマルケアを提供する割合が大幅に高いが、家族の男性を情報提供・研修プログラムに含めることも、この分野の男女の不均衡を改善するのに役立つだろう。

参考文献・資料

Bradley, C. *et al.* (2005), "Short-Term Effects of Breast Cancer on Labor Market Attachment: Results from a Longitudinal Study", *Journal of Health Economics*, Vol. 24, No. 1, pp. 137-160.

Courtin, E. *et al.* (2014), "Mapping Support Policies for Informal Carers Aacross the European Union", *Health Policy*, Vol. 118, No. 1, pp. 84-94.

Currie, J. and B. Madrian (1999), "Health, Health Insurance and the Labor Market", *Handbook of Labor Economics*, Vol. 3, pp. 3309-3415, Elsevier Science, Amsterdam.

Grossman, M. (2000), "The Human Capital Model", *Handbook of Health Economics*, Ch. 7, Elsevier Science, Amsterdam.

Muir, T. (2017), "Measuring Social Protection for Long-term Care", *OECD Health Working Papers*, No. 93, OECD Publishing, Paris, http://dx.doi.org/10.1787/a411500a-en.

OECD (2017), *OECD Health Statistics 2017*, OECD, Paris, http://www.oecd.org/els/health-systems/health-data.htm.

OECD (2011), *Help Wanted – Providing and Paying for Long-Term Care*, OECD Publishing, Paris, http://dx.doi.org/10.1787/9789264097759-en.

OECD/EC (2016), *Health at a Glance Europe 2016 – State of Health in the EU Cycle*, OECD Publishing,

Paris, http://dx.doi.org/10.1787/9789264265592-en.

OECD/EC（2013）, *A Good Life in Old Age? Monitoring and Improving Quality in Longterm Care,* OECD Health Policy Studies, OECD Publishing, http://dx.doi.org/10.1787/9789264194564-en.

Pelkowski, J. and M. Berger（2004）, "The Impact of Health on Employment, Wages, and Hours Worked Over the Life Cycle", *Quarterly Review of Economics and Finance,* Vol. 44, No. 1, pp. 102-121.

Saliba, B. *et al.*（2007）, "Situations Regarding the Labour Market for People Suffering from Chronic Diseases", *Revue d'épidémiologie et de santé publique,* Vol. 55, No. 4, pp. 253-263.

Tunceli, K. *et al.*（2005）, "The Impact of Diabetes on Employment and Work Productivity", *Diabetes Care,* Vol. 28, No. 11, pp. 2662-2667.

第22章

デジタル化：女性の仕事の未来

主な研究結果

- いつ、どこで、どのように働くかという選択肢と柔軟性から女性は恩恵を受けることができ、こうした柔軟性は女性の就業率を押し上げる可能性がある。しかし、こうした恩恵は、雇用の質の低下によって相殺される恐れがある。柔軟性が向上した結果、労働時間が増えて、仕事と私生活を分ける上での問題が悪化すれば、最終的にストレスが増大するだけになりかねない。

- ほとんどの労働者は、他の有償労働からの所得を補い、家庭責任とのバランスを取るために、プラットフォームエコノミーに参加している。このことが示すのは、女性がプラットフォームエコノミーの雇用から恩恵を受けられる可能性であるが、一部の販売プラットフォームを除き、女性はこれまでのところ、プラットフォームワークに占める割合が男性ほど高くはない。

- 自動化のリスクが従来関係してきたのは製造業であり、それゆえに主に男性の雇用であった。しかし、現在では飲食サービス業や小売業など、女性が高い割合を占める一部の巨大産業で、自動化の平均リスクが高い。OECDの分析から、全産業を計算に入れた場合、自動化の平均リスクは男女とも変わらない。

本章は『仕事の未来に関するOECDポリシーブリーフ（OECD Policy Brief on the Future of Work）』に基づく。同ポリシーブリーフは2017年7月に発行されており以下のウェブサイトより入手できる。
http://www.oecd.org/els/emp/future-of-work/Going-Digital-the-Future-of-Work-for-Women.pdf

第23章

　現在のデジタルトランスフォーメーションは、労働市場における女性の地位を強化するだろうか？　働き方の柔軟性が向上することで、依然として女性が担うことの多い育児や介護と有償労働とを両立しやすくなると考えられる。また自動化は、低技能労働に取って代わる可能性が高く、女性は今や教育成果のほとんどの尺度で男性を凌いでいるため、女性に恩恵を与える。

　しかし、証拠を詳しく分析すると、複雑な状況が見えてくる。女性も男性も、新しいデジタル技術から等しく恩恵を得ると同時に、それらに対して不安を抱いている。女性は仕事の柔軟性が向上することで恩恵を得られるかもしれないが、不規則な就労形態が野放図に利用されれば、雇用の質が低下する恐れもある。これまでのところ、自動化が最も広く行われてきたのは、農業や製造業など男性が多数を占める業種であった。しかし、今後自動化は、程度の差はあるものの、すべての業種とほとんどの職種で拡大すると考えられており、それには従来女性が多数を占めていた小売業や飲食サービス業なども含まれる。さらに、雇用は事業所向けサービス業、保健医療、教育、社会福祉サービス業において最も成長すると考えられており、これらは従来、女性が多数派であった。また、専攻分野に今なお男女差が残っていることから（第6章、第7章）、STEM関連職業での新たな雇用の機会から、女性はあまり恩恵を受けないだろうと考えられる。

　デジタル化が労働市場における男女格差を解消するか拡大するかは、政策にかなり大きく左右されるだろう。そのため政府が重要な役割を担う。本章では、デジタル化が女性と男性に与える可能性のある影響について論じ、技術的変化が男女格差の拡大ではなく、解消に役立つようにするためのさまざまな政策を提言する。

労働の柔軟性の拡大は女性の雇用を増やす可能性があるが、雇用の質に対する懸念も引き起こす

　いつ、どこで、どのように働くかという柔軟性と選択肢は、女性に恩恵をもたらす可能性があり、とりわけ女性の就業率を押し上げると考えられる。たとえば、在宅勤務をする女性の割合が最も高い国は、傾向として母親の就業率も高いが（図23.1）、男性に関してそうした関連性は見られない。さらに、米国に関する証拠には、勤務形態の柔軟性が高い産業の方が、男女賃金格差が小さい傾向にあることが示されている（Goldin, 2014）。一般的にこうした産業は、各人に変更の利かない長時間の労働を必要とすることなく、仕事を自己完結できる作業に分けて、複数の労働者に割り振ることができる産業である。

　しかし、こうした恩恵は、雇用の質の低下によって相殺される恐れがある。OECDの研究が明らかにしているように、雇用主から労働者への要求が、労働者が自由に使える資源と一致していない場合、福祉に悪影響が生じる（OECD, 2014）。柔軟性が拡大した結果、労働時間が増

図23.1　労働の柔軟性の拡大は母親の就業率の上昇と相関している

被用者で過去12か月間に1回以上在宅勤務をしたことのある母親の割合（全年齢）と
母親の就業率（15〜64歳）、2014〜2015年

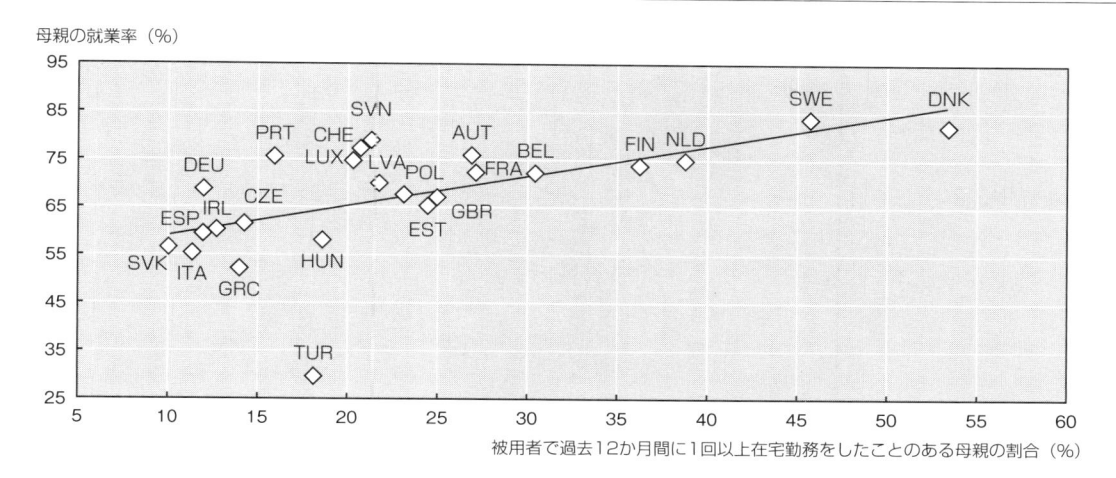

注：在宅勤務は2015年のデータ。母親の就業率は、デンマークとフィンランド（2012年）、ドイツとトルコ（2013年）を除き、2014年のデータ。「母親」とは0〜14歳の子どもが1人以上いる女性と定義。スウェーデンに関して、母親の就業率は0〜18歳の子どもが1人以上いる15〜74歳の女性のデータ。

資料：OECD事務局算定。データ源は、OECDファミリー・データベース（*OECD Family Database*）（http://www.oecd.org/els/family/database.htm）、第6回欧州労働条件調査（https://www.eurofound.europa.eu/surveys/european-working-conditions-surveys）。

StatLink : http://dx.doi.org/10.1787/888933575444

えて、仕事と私生活を分ける上での問題が悪化すれば、最終的にストレスが増大するだけになりかねない。そうした柔軟性が労働者のメリットになるかデメリットになるかは、それが、1) 自発的か否か、2) 仕事の裁量がどの程度あるのか、3) 雇用の安定性とどの程度結び付いているかに左右される（第18章も参照）。

デジタルプラットフォームが男女格差に与える影響は依然として不明瞭である

　パートタイムや臨時・派遣労働、自営などの「標準的ではない労働」は新しい現象ではなく、すでにOECD加盟国全体で雇用の約3分の1を占めている（OECD, 2015a）。しかし、新しいデジタル技術やデジタルアプリケーションによって、いつ、どこで仕事をするかという自由の拡大が可能になっている。

　プラットフォームエコノミーの台頭は急速ではあるが、まだごく少数の労働者にしか影響を与えていない。米国では2015年にオンライン仲介者を通じてサービスを提供した労働者は、推定で0.5％であった（Katz and Krueger, 2016）。ほとんどの労働者は、他の有償労働からの収入を補い、家庭責任——依然として大部分を女性が担っている——とのバランスを取るために、

第 23 章

図23.2　オンラインプラットフォームでデジタルサービスに従事する労働者は、ほとんどが低所得国に居住している

アップワーク（Upwork）の雇用側と提供側の上位10か国、2014年

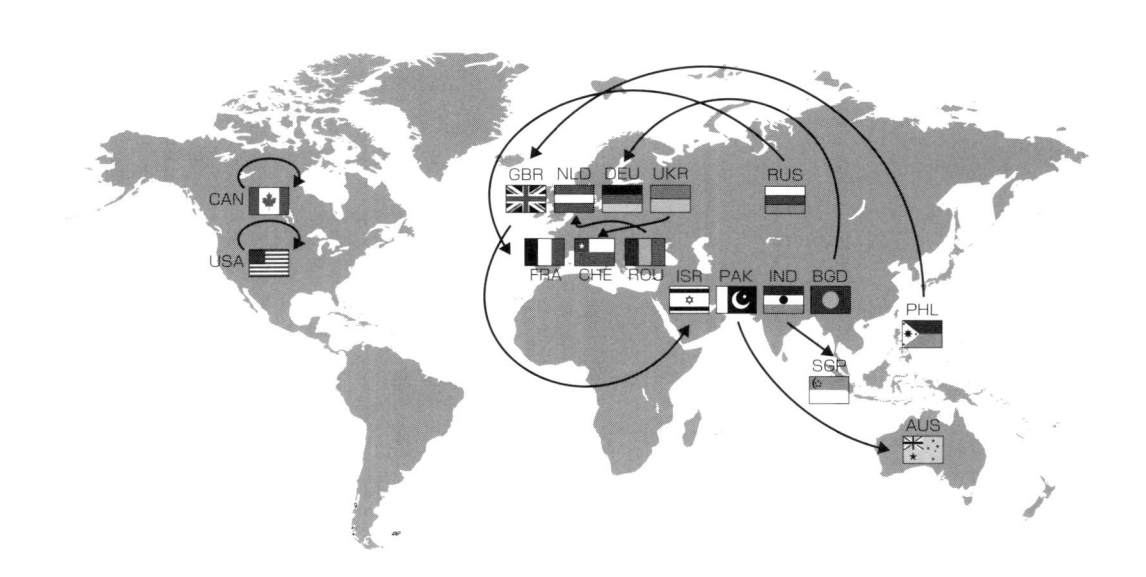

注：アップワークは世界トップクラスのフリーランスプラットフォームのひとつである。雇用側（提供側）の上位10か国を国旗と3桁のISO名称で示した。環状の矢印は雇用側と提供側が一致することを表す。
資料：OECD（2016）, "New Forms of Work in the Digital Economy", *OECD Digital Economy Papers*, No. 260, OECD Publishing, Paris（http://dx.doi.org/10.1787/5jlwnklt820x-en）, Upwork, 2015に基づく。

プラットフォームエコノミーに参加する。たとえば、米国では女性運転手の割合は、従来のタクシー（8％）よりもウーバー（Uber、ウェブサイトとアプリを利用した配車サービス）（14％）の方が高い。ウーバーの運転手として働く主な理由として、「家族、教育、または健康」上の理由から「短時間だけ働いたり、柔軟なスケジュールで働いたりできること」を挙げる割合は、女性（42％）の方が男性（29％）よりも高い（Hall and Krueger, 2015）。

　しかし、プラットフォーム労働者の離職率が非常に高いことから、そうした働き方は雇用の質の低下につながる恐れがあるといえる。ある研究結果に、オンラインプラットフォーム参加者の過半数が12か月以内に離職しており、その割合は男性（54％）よりも女性（62％）の方が高いことが示されている（JPM, 2016）。低所得で、1か月以上の失業を経験した高齢の男性労働者は、プラットフォーム労働に従事し続ける傾向が強い。

　とはいえ、プラットフォーム労働の他の側面は、女性にこれまでより大きな恩恵をもたらす可能性がある。たとえば、オンライン・ジョブ・プラットフォームは国際的に利用できるため、文化的な障壁や規範によってフォーマル経済での女性の就労が困難な国で、仕事に就き、地下経済や灰色経済から脱出する機会を女性にもたらす可能性がある。図23.2が示すように、オン

ラインプラットフォームでサービスを提供する労働者は、ほとんどが低所得国に居住しているが、雇用主はたいてい高所得国を本拠地としている。しかし、オンラインプラットフォームが従来の搾取労働のオンライン版になるのではなく、真の機会を提供するよう、政策によって徹底しなければならない。

フェイスブック、OECD、世界銀行が、フェイスブック上で事業を行っているオンライン起業家を対象に最近実施した調査から、オーストラリア、カナダ、フィリピン、英国、米国では、女性経営者企業の割合は男性経営者企業の割合を上回っており、タイでは男性経営者企業の割合と等しいことが判明した（OECD, 2017a）。また、オフラインの世界とは対照的に、フェイスブック上で事業を行う女性起業家は、平均すると景況感が男性と同程度であり、マレーシアとフィリピンでは女性の方が大幅に楽観的であった（OECD, 2017a）。この調査では、利用者は世界中から引き合いを受ける可能性があり、文化的規範を回避できるため、デジタルビジネスは男女の競争条件の公平化を促すだろう、と結論づけられた。

しかし、これまでのところ、女性は男性ほどプラットフォームエコノミーに参加していないようである。実際、米国のデータによると、ハンドメイド商品の大規模な販売プラットフォームであるエッツィ（Etsy）では89％、空き部屋を宿泊施設として貸し借りするエアビーアンドビー（Airbnb）では67％と、女性が多数を占めるにもかかわらず（MBO, 2015）、オンライン・プラットフォーム・エコノミーの参加者の大部分は男性であるという（JPM, 2016）。また、英国では非正規労働者（gig worker）の69％が男性と推定されている（RSA, 2017）。そのため、技術に起因する柔軟性が男女格差にどのように影響するかは、現時点では不明瞭である。

自動化はほとんどの業種や職種で拡大が予想され、男女両方に影響を与えるだろう

デジタル化は新しい産業（プラットフォームを利用したサービスやデジタル製品など）と新しい職業（ソフトウェア開発者、データ分析者、医療画像専門家、ブロガーなど）で、雇用の機会を創出している（OECD, 2016b）。しかし、従来は人が行っていた作業の自動化または海外移転、あるいはその両方がますます進んでいるため、雇用の喪失にもつながっている。多くの国ではすでに職業構造が分極化しつつあり、主に機械的な中技能職では雇用が喪失し、高技能職と低技能職では雇用が創出されている（Autor *et al.*, 2006; Marcolin *et al.*, 2016; OECD, 2017b）。

将来的には、OECD加盟国では9％の仕事が自動化されるリスクが高く（つまり、そうした仕事の作業の70％超が自動化される可能性があり）、さらに25％の仕事が、関連作業の多く（50〜70％）が自動化される恐れがあるため、大きく変化する可能性があると推測されている（OECD, 2016c）。

第23章

図23.3　自動化のリスクは業種によって異なる

リスクにさらされている仕事の割合、業種・男女別

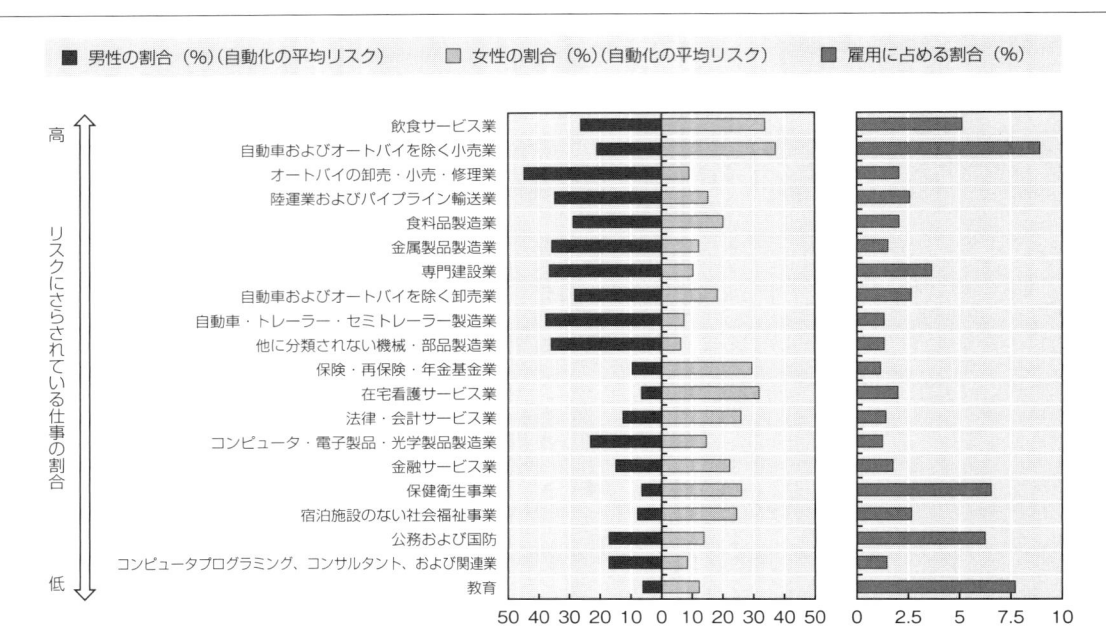

注：この図が示すのは、自動化のリスクに瀕している仕事の数が最も多い20の産業であり（当該業種が雇用に占める割合によって重み付けされた自動化の平均リスクとして測定）、上から自動化のリスクの合計が大きい業種の順に並んでいる。左側のパネルのそれぞれの棒の長さは、各業種でリスクに瀕している仕事の平均割合を表している。中心線から両側に伸びる棒は、男性（濃い灰色）と女性（薄い灰色）が影響を受けるリスクの程度を示す。右側のパネルの値は、各業種が雇用全体に占める割合を表す。自動化のリスクの値は、Arntz *et al.*（2016）が算定した尤度に基づく。この分析の対象国は、国際成人力調査（PIAAC）の第1ラウンドと第2ラウンドに参加したOECD加盟29か国である。

資料：OECD事務局算定。データ源は、PIAAC2012年調査、PIAAC2015年調査、Arntz, M., T. Gregory and U. Zierahn（2016）, "The Risk of Automation in OECD Countries: A Comparative Analysis", *OECD Social, Employment and Migration Working Papers*, No. 189, OECD Publishing, Paris（http://dx.doi.org/10.1787/5jlz9h56dvq7-en）。

StatLink：http://dx.doi.org/10.1787/888933575482

　自動化のリスクが関係するのは、従来、製造業であり、それゆえに主に男性の雇用であったが、OECDが進めた分析により、それほど性別を問わず、男女ともに影響を受ける状況が明らかになっている。飲食サービス業や小売業など、女性が高い割合を占める一部の巨大産業で、自動化の平均リスクが高い（図23.3）。一方、男性が多数を占める製造業や建設業、運輸業などの業種でも、自動化の平均リスクが高い。女性が多数を占める業種は、他に教育、社会福祉事業、保健医療などがあり、仕事が自動化されるリスクは相対的に低い。しかし、こうした大規模な業種では多数の女性が就労しているため、職を失うリスクに瀕している女性労働者の絶対数は依然として大きい。すべての業種を計算に入れた場合、自動化の平均リスクは男女ともに等しくなる。

　自動化のリスクに瀕することと実際の雇用の喪失は同じことではない。第一に、新しい技術の採用は、経済的・法的・社会的障害によってなかなか進まないことが多い。たとえば、無人自動車の技術はすでに存在しているが、法律・倫理・安全・社会面の多くの理由が、ロボッ

トがなぜまだ人間の運転手に取って代わっていないのかを説明している。第二に、歴史を見ると、労働者は大規模な技術革命の間、職場で行っていた作業を変えることで大きな変化に適応し、そうすることで大量の技術的失業を回避してきたことがわかる。その例として、現金自動預け払い機（ATM）導入後の銀行の窓口係が当てはまる。米国の証拠から、ATMの台数は増えたが、それは銀行の窓口係の人数も同じであり、窓口係は機械的な取引の処理から、問題解決とマーケティングを重視した「リレーションシップ・バンキング・チーム」の一員へと進化した（Bessen, 2015）。第三に、イノベーションによって、少なくとも短期的には労働需要が低下して失業が増加する可能性もあるが、それがきっかけとなって、これまでにないデジタル商品・サービスの生産、生産費用と価格の低下を受けた非デジタル製品の消費の増加、全業種でのデジタル技術への投資の拡大など、市場の自動調整作用が逆方向に働く（OECD, 2016d）。

新しい仕事の世界は技能に大きく左右されることになる

　技能は自動化のリスクに対する重要なセーフガードになる。高等教育の学位を有する労働者の場合、自動化によって仕事を失う高いリスクにさらされているのは平均して5％未満であるが、前期中等教育を修了した労働者の場合は40％である（Arntz *et al.*, 2016; OECD, 2016c）。これは女性にとって朗報である。OECD加盟国全体で、今では女性は高等教育修了者数が男性よりも多い（OECD, 2016d）。実のところ、過去15年間に増加・喪失した雇用の種類を見ると、増加した雇用の大部分は高技能職であり、女性の方が男性よりも恩恵を受けてきたことがわかる（図23.4）。これは米国、日本、欧州全体に当てはまる。一方、中技能職はすべての国で絶対的には減少してきたが、喪失に占める男女の割合は国によって異なる。いずれの国でも、今では女性はこれまでになく多く低技能職にも就いている。米国では、低技能職の増加の大部分は男性によるものであったが、欧州では逆である。日本では、低技能職に従事する男性の数は減少している。

　「ソフト」スキルもこの新しい仕事の世界で重要性を増すと考えられる。米国に関する証拠に、チームを組んで働く能力や問題解決能力、コミュニケーション能力が特に求められるようになると示されている（Deming, 2015）。米国労働統計局の推定では、職業別就業者数は2014年から2024年にかけて、在宅介護者と医療補助者、それに医師の指示を受けずに一定の医療行為を行うことができるナース・プラクティショナーが、国レベルで30〜40％増加すると予測されている（BLS, 2015）。しかし、最近のOECDによる分析では（Grundke *et al.*, 2017）、自己組織化、マネジメント・コミュニケーション能力などのソフトスキルにおける男女差は非常に小さいことが明らかになっている（図23.5）。女性の方がICT能力が高いが、数量的能力と数学関連の能力では男性に後れを取っているようである。

図23.4　女性は高技能職の増加から最大の恩恵を受けている

男女別および技能レベル別の2003～2015年[a]の雇用数の変化、米国・日本・EU[b]、単位：100万人

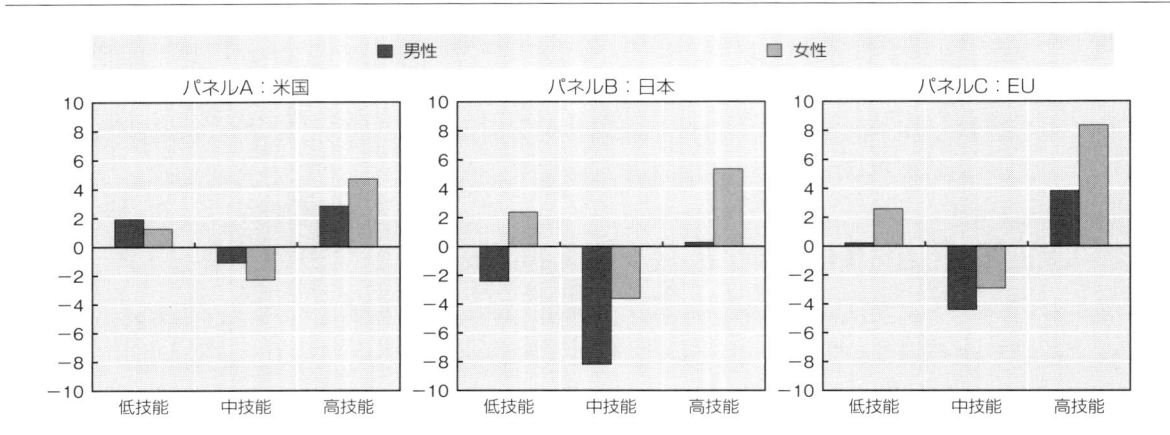

注：高技能職に含まれるのは、国際標準職業分類1988年改定版（ISCO-88）の大分類1、2、3、すなわち立法議員、上級行政官、管理的職業従事者（大分類1）、専門的職業従事者（大分類2）、技術者および準専門的職業従事者（大分類3）に分類される職業。中技能職に含まれるのは、ISCO-88の大分類4、7、8、すなわち事務的職業従事者（大分類4）、熟練職業および関連職業従事者（大分類7）、装置・機械操作員および組立工（大分類8）に分類される職業。低技能職に含まれるのは、ISCO-88の大分類5および9、すなわちサービス職業従事者、店舗および市場での販売従事者（大分類5）、初級の職業（大分類9）に分類される職業。

a）日本のデータはデータの構造変化のため2003～2010年のもの。

b）EUのデータはクロアチア、マルタ、スロバキアを除く全EU加盟国のもの。ドイツのデータは2003～2013年のもの。2010年以降のデータは多対多マッピングのテクニックを用いて、国際標準職業分類2008年改定版（ISCO-08）からISCO-88にマッピングしている。

資料：OECD事務局算定。データ源は、EU諸国に関しては欧州連合労働力調査（European Union Labour Force Survey, EU-LFS）、日本に関しては労働力調査（LFS）、米国に関しては米国人口動態調査（United States Current Population Survey, CPS）の調査対象グループ統合（Merged Outgoing Rotation Groups, MORG）ファイル。

StatLink：http://dx.doi.org/10.1787/888933575501

図23.5　STEM分野の数量的能力を除いて、女性と男性は同等の技能を有している

中央値、男女別

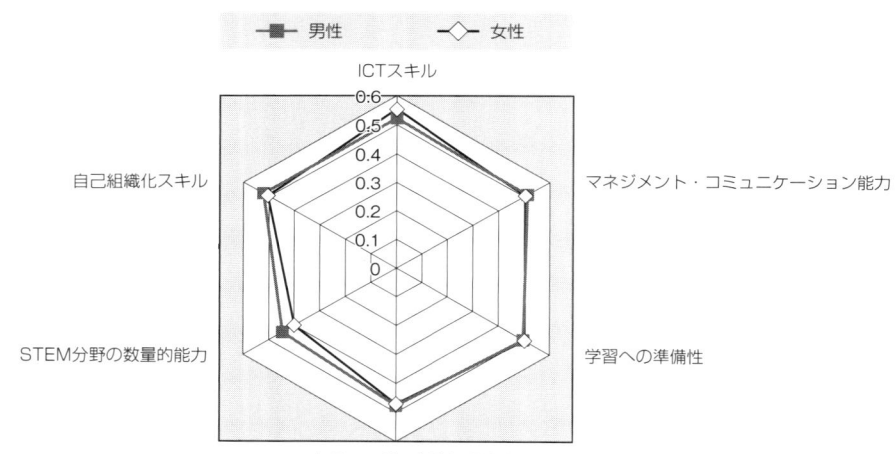

注：国際成人力調査（PIAAC）の2012年調査と2015年調査に参加したすべての国を基に算定。「ICTスキル」はソフトウェアのプログラミングやインターネットの利用など、ICTを活用する能力の習熟度を測っている。

資料：OECD事務局算定。データ源は、Grundke, R. *et al.*（2017）, "Skills and Global Value Chains: A Characterisation" *OECD Science, Technology and Industry Working Papers*, No. 2017/05, OECD Publishing, Paris（http://dx.doi.org/10.1787/cdb5de9b-en）。

StatLink：http://dx.doi.org/10.1787/888933575520

図23.6　ほとんどの国で業務でのソフトウェア使用者の男女差は小さい

業務におけるオフィス用ソフトウェアの日常的使用者、男女別、全労働者に占める割合、2012年または2015年

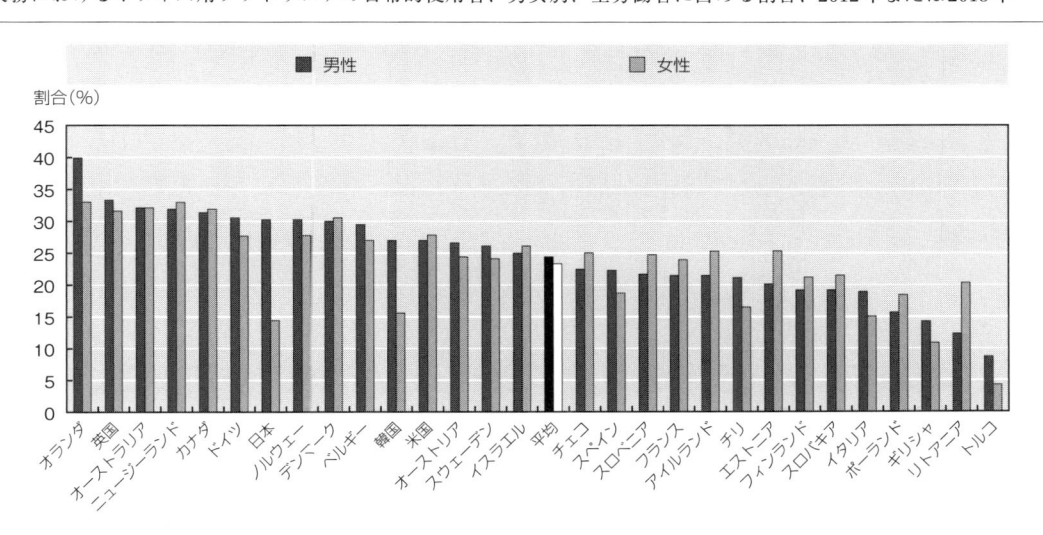

注：ベルギーのデータはフランドルのみ、英国のデータはイングランドと北アイルランドのみのもの。オーストラリア、オーストリア、ベルギー（フランドル）、カナダ、チェコ、ドイツ、デンマーク、エストニア、フィンランド、フランス、アイルランド、イタリア、日本、韓国、オランダ、ノルウェー、ポーランド、スロバキア、スペイン、スウェーデン、英国（イングランドおよび北アイルランド）、米国の22か国のデータは、国際成人力調査（PIAAC）の2012年調査のデータ。残りの国のデータは、PIAAC2015年調査のデータ。

資料：OECD事務局算定。データ源は、PIAAC2012年調査、PIAAC2015年調査。

StatLink：http://dx.doi.org/10.1787/888933575539

図23.7　ICT専門家の大多数は男性である

全男性・女性労働者に占めるICT専門家の割合、2014年

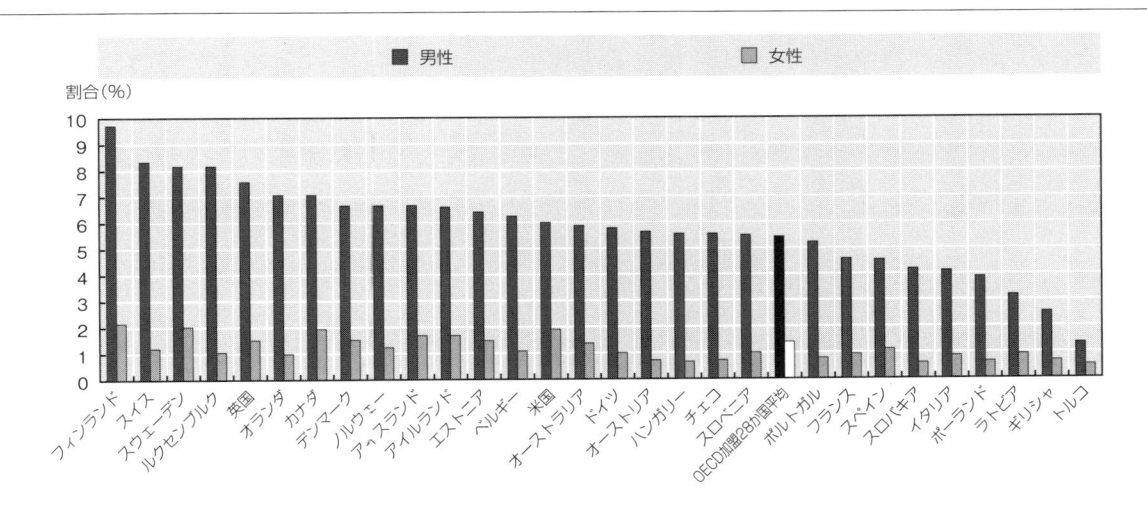

注：ICT専門家とは、「ICTシステムの開発・管理・運用に関連した職務に従事し、ICTが仕事の中心である」就業者と定義される。ICT専門家の算出は、国際標準職業分類2008年版（ISCO-08）の3桁のコード、133、215、25、35、742に分類される職業に基づく。「OECD加盟28か国平均」は、データのあるOECD加盟28か国の加重平均。

資料：OECD（2016）, "Skills for a Digital World: 2016 Ministerial Meeting on the Digital Economy Background Report", *OECD Digital Economy Papers*, No. 250, OECD Publishing Paris（http://dx.doi.org/10.1787/5jlwz83z3wnw-en）.

StatLink：http://dx.doi.org/10.1787/888933575558

第23章

　一般的なICTスキル（図23.5）と業務でのソフトウェアの使用（図23.6）における男女差は、ほとんどの国で非常に小さい傾向にあるが、専門的なICTスキルには大きな男女差があり、OECD加盟国では男性労働者の5.5％がICT専門家であるが、女性の場合は1.4％のみである（図23.7）。この男女差を解消させる必要がある。しかし、注意すべきこととして、雇用の増加の大部分は事業所向けサービス業、保健医療、教育、社会福祉サービス業に集中する可能性が高い（Cedefop, 2016）。したがって、新たな雇用の大部分には、高度なSTEM技能は必要ではないと考えられる。

政策によって新しい仕事の世界における女性の労働市場での可能性の拡大を後押しできる

　デジタルトランスフォーメーションは、働く女性が直面してきた障壁の一部を引き下げる機会をもたらす。しかし、それは自動的に起こるとは考えられないため、対策を講じなければ、障壁は高くなる恐れすらある。そうならないために、政策立案者はさまざまな措置を実施する必要があるだろう。

STEM分野への女性の参加を促す

　OECD加盟国では女性は今や教育成果全般で男性を凌いでいるが、最も専門的なSTEM分野で研究を続ける割合は依然としてかなり低い（第7章）。STEM分野に占める女性の割合が低いことを考慮すると、女性は工学、コンピュータや数学を集中的に用いる仕事やその関連分野で生じる新たな雇用の機会から、恩恵を受ける可能性が低い。性別による専攻分野の分離と、それによる理系科目の知識格差は、カリキュラムや親の態度に見られるジェンダーに関する偏見を取り除き、異なる専攻分野を選択することによって起こりうる結果への生徒の認識を向上させ、見習い訓練プログラムによるSTEM関連職業への女性のアクセスを促すことによって、対処すべきである。態度とステレオタイプには、役割モデルやネットワーク、大衆文化を利用することで影響を与えることもできる。

生涯学習の障壁を取り除く

　すでに就労している人々の技能と能力を順応・向上させるにも、迅速な政策措置が必要である。自動化のリスクに最もさらされている労働者は、研修に参加する割合が最も低く、1年間に約40％しか研修に参加していない。一方、自動化のリスクの低い労働者は70％が研修を受けており、男女差はほとんど存在しない。女性の場合、家族に関連した休暇（出産や介護のための休暇）中の成人教育も有用である。なぜなら、技術的変化のスピードを考えると、休暇に

よって職場復帰が困難になる恐れがあるためである。

職を失った男女の労働者に平等な支援を実施しなければならない。デジタル化（およびグローバル化）が引き起こす労働市場の調整に対処するための政策は、意図せず女性への偏見にとらわれている場合がある。たとえば、失業した労働者のための制度は、工業部門の大規模な人員削減に焦点を合わせがちであり、サービス部門で働いていた女性はそうした支援の対象ではないことが多い。職を失ったすべての労働者が、業種や前職の雇用主の規模に関係なく、同種の支援サービスを利用できるようにすることは、男女両方の再就職率を改善するのに役立つだろう。

新しい技術へのアクセスとその使用における男女差を解消する。デジタル化による仕事への影響は、アクセスにも左右される。世界人口の約60％——そのうちの多くが低所得・中所得国の女性である——が、今なおインターネットを利用できない。インターネットの利用者は女性の方が男性よりも2億5,000万人少なく、17億人の女性が携帯電話を持っていない（ITU, 2017）。多くの女性が、高い貧困率と金融サービスへのアクセスのしにくさから、負担可能性にかかわる障壁に直面している。インターネットへのアクセスの改善は、十分な電力供給などの物理的要素に依存している。手頃な価格を実現するには市場参入を促す競争環境が必要であるが、それは通常、参入者が最新技術を導入し、その結果、普及率の向上と価格の低下が進むためである。国のコネクティビティ政策ではジェンダーレンズを取り入れて、すべての人に平等なアクセスを確保すべきである。そのためには、男女別データの収集も必要であろう。

新しい技術を利用した柔軟な働き方を促進する

雇用主と被用者は新しい技術を利用して、勤務スケジュールを再編し、ジョブシェアリングや在宅勤務を導入することが可能である。仕事と家庭生活のより良い両立は、すべての労働者の利益になるが、なかでも、いずれの国でも今なお家庭責任の大部分を担い、通常、男性よりも有償労働に従事する時間が少ない女性にとって利益になるだろう。雇用主が職場の柔軟性の促進に重要な役割を果たすのは言うまでもないが、政府も、1）柔軟な勤務形態を求める権利をすべての被用者に与え、2）ソーシャルパートナーに柔軟な職場慣行を労使協約に取り入れるよう奨励し、3）ベストプラクティスの交換と、職場文化の改善を促す広報活動によって、企業による作業組織の改革を後押しすることで（第18章）、寄与することができる（OECD, 2016e）。また、デジタル技術とそれが可能にしうる柔軟な働き方は、よりジェンダーバランスの取れたキャリアパスの発展を促し、ひいては所得格差を縮小することができるだろう。

同時に、政府はより柔軟な働き方が雇用の質を低下させないようにする必要がある。そのための措置として、労働時間規則（最低休息時間など）が尊重され、そうした規則が最新の技術

第23章

的進歩に合わせて見直されるように徹底し、柔軟な勤務形態に関して、メリットと潜在的リスクの両方についての研修や意識向上キャンペーンを含めて、被用者と雇用主にグッドプラクティスの指針を提供することなどがある。通常、雇用主の施設外で勤務する移動の多いモバイルワーカーは、ワーク・ライフ・バランスや健康、仕事の満足度について、他の従業員よりも肯定的ではない結果を報告しているため（Eurofound/ILO, 2017）、こうした労働者に特別な注意が必要である。

　最後に、社会的保護制度が新しい働き方に順応する必要がある。新たに登場した非標準的な雇用は、安定した長期雇用に従事する男性の主たる稼ぎ手を中心としてしばしば構築された従来の形態の社会的保護には合っていない。非標準的な労働者と、それゆえ多くの女性は、標準的な雇用契約を結んでいる労働者と同等の恩恵を得られないことが多い。たとえば、EU全体で15～49歳の女性自営業者は推定46％が出産給付金を付与されていない（European Commission, 2015）。すべての労働者が対象になるように、税と給付の制度を改善する必要がある。通算可能性（ポータビリティ）に関する規定は、労働者が職や国を移る際に、社会給付の受給資格の喪失を防ぐことができる。フランスで導入された活動個人口座は、職業訓練や超過勤務手当を受ける権利を、仕事ではなく労働者に帰属させている。ドイツでも同様のモデルを検討中である。別のグッドプラクティスの例として、米国の複数事業主年金制度がある。これはモバイルワーカーが転職した場合でも、年金の受給・移管を可能にする。最終的に、政府は無拠出制年金制度の役割の拡大を考えてもよいだろう。現在、一部の国がさまざまな形態のベーシックインカム制度を試験的に実施している。

主な政策提言

- 政府は、女性がデジタル技術分野の雇用を逃さないようにするためのスマート教育政策を策定すべきである。需要のあるSTEM分野に参入する若年女性を増やすことと（第7章）、労働者が技能を向上させられるようにすることが、重要な措置である。

- 国のコネクティビティ政策では、新しい技術へのアクセスとその使用における男女差を解消するよう徹底する。コネクティビティに関して、政府と雇用主は従業員が柔軟に勤務できるようにすべきであるが、労働時間規則などによって、働き方の柔軟性の向上が雇用の質を低下させないように注意しなければならない。

- 社会的保護制度を非標準的な雇用の登場に順応させて、非標準的な労働者が標準的な社会的保護制度に拠出し、給付を受けることができるようにする。

参考文献・資料

Arntz, M., T. Gregory and U. Zierahn (2016), "The Risk of Automation in OECD Countries: A Comparative Analysis", *OECD Social, Employment and Migration Working Papers*, No. 189, OECD Publishing, Paris, http://dx.doi.org/10.1787/5jlz9h56dvq7-en.

Autor, D., L. Katz and M. Kearney (2006), "The Polarization of the US Labor Market", *American Economic Review*, Vol. 96/2, pp. 189-194.

Bessen, J. (2015), *Learning by Doing: The Real Connection between Innovation, Wages, and Wealth*, Yale University Press.

BLS – Bureau of Labor Statistics (2015), *Employment Projections – 2014-2024*, Bureau of Labor Statistics, U.S. Department of Labor, News Release, 8 December 2015, www.bls.gov/news.release/pdf/ecopro.pdf.

Cedefop (2016), *European Sectoral Trends – The Next Decade*, European Centre for the Development of Vocational Training, Thessaloniki, Greece.

Deming, D.J., (2015), "The Growing Importance of Social Skills in the Labor Market", *NBER Working Papers*, No. 21473, Cambridge, United States.

European Commission (2015), "Non-standard Employment and Access to Social Security Benefits", *Research Note 8/2015*, Directorate-General for Employment, Social Affairs and Inclusion Employment & Social Governance, European Commission, Brussels.

Eurofound/ILO (2017), *Working Anytime, Anywhere: The Effects on the World of Work*, Publications Office of the European Union, Luxembourg, and the International Labour Office, Geneva.

Goldin, C. (2014), "A Grand Gender Convergence: Its Last Chapter", *American Economic Review*, Vol. 104/4, pp. 1091-1119.

Grundke, R. *et al.* (2017), "Skills and Global Value Chains: A Characterisation", *OECD Science, Technology and Industry Working Papers*, No. 2017/05, OECD Publishing, Paris, http://dx.doi.org/10.1787/cdb5de9b-en.

Hall, J. and A. Krueger, (2015), "An Analysis of the Labor Market for Uber's Driver-Partners in the United States", *Working Papers*, Princeton University, Industrial Relations Section, No. 587, http://dataspace.princeton.edu/jspui/handle/88435/dsp010z708z67d, accessed on 3 November 2015.

Katz, L. and A. Krueger (2016), "The Rise and Nature of Alternative Work Arrangements in the United States, 1995-2015", *NBER Working Papers*, No. 22667, Cambridge, Unites States.

ITU – International Telecommunication Union (2017), "ITU Gender Dashboard", www.itu.int/en/action/gender-equality/data/Pages/default.aspx.

JPM – JPMorgan Chase (2016), "The Online Platform Economy: Has Growth Peaked?", JPMorgan Chase & Co. Institute.

Marcolin, L., S. Miroudot and M. Squicciarini (2016), "The Routine Content of Occupations: New Cross-Country Measures Based On PIAAC", *OECD Trade Policy Papers*, No. 188, OECD Publishing, Paris, http://dx.doi.org/10.1787/5jm0mq86fljg-en.

第23章

MBO (2015), "Independent Workers and the On-Demand Economy", MBO Partners, http://info.mbopartners. com/rs/mbo/images/On-Demand-Economy-2014.pdf, accessed on 3 November 2015.

OECD (2017a), "Gender Management in Business" Future of Business Survey, January, https:// fbnewsroomes.files.wordpress.com/2017/02/future-of-business-survey-gendermanagement-in-business-january-20171.pdf.

OECD (2017b), "How Technology and Globalisation are Transforming the Labour Market", Chapter 3 in *OECD Employment Outlook 2017*, OECD Publishing, Paris, http://dx.doi.org/10.1787/empl_outlook-2017-7-en.

OECD (2016a), "New Forms of Work in the Digital Economy", *OECD Digital Economy Papers*, No. 260, OECD Publishing, Paris, http://dx.doi.org/10.1787/5jlwnklt820x-en.

OECD (2016b), "Skills for a Digital World: 2016 Ministerial Meeting on the Digital Economy Background Report", *OECD Digital Economy Papers*, No. 250, OECD Publishing, Paris, http://dx.doi.org/10.1787/5jlwz83z3wnw-en.

OECD (2016c), "Automation and independent work in a Digital Economy", *OECD Policy Briefs on the Future of Work*, May 2016, http://www.oecd.org/employment/emp/Policy%20brief%20-%20Automation%20and%20Independent%20Work%20in%20a%20Digital%20Economy.pdf.

OECD (2016d), *Education at a Glance 2016: OECD Indicators*, OECD Publishing, Paris, http://dx.doi. org/10.1787/eag-2016-en.(『図表でみる教育OECDインディケータ(2016年版)』経済協力開発機構(OECD)編著、徳永優子, 稲田智子, 矢倉美登里, 大村有里, 坂本千佳子, 三井理子訳、明石書店、2016年)

OECD (2016e), "Be Flexible! Background Brief on how Workplace Flexibility can help European Employees to balance Work and Family", OECD, Paris, http://www.oecd.org/els/family/Be-Flexible-Backgrounder-Workplace-Flexibility.pdf.

OECD (2015a), *In It Together: Why Less Inequality Benefits All*, OECD Publishing, Paris, http://dx.doi. org/10.1787/9789264235120-en.

OECD (2015b), *OECD Science, Technology and Industry Scoreboard 2015: Innovation for Growth and Society*, OECD Publishing, Paris, http://dx.doi.org/10.1787/sti_scoreboard-2015-en.

OECD (2014), "How Good is your Job? Measuring and Assessing Job Quality", *OECD Employment Outlook 2014*, OECD Publishing, Paris, http://dx.doi.org/10.1787/empl_outlook-2014-en.

RSA – Royal Society for the Encouragement of Arts, Manufactures and Commerce (2017), *Good Gigs: A Fairer Future for the UK's Gig Economy*, Royal Society for the Encouragement of Arts, Manufactures and Commerce, https://www.thersa.org/globalassets/pdfs/reports/rsa_good-gigs-fairer-gig-economyreport. pdf.

データベース

OECDファミリー・データベース (OECD Family Database)
　　http://www.oecd.org/els/family/database.htm

第IV部

起業における男女平等

■ 第24章 ■

起業に今なお残る男女格差

主な研究結果

- 女性は男性よりも起業する割合が低い。起業活動における男女格差は、2012年以降、大多数の国でほとんど変化していない。

- 起業における男女格差はどの年齢層にも見られるが、全人口と比較すると若年層の間では格差は小さい。

- 女性自営業者は男性自営業者よりも従業員を雇用することが少ない。収入も低い傾向にある。従業員のいる自営業者の割合に見られる男女差は、わずかに縮小していることが証拠に示されている。自営業者の所得に関する証拠が非常に少ないため、格差が縮小しているかどうかについて結論を出すことはできない。

自営業率の男女差

　女性の起業を促進することは、経済成長、雇用の創出、所得の平等、社会的包摂に寄与するとますます見なされるようになっている。実のところ、最近の推定によると、起業における男女差が解消すれば、世界のGDPが2％、すなわち1兆5,000億ドルも上昇するだろうと考えられている（Blomquist *et al.*, 2014）。こうした状況を考えると、各国政府の機関と政策は、男女が事業を起こして経営する平等な機会を享受できるようにしなければならない（第25章）。2013年ジェンダー勧告の原則を推進することで、OECDは女性の起業をG20とG7においてグローバルガバナンスの優先課題に設定するよう尽力してきた。OECDは、中小企業と起業への女性の参入に対してジェンダーに基づく重要な影響——特に資金調達と金融リテラシーの障壁——に対処するG20の取り組みを支えている（第10章）。OECDは2017年のタオルミーナ・サミットの主要な成果物である「ジェンダーに配慮した経済環境のためのG7ロードマップ」の準備を支援した。このロードマップは、2015年のエルマウ・サミットでG7首脳が合意した「女性の起業家精神の促進のための共通原則」に基づいている。G7の要請を受けて、OECDは女性の起業家精神の促進状況についてのモニタリングも実施している。

　個人に関する統計データによって起業を測定する際、起業活動の尺度として最も一般的に利用されているもののひとつは、自営である（コラム24.1）。一般的に自営業の女性の割合は自営業の男性の割合よりも低い。2016年の女性の自営業率は、ノルウェーの4.1％からメキシコの23.5％までの幅があった。自営業率の男女差は、チリが最小（1.9パーセントポイント）で、トルコが最大（14.5パーセントポイント）であった（図24.1）。MENA地域では、男女差はさらに大きかった（コラム24.2）。

　2013年から2016年にかけて、自営業率の男女差は多くの国で縮小したが、そのうちのほとんどがごくわずかであった（図24.1）。最も縮小幅が大きかったのはチリで、4パーセントポイント強縮小した。一方、日本とラトビア、ルクセンブルクでは最も大きく拡大した。

　また、女性自営業者は男性自営業者とは異なる業種の事業を経営する傾向にある。ほとんどの国で、70％以上の女性自営業者はサービス業に従事しているが、男性の場合は約50％である（OECD, 2016）。多数の女性自営業者が事業を行う伝統的な産業の一部には、参入障壁が低く、競争率が高く、生産性が低く、利幅が小さいという特徴がある。女性自営業者の労働時間は、傾向として男性自営業者よりも短いが、賃金労働者として働く女性よりも長い（OECD, 2016）。

　自営業者の男女差は他の年齢層よりも若年層（15～29歳）の方が小さい傾向にある。2016年、男女差が最大だったのはギリシャとスロバキアであったが（約8パーセントポイント）、逆にメキシコでは、若年女性は若年男性よりも自営業者になる割合がわずかに高かった。2013年以降、自営業の若者の間の男女差は、スペイン、イタリア、チェコ、英国をはじめとして、OECD加盟国の約半数で縮小している（図24.2）。しかし、男女差は他の複数の国でわずかに拡大しており、拡大幅が最も大きかったのはルクセンブルク、ニュージーランド、ポルトガルである。

図24.1　男性は女性よりも自営業率が高いが、男女差は多数の国でわずかに縮小している

男女別自営業率、15 ～ 64歳、2016年またはデータのある最新年[a]、
自営業率の男女差の変化（男性の自営業率から女性の自営業率を引いた値）、15 ～ 64歳、2013 ～ 2016年

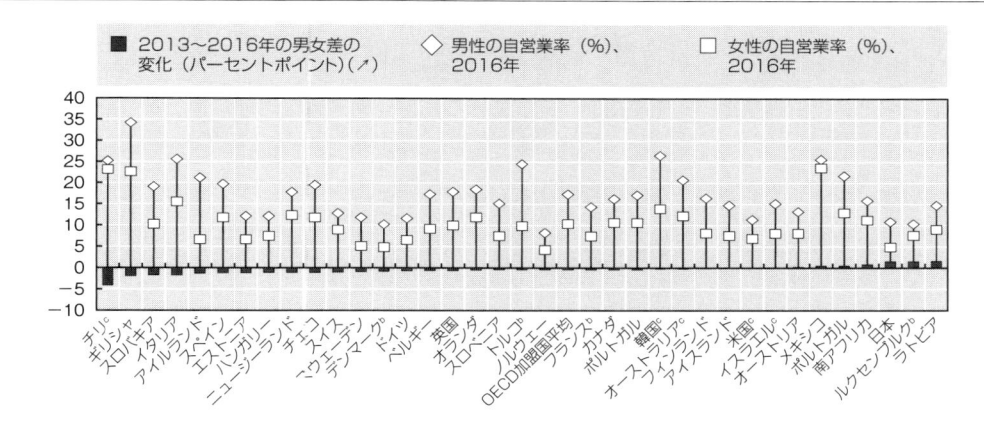

注：自営業率は、全就業者、すなわち自営業者と被用者として就労している労働者に占める自営業者の割合。国際比較可能性を向上させるために、オーストラリア、カナダ、ニュージーランド、米国のデータには、法人化していない自営業者と法人化した自営業者を含めた。男女差は、特定の1年における男性の自営業率と女性の自営業率の差。男女差の変化は、2016年の男女差と2013年の男女差の差であり、パーセントポイントで表される。

a）オーストラリア、チリ、カナダ、メキシコ，ニュージーランド、米国、OECD加盟国平均は、2016年ではなく2015年のデータ。これらの国々に関して、男女差の変化は2015年と2013年の差として算出した。

b）フランスとトルコの2014年、ルクセンブルクの2015年、デンマークの2016年のデータは連続性なし。

c）オーストラリア、チリ、イスラエル、韓国は15歳以上、米国は16 ～ 64歳のデータ。

資料：OECD（2017），*Entrepreneurship at a Glance 2017*, OECD Publishing, Paris（http://dx.doi.org/10.1787/entrepreneur_aag-2016-en）.

StatLink：http://dx.doi.org/10.1787/888933575577

図24.2　自営業者の男女差は若年層で縮小傾向にある

男女別自営業率、15 ～ 29歳、2016年またはデータのある最新年[a]、
自営業率の男女差の変化（男性の自営業率から女性の自営業率を引いた値）、15 ～ 29歳、2013 ～ 2016年

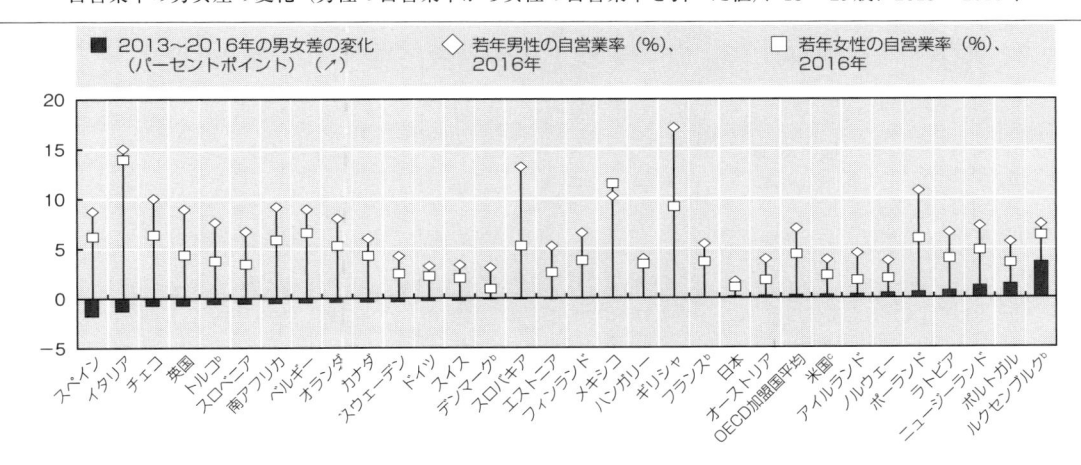

注：定義については図24.1の注を参照。

a）カナダ、メキシコ、ニュージーランド、米国、OECD加盟国平均は、2016年ではなく2015年のデータ。これらの国々に関して、男女差の変化は2015年と2013年の差として算出。

b）フランスとトルコの2014年のデータ、ルクセンブルクの2015年のデータ、デンマークの2016年のデータは連続性なし。

c）米国のデータは16 ～ 29歳のもの。

資料：OECD（2017），*Entrepreneurship at a Glance 2017*, OECD Publishing, Paris（http://dx.doi.org/10.1787/entrepreneur_aag-2016-en）.

StatLink：http://dx.doi.org/10.1787/888933575596

コラム24.1　自営の尺度

　自営業者とは、自ら企業を所有し事業を経営する者と定義され（OECD, 2016）、そうした者には、非法人企業や自己採算労働者のほか、人口動態調査や労働力調査で自ら「自営」と申告する者も含まれる。1人で事業を行う者もいれば、従業員を雇用して雇用を創出する者もいる。

　自営業は従来、フルタイムで行う労働市場活動と見なされていたが、変化が進んでおり、今では種々の形態が存在する。ハイブリッド起業（就労、教育、ボランティア活動などに従事しながらの自営）や、グループ起業（人とチームを組んでの自営）、フリーランサー（プロジェクトベースで仕事を請け負う自営業者であり、クリエイティブ産業に多い）は自営の新しい形態であり、仕事と私生活のバランスという点で柔軟性を高め、女性の起業を後押しすることが可能である。

　一方、一般的に質の低い雇用と見なされる自営の新しい形態もいくつかあり、低収入でキャリア開発の機会が乏しい。たとえば、「従属的」自営業と呼ばれる労働形態は、労働者が1人または2人のエンドユーザーに経済的に依存し、従属する（OECD/EC, 2017 forthcoming）。自営とはいうものの、自身の作業をコントロールすることができず、一般的には取引先企業で従業員として働いた場合よりも低収入である。さらに、雇用の安定性が低く、まず間違いなく社会保障による保障も低い。

　インフォーマル起業（税務当局に登録していない自営業）は新しいものではない。しかし、女性が経営する企業が、資本、資金調達、事業支援サービス、市場へのアクセスが限られたインフォーマル経済に集中する傾向にある開発途上国では、ますます問題になっている。時間と費用がかかり、煩雑で複雑な事業登録手続きが、正規の企業の発展を妨げており、それゆえに女性が経営する多くの企業が、存続するのがやっとの零細企業レベルを脱して成長する可能性を妨げられている（ILO, 2016）。

コラム24.2　MENA地域における女性の起業

　MENA地域では、女性の経済的エンパワーメントには成長、競争力、社会的発展を促進する途方もない可能性がある。同地域の政府はジェンダーに関する国家的な戦略と措置を導入して、女性の経済的地位の向上を目指している。

　この数十年、女性の教育成果が向上してきたにもかかわらず、生産年齢の女性で労働力に参加している女性は4人に1人に満たず、多くが無職である。男性の場合3人に1人が起業家であるが、女性の場合は8人に1人だけであり、女性が経営する法人企業は10％未満である。

　女性の経済的エンパワーメントが向上すれば、MENA地域において民間部門の開発を促進し、イノベーションと成長を刺激するのに資するだろう。OECD-MENA女性ビジネスフォーラムによる調査では、制度的支援の強化、起業のために利用できる女性向けの研修・支援サービスへの認識の向上、起業サービス・融資へのアクセスの改善は、この地域での女性の起業を後押しするだろう（OECD, 2014）。

　カウンセリングやコーチング、メンタリングなどの事業開発サービスは、事業を始めて成長させるためのサポートに対する女性のアクセス増加に有効であることが証明されている。MENA地域では、事業開発サービス提供者は女性起業家に合わせてサービスを改善し、そうしたサービスを売り込むよう努めるべきである。そのためには、女性特有のニーズにこれまで以上に対応させる必要がある。また、子どもを学校に送るなど、概して家族の世話のために費やされる時間帯を避けて、サポートを計画することも重要である。ジェンダーに配慮して調整することで、幅広い女性起業家が事業開発サービスの支援を受けることが可能になり、女性起業家にとって成功するチャンスが高まることになろう。

従業員のいる自営業者

　全体として見ると、女性は男性よりも自営業者になって従業員を雇用する割合が大幅に低く、2016年では男性の半分を下回っている。男女差が最大なのは南アフリカ、トルコ、イスラエルで、約5パーセントポイントであった。最小なのはノルウェーと英国で、2パーセントポイント未満であった（図24.3）。

　2013年から2016年にかけて、従業員のいる女性自営業者と男性自営業者の割合の差は、OECD加盟国の半数以上でわずかに縮小した（図24.3）。差が最も縮小したのはエストニアとニュージーランドであり、最も拡大したのはラトビアとルクセンブルク、チリであった。

自営業者の所得

　男性自営業者と女性自営業者の間には依然として所得格差が存在する（図24.4）。2014年の所得格差が最大なのはポーランド（60％）、続いて米国（58％）、イタリア（54％）である。所得格差には以下のような複数の要因がある。

● 女性は男性よりも、競争率が高く収益性の低い部門で事業を行う割合が高い。

● 女性は収益を引き上げるためにリスクを冒す傾向が低いことを示す証拠がある（OECD, 2012）。

図24.3　従業員のいる自営業者の割合は男性の方が女性よりも大幅に高い

雇用主である自営業者の割合、男女別、15〜64歳、2016年またはデータのある最新年[a]、
雇用主である自営業者の割合の男女差の変化（男性の割合から女性の割合を引いた値）、15〜64歳、2013〜2016年

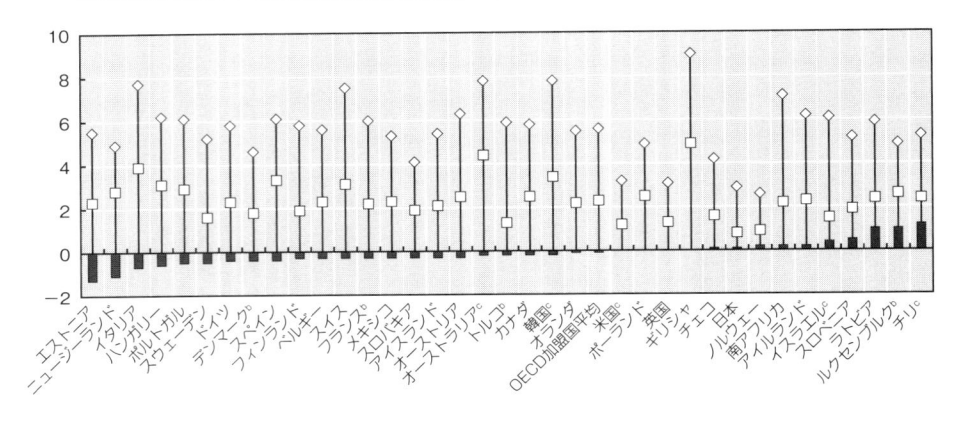

注：定義については図24.1の注を参照。

a）オーストラリア、チリ、カナダ、メキシコ、ニュージーランド、米国、OECD加盟国平均は、2016年ではなく2015年のデータ。これら
の国々に関して、男女差の変化は2015年と2013年の差として算出。

b）フランスとトルコの2014年のデータ、ルクセンブルクの2015年のデータ、デンマークの2016年のデータは連続性なし。

c）オーストラリア、チリ、イスラエル、韓国のデータは15歳以上、米国のデータは16〜64歳のもの。

資料：OECD（2017），*Entrepreneurship at a Glance 2017*, OECD Publishing, Paris（http://dx.doi.org/10.1787/entrepreneur_aag-2016-en）.

StatLink：http://dx.doi.org/10.1787/888933575615

図24.4　自営業所得の男女差は多数のOECD加盟国で非常に大きい

自営業所得の男女差、全年齢（18歳以上）、2013年・2014年・2015年

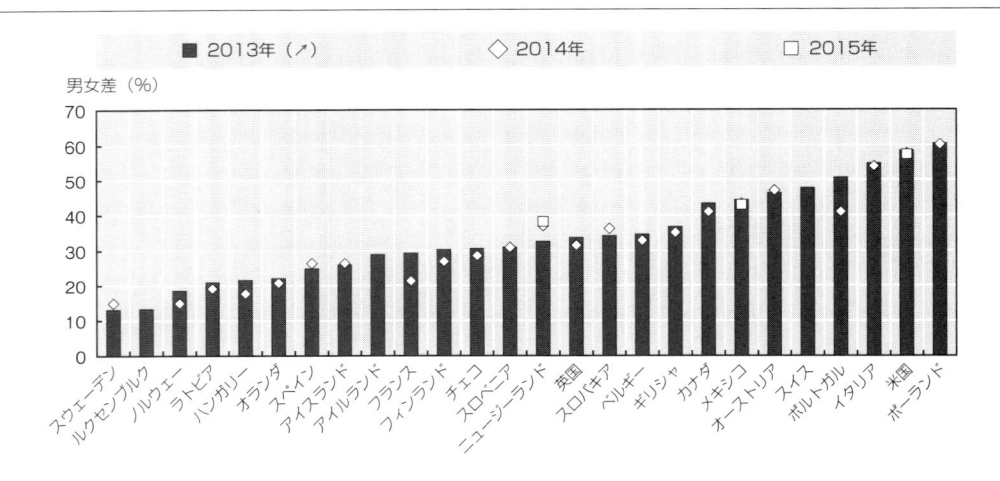

注：自営業所得の男女差は調整しておらず、男女の平均自営業所得の差を男性の平均自営業所得で除して100を乗じた値である。ここでの
自営業所得とは、所得対象期間に自営業の仕事に従事した報酬として個人が得た所得のこと。総収入から営業経費を減じたものとして算
出しているため、プラス（黒字）にもマイナス（赤字）にもなりうる。

資料：OECD（2017），*Entrepreneurship at a Glance 2017*, OECD Publishing, Paris（http://dx.doi.org/10.1787/entrepreneur_aag-2016-en）.

StatLink：http://dx.doi.org/10.1787/888933575634

- 女性自営業者は傾向として１週当たりの労働時間が短い（OECD, 2012）。

2013年から2014年にかけて、所得格差はフランスとポルトガルで8〜10パーセントポイント前後縮小したが、ニュージーランドでは4パーセントポイント以上拡大した。データのある他のほとんどの国では、自営業者の所得の男女格差は実質的にほとんど変化していない。

主な政策提言

- 公共政策では、制度的障壁を改善し、資金調達と起業に必要なスキルにおける男女差を解消することで、起業に今なお残る男女格差に対処しなければならない（第25章）。

- 政策措置においては、男性だけでなく女性にも、起業に対する意識と動機を確立するよう努めなければならない。公共政策では、対象を絞った事業開発サービス（コーチング、メンタリング、ビジネスカウンセリングなど）によって女性起業家に働きかけ、そうした起業家の事業の成長を支援する必要がある（第25章）。

- 女性起業家を支援する政策は、すべての労働者のエンパワーメントを目的とした包括的な社会的保護制度の一部でなければならない。政策では、有給育児休暇や質が高く手頃な価格の保育サービスなど、ワーク・ライフ・バランス支援を開発することで、女性（および男性）労働者が無償労働と有償労働を両立できるようにすべきである。

参考文献・資料

Blomquist, M. *et al.* (2014), *Bridging the Entrepreneurship Gender Gap: The Power of Networks*, Boston Consulting Group, Boston.

ILO – International Labour Organization (2016), *Women at Work: Trends 2016*, International Labour Organization, Geneva.

OECD (2017), *Entrepreneurship at a Glance 2017*, OECD Publishing, Paris, http://dx.doi.org/10.1787/entrepreneur_aag-2017-en.

OECD (2016), *Entrepreneurship at a Glance 2016*, OECD Publishing, Paris, http://dx.doi.org /10.1787/entrepreneur_aag-2016-en.

OECD (2014), *Women in Business 2014: Accelerating Entrepreneurship in the Middle East and North Africa Region*, OECD Publishing, Paris, http://dx.doi.org/10.1787/9789264213944-en.

OECD (2012), *Closing the Gender Gap: Act Now*, OECD Publishing, Paris, http://dx.doi.org/10.1787/9789264179370-en.（『OECDジェンダー白書：今こそ男女格差解消に向けた取り組みを！』OECD編著、濱

久美子訳、明石書店、2014年)

OECD/EC (2017), *The Missing Entrepreneurs 2017: Policies for Inclusive Entrepreneurship*, OECD Publishing, Paris, forthcoming.

第 24 章

女性起業家の障壁を改善するための政策

主な研究結果

● 女性が起業家になる動機と目的は、男性のそれらとは異なる傾向にある。女性が自営業に魅力を感じるのは、ワーク・ライフ・バランスや育児・介護との両立を可能にする、より高い柔軟性が、自営業によって得られるからだと考えられる。そしてそれは、女性起業家が男性起業家ほど事業を拡大させようとしないひとつの理由である。

● 事業を始める際に女性が明確にした主な問題に、起業スキルの不足と起業資金を調達する困難がある。女性起業家を対象にした研修や助成金など、こうした問題に対処する政策手段を拡大する必要があるが、それはそうした政策が、対象になる可能性のある人々に十分に活用されていないからである。

● 多数の国が、成長志向の女性起業家のニーズにより応じた支援を提供する新たな政策アプローチを開発している。そうしたアプローチには、女性起業家のみを対象にしたビジネスインキュベーターおよびビジネスアクセラレーター・プログラムや、ベンチャーキャピタルのインフラ構築などがある。

自営業者になる動機と目的

　女性の起業を促進し支援するための目標を明確にした政策とプログラムでは、次の3つの主張が根拠にされることが多い。

第 25 章

- ●女性は男性よりも起業する割合が過少である。この格差を解消すれば、個々の女性にとっても社会全体にとっても福祉利得が生じるだろう。

- ●女性に起業を思いとどまらせる社会的態度や、女性起業家によるスキル研修や資金調達、人脈などの資源の利用をいっそう困難にする市場の失敗など、制度や市場の失敗が女性の起業を妨げていることを示す証拠がある。

- ●調査から明らかになっているように、女性は男性よりも公的な支援プログラムについて知識が乏しく、プログラム参加者の選定に用いられる仕組みが男性起業家に有利な場合もある（OECD/EC, 2017）。

　女性は仕事と家庭での責務を両立しなければならないという社会的圧力によって、自営業に従事せざるをえないというのが、一般的に持たれている認識である。この考え方は、小規模サンプルの自己報告に基づく多数の調査によって裏付けられている（OECD/EC, 2017）。しかし、英国の時系列データを分析した研究によれば、自営に対する女性の決断は、事業に関わる要素（経済状況や資金調達など）によって大きく左右されており、社会的要因（結婚の見通しや家族に関係する責務など）は男性にも女性にも同じように影響を与えることが明らかになっている（Saridakis et al., 2014）。

　女性が経営する事業は男性が経営する事業と存続率が同等であるものの、概して利益が少なく、労働生産性が低いことを示す証拠がある（OECD, 2012）。そうした相違については、動機の違いと女性起業家が事業を行う業種の違いによって、ある程度説明することができる。女性起業家が集中しがちなのは、以前働いた経験があるが、競争率が高く、収益性の低い業種である。女性が経営するベンチャー事業の大半は、STEMに関連のない分野である（Marlow and McAdam, 2012）。したがって、女性起業家は高付加価値が見込める部門に占める割合が低い。さらに、多くの女性は、事業の規模を拡大したり、新たな商品やサービスを提供したり、新しい市場で販売したり、新たな資産に投資したりすることで、事業を成長させることにも（Watson and Robinson, 2003）、望んでいる以上に最大限に事業規模を拡大することにも（Cliff, 1998）消極的である。

起業を妨げる障壁

起業スキルの欠如

　女性起業家が直面する課題の多くには男性起業家も直面するが、そうした課題にぶつかるのは女性の方が割合として高い傾向にある。しかし、女性起業家は個人的な姿勢やビジネスリソースが多様である点を認識することが重要である（Hughes *et al.*, 2012）。

　大多数の起業家が挙げる最大の問題のひとつは、起業スキルの欠如である。女性は男性と同様に高い水準のスキルを有しているが、自営と起業に関しては不利な立場にあるようだ。最大の相違のひとつは、女性起業家は一般的に自営の経験が少ないため、経営能力が十分習得できておらず、ビジネスネットワークが小さいという点である（Shaw *et al.*, 2009）。

　また女性は、事業を始めるためのスキルと知識、経験があると考える割合が男性よりも少ない（図25.1）。しかし、起業スキルの認識における男女差は多数の国で縮小しており、なかでもスウェーデン（5パーセントポイント）とイタリア（4パーセントポイント）では、ほぼ解消しているといえるだろう。それにもかかわらず、起業研修へのアクセスに関する認識には男女差が残っている（OECD, 2016）。

図25.1　男性は女性よりも起業できると回答する割合が高いが、男女差はほとんどの国で縮小しつつある

「起業するスキルと知識、経験がある」と回答した成人（18～64歳）の割合、男女別、2014年またはデータのある最新年[a]

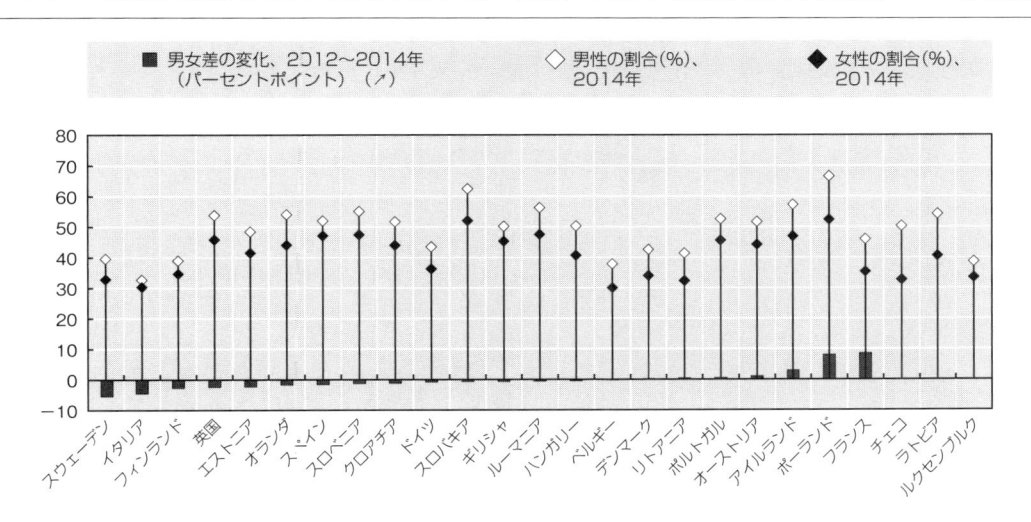

a）チェコ、ラトビア、ルクセンブルクのデータは2013年のもの。これらの3か国については2012年以降の男女差の変化を算出していない。
資料：OECD事務局作成。データ源は、グローバル・アントレプレナーシップ・モニター（Global Entrepreneurship Monitor）。

StatLink : http://dx.doi.org/10.1787/888933575653

女性起業家は資金調達で苦労している

起業家にとっての他の重大な問題に資金調達がある。女性起業家は一般的に男性起業家よりも資本金の水準が低く、自己資本と内部関係者からの融資への依存度が高い（Coleman and Robb, 2016; Shaw *et al.*, 2009）。融資と負債による資金調達を利用する際にも、より大きな問題にぶつかる。研究によって、たとえば新興市場では、2020年までに信用格差が解消すれば、2030年までに1人当たり所得が12％増加すると考えられており、ブラジルやベトナムなど、正規の中小企業部門における信用格差が現在最も大きな国では、25〜28％もの増加が見込めることが示されている（GMI, 2014）。

複数の調査では、業種や事業規模などの構造的特徴を調整しても、女性の方が担保要件が厳しく利率が高いなど、信用面でジェンダーに基づく差異が確認されている。研究者が導き出したひとつの説明は、金融機関は往々にしてジェンダーステレオタイプの影響を受けているため、女性に不利なジェンダーバイアスを有している、というものである（Carter *et al.*, 2007）。女性にとっての資金調達の障壁は、事業を始めるのに必要な資金を調達できると思うと答えた男女の割合の差にはっきりと現れている。2013年に、事業を開始または成長させるのに必要な資金を利用できると回答した者の割合が、男性よりも女性の方が高かった国は、米国とメキシコだけであった（図25.2）。この2か国を除いて、男女差はギリシャの2パーセントポイントからフィンランド、ドイツ、アイルランドの17パーセントポイントまでの幅があった。この差が拡大しているのか縮小しているのかを評価するのに利用できるデータはほとんどない。

図25.2　男性の方が事業を開始または成長させるための融資を利用しやすい

「事業を開始または成長させたい場合に必要となる資金を調達できますか？」という質問に「はい」と答えた人の割合、男女別、2013年

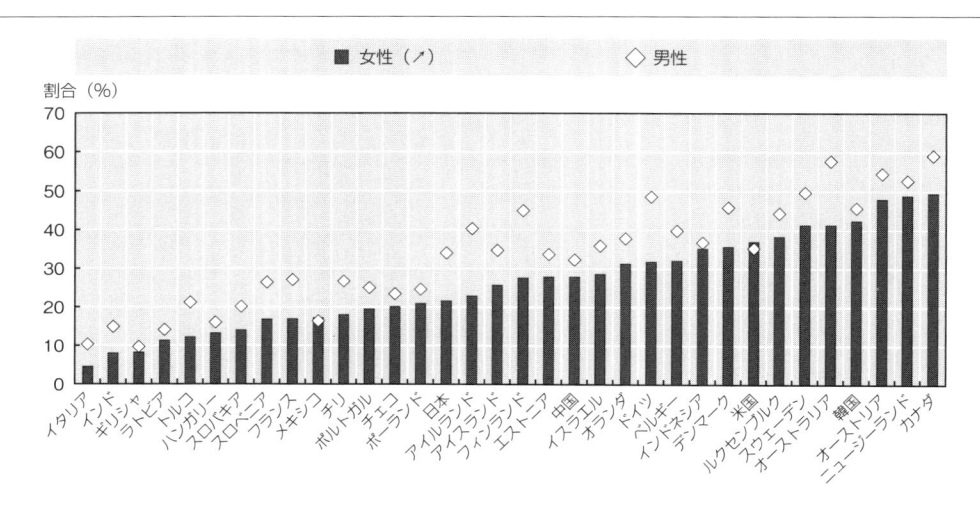

資料：OECD（2017）, *Entrepreneurship at a Glance 2017*, OECD Publishing, Paris（http://dx.doi.org/10.1787/entrepreneur_aag-2016-en）.

StatLink : http://dx.doi.org/10.1787/888933575672

事業を成長させるための起業スキルの開発を支援する

　起業スキルの習得を支援するために従来行われてきた政策措置には、起業のための研修、コーチングやメンタリングのプログラム、ワークショップ、ビジネスカウンセリング、起業家ネットワーク構築のサポートなどがある。そうした事業は、多くの場合、女性が直面する特定の障壁に合わせて考案され、受益者を女性に限定して提供される。多数の国では、女性経営者企業（または女性起業家）のためのセンターが、女性起業家のニーズを特定し、また持続可能な事業を創設するという問題の克服に役立つ適切な支援を設計するための定石の方法である。特に新興国では、こうしたアプローチを推進し、グッドプラクティスとして取り入れることが望ましい（OECD/EC, 2017; OECD, 2014a）。

　しかし、多数の国が、女性経営者企業の成長潜在力をますます認識し（White, 2013）、高い成長潜在力を有する企業の創設と経営に成功するのに必要なスキルを女性が習得・育成するのに役立つプログラムを、これまで以上に重視するようになっている。ひとつのアプローチは、女性に限定したビジネスインキュベーターによって、女性のニーズに合わせた支援を提供することである。

　そうしたインキュベーターは、一般的に通常の事業育成支援——施設、人脈作りの機会、研修、ワークショップなど——を提供するが、それらを女性起業家のニーズに合わせて、支援を推進する。米国での経験が示すように、女性を対象にしたインキュベーターの方が、主流のインキュベーターよりも高い効果が見込めるが、それは後者が男性を中心としたネットワークを基本に置いており、女性のネットワークに働きかけることができず、男性が多数を占める選抜委員会を通じて起業家を選出し、女性のニーズに対応せずジェンダーに配慮していないプログラムを提供し、女性起業家に二の足を踏ませる「男性的（macho）な」環境を助長する傾向にあるからである（ICIC, 2016; Jaffee and Johnson, 2015）。複数の推定では、ビジネスインキュベーター全体のうち、女性起業家を対象に限定したインキュベーターは3％未満であるという（InfoDev, 2010）。しかし、一部の国では、そうしたインキュベーターの水準はその数字を大きく上回っており、例として、韓国では女性のビジネスインキュベーターは200機関ほど存在する。最近創設された女性限定のビジネスインキュベーターの他の例に、官民パートナーシップによって設立されたものがあり、エジプトやモロッコ、パレスチナ自治政府、サウジアラビアに見ることができる（OECD, 2014a）。

　同様の新しい傾向に、女性を対象としたビジネスアクセラレーター・プログラムの登場があり、主流のアクセラレーター・プログラムでは女性の割合は非常に少ない（Aspen, 2015）。インキュベーターとアクセラレーターの区別は明確ではないが、女性を重視したビジネスアクセラレーター・プログラムは、従来、主として技術主導の分野で、高い可能性を有する女性起業家を対象に、3〜6か月の期間で起業プロセスを加速させようとするものである。その主な目的

のひとつは、女性起業家が民間のベンチャーキャピタルから資金を受け、市場に参入する態勢を整えることである。

　政策立案者は女性によるビジネスアクセラレーターを支援することで、より多くの女性が革新的な技術分野に参入するよう促し、女性がシード資本と投資資本を利用する際に直面する問題に対処し、女性起業家がビジネスモデルを拡大して成長を実現するための能力を育成し、STEM分野で若い女性の役割モデルを生み出そうとしている。女性のためのビジネスアクセラレーターは、成功した女性起業家が創設することが多いが、そうしたビジネスアクセラレーターはジェンダーに配慮した事業支援団体によっても、政府プログラムの一環としても、創立することができる。米国は女性を対象にしたビジネスアクセラレーターの創設に関して世界的なリーダーであるが、オーストラリア、カナダ、アイルランド、メキシコ、インド、ニュージーランドにも例を見ることができる（コラム25.1）。

コラム25.1　ニュージーランドのライトニング・ラボXX

　ウェリントンを拠点とするライトニング・ラボXX（Lightning Lab XX）プログラムは、4か月間のメンターシップを主体としたビジネスアクセラレーター・プログラムである（OECD/EC, 2017）。女性起業家が新規事業を創設し成長させる後押しをする。ライトニング・ラボXXは、プログラムへの参加を認めた各企業に、低い株式比率と引き替えに2万ニュージーランドドル（約1万2,600ユーロ）のシード投資を行い、メンターを通じて支援サービスを提供する。このプログラムはビジネス・イノベーション・雇用省の科学・イノベーション部門から資金提供を受けている。キャラハン・イノベーション（Callaghan Innovation）も特別に資金を提供しているが、他のパートナーやスポンサーには、スパーク（Spark）、マイクロソフト・ベンチャーズ（Microsoft Ventures）、オーストラリア・ニュージーランド銀行、シモンズ・スチュワート（Simmonds Stewart）、EYがある。最も新しいプログラムは、主にデジタル面を重視したものであり、2016年3月から7月にかけて実施され、2013年以降、ニュージーランドで実施されたライトニング・ラボの5番目のプログラムであった。ライトニング・ラボXXプログラムに応募した115組のうち、9組が選ばれて参加した。

資金調達を円滑化する

　女性起業家の資金調達を改善するための政府政策の大半は、助成金や融資、マイクロクレジットを提供する介入に重点を置いている。傾向としては、借入保証による銀行融資へのアク

セスの改善が増えている。カナダで女性を対象に実施されている借入保証についての評価から、それによって主流のプログラムよりも多くの雇用が創出されていることが明らかになっており（WEDC, 2014）、EU諸国のプログラムも傾向として好影響を示している（OECD/EC, 2014, 2017）。新しい借入保証制度は、銀行がしばしば中小企業部門への貸付に消極的で、一般的にジェンダー問題や女性経営者企業の市場潜在性への関心が欠如している新興国で比較的普及している。一例にモロッコの中央保証基金（Caisse Centrale de Garantie）がある（コラム25.2）。先進諸国での最近の傾向は、保証限度額の引き上げと、追加的な研修とネットワーク作りの支援を受益者が利用できるようにすることである。例として、フランスの女性起業振興保証基金（Fonds de Garantie pour la création, la reprise, le développement d'entreprises à l'Initiative des Femmes）がある。

コラム25.2　中央保証基金：モロッコの信用保証機関

　2011年のアラブの春の後、モロッコの公共機関はジェンダーへの配慮を公共のプログラムとサービスに取り入れ始めた（OECD, 2014a）。そうした傾向と、女性による借入保証商品の利用が少ないことを受けて、政府の信用保証機関（中央保証基金）は、2013年3月にILAYKIを創設した。ILAYKIは新しい優遇部分保証商品で、100万モロッコ・ディルハム（約9万ユーロ）未満の貸付額に関して、1人以上の女性が完全に所有する新興企業への銀行融資の80％を保証する。この保証率は、一般的に70％を保証する他の保証商品よりも高い。女性起業家に対してこうした優遇措置を取る根拠は、そうした女性たちは財産権と相続権、雇用と賃金における男女格差が主な原因で、融資に担保を提供することができにくいからである。ILAYKIは銀行とモロッコ女性起業家協会（Association of Women Entrepreneurs of Morocco）が推進している。

　女性起業家への融資を促すために用いられている別の新しいアプローチは、女性経営者企業との契約に関する特別な規定によって、公的調達市場への女性起業家のアクセスを改善することである。財とサービスの政府調達は、ほとんどの国でGDPのかなりの割合を占めており、先進国では10〜15％、新興国では30〜40％に上る（ITC, 2014）。しかし、そうした契約のうち、女性経営者企業と結ばれたものはわずか1％程度と推定される（ITC, 2014）。公的調達政策における供給業者の多様化を促進することで、政府は市場における不公平な事態に対処し、女性経営者企業の成長潜在力を高め、女性が経営する優れた企業をサプライチェーンに送り出すことができる。それによって競争力が高まり、場合によっては経費削減につながる可能性もある（OECD, 2014; Niethammer, 2013）。OECD加盟国とG20諸国の多くが、最近、中小企業を対象

にした政府契約の特別規定を実施しているが、女性経営者企業を対象にした措置を実施している国はごく一部だけであるようだ。そうした国には米国（コラム25.3）、韓国、ドミニカ共和国、南アフリカ、インドネシアがある。

コラム25.3　米国における女性経営者企業を対象にした公的調達措置

　1994年、連邦調達合理化法によって、各会計年度の各連邦政府機関による元請け契約と下請け契約の総額の5％を、女性が経営する小規模企業（Women-Owned Small Businesses, WOSB）と契約するという義務的ではない目標が設定された。この目標を推進するために、多数の措置が実施され、その中には2000年の小企業プログラム再承認法（Small Business Programs Reauthorization Act）があり、連邦政府機関に対してWOSBの割合が少ない業種での契約に際して競争を制限することを可能にした。もうひとつの重要な措置は2011年に実施され、WOSB連邦契約プログラム（WOSB Federal Contracting Programme）が発効して、WOSBがきわめて少ない業種で初めて契約をWOSBに留保することが可能になった。2013年、契約規模を留保の上限内としていた制限が撤廃された。さらに、2015年の改革によって、契約を結ぼうとする機関に、一定の条件の下、WOSBのために競争を制限するか、WOSBとの単独供給契約を結ぶ権利が付与された。2015年、5％目標が達成され、WOSBとの契約額は178億米ドル（約158億ユーロ）に相当した。目標を達成したが、中小企業庁は公的調達への女性のアクセスを改善するための機会を引き続き模索している（詳細についてはBeede and Rubinovitz, 2015参照）。

3つめの最近の政策動向は、以下のようなリスクキャピタルへのアクセスの改善である。

● ベンチャーキャピタル（企業または基金が、高い成長潜在力を有する初期段階の小規模企業に提供するエクイティファイナンス）

● ビジネスエンジェル投資（転換社債または株式の形態で、個人が提供する起業融資）

ベンチャーキャピタル市場もエンジェル投資市場も男性が中心的であり（Brush *et al.*, 2014b; CrunchBase, 2016; Sohl, 2015）、投資はSTEM関連分野など、男性が圧倒的に多い分野に集中しがちである。米国での実験結果から、投資家は宣伝文句の内容が同じ場合でも、男性投資家に投資する確率が60％高いことが判明しており（Brooks *et al.*, 2014）、そのことから、投資家に売り込もうとしている女性起業家は、性別ゆえに成功率が男性よりも低くなると予想されることがわかる。

　ジェンダーバランスを取るための選択肢には、従来のベンチャーキャピタルやエンジェル投資家のネットワークに、女性の投資家とアドバイザーをさらに多く呼び込むことや、女性が主導し、女性経営者企業への投資を明確な目標とする女性によるベンチャーキャピタル・ファンドを創設することがある。支援方法としては、女性が経営または主導する新興企業、初期段階や拡大段階にあるベンチャー企業への投資のためにマッチングファンドを提供するなどして、女性を重視したベンチャーキャピタル投資の組成を奨励する公共政策が考えられる。英国もこのアプローチを採用している（コラム25.4）。

　女性起業家の利益になると考えられるその他の新しいアプローチには、税額控除の利用があり、カナダでは2016年の連邦予算で、「労働組合が出資するベンチャーキャピタル会社の税額控除の回復（Restoration of the Labour-sponsored Venture Capital Corporation Tax Credit）」を実施した。日本では、財政・産業・研究・政府の関係者の連携を強化し、投資を促進する目的で、2014年に政府によってベンチャー創造協議会が創設された。

コラム25.4　アスパイア・ファンド：
英国のキャピタル・フォー・エンタープライズ

　2008年、英国のビジネス・イノベーション・技能省は、女性経営者企業に共同投資する目的で、公的資金1,250万ポンド（約1,540万ユーロ）を拠出して「事業を行う女性のためのアスパイア・ファンド（Aspire Fund for Women in Business）」を創設した。このファンドは、成長潜在力の高い女性経営者企業を増やすことを目的とするベンチャーキャピタルのファンドマネージャーによる独立ファンド、キャピタル・フォー・エンタープライズ（Capital for Enterprise）ファンドの下に創設された。アスパイア・ファンドは、10万〜200万ポンド（約12万3,200〜250万ユーロ）の投資を求める女性が主導する企業への民間部門の投資を補助して、資金の伸びを後押しする。公共投資の上限は100万ポンド（約120万ユーロ）である。資金を受けるためには、起業家は投資対策プログラムに参加しなければならない。2014年、キャピタル・フォー・エンタープライズの運用は、ビジネス・イノベーション・技能省下の英国ビジネス銀行の新プログラムの一部となった。アスパイア・ファンドは現在、これまでに投資を行った企業への追加投資の提供に重点的に取り組んでいる。

　資金調達に関する取り組みをより幅広い事業開発アプローチに取り入れることは、ますます一般的になっている。たとえば、政策によって、研修、ワークショップ、ビジネスカウンセリング、コーチング、メンタリングを用いて女性の起業スキルの強化を後押ししながら、資金調達を支援して、政策とその受益者が成功する可能性を高めることができる。

　女性に対する起業支援の提供に際して鍵となる問題のひとつは、支援を専門の機関による専用のプログラムを通じて提供する必要があるのか、それとも主流プログラムに統合してもよいのか、という問題である。どちらのアプローチもOECD加盟国とG20諸国で利用されており、アプローチは通常、社会と労働市場における女性に対する社会的態度によって決定される。教育や労働市場での機会へのアクセスに際して女性が直面する問題が比較的少ない国（フィンランド、ドイツ、オーストリア、スウェーデンなど）では、女性の起業支援は、主に主流プログラムを通じて提供される傾向にある。しかし、他の多くの国では、そうした支援へのアクセスがひとつの課題になっている。そのため、専門の機関での専用の女性起業家支援プログラムと、プログラム全体における主流化が優先される。

　しかし、採用されるアプローチに関係なく、成功の鍵となるのは、支援を女性が確実にアクセスできるものにすることと、適切なものにすることである。プログラムは主流の実業界と主流の支援機関との連携を構築して、女性を対象とした支援が、女性が直面する障壁を増強しないように注意する必要がある。

主な政策提言

- 政策立案者は、女性の起業意欲・目的と起業に必要な資源へのアクセスに有害に作用する制度的影響を認識すべきである。女性の起業に対して否定的な社会的態度を、意識向上キャンペーンや教育によって解消する必要がある。

- 起業スキルと資金調達の分野で、女性起業家に対するこれまで以上の政策支援が必要である。基本的な政策手段としては、女性起業家を対象とした専用の起業研修・コーチング・メンタリングのプログラムや、女性起業家のための借入保証制度などがある。

- そうした基本的な支援を実施した後は、ビジネスインキュベーターとビジネスアクセラレーターを通じてより高度なスキルを提供し、公的調達へのアクセスなどによって新しい市場を開放し、リスクキャピタル投資に関するインフラを強化することで、政策によって女性起業家の事業の成長支援を強化することが望ましい。

参考文献・資料

Aspen（2015）, *Entrepreneurship & Acceleration: Questions from the Field*, Aspen Network of Development Entrepreneurs, http://goizueta.emory.edu/faculty/socialenterprise/documents/Questions_from_Field%20 _Aug_2015_FINAL_correct.pdf/.

Beede, D.N. and R.N. Rubinovitz（2015）, *Utilization of Women-Owned Businesses in Federal Prime*

Contracting, Report prepared for the Women-Owned Small Business Program of the Small Business Administration, 31 December, Office of the Chief Economist, U.S. Department of Commerce, Washington, DC.

Carter, S. *et al.* (2007), "Gender, Entrepreneurship, and Bank Lending: The Criteria and Processes Used by Bank Loan Officers in Assessing Applications", *Entrepreneurship Theory and Practice*, Vol. 31, No. 3, pp. 427-444.

Cliff, J.E. (1998), "Does One Size Fit All? Exploring the Relationship Between Attitudes Towards Growth, Gender, and Business Size", *Journal of Business Venturing*, Vol. 13, No. 6, pp. 523-542.

Coleman, S. and A. Robb (2014), *Access to Capital by High-Growth Women-Owned Businesses*, Report prepared for the National Women's Business Council, National Women's Business Council, Washington, DC.

GMI – Global Markets Institute (2014), *Giving Credit where It Is Due: How Closing the Credit Gap for Women-owned SMEs Can Drive Global Growth*, Global Markets Institute, Goldman Sachs, New York.

Hughes, K.D. *et al.* (2012), "Extending Women's Entrepreneurship Research in New Directions", *Entrepreneurship, Theory and Practice*, Vol. 36, No. 3, pp. 429-440.

ICIC – Initiative for a Competitive Inner City (2016), "Creating Inclusive High-Tech Incubators and Accelerators: Strategies to Increase Participation Rates of Women and Minority Entrepreneurs", JPMorgan Chase & Co., New York, NY, http://icic.org/wpcontent/uploads/2016/05/ICIC_JPMC_Incubators_post.pdf?58f619/.

InfoDev (2010), "Gateway to Economic Development through Women Empowerment and Entrepreneurship", International Women Working Group, April, World Bank, Washington, DC, online at: https://www.infodev.org/infodevfiles/resource/idi/document/Women's%20working%20group%20final%20report.pdf/.

Jaffee, V. and B. Johnson (2015), "Female-Focused Business Incubation in the Triangle: An Analysis of the Need for, and Potential Design of, a Business Incubator Targeted at Women Entrepreneurs in Raleigh-Durham-Chapel Hill, North Carolina", Sanford School of Public Policy, Duke University, Durham, United States.

Kaplan, S. and J. Vanderbrug (2014), "The Rise of Gender Capitalism", *Stanford Social Innovation Review*, Fall, pp. 36-41.

Marlow, S. and M. McAdam (2013), "Gender and Entrepreneurship: Advancing Debate and Challenging Myths – Exploring the Mystery of the 'Under-performing' Female Entrepreneur", *International Journal of Entrepreneurial Behaviour and Research*, Vol. 19, pp. 114-124.

Niethammer, C. (2013) , "Women, Entrepreneurship and the Opportunity to Promote Development and Business", The 2013 Brookings Blum Roundtable Policy Series, Brookings Institution, Washington, DC, www.brookings.edu/~/media/research/files/reports/2013/09/private-sector-global-poverty-blum-roundtable/2013-bbr-women-entrepreneurship.pdf/.

OECD (2016), *Entrepreneurship at a Glance 2016*, OECD Publishing, Paris, http://dx.doi.org/10.1787/entrepreneur_aag-2016-en.

OECD（2014a）, *Women in Business 2014: Accelerating Entrepreneurship in the Middle East and North Africa Region*, OECD Publishing, Paris, http://dx.doi.org/10.1787/9789264213944-en.

OECD（2014b）, *Enhancing Women's Economic Empowerment through Entrepreneurship and Business Leadership in OECD Countries*, Background Report to China Development Research Foundation Project on Enhancing Women's Economic Empowerment through Entrepreneurship and Leadership in the Midst of China's New Urbanization, www.oecd.org/gender/Enhancing%20Women%20Economic%20 Empowerment_Fin_1_Oct_2014.pdf.

OECD（2012）, *Closing the Gender Gap: Act Now*, OECD Publishing, Paris, http://dx.doi.org/10.1787/ 9789264179370-en.（『OECDジェンダー白書：今こそ男女格差解消に向けた取り組みを！』OECD編著、濱田久美子訳、明石書店、2014年）

OECD/EC（2017）, "Policy Brief on Women's Entrepreneurship", *OECD Employment Policy Papers*, OECD Publishing, Paris, forthcoming.

OECD/EC（2014）, *The Missing Entrepreneurs 2014: Policies for Inclusive Entrepreneurship in Europe*, OECD Publishing, Paris, http://dx.doi.org/10.1787/9789264213593-en.

Saridakis, G., S. Marlow and D. Storey（2014）, "Do Different Factors Explain Male and Female Self-employment Rates?", *Journal of Business Venturing*, Vol. 29, No. 3, pp. 345-362.

Shaw, E. *et al.*（2009）, "Gender and Entrepreneurial Capital: Implications for Firm Performance", *International Journal of Gender and Entrepreneurship*, Vol. 1, No. 1, pp. 25-41.

Sohl, J.E.（2015）, "The Angel Investor Market in 2014: A Market Correction in Deal Size", Center for Venture Research, 14 May, University of New Hampshire, Durham, New Hampshire, https://paulcollege. unh.edu/sites/paulcollege.unh.edu/files/webform/2014%20Analysis%20Report.pdf/.

Watson, J. and S. Robinson（2003）, "Adjusting for Risk in Comparing the Performance of Male- and Female-controlled SMEs", *Journal of Business Venturing*, Vol. 18, pp. 773-788.

WEDC – Western Economic Diversification Canada（2014）, *Evaluation of the Women's Enterprise Initiative, Alberta*, Western Economic Diversification Canada, www.wddeo.gc.ca/images/cont/18267a-eng.

White, M.（2013）, "Promoting Women Entrepreneurs in Ireland: Fresh Thinking on Employment Solutions", *Fianna Fáil Policy Paper*, endorsed by the Fianna Fáil Parliamentary Party and presented to the Irish Senate on 24 July 2013 Dublin, Ireland. https://www.fiannafail.ie/download/jobs/Promoting-Women-Entrepreneurs.pdf/.

第25章

◎訳者紹介

濱田 久美子 （はまだ・くみこ）　HAMADA Kumiko

1975年香川県生まれ。1998年立命館大学卒業。翻訳家。訳書に、『世界の行動インサイト──公共ナッジが導く政策実践』（経済協力開発機構（OECD）編著、明石書店、2018年）、『OECDジェンダー白書──今こそ男女格差解消に向けた取り組みを！』（OECD編著、明石書店、2014年）、『〈OECDインサイト4〉よくわかる持続可能な開発──経済、社会、環境をリンクする』（トレイシー・ストレンジ，アン・ベイリー著、OECD編、明石書店、2011年）、『〈OECDインサイト3〉よくわかる国際移民──グローバル化の人間的側面』（ブライアン・キーリー著、OECD編、明石書店、2010年）、『〈OECDインサイト1〉よくわかる国際貿易──自由化・公正取引・市場開放』（パトリック・ラヴ，ラルフ・ラティモア著、OECD編、明石書店、2010年）、『無頼の徒──小説神河物語』（スコット・マクゴフ著、ホビージャパン、2004年）などがある。

図表でみる男女格差 OECD ジェンダー白書2

今なお蔓延る不平等に終止符を!

2018年12月25日　初版第1刷発行

編著者　OECD
訳　者　濱田 久美子
発行者　大江 道雅
発行所　株式会社 明石書店
　　　　〒101-0021
　　　　東京都千代田区外神田6-9-5
　　　　TEL　03-5818-1171
　　　　FAX　03-5818-1174
　　　　http://www.akashi.co.jp
　　　　振替 00100-7-24505

組版　朝日メディアインターナショナル株式会社
印刷・製本　モリモト印刷株式会社

ISBN978-4-7503-4765-3

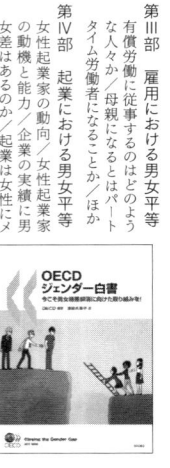

世界の行動インサイト

公共ナッジが導く政策実践

経済協力開発機構（OECD）編著

齋藤長行 監訳

濱田久美子 訳

A4判変型／456頁
◎6800円

人びとの意思決定や経済行動を心理学や認知科学、脳科学などの視点から捉えるナッジの経済学。消費者保護、環境、財政、健康と安全、税、電気通信など、世界各国の公共部門で導入されている公共ナッジの事例を豊富に紹介し、その有効性について考察する。

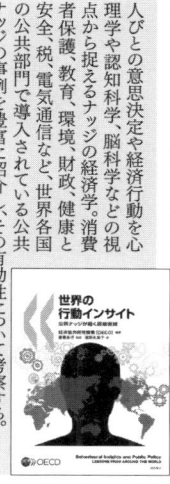

●内容構成●

第1章 なぜわざわざ？ 背景とアプローチ

第2章 何が行われているのか？ 行動インサイトの事例研究からの洞察

第3章 次に目指すのは？ 政策・研究課題の形成

第4章 行動インサイトの事例研究：消費者保護

第5章 行動インサイトの事例研究：教育

第6章 行動インサイトの事例研究：エネルギー

第7章 行動インサイトの事例研究：環境

第8章 行動インサイトの事例研究：金融商品

第9章 行動インサイトの事例研究：健康と安全

第10章 行動インサイトの事例研究：労働市場

第11章 行動インサイトの事例研究：公共サービスの提供

第12章 行動インサイトの事例研究：税

第13章 行動インサイトの事例研究：情報通信

第14章 行動インサイトの事例研究（追加）

多様性を拓く教師教育

多文化時代の各国の取り組み

OECD教育研究革新センター編著　斎藤里美監訳

布川あゆみ、本田伊克、木下江美、三浦綾希子、藤浪海訳

◎4500円

グローバル化と言語能力

自己と他者、そして世界をどうみるか

OECD教育研究革新センター編著　本名信行監訳

徳永優子、稲田智子、来田誠一郎、定延由紀、西村美由起、徳永優子訳

◎6800円

脳からみた学習

新しい学習科学の誕生

OECD教育研究革新センター編著　小山麻紀、徳永優子訳

◎4800円

学習の本質

研究の活用から実践へ

OECD教育研究革新センター編著　立田慶裕、平沢安政監訳

◎4600円

21世紀型学習のリーダーシップ

イノベーティブな学習環境をつくる

OECD教育研究革新センター編著　木下江美、布川あゆみ監訳

斎藤里美、本田伊克、大西公恵、三浦綾希子、藤浪海訳

◎4500円

学びのイノベーション

21世紀型学習の創発モデル

OECD教育研究革新センター編著　有本昌弘監訳

多々納誠子訳、小熊利江訳

◎4500円

アートの教育学

革新型社会を拓く学びの技

OECD教育研究革新センター編著　篠原康正、篠原真子、袰岩晶訳

◎3700円

メタ認知の教育学

生きる力を育む創造的数学力

OECD教育研究革新センター編著　篠原真子、篠原康正、袰岩晶訳

◎3600円

〈価格は本体価格です〉

世界の移民政策
OECD国際移民アウトルック(2016年版)

経済協力開発機構(OECD) 編著

徳永優子 訳

A4判変型／464頁 ◎6800円

OECD諸国内外における国際移民の傾向と政策動向をまとめた年次報告書。移民の流入や流出、外国人人口、難民動向、国籍取得などの各種統計を豊富に収録するとともに、移民が経済や社会に及ぼす影響やその政策対応について詳細に分析・評価する。

● 内容構成 ●

第1章　最近の国際移民の動向と政策対応の変化

第2章　OECD加盟国における新来移民の就業状況と統合政策

第3章　移民が経済に及ぼす影響
　　　——地域レベルに注目する

第4章　環境的及び地政学的ショックに伴う国際移民
　　　——それに対するOECD加盟国の対応

第5章　国別の情報——最近の移民動向と移民政策の変化

移民の子どもと世代間社会移動
連鎖する社会的不利の克服に向けて

OECD編著　木下江美、布川あゆみ、斎藤里美訳

◎3000円

移民の子どもと学校
統合を支える教育政策

OECD編著　布川あゆみ、木下江美、斎藤里美監訳
三浦綾希子、大西公恵、藤浪海訳

◎3000円

官民パートナーシップ
PPP・PFIプロジェクトの成功と財政負担

OECD編著　平井文三監訳

◎4500円

インターネット経済
デジタル経済分野の公共政策
〈OECDソウル宣言進捗レビュー〉

経済協力開発機構(OECD)編著　入江晃史訳

◎4500円

行動公共政策
行動経済学の洞察を活用した新たな政策設計

経済協力開発機構(OECD)編著　齋藤長行訳

◎3000円

諸外国の教育動向　2017年度版

文部科学省編著

◎3600円

諸外国の初等中等教育

文部科学省編著

◎3600円

諸外国の生涯学習

文部科学省編著

◎3600円

〈価格は本体価格です〉

幸福の世界経済史
OECD開発センター編著　徳永優子訳

1820年以降、私たちの暮らしと社会はどのような進歩を遂げてきたのか

◎6800円

OECD幸福度白書3
OECD編著　西村美由起訳

より良い暮らし指標：生活向上と社会進歩の国際比較

◎5500円

主観的幸福を測る
経済協力開発機構(OECD)編著　桑原進、高橋しのぶ訳

OECDガイドライン

◎5400円

格差拡大の真実
経済協力開発機構(OECD)編著　小島克久、金子能宏訳

二極化の要因を解き明かす

◎7200円

子どもの福祉を改善する
OECD編著　高木郁朗監訳　熊倉瑞恵、関谷みのぶ、永由裕美訳

より良い未来に向けた比較実証分析

◎3800円

国際比較：仕事と家族生活の両立
OECD編著　高木郁朗監訳　熊倉瑞恵、関谷みのぶ、永由裕美訳

OECDベイビー＆ボス総合報告書

◎3800円

若者のキャリア形成
経済協力開発機構(OECD)編著　菅原良、福田哲哉、松下慶太監訳　神崎秀嗣、奥原俊訳

スキルの獲得から就業力の向上、アントレプレナーシップの育成へ

◎3700円

社会情動的スキル
経済協力開発機構(OECD)編著　ベネッセ教育総合研究所企画・制作　無藤隆、秋田喜代美監訳

学びに向かう力

◎3600円

教育研究とエビデンス
国立教育政策研究所編

国際的動向と日本の現状と課題

◎3800円

成人スキルの国際比較
OECD国際成人力調査(PIAAC)報告書　国立教育政策研究所編

大槻達也、惣脇宏、豊浩子、トム・シュラー、籾井圭子、津谷喜一郎、岩崎久美子著　秋山薊二

◎3800円

教員環境の国際比較
OECD国際教員指導環境調査(TALIS)2013年調査結果報告書　国立教育政策研究所編

◎3800円

生きるための知識と技能6
OECD生徒の学習到達度調査(PISA)2015年調査国際結果報告書　国立教育政策研究所編

◎3500円

PISAの問題できるかな？
OECD生徒の学習到達度調査(PISA)編著　国立教育政策研究所監訳

◎3700円

PISA2015年調査　評価の枠組み
経済協力開発機構(OECD)編著　国立教育政策研究所監訳　OECD生徒の学習到達度調査

◎3600円

TIMSS2015算数・数学教育/理科教育の国際比較
国際数学・理科教育動向調査の2015年調査報告書　国立教育政策研究所編

◎4500円

21世紀のICT学習環境
経済協力開発機構(OECD)編著　国立教育政策研究所監訳

生徒・コンピュータ・学習を結び付ける

◎3700円

〈価格は本体価格です〉

OECDビッグデータ白書

データ駆動型イノベーションが拓く未来社会

経済協力開発機構（OECD）編著
大磯一、入江晃史 監訳
齋藤長行、田中絵麻 訳

A4判変型／500頁 ◎6800円

インターネットや通信機器を介して日々生成される膨大なデータ。そうしたデータをリアルタイムで利活用し新たな価値を生み出すデータ駆動型テクノロジーは何をもたらすのか。ビッグデータ関連の最先端の取り組みやその成果、社会経済的便益について考察する。

— ◆ 内容構成 ◆ —

第1章 データ駆動型イノベーションの現象
第2章 グローバル・データ・エコシステムとその制御点のマッピング
第3章 今、データはイノベーションをいかに駆動するか
第4章 インフラとしてのデータからの価値の導出
第5章 データ駆動型イノベーションのための信頼構築
第6章 データ駆動型経済におけるスキルと雇用
第7章 データ駆動型科学研究の推進
第8章 データが豊富な環境における保健医療の進化
第9章 データ駆動型イノベーションのハブ（中心）としての都市
第10章 公共部門データの活用で主導する政府

図表でみる教育 OECDインディケータ(2018年版)

経済協力開発機構（OECD）編著 徳永優子、稲田智子、大村有里、坂本千佳子、立木勝、松尾恵子、三井理子、元村まゆ訳 ◎8600円

図表でみる世界の社会問題4 OECD社会政策指標

OECD編著 高木郁朗監訳 麻生裕子訳 貧困・不平等・社会的排除の国際比較 ◎3000円

図表でみる世界の保健医療 OECDインディケータ(2015年版)

OECD編著 鐘ヶ江葉子訳 ◎6000円

図表でみる世界の主要統計 OECDファクトブック(2015-2016年版)

経済協力開発機構（OECD）編著 トリフォリオ翻訳、製作 経済、環境、社会に関する統計資料 ◎8200円

図表でみる世界の行政改革 OECDインディケータ(2015年版)

OECD編著 平井文三訳 ◎6800円

図表でみる世界の年金 OECDインディケータ(2013年版)

OECD編著 平井文三訳 ◎7200円

図表でみる起業活動 OECDインディケータ(2012年版)

OECD編著 高橋しのぶ訳 ◎3000円

地図でみる世界の地域格差 都市集中と地域発展の国際比較

OECD地域指標2016年版 OECD編著 中澤高志監訳 ◎5500円

〈価格は本体価格です〉